CB130014

PROVAS DIGITAIS
no Processo do Trabalho:
Realidade e Futuro

VOLUME 3

LACIER

Ana Paula Silva Campos Miskulin
Danielle Bertachini
Platon Teixeira de Azevedo Neto
Coordenadores

PROVAS DIGITAIS
no Processo do Trabalho:
Realidade e Futuro

VOLUME 3

LACIER

LACIER

Lacier Livraria e Editora
www.livrarialacier.com.br

Rua Doutor Quirino, 808 — Centro
CEP 13015-081 — Campinas, SP — Brasil

Janeiro, 2025
Fechamento: 14-11-2024

Diretor: *Lacier José de Rezende*
Editoração Eletrônica/Designer Capa: *Graphien Diagramação e Arte*
Projeto de Capa: *Fabio Giglio*

Esta é uma obra coletiva.
A responsabilidade pelo conteúdo de cada texto
é exclusiva do seu autor.

Ficha Catalográfica

Dados Internacionais de Catalogação na Publicação (CIP)
(Câmara Brasileira do Livro, SP, Brasil)

Provas digitais no processo do trabalho : realidade e futuro :
volume 3 / coordenadores Ana Paula Silva Campos Miskulin,
Danielle Bertachini, Platon Teixeira de Azevedo Neto. —
Campinas, SP : Lacier Editora, 2025.

Vários autores.
Bibliografia.
ISBN 978-85-64412-58-3

1. Direito à privacidade 2. Direito do trabalho 3. Justiça do trabalho
I. Miskulin, Ana Paula Campos. II. Bertachini, Danielle. III. Azevedo Neto,
Platon Teixeira de.

24-236818 CDU-347.998:331 (81)

Índices para catálogo sistemático:

1. Brasil : Justiça do trabalho 347.998:331 (81)

Eliane de Freitas Leite — Bibliotecária — CRB 8/8415

Sumário

Apresentação

Completamos uma trilogia. Chegamos ao terceiro volume da coletânea "Provas Digitais no Processo do Trabalho: Realidade e Futuro". Esperamos não ser o fim dessa parceria, mas não se pode esconder a doce sensação de missão cumprida. Juntando com os textos dos volumes I e II, cremos que foram dadas muitas contribuições para o estudo das provas digitais no processo trabalhista. Assim, o obscuro vem se tornando claro, o incerto vem se mostrando mais certeiro, o indefinido vem ganhando os seus precisos contornos.

Buscamos enfrentar o ainda desconhecido. Quando nos dispusemos a tratar daquilo que ainda era inexplorado, não tínhamos noção da diversidade de temas que poderíamos desvendar com a investigação de fontes abertas e fechadas e a utilidade de tudo isso no processo do trabalho. Saímos da era analógica e entramos, definitivamente, no mundo digital. Sabemos que o "céu é o limite" na exploração desse novo universo. O mais importante, insistimos, é a utilização da "caixa de ferramentas" disponível para exploração das inúmeras possibilidades nesse contexto atual.

Nesse terceiro volume, recebemos número expressivo de textos e os selecionados vêm a seguir.

A obra tem início com um texto dos coordenadores que intenta diferenciar o uso de metadados e a preservação da cadeia de custódia no processo penal em relação ao processo do trabalho, especialmente. Segue com a percuciente análise dos parâmetros jurídicos para o uso das provas digitais no Brasil, escrita por Larissa Matos. A autora também trata da questão da cadeia de custódia e de temas relacionados ao Marco Civil da Internet e da Lei Geral de Proteção de Dados. Karine Vaz toca na relevante questão do meio ambiente e trata dos impactos da produção de provas digitais no meio ambiente digital, incluindo uma análise da responsabilidade ambiental das *big techs* e da jurisprudência brasileira pertinente. Gisele Lima, também em mais um brilhante artigo constante da coletânea, aborda o poder diretivo do juiz e examina o princípio da conexão nas provas digitais à luz da doutrina e da jurisprudência aplicáveis aos temas. Ivani Bramante, Líliam Pascini e Vauzedina Ferreira apresentam, por sua vez, um exame de direito comparado, examinando as provas digitais e o poder diretivo do empregador, com base nas legislações brasileira e portuguesa. O tema do gerenciamento da cadeia de custódia na preservação de provas digitais online judiciais é tratado por Regina Acutu, Alexandre Munhoz e Emily Sato.

Caminhando para outras vertentes, Jesse Geraldo Junior e André Zipperer enfrentam as questões da Computação em Nuvem, Perícia Forense Digital e Acordos em nível de serviço falando de ataque hacker, da necessidade de armazenamento em nuvem e das possibilidades de perícia em meio digital. Júlio Baía prossegue com uma abordagem prática, abrangendo o uso de prints e de geolocalização em reclamações trabalhistas. A obra passa para uma série de artigos que se dedicam à geolocalização, sendo o primeiro de Walter Aranha Capanema, que apresenta inclusive ilustrações, o segundo de Ícaro Rossi e Vauzedina Ferreira, com uma análise voltada aos direitos fundamentais, o terceiro de Régis Nieddu, com o exame da privacidade e o quarto de último dessa série, escrito por Walter Junior sobre os limites e as possibilidades da geolocalização tendo em vista o Marco Civil da Internet.

O último bloco de textos traz temas variados, como as mensagens de *WhatsApp* e as questões controvertidas, por Ivani Bramante, os impactos da produção da prova digital na negociação coletiva de trabalho, por Luiz Eduardo Gunther e Marco Villatore, e um artigo que adentra à fase de execução, abordando a relevância das provas digitais na investigação patrimonial, por Lady Ane Della Roca. Entrando no direito previdenciário, Marco Aurélio Junior e João Eduardo de Souza examinam a prova de vida digital no âmbito previdenciário. O penúltimo texto, de Fernando Pasquini e Ney Maranhão, aborda as provas digitais na perspectiva das plataformas digitais de trabalho. A obra encerra com o magnífico texto do Conselheiro do CNJ, Guilherme Guimarães Feliciano sobre dados médicos e de rendimento e o direito fundamental à proteção dos dados pessoais no desporto profissional.

Buscamos, assim, apresentar uma obra completa e abrangente, com o intuito de fechar esse ciclo da trilogia, mas sem concluir os estudos que jamais cessarão, diante da infinidade de temas e ferramentas que envolvem as provas digitais.

Desejamos a todas e a todos ótima leitura e efetiva aplicação prática dos estudos contidos dentro dessa coletânea!

Campinas, Florianópolis e Goiânia, em outubro de 2024.

Ana Paula Silva Campos Miskulin
Danielle Bertachini
Platon Teixeira de Azevedo Neto

Metadados e cadeia de custódia: particularidades e distinções da produção probatória em observância aos princípios constitucionais e peculiares do processo do trabalho

Danielle Bertachini (*)

Platon Teixeira de Azevedo Neto (**)

Ana Paula Silva Campos Miskulin (***)

INTRODUÇÃO

É fato público e notório que há muito tempo se utilizam documentos digitalizados ou nato-digitais nos processos judiciais[1]. Todavia, essa prática sempre teve

---

(*) Juíza do Trabalho, estando atualmente lotada na 7ª VT de Florianópolis. Concluiu o curso de especialização em Direito Econômico do Trabalho pela Unicamp/CESIT e o Master em Direito Social do Trabalho na França, em Lyon. Fez parte da primeira turma do Curso de Formação de Formadores da ENAMAT sobre Provas Digitais, tendo após atuado como tutora em cursos sobre provas digitais na ENAMAT. Cocoordenadora da obra Provas Digitais no Processo do Trabalho: Realidade e Futuro, da Editora Lacier.

(**) Juiz Titular da 8ª Vara do Trabalho de Goiânia/GO (TRT18-Goiás); Foi Juiz Auxiliar da Direção da ENAMAT (Escola Nacional de Formação e Aperfeiçoamento de Magistrados do Trabalho); Professor Adjunto de Direito Processual do Trabalho da Universidade Federal de Goiás; Professor Permanente do Programa de Pós-Graduação *Stricto Sensu* em Direito e Políticas Públicas da Universidade Federal de Goiás, com financiamento em pesquisa; Doutor em Direito pela Universidade Federal de Minas Gerais; Mestre em Direitos Humanos pela Universidade Federal de Goiás e Titular da Cadeira n. 60 da Academia Brasileira de Direito do Trabalho.

(***) Juíza do Trabalho do TRT 15. Mestre em Direito do Trabalho pela Universidade de São Paulo. Possui Especialização em Direito e Processo do Trabalho pela Universidade Federal de Goiás. É Pesquisadora do Núcleo de Pesquisa: O trabalho além do Direito do Trabalho, desenvolvido na Faculdade de Direito da Universidade de São Paulo. Autora do livro Aplicativos e Direito do Trabalho: a era dos dados controlados por algoritmos e coordenadora de outras obras jurídicas sobre direito e tecnologias. Professora convidada de diversas escolas judiciais regionais e da Escola Nacional dos Magistrados Trabalhistas. Mãe de três crianças.

(1) Conceitos retirados do texto do PL 4930/20 em trâmite no Congresso Nacional neste momento de elaboração do artigo, em seu art. 3º, nestes termos: (...) VIII — **Prova nato-digital**: informação gerada originariamente em meio eletrônico;

muito mais ênfase no âmbito do direito eleitoral e penal do que na área trabalhista, efetivamente.

No início de 2021, cinquenta magistrados do trabalho concluíram o primeiro (e até então, único), Curso de Formação de Formadores oferecido pela ENAMAT — Escola Nacional de Formação e Aperfeiçoamento de Magistrados do Trabalho, ministrado pelo Promotor Fabrício Patury, sobre Provas Digitais.

A partir de então, a Justiça do Trabalho começou a olhar de forma diferente para o tema, não apenas contemplando as práticas que de alguma forma se valiam de dados digitais, como relatórios de passagem por praças de pedágio, e ainda para a evolução dos registros de ponto manual ao biométrico ou mesmo os famosos tacógrafos, que também passaram de manuais a digitais, como de todo o contexto dessa nova era.

A partir deste marco, a Justiça do Trabalho começou a enxergar de forma mais cuidadosa e técnica em relação às provas digitais apresentadas e requeridas nos processos trabalhistas.

Todavia, passando pelo critério de legitimidade da Justiça do Trabalho na utilização de dados estáticos, que demandaria uma análise histórica, teórico-legal e jurisprudencial, não sendo este o objeto destas linhas, deparamo-nos com os critérios de validade das evidências digitais[(2)] apresentadas pelas partes interessadas e/ou requeridas pelo magistrado, na direção do processo para a formação de sua convicção (art. 765 da CLT c/c arts. 369 ao 371, do CPC).

Aliás, relevante consignar, antes de tudo, as diretrizes constantes no art. 411 do CPC c/c art. 422 do mesmo diploma legal e no art. 225 do Código Civil, que já nos trazem a validação — ainda que relativa, pois temos ainda o convencimento do magistrado diante do conjunto probatório —, da prova não impugnada, além da especificação dessa impugnação, conforme expressamente encontramos no art. 436, parágrafo único, do CPC. Logo, não basta a rejeição genérica do documento para sua valoração — que se obtida por meios lícitos, é o passo seguinte a partir dos elementos de validade, sem se questionar mais sobre a licitude de sua obtenção e acesso.

Da discussão sobre os requisitos de validade, que serão examinados com mais vagar no tópico seguinte, exsurge a importância de discussão da aplicação ou não de idênticos critérios no processo laboral e no processo penal. Isso porque a cadeia de custódia, como se verá a seguir, possui uma exigência diferenciada na seara criminal, haja vista que neste caso a prova pode ser obtida pela Polícia, enquanto na área trabalhista as

(1) IX — *Prova digitalizada*: informação originariamente suportada por meio físico e posteriormente migrada para armazenamento em meio eletrônico, na forma da Lei. Cf.: https://www.camara.leg.br/proposicoesWeb/fichadetramitacao?idProposicao=2264367 Acesso em: 02 jun. 2024.

(2) Após a análise do vestígio digital, caso esse seja comprovadamente *relacionado ao fato* investigado, ele será denominado *evidência digital*. Evidência é uma certeza manifesta, é algo que serve para demonstrar ou esclarecer um fato, uma verdade ou uma (Dicionário Priberam, 2021).

provas são normalmente produzidas por trabalhadores e empregadores, não possuindo o mesmo rigor na coleta na relação empregatícia.

Há que se ressaltar que o processo do trabalho possui princípios peculiares que diferem do processo civil e do criminal. A simplicidade e a informalidade do processo laboral fazem com que certos critérios de aferição da prova sejam menos rigorosos, trazendo uma análise distinta dos metadados e da cadeia de custódia na prova digital.

É o que se verá nos itens seguintes.

1. DOS PRINCÍPIOS PECULIARES DO PROCESSO DO TRABALHO

Além de certas peculiaridades do processo trabalhista, pertinentes à discussão em tela, vale destacar alguns outros imprescindíveis à compreensão da matéria que possuem relação ao tema proposto, sobretudo o contraditório e a ampla defesa. Efetivamente, quando se trata de provas digitais, não se pode desconsiderar a finalidade essencial da prova, qual seja, a busca da verdade, tampouco o acesso à ordem jurídica justa. Assim, para se chegar ao escopo da prova, e a fim de evitar um processo kafkiano, torna-se indispensável garantirmos o contraditório e assegurarmos a ampla defesa às partes no processo. No tocante à prova digital, esses princípios assumem uma função especial, haja vista que a prova, per si, possui uma plasticidade no processo laboral que permite ser moldada a depender das narrativas trazidas aos autos pelos participantes do feito.

Marco Félix Jobim, dentro da magnífica e robusta obra "Comentários à Constituição do Brasil", atenta para o conceito evolutivo de contraditório, sustentando que a visão hodierna ultrapassa o simples binômio informação/reação como um "manto sagrado" e alcança novas feições, novos contornos, a fim de garantir a participação efetiva no desenvolvimento do processo, influenciando (ou, pelo menos, tendo a possibilidade de influenciar) em todas as discussões, fáticas ou jurídicas, com vistas à decisão final. Nessa toada, entra em campo também a cooperação com o seu potencial transformativo, tornando o processo coparticipativo. Além disso, a ampla defesa que visa, dentro do comando constitucional do art. 5º, LV, da CF/88, ser alcançada, com todos os "meios e recursos a ela inerentes", somente se atinge com o envolvimento de todos os elementos necessários para a atuação das partes ao longo do processo em sua inteireza(3). Isso faz com que sejam superados os obstáculos à imprescindibilidade da observância necessária de certos requisitos formais em prol da garantia de comandos constitucionais, sobretudo os do contraditório e da ampla defesa, direitos fundamentais albergados no Texto Maior.

Cumpre salientar que o processo judicial tem a característica de ser um procedimento realizado em contraditório entre as partes, na clássica definição fazzalariana, e o processo do trabalho possui, em especial, as suas particularidades, como a oralidade,

---

(3) JOBIM, Marco Félix. Comentários ao artigo 5º, LV, da Constituição Federal de 1988. In: SARLET, Ingo Wolfgang; STRECK, Lenio; MENDES, Gilmar Ferreira (Coord.). *Comentários à Constituição do Brasil*. 2. ed. São Paulo: Saraiva Educação, 2018, p. 463-467.

a simplicidade e a informalidade dos atos, sem descurarmos de outros gerais, como a impugnação especificada dos fatos.

Quanto a este último, Manoel Antonio Teixeira Filho sustenta que "a exigência legal de que o réu se pronuncie **precisamente** acerca dos fatos narrados na petição inicial se destinou a anatematizar a praxe" das denominadas "contestações genéricas" ou "contestações por negativa geral" (grifo do autor)[(4)], estendendo-se tal ônus, no contexto das provas digitais, a qualquer documento colacionado aos autos, que deve ser especificamente impugnado pela parte interessada, sob pena de se aceitá-lo como revelador de seu conteúdo.

Ademais, conforme leciona Cláudio Jannotti da Rocha, temos o princípio da informalidade no processo do trabalho como garantia constitucional de efetivação do devido processo legal, do contraditório e da ampla defesa, na medida em que o processo do trabalho seja "permeado por normas de fácil compreensão, que facilitem o jurisdicionado entendê-las e, caso queira, praticá-las"[(5)].

Não se pode desconsiderar, até porque atrelado ao informalismo do processo laboral, o princípio da instrumentalidade das formas, havendo, por isso, "uma carga menor de requisitos de validade de um ato processual ou mesmo a possibilidade de convalidação de um ato defeituoso, desde que não prejudique as partes e que sejam atingidos os objetivos fixados na lei". O processo trabalhista é, nessa esteira, carregado de maior informalidade, permitindo-se uma maior maleabilidade na prática dos atos processuais, valendo lembrar da oralidade e do *jus postulandi*, presentes no processo laboral[(6)].

Nesse ponto vale ainda mencionar o escólio doutrinário de Felipe Bernardes, ao arrematar que:

> Em última análise, a instrumentalidade e a simplicidade do processo são consectários do princípio do acesso à justiça: quando o processo é encarado como instrumento simplificado a serviço do direito material, facilita-se a tutela deste, o que propicia um acesso substancial e efetivo à justiça, e não apenas uma garantia meramente formal de que o cidadão poderia levar qualquer lide à apreciação do Judiciário[(7)].

Daí porque os metadados e a cadeia de custódia devem ser considerados no processo do trabalho levando-se em conta os princípios constitucionais gerais, bem como os princípios peculiares deste, acima demonstrados, a fim de se examinar adequadamente os requisitos de validade das provas digitais, como se verá a seguir.

---

(4) TEIXEIRA FILHO, Manoel Antonio. *Curso de direito processual do trabalho*. São Paulo: LTr, 2009, P. 79, vol. I.

(5) ROCHA, Cláudio Jannotti da. *Curso de Direito Processual do Trabalho*. Brasília-DF: Venturoli, 2024, p. 242.

(6) CAIRO JÚNIOR, José. *Curso de Direito Processual do Trabalho*. Salvador: Juspodivm, 2015, p. 67.

(7) BERNARDES, Felipe. *Manual de Processo do Trabalho*. 2. ed. Salvador: Juspodivm, 2019, p. 107.

2. DOS REQUISITOS DE VALIDADE DAS PROVAS DIGITAIS

Quanto à classificação, referente aos requisitos de validade da prova digital, podemos citar várias formas de enumeração, conforme os autores que se dedicaram ao tema. Um dos primeiros a enfrentar o assunto foram THAMAY e TAMER, que visualizaram três pressupostos de validade e de utilidade da prova digital: a) autenticidade; b) integridade e c) preservação da cadeia de custódia[(8)]. Fabricio Patury, por sua vez, elenca quatro princípios das provas digitais: 1) imutabilidade; 2) integralidade; 3) temporalidade e 4) publicidade[(9)]. E ainda Patrícia Peck, grande estudiosa de Direito Digital, defende a existência de cinco regras para a evidência eletrônica: i) admissibilidade; ii) autenticidade; iii) completude; iv) confiabilidade e v) credibilidade[(10)].

Para facilitar a compreensão e de modo a avançar na caracterização dos requisitos, buscamos condensar as três principais classificações acima consideradas em cinco critérios: 1) a **admissibilidade** da prova, que consiste na obtenção lícita e útil à finalidade probatória pretendida; 2) a **autenticidade**, que inclui a *integridade*, devendo ser a evidência livre de adulteração ou corrupção (imutabilidade) e ainda a *identidade*, consistente na identificação de sua autoria e diferenciação de qualquer outro documento, ou seja, confiabilidade; 3) a **integralidade**, isto é, qualidade do que é integral, demonstrando não ter havido recorte ou que o documento foi montado; 4) **tempestividade**, evidenciando a data e o local da criação, o que faz surtir efeitos na esfera jurídica (como a responsabilidade civil e a prescrição); e 5) **acessibilidade**, podendo ser acessado quando necessário, observando a clareza, ou seja, devendo ser de fácil entendimento e interpretação, e também resguardando a credibilidade, sendo documento acessível e que pode ser localizado, recuperado, apresentado e devidamente representado.

De todo modo, reputa-se relevante trazer a lume a Norma da ABNT — NBR ISO/IEC[(11)] 27037:2013, que trata das diretrizes para identificação, coleta, aquisição e preservação de evidência digital, ressalvando ser uma norma técnica e não elaborada necessariamente para fins jurídicos. A sua leitura na íntegra é imprescindível a todos que pretendem atuar na área de investigação cibernética e Forense Digital, pois trata dos requisitos de autenticidade (certeza de sua autoria), integridade (certeza em relação à sua completude e não adulteração) e da preservação de cadeia de custódia, essa última enquanto um verdadeiro registro histórico da evidência, de forma a garantir a

(8) THAMAY, Rennan; TAMER, Mauricio. *Provas no direito* digital: conceito da prova digital, procedimentos e provas digitais em espécie. São Paulo: Thomson Reuters Brasil, p. 39 e seguintes.

(9) Conforme material impresso do curso da ENAMAT.

(10) PINHEIRO, Patricia Peck. *Direito Digital*. São Paulo: Saraiva, 2021.

(11) A série de normas ISO, foram criadas pela Organização Internacional de Padronização (ISO), com o objetivo de melhorar a qualidade de produtos e serviços. A ISO é uma das maiores organizações que desenvolve normas no mundo, e foi criada a partir da união da *International Federation of the National Standardizing Associations (ISA)* e a *United Nations Standards Coordinating Committee (UNSCC)*. Cf.: https://academiadeforensedigital.com.br/iso-27037-identificacao-coleta-aquisicao-e-preservacao-de-evidencia/ Acesso em: 03 maio 2024.

rastreabilidade da prova pericial, a descrição dos meios percorridos, as ferramentas utilizadas, o resultado alcançado, dentre outros.

Pelas próprias características da cadeia de custódia supra elencadas, já se identifica alguma confusão entre elas e os demais elementos de validade da prova digital, como autenticidade, integridade, temporalidade e acessibilidade. Para avançarmos, vale trazer o conceito legal de cadeia de custódia presente no direito brasileiro, expresso no artigo 158-A do CPP (Código de Processo Penal), introduzido pela Lei 13.964/19 (Lei do Pacote Anticrime), sendo que referido artigo expressamente prevê: "Considera-se cadeia de custódia o conjunto de todos os procedimentos utilizados para manter e documentar a história cronológica do vestígio coletado em locais ou em vítimas de crimes, para rastrear sua posse e manuseio a partir de seu reconhecimento até o descarte".

Ou seja, o precitado artigo legal trata expressamente da documentação histórica cronológica do "vestígio coletado em locais ou em vítimas **de crimes**, para rastrear sua **posse e manuseio** a partir de seu reconhecimento até o descarte" (grifos nossos), sendo que temos que lembrar que no Processo Penal a cadeia de custódia é condição de procedibilidade do exame de corpo de delito, sendo muitas vezes a prova produzida pelos órgãos policiais na investigação dos crimes.

Dario José Kist destaca, entre os elementos da cadeia de custódia, a *preservação* dos dados, enquanto conjunto de providências adotadas durante a investigação a fim de não alterar a essência e a substância dos vestígios, garantindo a integridade e permitindo que a prova buscada tenha exata correspondência com a realidade. Além disso, o *manuseio* dos vestígios procura evitar adulteração das fontes coletadas, assegurando a autenticidade. *Mutatis mutandis*, por exemplo numa investigação de assassinato, busca-se isolar o local com as clássicas fitas amarelas, e os investigadores usam luvas para não contaminar a cena com impressões digitais não relacionadas ao crime. Isso é o que ocorre no meio digital quando se intenta preservar a integridade dos vestígios. Além disso, outras duas questões são imprescindíveis na salvaguarda da cadeia de custódia no âmbito criminal: o *registro*, que compreende a anotação, a escrituração dos dados, o que pode ser feito por fotografia, filmagem ou até papel, e a *documentação*, com os apontamentos acerca do local, do horário e das características originais dos vestígios encontrados[12].

Conforme sustenta Geraldo Prado:

> A cadeia de custódia da prova consiste em método por meio do qual se pretende preservar a integridade do elemento probatório e assegurar sua autenticidade. A violação da cadeia de custódia implica a impossibilidade de valoração da prova, configurando seu exame — de verificação da cadeia de custódia — um dos objetos do juízo de admissibilidade do meio de prova ou do meio de obtenção de prova, conforme o caso. As consequências

(12) KIST, Dario José. *Prova Digital no Processo Penal*. 2. ed. Leme-SP: Mizuno, 2024, p. 385-386.

> jurídicas da quebra da cadeia de custódia não se submetem a juízo de peso probatório, sequer de relevância da prova. Não é diferente quando a análise envolve as chamadas provas digitais.[13]

Prossegue Geraldo Prado afirmando que: "o direito brasileiro contempla a determinação do corpo de delito por meio de perícia, nos casos em que a conduta deixa vestígios". E conclui que: "violada a cadeia de custódia da prova digital incide imperiosa proibição de valoração da prova assim obtida"[14].

Sob outro prisma, quando analisada textualmente a Norma da ABNT ISO 27.037, e considerando que referida norma "assegura que os **indivíduos** gerenciem a evidência digital por meio de métodos práticos aceitáveis mundialmente, com o objetivo de padronizar a investigação envolvendo dispositivos digitais e/ou evidências digitais de maneira sistemática e imparcial", vale trazer a divisão contemplada em seu texto dos indivíduos aptos a gerenciar as evidências digitais em duas categorias: a) *Primeiro Interventor da Evidência Digital*: pessoa que está autorizada, treinada e qualificada para agir primeiro no local do incidente, na execução da coleta e aquisição da evidência digital, responsabilizando-se pelo seu manuseio; b) *Especialistas em Evidência Digital*: indivíduo que pode executar tarefas de um interventor e possui conhecimento especializado, aptidão e habilidade para lidar com uma ampla gama de questões técnicas.

Ora, diante das definições acima apresentadas, seria possível equipararmos um trabalhador ou mesmo um empregador, comuns, a um interventor ou especialista, conforme a previsão técnica legal? Poderíamos exigir deles uma capacidade técnica de proceder à "documentação histórica cronológica do vestígio coletado em locais ou em vítimas de crimes, para rastrear sua posse e manuseio"? Claro que não! Pensemos num *print* de tela, por exemplo, para demonstrar uma frequência de convocação ou uma dispensa de trabalho. Será que realmente podemos exigir o cumprimento do histórico cronológico e requisitos formais tais quais previstos no regramento vigente em nossa legislação dos envolvidos em uma lide de reconhecimento de vínculo ou despedida imotivada? Eis a grande questão e a possível significativa diferenciação entre a preservação da cadeia de custódia no âmbito criminal e os requisitos da prova digital no processo laboral.

Vejam, pois: há uma significativa diferença de tratamento quando tratamos de provas digitais trazidas **pela parte** ao processo, a fim de ser utilizada de forma neutra à formação do convencimento do magistrado e aquela trazida por **especialista**, possuidor de conhecimento especializado, aptidão e habilidade para lidar com as questões técnicas pertinentes.

Neste sentido, a consideração de todos os requisitos para a validade da prova digital somente pode ser exigida na esfera cível quando da necessidade de realização de perícia

---

(13) Cf.: https://www.conjur.com.br/wp-content/uploads/2023/09/artigo-geraldo-prado-1.pdf Acesso em: 03 maio 2024.

(14) *Op. cit.*

forense computacional a partir de uma impugnação motivada e fundamentada pela parte adversa (artigo 436, do CPC) sobre uma prova digital apresentada, com a observação dos requisitos nela previstos, dentre os quais a preservação da cadeia de custódia, que é uma das principais obrigações do perito e deve ser sempre garantida pelo mesmo, bem assim por todos aqueles que de alguma forma participarem do manuseio da prova digital.

No campo penal, por sua vez, não se pode desprezar a cadeia de custódia, conforme recente decisão nos autos do AgRg do HABEAS CORPUS N. 828054 — RN (2023/0189615-0), quando o STJ concluiu que:

> ***PROCESSUAL PENAL. AGRAVO REGIMENTAL NO HABEAS CORPUS. TRÁFICO DE DROGAS. APREENSÃO DE CELULAR. EXTRAÇÃO DE DADOS. CAPTURA DE TELAS. QUEBRA DA CADEIA DE CUSTÓDIA. INADMISSIBILIDADE DA PROVA DIGITAL. AGRAVO REGIMENTAL PROVIDO. 1.*** *O instituto da cadeia de custódia visa a garantir que o tratamento dos elementos probatórios, desde sua arrecadação até a análise pela autoridade judicial, seja idôneo e livre de qualquer interferência que possa macular a confiabilidade da prova.* ***2.*** *Diante da volatilidade dos dados telemáticos e da maior suscetibilidade a alterações, imprescindível se faz a adoção de mecanismos que assegurem a preservação integral dos vestígios probatórios, de forma que seja possível a constatação de eventuais alterações, intencionais ou não, dos elementos inicialmente coletados, demonstrando-se a higidez do caminho percorrido pelo material.* ***3.*** *A auditabilidade, a repetibilidade, a reprodutibilidade e a justificabilidade são quatro aspectos essenciais das evidências digitais, os quais buscam ser garantidos pela utilização de metodologias e procedimentos certificados, como, e.g., os recomendados pela ABNT.* ***4.*** *A observação do princípio da mesmidade visa a assegurar a confiabilidade da prova, a fim de que seja possível se verificar a correspondência entre aquilo que foi colhido e o que resultou de todo o processo de extração da prova de seu substrato digital. Uma forma de se garantir a mesmidade dos elementos digitais é a utilização da técnica de algoritmo hash, a qual deve vir acompanhada da utilização de um software confiável, auditável e amplamente certificado, que possibilite o acesso, a interpretação e a extração dos dados do arquivo digital.* ***5.*** *De relevo trazer à baila o entendimento majoritário desta Quinta Turma no sentido de que "é ônus do Estado comprovar a integridade e confiabilidade das fontes de prova por ele apresentadas. É incabível, aqui, simplesmente presumir a veracidade das alegações estatais, quando descumpridos os procedimentos referentes à cadeia de custódia" (AgRg no RHC n. 143.169/RJ, relator Ministro Messod Azulay, Publicação no DJe/STJ nº 3855 de 29/04/2024...* ***6.*** *Neste caso, não houve a adoção de procedimentos que assegurassem a idoneidade e a integridade dos elementos obtidos pela extração dos dados do celular apreendido. Logo, evidentes o prejuízo causado pela quebra da cadeia de custódia e a imprestabilidade da prova digital.* ***7.*** *Agravo regimental provido a fim de conceder a ordem de ofício para que sejam declaradas inadmissíveis as provas decorrentes da extração de dados do celular do corréu, bem como as delas decorrentes, devendo o Juízo singular avaliar a existência de demais elementos probatórios que sustentem a manutenção da condenação."* [15]

---

(15) Cf.: https://processo.stj.jus.br/processo/julgamento/eletronico/documento/mediado/?documento_tipo=integra&documento_sequencial=242041837&registro_numero=202301896150&peticao_numero=202300906480&publicacao_data=20240429&formato=PDF. Relator: Ministro Joel Ilan Paciornik. Julgado em: 23 abr. 2024. Acesso em: 27 maio 2024.

Em outro julgado, o ministro Ribeiro Dantas[16], no RHC 77.836, afirma que a cadeia de custódia "abrange todo o caminho que deve ser percorrido pela prova até sua análise pelo magistrado, sendo certo que qualquer interferência durante o trâmite processual pode resultar na sua imprestabilidade"[17]. No caso desses autos, um homem foi denunciado por, supostamente, fazer parte de organização criminosa que praticava furtos eletrônicos contra instituições financeiras. Durante a investigação, foram realizadas buscas e apreensões e subsequentes quebras do sigilo de dados armazenados nos aparelhos eletrônicos apreendidos pela polícia. A defesa do acusado alegou que houve quebra da cadeia de custódia, o que foi reconhecido pela turma julgadora, já que "não havia documentação sobre os métodos utilizados para acondicionar os aparelhos e extrair seus dados". Assim, concluiu o relator que não havia como assegurar que os dados periciados eram íntegros, o que acarretou a inadmissibilidade das provas obtidas, por falharem em um teste de confiabilidade mínima. Há de se destacar que o caso diz respeito a aparelho apreendido pela Polícia e a dados periciados, tal qual previsto na conceituação legal da cadeia de custódia e no procedimento processual respectivo, portanto totalmente diferente no que ocorre nas relações empregatícias.

De toda forma, nem mesmo no processo penal há um grau absoluto de necessária observância da cadeia de custódia. Vale observar que muitas vezes os elementos chegam fragmentados ao conhecimento da investigação, por isso que cabe à Polícia, ao MP e ao Poder Judiciário muitas vezes montar um quebra-cabeça.

Neste sentido, muito interessante a manifestação do ministro Rogerio Schietti Cruz, em cujo voto, que prevaleceu no julgamento, asseverou que: "... parece-me mais adequada aquela posição que sustenta que as irregularidades constantes da cadeia de custódia devem ser sopesadas pelo magistrado com todos os elementos produzidos na instrução, a fim de aferir se a prova é confiável". O ministro concluiu assim que: "A questão relativa à quebra da cadeia de custódia da prova merece tratamento acurado, conforme o caso analisado em concreto, de maneira que, a depender das peculiaridades da hipótese analisada, podemos ter diferentes desfechos processuais...".[18]

Em mais uma outra decisão, o Desembargador Convocado Jesuíno Rizzato, relator do processo, em julgamento ocorrido no dia 17 de outubro de 2023, afirmou que "não se acolhe alegação de quebra na cadeia de custódia quando vier desprovida de qualquer outro elemento que indique adulteração ou manipulação das provas em desfavor das teses da defesa, porquanto demandaria extenso revolvimento de material probatório.[19] Importante salientar, assim, que no processo penal, estão em jogo a investigação criminal

---

(16) Marcelo Navarro Ribeiro Dantas, ministro do Superior Tribunal de Justiça (STJ).

(17) https://www.stj.jus.br/sites/portalp/Paginas/Comunicacao/Noticias/2023/23042023-A-cadeia-de-custodia-no-processo-penal-do-Pacote-Anticrime-a-jurisprudencia-do-STJ.aspx

(18) Fonte: https://www.stj.jus.br/sites/portalp. HC 653.515. Relator: Ministro Rogerio Schietti Cruz. Vide também: https://www.stj.jus.br/sites/portalp/Paginas/Comunicacao/Noticias/2023/23042023-A-cadeia-de-custodia-no-processo-penal-do-Pacote-Anticrime-a-jurisprudencia-do-STJ.aspx. Acesso em: 25 maio 2024.

(19) Fonte: https://www.stj.jus.br/sites/portalp. HC 831357 — RS (2023/0205043-5). Acesso em: 25 maio 2024.

que é feita por pessoas e órgãos diferentes das partes e a extração de dados de celular apreendido e não conversas, por exemplo, tidas entre empregado e empregador.

Para prosseguir no raciocínio pretendido com estas breves linhas, traz-se o conceito de Michele Taruffo que distingue, de forma genérica, duas espécies de prova em relação ao momento de sua produção no processo: as chamadas provas *pré-constituídas*, que recebem esse nome por se formarem "antes e fora do processo, como acontece com os documentos de qualquer gênero", logo, de formalidade mais flexível, sujeito justamente ao crivo da parte contra quem foi produzida, ou mesmo do magistrado, responsável por render uma decisão justa, a partir da formação de seu próprio convencimento e, de outro lado, as provas *constituendas*, que são assim denominadas porque se formam no processo, através de procedimentos que são geralmente objeto de uma disciplina bastante detalhada[20], revestidas, assim, de uma formalidade muito mais rígida, a exemplo da perícia forense computacional e, com ela, todos os requisitos para a validade da coleta e verificação da evidência digital, dentre as quais, o preenchimento de formulário rigoroso retratando e documentado todos os passos seguidos, ou seja, toda a cadeia de custódia, conforme legalmente conceituada em nosso sistema legal vigente. De toda forma, num e noutro caso podemos ter uma perícia computacional para analisar de forma técnica os documentos digitais.

Diante do exposto, não devemos considerar uma análise meramente somatória de requisitos a reforçar cada elemento de presença à validade da prova digital apresentada, como a **autenticidade**, devendo esta ser considerada no sentido de sua autoria e da identificação de seus interlocutores, e não em sentido absoluto. Assim, a exemplo das conversas de *WhatsApp*, como uma forma de fazê-lo, considerando que podemos livremente outorgar qualquer nome de forma aleatória a um contato, podendo-se excluir referido contato antes de exportar ou *printar* a conversa a ser apresentada, o que não apaga as mensagens, mas mostra o número de telefone do interlocutor, que pode posteriormente ser facilmente identificado em caso de negativa. Temos que considerar ainda a **integridade**, ou seja, a demonstração de que a conversa não foi adulterada, modificada, o que pode ser feito preservando-se a evidência a partir de plataformas privadas como *Verifact*[21], *DataCertify*[22], *OriginalMy*[23], Authora[24] e similares, podendo, de tal forma, alcançarmos uma clareza maior dos dados extraídos. Apresentando o teor das mensagens a partir do próprio aparelho e mesmo sabendo que há a possibilidade de se editar uma conversa ou de apagar algo enviado, no espelhamento há como se confrontar a integralidade das trocas questionadas, além de outros meios de verificação, dentre os quais encaminhamento de ofício ao próprio provedor de aplicação sobre a existência de determinada troca de mensagens, e em qual formato (texto, vídeo, áudio) entre os

---

(20) TARUFFO, Michele. *Uma simples verdade*: o juiz e a construção dos fatos. São Paulo: Marcial Pons, 2016, p. 180-181.
(21) https://www.verifact.com.br/
(22) https://www.datacertify.com.br/
(23) https://originalmy.com/
(24) https://www.authoradigital.com.br/

interlocutores, lembrando que o conteúdo em si, não se recupera (criptografia ponta a ponta), mas os dados de registros de conexão sim. Um dos recursos aqui é a exportação de conversas, facilmente realizada nos *smartphones*. E, por fim, a **temporalidade**, que, com a exportação (oportunizando o original em caso de impugnação fundamentada) ou com um toque na tela faz aparecer a data correta e horário da troca de mensagem.

Quanto à integralidade das conversas, neste exemplo (troca de mensagens via aplicativo *WhatsApp*), relevante considerar que, como toda prova trazida aos autos numa lide, a princípio, apenas aquela relevante ao deslinde do feito e afeta aos fatos controvertidos devem vir aos autos para ilustração e embasamento das respectivas teses. Assim, muitas vezes elas são suficientes à demonstração do contexto referente aos fatos controvertidos, mas, caso contrário, nada impede ao magistrado condutor que determine o encaminhamento de toda a troca de mensagens havida entre os interlocutores para melhor contextualizar os fatos controvertidos, o que inclusive facilita muito a análise da integralidade e temporalidade mencionados supra.

Logo, precisa-se ter em mente que o procedimento penal tem requisitos e critérios diferentes dos requisitos do procedimento civil e trabalhista e, assim, pode-se afirmar de forma generalizada, sem levar em conta o conceito e elementos técnico-formais da cadeia de custódia para toda prova digital, ser um grande equívoco a exigência da preservação de toda a cadeia, uma vez que não podemos confundir, como tem ocorrido, rastreabilidade com a preservação da cadeia de custódia, esta, insistimos, prevista expressamente no nosso ordenamento legal com seus requisitos técnicos e específicos relacionada ao processo penal.

De tal forma, ainda que possuam semelhanças, rastreabilidade e cadeia de custódia servem a "propósitos diferentes e referem-se a diferentes aspectos de rastreamento e documentação da movimentação e manuseio de itens"[(25)].

Logo, pode-se concluir que a rastreabilidade é a habilidade de seguir e acompanhar a trajetória, posição ou utilização de um produto ao longo da cadeia, o que envolve a necessidade de registrar e de manter os registros sobre a origem, processamento, distribuição e destino de um item ou informação e, por sua vez, a cadeia de custódia refere-se à *documentação cronológica ou trilha em papel* que atesta o manuseio e a transferência de um dado.

Caso não haja o recolhimento correto dos vestígios, sua documentação regular, a respectiva preservação durante as fases **policial** e **judicial**, e o seu acondicionamento até a decisão final no processo, a chamada quebra da cadeia de custódia pode comprometer a apuração da verdade no processo penal, posto que a cadeia de custódia é justamente essa documentação cronológica que o vestígio percorre de sua descoberta até sua destinação final.

---

(25) https://www.proterrafoundation.org/news/traceability-and-chain-of-custody/. Acesso em: 25 maio 2024.

De todo modo, em relação ao processo penal, Dário José Kist alerta para não se confundir cadeia de custódia com a prova da cadeia, sendo esta uma *metaprova*, por incidir não sobre o *thema probandum*, mas sim sobre a forma de manuseio dos vestígios e sobre como determinado meio de prova foi obtido. E mesmo no processo penal, o referido autor adverte que por mais importante que seja a cadeia de custódia e a prova da cadeia, não é a única forma de se atestar a autenticidade de um vestígio, o que pode ser realizado por qualquer outro meio lícito(26).

Ou seja, se nem mesmo no processo penal a cadeia de custódia se configura como absoluta para a autenticidade da prova digital, com muito menos razão se faz a obrigação de tê-la preservada a fim de se demonstrar a veracidade do conteúdo, embora se tiver preservada o grau de certeza acaba sendo maior, sem dúvida.

Logo, é fundamental situarmos essas premissas, uma vez que os procedimentos penal e cível são distintos, incluindo suas particularidades em termos de especificidade de matéria, tal qual a trabalhista, conforme temos discorrido nessas breves linhas.

3. DA ANÁLISE DOS METADADOS NO PROCESSO DO TRABALHO

No que se refere aos metadados, e de forma bastante singela, mas não menos eficiente, podemos definir metadados como sendo "dados relativos a outros dados"(27). Chega-se a dizer que se constituem a "alma digital dos documentos"(28).

Etimologicamente, o prefixo "meta" vem da língua grega e significa "além de". Assim, metadados são informações que acrescem aos dados e que têm como objetivo nos informar sobre eles a fim de tornar mais fácil a sua organização. Tem, portanto, a função de facilitar o entendimento dos relacionamentos e evidenciar a utilidade das informações dos dados(29).

Dessa forma, praticamente todos os dispositivos digitais geram metadados a partir do uso que fazemos: ao tirar uma foto, por exemplo, além de gravá-la na memória da máquina ou do aparelho, existem metadados associados a esta foto, descrevendo informações sobre o modelo da câmera, tipo de ISO, data, tamanho e formato do arquivo e até o local de onde a foto foi tirada se o aparelho tiver GPS. Ao fazer login em um site de redes sociais ou de compras, várias informações são registradas além daquelas que escrevemos diretamente nos sites, como por exemplo, o endereço IP, o nome e versão do navegador, horário exato de entrada e saída, bem como outros detalhes sobre os seus cliques durante aquela navegação.

(26) KIST, Dario José. *Prova Digital no Processo Penal*. 2. ed. Leme-SP: Mizuno, 2024, p. 393-395.

(27) CASELLI, Guilherme. *Manual de Investigação Digital*. São Paulo: Juspodivm, 2021, p. 296.

(28) Cf.: https://www.jusbrasil.com.br/artigos/metadados-na-advocacia-criminal-uma-ferramenta-inestimavel/1974727866. Acesso em: 25 maio 2024.

(29) https://new.safernet.org.br/content/o-que-s%C3%A3o-os-metadados. Acesso em: 25 maio 2024.

Segundo Guilherme Caselli, estruturalmente, podemos organizar os "metadados" em ao menos três tipos:

> **METADADOS DESCRITIVOS** incluem informações como pontos de contato, palavras-chave usadas para destacar um arquivo, uma localização geográfica ou até mesmo uma explicação do método de captura ou transmissão dos dados. Esses dados são úteis para descobrir, coletar ou agrupar recursos de acordo com as características por eles compartilhadas.
>
> **METADADOS ESTRUTURAIS** explicam como um recurso é composto ou organizado.
>
> **METADADOS ADMINISTRATIVOS** são usados para gerenciar um recurso. Datas de criação, direitos ou proveniência, ou diretrizes para disposição, como retenção ou remoção. Metadados semelhantes seriam relevantes para um administrador de banco de dados ou para administradores responsáveis por capturar fluxos de tráfego de telecomunicações de dados, ou um log de segurança e dados de eventos[(30)].

Com as definições e os esclarecimentos feitos acima sobre o que seriam os metadados e quais suas classificações, passa-se à análise da necessidade deles nos processos civil, penal e trabalhista. Embora no processo penal os metadados sejam uma ferramenta muito valiosa, pela precisão que se pode ter sobre dados de diversos documentos, incluindo fotografias digitais, publicação em redes, como dito acima, no processo do trabalho e até mesmo no processo civil não se pode atribuir uma absolutez que invalide as provas que não tiverem metadados.

Assim sendo, partindo da premissa de que a prova fora obtida de forma lícita, considerando o óbice constitucional neste sentido (art. 5º, XVI da CF/88), ela é, a princípio, válida, competindo à parte se valer, então, da observação e da demonstração do maior número possível dos demais requisitos de validade mencionados supra para conseguir ter mais credibilidade e, por consequência, reduzida a probabilidade de descarte ou questionamento da prova respectiva.

Enquanto no processo penal os metadados podem servir, por exemplo, para se definir o local exato do acusado no momento do crime, no processo civil e no trabalhista, a ausência ou insuficiência de metadados não exclui, a princípio, a prova apresentada, primeiro em razão do princípio constitucional da ampla defesa e segundo pelo que estabelece o CPC que as partes têm o direito de empregar todos os meios legais "para provar a verdade dos fatos em que se funda o pedido ou a defesa e influir diretamente na convicção do juiz" (art. 369), dispositivo também aplicável subsidiariamente ao processo do trabalho.

---

(30) CASELLI, Guilherme. *Manual de Investigação Digital*. São Paulo: Juspodivm, 2021, p. 296.

Frisa-se que uma vez lícita a prova não pode ser, *a priori*, considerada inválida. Qualquer prova passa por uma valoração do magistrado a partir dos requisitos de validade já apresentados ou ainda, de outros a serem constituídos e trazidos aos autos em caso de impugnação fundamentada neste sentido ou determinação judicial para o regular enquadramento e formação da convicção do magistrado.

Aliás, quanto a esta convicção, caso surja uma dúvida relevante e, ainda assim, sempre balizada, esta determinação segue pelos requisitos da proporcionalidade, razoabilidade e probabilidade da eficiência da medida solicitada, a fim de se obter uma análise dos requisitos de imutabilidade, integralidade, temporalidade e publicidade e, assim, quanto mais próximos a eles, mais segura e "perfeita" será a prova, pois a fragilidade, ou não, dos elementos para valoração não se confundem com a análise de admissão da prova, esta sim restrita à análise de sua licitude.

O mesmo raciocínio acima expendido vale, portanto, para os metadados, que não são imprescindíveis à comprovação do teor dos documentos digitais, caso não sejam impugnados devidamente pela parte contrária a que apresentou a prova. Nesse aspecto, cumpre-nos sublinhar, mais uma vez, o disposto nos artigos 411 e 422 do Código de Processo Civil, e no art. 225 do Código Civil, que tratam da necessidade de impugnação específica, havendo outros ainda que reforçam o ônus da impugnação, como o art. 341 do CPC e o próprio art. 830 da CLT, no que for cabível. Evidentemente, os metadados podem servir para comprovação da autenticidade do documento original e ainda para demonstrar a temporalidade do dado, porém não pode ser colocada como uma condição *sine qua non* à validade da prova digital no processo do trabalho.

CONCLUSÕES

Por todo o exposto acima, devemos ter muito cuidado e bastante atenção na análise técnica e na aplicação literal dos conceitos de cadeia de custódia e de metadados, conforme previsto em nosso ordenamento legal, a fim de evitarmos exigir uma formalidade muito rigorosa e desproporcional — senão errônea — às partes envolvidas em uma lide trabalhista que pretendem apenas e tão somente demonstrar como determinada conversa se desenrolou, como aquela fotografia foi tirada ou como aquele *e-mail* foi recebido ou enviado sem que para tanto, eles, parte empregada ou empregadora, tenham que ser equiparados legalmente a "interventores ou especialistas", nos termos conceituais típicos (e legais) da cadeia de custódia e do previsto na norma técnica da ABNT, inclusive.

Efetivamente, é muito importante que as partes tenham conhecimento acerca da coleta e preservação de todos os elementos de validade da prova digital obtidos por meios lícitos, e assim, com a maior quantidade de elementos possível para esta prova pré-constituída, trazida na defesa das respectivas teses para, e a partir de então, submetê-la aos comandos processuais previstos no nosso ordenamento processual cível e trabalhista, desde sua valoração até a formação do convencimento do magistrado. Ou seja, quanto mais metadados e quanto mais preservada a cadeia de custódia, mais segura e precisa será a prova.

Todavia, confundir dados de preservação de autenticidade, integridade, integralidade e temporalidade da evidência digital com violação de cadeia de custódia, parece ser um equívoco conceitual que coloca em xeque muitos documentos digitais obtidos de forma simples, mas não menos eficiente, e sobre os quais ainda subsistem inúmeros outros meios de análise de sua validade, talvez até exigindo, oportunamente, a observância da cadeia de custódia. Não se pode misturar, pois, com os caminhos técnicos e objetivos, com formulário próprio, na averiguação de um dispositivo ou documento a partir de averiguação determinada judicialmente por *longa manus* do Magistrado, em sede trabalhista, sobretudo.

Portanto, antes de se rechaçar qualquer prova digital por inexistência ou insuficiência de metadados ou de falta de preservação da cadeia de custódia, torna-se imperioso atentar às narrativas das partes no processo. Além disso, deve-se buscar observar os comandos constitucionais de garantia do contraditório e da ampla defesa, bem como ao princípio geral da instrumentalidade, e ainda aos especiais da simplicidade e da informalidade, peculiares ao processo do trabalho, e que norteiam a conduta do magistrado e da magistrada trabalhista na condução processual.

REFERÊNCIAS

BERNARDES, Felipe. *Manual de Processo do Trabalho*. 2. ed. Salvador: Juspodivm, 2019.

CAIRO JÚNIOR, José. *Curso de Direito Processual do Trabalho.* Salvador: Juspodivm, 2015.

CASELLI, Guilherme. *Manual de Investigação Digital.* São Paulo: Juspodivm, 2021.

JOBIM, Marco Félix. Comentários ao artigo 5º, LV, da Constituição Federal de 1988. In: SARLET, Ingo Wolfgang; STRECK, Lenio; MENDES, Gilmar Ferreira (Coord.). *Comentários à Constituição do Brasil.* 2. ed. São Paulo: Saraiva Educação, 2018.

KIST, Dario José. *Prova Digital no Processo Penal.* 2. ed. Leme-SP: Mizuno, 2024.

PINHEIRO, Patricia Peck. *Direito Digital.* São Paulo: Saraiva, 2021.

ROCHA, Cláudio Jannotti da. *Curso de Direito Processual do Trabalho.* Brasília-DF: Venturoli, 2024.

TARUFFO, Michele. *Uma simples verdade*: o juiz e a construção dos fatos. São Paulo: Marcial Pons, 2016.

TEIXEIRA FILHO, Manoel Antonio. *Curso de direito processual do trabalho.* São Paulo: LTr, 2009, vol. I.

THAMAY, Rennan; TAMER, Mauricio. *Provas no direito digital*: conceito da prova digital, procedimentos e provas digitais em espécie. São Paulo: Thomson Reuters Brasil.

Os parâmetros jurídicos para uso de provas digitais no Brasil

Larissa Matos (*)

1. INTRODUÇÃO

O avanço tecnológico tem transformado a sociedade, impactando, inclusive, o processo judicial. Estamos testemunhando uma rápida evolução da tecnologia, que molda a forma como interagimos, comunicamos e armazenamos dados.

A ubiquidade da tecnologia no ambiente de trabalho e na sociedade gera uma quantidade considerável de dados que podem ser utilizados em processos judiciais para apuração de fatos.

Nesse cenário, as provas digitais têm ganhado destaque e mostram uma tendência de expansão, notadamente em razão dos resultados eficazes proporcionados pela tecnologia — nesse sentido, os meios tecnológicos possibilitam a investigação de fatos de maneira objetiva, eliminando subjetividades humanas e oferecendo uma representação mais precisa e imparcial.

É nesse contexto que se desenvolverá o artigo para examinar os parâmetros jurídicos para uso de provas digitais no Brasil, abordando normas do Código de Processo Civil, Código de Processo Penal, Marco Civil da *Internet* (Lei n. 12.965/14) e Lei Geral de Proteção de Dados (Lei n. 13.709/18), fornecendo uma análise sobre a admissibilidade e validade das provas digitais.

(*) Advogada do Sales Matos Advocacia. Pós-doutoranda em Direito do Trabalho (USP). Doutora em Direito do Trabalho (USP). Doutorado sanduíche (Programa CAPES-PRINT) na Universidad de Barcelona. Mestre em Direito do Trabalho pela Universidad de Palermo. Integrante do corpo docente da ABRAT. Professora de cursos e de pós-graduação. Pesquisadora do Núcleo de Pesquisa e Extensão da USP; O trabalho além do direito do trabalho&quot, coordenado pelo professor Guilherme Guimarães Feliciano. Pesquisadora do Grupo de Pesquisa da USP "Meio ambiente do Trabalho", coordenado pelo professor Guilherme Guimarães Feliciano. Pesquisadora do Grupo de Pesquisa Proteção do Trabalhador e Promoção das Relações de Trabalho, coordenado pelo professor Otavio Pinto e Silva.

Para tanto, o artigo será dividido em duas seções principais. Inicialmente, será feita uma análise do ordenamento jurídico brasileiro, seguida por uma abordagem sobre a admissibilidade e validade das provas digitais.

Ao explorar a admissibilidade e validade dessas provas, busca-se contribuir para o entendimento das dinâmicas legais relacionadas ao uso das provas digitais nos processos judiciais trabalhistas no Brasil.

2. AS PROVAS DIGITAIS NO ORDENAMENTO JURÍDICO BRASILEIRO

A incorporação do uso de provas digitais reflete um novo contexto na sociedade da informação. Diante da constante produção de dados por dispositivos informáticos, conhecida como *big data*(1), é importante ter parâmetros jurídicos para regulamentar essas mudanças.

Nesse sentido, o promotor de justiça Fabrício Rabelo Patury destaca a necessidade de adaptar os meios de instrução às novas ferramentas e informações disponíveis, reconhecendo que a cultura de interação constante com tecnologia gera inúmeros registros digitais(2).

Isso implica uma reavaliação do modelo tradicional de produção de provas, que se baseava principalmente na oitiva de testemunhas, tornando a utilização de registros digitais uma quase inevitável necessidade atualmente. Nesse sentido, o surgimento das provas digitais busca aprimorar a eficiência probatória do processo, adaptando-se a uma sociedade digital e interconectada(3).

Trata-se de um instrumento que tem capacidade de apresentar dados consistentes e confiáveis sobre fatos controversos, sendo os dados provenientes de redes sociais e outras plataformas digitais consideradas contrapontos objetivos às informações fornecidas por testemunhas convocadas pelas partes(4).

Contudo, para haver a confiabilidade, a prova digital deve observar parâmetros estabelecidos no ordenamento, como será abordado nesse tópico. Afinal, a confiabilidade da prova documental, essencialmente baseada na estabilidade do suporte de informação,

(1) TST. **Especial:** Justiça do Trabalho é pioneira no uso de provas digitais. Disponível em: https://www.tst.jus.br/provas-digitais#:~:text=O%20uso%20das%20provas%20digitais,eficazmente%20na%20convic%C3%A7%C3%A3o%20do%20juiz. Acesso em: 31 jan. 2024.

(2) TST. **Especial:** Justiça do Trabalho é pioneira no uso de provas digitais. Disponível em: https://www.tst.jus.br/provas-digitais#:~:text=O%20uso%20das%20provas%20digitais,eficazmente%20na%20convic%C3%A7%C3%A3o%20do%20juiz. Acesso em: 31 jan. 2024.

(3) TST. **Especial:** Justiça do Trabalho é pioneira no uso de provas digitais. Disponível em: https://www.tst.jus.br/provas-digitais#:~:text=O%20uso%20das%20provas%20digitais,eficazmente%20na%20convic%C3%A7%C3%A3o%20do%20juiz. Acesso em: 31 jan. 2024.

(4) TST. **Especial:** Justiça do Trabalho é pioneira no uso de provas digitais. Disponível em: https://www.tst.jus.br/provas-digitais#:~:text=O%20uso%20das%20provas%20digitais,eficazmente%20na%20convic%C3%A7%C3%A3o%20do%20juiz. Acesso em: 31 jan. 2024.

é desafiada pela natureza volátil dos documentos eletrônicos, suscetíveis a alterações fáceis em meios de regravação. Para impedir alterações, as premissas relacionadas à prova em suporte físico são aplicáveis à prova digital, pois a evolução tecnológica introduz novos suportes sem alterar a essência do registro de fatos(5).

Ademais, a resistência inicial à prova digital, semelhante à enfrentada por outras tecnologias no passado, é superada pela familiaridade crescente e pelo avanço legislativo(6).

No contexto brasileiro, o Código de Processo Civil de 2015 reconhece a validade dos documentos eletrônicos. A Lei n. 12.965/2014, conhecida como Marco Civil da *Internet*, também aborda aspectos relacionados à informática e ao direito à prova, embora com críticas à sua possível interpretação problemática. Esses marcos legislativos estabelecem reconhecimento e regulamentação para a prova digital, refletindo a adaptação do ordenamento jurídico à era digital(7).

Em se tratando de provas digitais, podemos apontar como exemplos os *e-mails* e mensagens de *WhatsApp*, registros de redes sociais, como *Facebook* e *Instagram*, documentos eletrônicos, como contratos e recibos, registros de acesso a sistemas internos, vídeos, áudios, registros de GPS etc.

Ana Paula Miskulin, Danielle Bertachini e Platon Neto(8) explicam que

> São exemplos de provas digitais as fotografias digitais, arquivos de textos, áudios, vídeos, planilhas eletrônicas, entre outros, independente da base física eletrônica na qual estejam armazenados, como um servidor, telefone celular, HD, pen drive, cartão de memória ou mesmo um computador de mesa ou *tablet*.

Pedro De La Torre Rodríguez destaca as seguintes características da prova digital: a) intangível, pois não pode ser percebida diretamente pelos sentidos, requerendo processos computacionais; b) replicável, uma vez que está em formato digital, podendo ser copiada diversas vezes; c) volátil, sendo mutável e sujeita a modificações; d) deletável, podendo ser facilmente destruída sem o suporte digital; e) parcial, podendo ser composta

(5) PASTORE, Guilherme de Siqueira. *Considerações sobre a autenticidade e a integridade da prova digital.* Disponível em: https://www.tjsp.jus.br/download/EPM/Publicacoes/CadernosJuridicos/i_5_considera%C3%A7%C3%B5es_autenticidade.pdf?d=637250343071305756. Acesso em: 31 jan. 2024.

(6) PASTORE, Guilherme de Siqueira. *Considerações sobre a autenticidade e a integridade da prova digital.* Disponível em: https://www.tjsp.jus.br/download/EPM/Publicacoes/CadernosJuridicos/i_5_considera%C3%A7%C3%B5es_autenticidade.pdf?d=637250343071305756. Acesso em: 31 jan. 2024.

(7) PASTORE, Guilherme de Siqueira. *Considerações sobre a autenticidade e a integridade da prova digital.* Disponível em: https://www.tjsp.jus.br/download/EPM/Publicacoes/CadernosJuridicos/i_5_considera%C3%A7%C3%B5es_autenticidade.pdf?d=637250343071305756. Acesso em: 31 jan. 2024.

(8) MISKULIN, Ana Paula; BERTACHINI, Danielle; NETO, Platon Teixeira de Azevedo Neto. "Dadologia" e a sociedade digital: novos paradigmas e seus impactos no processo do trabalho. *In: Provas digitais no processo do trabalho*: realidade e futuro. MISKULIN, Ana Paula; BERTACHINI, Danielle; NETO, Platon Teixeira de Azevedo Neto (coord.). Vol.1. Campinas: Lacier, 2023, p.19.

por vários arquivos dispersos em diferentes meios digitais, como sistemas de nuvem, o que acrescenta complexidade à sua apreensão e preservação[9].

A Consolidação das Leis do Trabalho — CLT não define normas específicas para provas digitais, permitindo a aplicação de outras disposições do ordenamento jurídico, conforme previsto no art. 769 da CLT. Nesse contexto, destaca-se o Código de Processo Civil — CPC, que oferece diretrizes sobre o direito probatório, desde que em consonância com a CLT, nos termos estabelecido pelo art. 15 do CPC[10].

2.1. Normas previstas no Código de Processo Civil

O art. 369 do CPC concede às partes o direito de empregar todos os meios legais e moralmente legítimos para provar a verdade, enquanto o art. 370 atribui ao juiz a determinação das provas necessárias[11].

Portanto, o uso de provas digitais encontra respaldo nos artigos 369 e 370 do Código de Processo Civil, permitindo às partes utilizar meios legais e moralmente legítimos para provar os fatos e influenciar a convicção do juiz[12].

Assim, a ordem de utilização das provas não é rigidamente definida, e a magistratura pode avaliar as provas de acordo com a relevância e a pertinência para cada caso específico.

Portanto, não há uma regra estrita que obrigue o juiz ou a juíza a usar primeiro outras formas de prova decorrentes de meios analógicos antes de recorrer às provas digitais. A decisão sobre a ordem de utilização das provas depende do contexto do caso, da natureza provas disponíveis e da estratégia das partes envolvidas.

Nessa toada, a magistratura do trabalho tem a liberdade de avaliar as provas de maneira a melhor esclarecer os fatos controversos e tomar decisões informadas.

Assim, a orientação geral é que o juiz ou juíza analise as provas, independentemente de sua natureza (sejam elas documentos físicos, testemunhas orais ou provas digitais), com o objetivo de alcançar uma decisão justa e fundamentada, permeada pelo contraditório e ampla defesa (5º, LV, da CF/88).

---

(9) RODRÍGUEZ, Pedro De La Torre. *La prueba digital en el proceso judicial*. Disponível em: https://indalics.com/blog-peritaje-informatico/prueba-digital-proceso-judicial. Acesso em: 20 abr. 2024

(10) MATOS, Larissa. Prova digital no processo do trabalho. *In: O Processo do Trabalho é para todo mundo*. RODRIGUES, Adriana L. Saraiva Lamounier; MATOS, Larissa; Dombkowitsch, Luciana Alves; TOSS, Luciane; SAMPAIO, Silvia Cristina Carvalho (org.). Bauru: Canal 6 editora, 2022.

(11) MATOS, Larissa. Prova digital no processo do trabalho. In: *O Processo do Trabalho é para todo mundo*. RODRIGUES, Adriana L. Saraiva Lamounier; MATOS, Larissa; Dombkowitsch, Luciana Alves; TOSS, Luciane; SAMPAIO, Silvia Cristina Carvalho (org.). Bauru: Canal 6 editora, 2022.

(12) TST. **Especial:** Justiça do Trabalho é pioneira no uso de provas digitais. Disponível em: https://www.tst.jus.br/provas-digitais#:~:text=O%20uso%20das%20provas%20digitais,eficazmente%20na%20convic%C3%A7%C3%A3o%20do%20juiz. Acesso em: 31 jan. 2024.

Contudo, há que se observar que o processo do trabalho é regido por princípios específicos, como o da oralidade, que enfatiza a importância da comunicação verbal direta durante as audiências e, assim, tradicionalmente valoriza a manifestação verbal e imediata das partes.

Nesse ponto, há que se conciliar a agilidade e a informalidade característica das audiências trabalhistas com o uso das provas digitais, para que não se comprometa a eficácia do princípio da oralidade, garantindo a celeridade e a simplicidade procedimental.

Logo, a coexistência do princípio da oralidade com a introdução de provas digitais demanda uma abordagem equilibrada, visando otimizar a eficiência do processo sem comprometer a essência da justiça laboral.

Sobre o tema, José Antônio Ribeiro de Oliveira Silva[13] esclarece que:

> [...] convém ponderar que as provas digitais não eliminam, jamais, a necessidade de produção de prova oral na ampla maioria dos processos trabalhistas, pois o contrato de trabalho é um contrato-realidade, motivo pelo qual a prova testemunhal se sobrepõe à prova documental na Justiça especializada. Compreender a dinâmica da prova digital é fundamental para se produzi-la e para impugná-la, mas os atores jurídicos, em especial os advogados, não podem, jamais, olvidar-se de que a oralidade está no DNA do processo do trabalho, motivo pelo qual a prova digital jamais poderá substituir a prova oral na audiência trabalhista, servindo, antes, como instrumento de confirmação ou refutação de situações ocorridas nas relações de trabalho, que são de trato sucessivo.

O referido autor ainda complementa[14]:

> A prova digital não pode ser vista como a panaceia de todos os males, devendo a parte, inclusive, ao apresentar o requerimento de sua produção, apontar (i) fato determinado e (ii) justificar a necessidade da referida prova, apontando a data ou, no mínimo, período específico, em conformidade com o art.22, parágrafo único, da Lei 12.965/2014 [...].

Especificamente sobre documento eletrônico, os artigos 439, 440 e 441 do Código de Processo Civil estabelecem regras para a utilização. O art. 439 determina

(13) SILVA, José Antônio Ribeiro de Oliveira. Prova digital: um breve estudo sobre o seu conceito, natureza jurídica, requisitos e regras de ônus da prova correlatas. *In: Provas digitais no processo do trabalho*: realidade e futuro. MISKULIN, Ana Paula; BERTACHINI, Danielle; NETO, Platon Teixeira de Azevedo Neto (coord.). Vol. 2. Campinas: Lacier, 2023, p. 91.

(14) SILVA, José Antônio Ribeiro de Oliveira. Prova digital: um breve estudo sobre o seu conceito, natureza jurídica, requisitos e regras de ônus da prova correlatas. *In: Provas digitais no processo do trabalho*: realidade e futuro. MISKULIN, Ana Paula; BERTACHINI, Danielle; NETO, Platon Teixeira de Azevedo Neto (coord.). Vol. 2. Campinas: Lacier, 2023, p. 91.

que a utilização desses documentos dependerá de sua conversão à forma impressa e da verificação de sua autenticidade. Ou seja, já traz um requisito de admissibilidade que é autenticidade.

A autenticidade refere-se à garantia de que um documento ou informação não foi alterado ou manipulado de forma indevida[15]. Para garantir a autenticidade de documentos eletrônicos, são empregadas diversas técnicas e medidas. Entre elas, o uso de assinaturas digitais, que são equivalentes eletrônicos das assinaturas manuscritas.

Além disso, a conversão à forma impressa, conforme previsto no art. 439 do CPC, pode ser uma medida para verificar a autenticidade, pois possibilita a comparação com versões físicas do documento.

No entanto, a tecnologia também oferece métodos avançados de verificação de autenticidade para documentos eletrônicos, como a utilização de códigos *hash*[16], que geram identificadores únicos para cada versão do documento.

O código *hash* presente no documento assinado é um cálculo matemático, como o SHA256, utilizado para criptografar o documento original. Esse código tem a função de comprovar a originalidade do documento, assegurando que não houve fraude ou modificação após a assinatura. O SHA256, um algoritmo de *hash* de alta segurança, é empregado para gerar códigos exclusivos, garantindo que cada documento assinado seja genuíno e que seu conteúdo permaneça inalterado mesmo após a assinatura[17].

O art. 411 do CPC estabelece critérios para considerar um documento como autêntico: 1) se a firma do signatário for reconhecida por um tabelião; 2) se a autoria for identificada por qualquer outro meio legal de certificação, incluindo certificação eletrônica, conforme a lei; 3) quando não houver impugnação pela parte contra quem o documento foi produzido.

O art. 440 do CPC estipula que o juiz avaliará o valor probante do documento eletrônico não convertido, garantindo às partes o acesso ao seu conteúdo. E o art. 441 do CPC destaca que serão admitidos documentos eletrônicos desde que produzidos e conservados em conformidade com a legislação específica.

Já o a art. 429 do CPC estabelece o ônus da prova, prevendo que quando se tratar de falsidade de documento ou de preenchimento abusivo, o ônus recai sobre a parte que alegar a falsidade; se for uma impugnação da autenticidade, a parte que produziu o documento é responsável pelo ônus da prova.

---

(15) THAMAY, Rennan; TAMER, Maurício. *Provas no direito digital*: conceito da prova digital, procedimentos e provas digitais em espécie. São Paulo: Revistas dos Tribunais, 2020.

(16) CLICKSING. *O que é o Código Hash presente no documento assinado*? Disponível em: https://ajuda.clicksign.com/article/704-o-que-e-o-codigo-hash-presente-no-documento-assinado. Acesso em: 31 jan. 2024.

(17) CLICKSING. *O que é o Código Hash presente no documento assinado*? Disponível em: https://ajuda.clicksign.com/article/704-o-que-e-o-codigo-hash-presente-no-documento-assinado. Acesso em: 31 jan. 2024.

Ou seja, aquele que argumentar que o documento é falso ou que seu preenchimento foi feito de maneira inadequada deve apresentar as provas necessárias para sustentar essa alegação. E se a autenticidade do documento for contestada, a parte que apresentou o documento deve fornecer as provas necessárias para demonstrar sua autenticidade.

A autenticidade e integridade das provas digitais são elementos essenciais. A partir deles, é possível saber se a prova digital é genuína e não foi manipulada. Isso pode incluir a verificação da autenticidade de *e-mails*, mensagens de texto, documentos eletrônicos e outras formas de comunicação digital.

2.2. Normas previstas no Código de Processo Penal

Outro requisito previsto no ordenamento jurídico que se relaciona com a autenticidade e integridade é a cadeia de custódia.

Sobre o tema, a quinta turma do Superior Tribunal de Justiça — STJ decidiu que "São inadmissíveis as provas digitais sem registro documental acerca dos procedimentos adotados pela polícia para a preservação da integridade, autenticidade e confiabilidade dos elementos informáticos"(18).

Na decisão, a Turma deixou claro que a cadeia de custódia é fundamental para garantir a integridade e autenticidade das provas, especialmente em casos envolvendo provas digitais(19).

Ainda, enfatizou que, apesar da volatilidade dos dados digitais, mecanismos, como a criação de uma imagem completa do dispositivo e o uso de algoritmos *hash*, podem assegurar a integridade das provas(20).

Assim, a ausência de registros documentais sobre a coleta e preservação dos equipamentos compromete a confiabilidade da prova. A falta de documentação básica, como a ausência de informações sobre o modo de coleta, quem teve contato com os equipamentos, e o trajeto entre a coleta e apresentação, indica uma falha na cadeia de custódia(21).

Em 2019, o Pacote Anticrime (Lei n. 13.964/19) introduziu regulamentações sobre a cadeia de custódia no Código de Processo Penal — CPP, definindo-a como o conjunto de procedimentos para manter e documentar a história cronológica do vestígio coletado em locais ou em vítimas de crimes(22).

---

(18) STJ. **Informativo de jurisprudência 763**. Disponível em: https://processo.stj.jus.br/docs_internet/informativos/PDF/Inf0763.pdf. Acesso em: 31 jan. 2024.

(19) STJ. **Informativo de jurisprudência 763**. Disponível em: https://processo.stj.jus.br/docs_internet/informativos/PDF/Inf0763.pdf. Acesso em: 31 jan. 2024.

(20) STJ. **Informativo de jurisprudência 763**. Disponível em: https://processo.stj.jus.br/docs_internet/informativos/PDF/Inf0763.pdf. Acesso em: 31 jan. 2024.

(21) STJ. **Informativo de jurisprudência 763**. Disponível em: https://processo.stj.jus.br/docs_internet/informativos/PDF/Inf0763.pdf. Acesso em: 31 jan. 2024.

(22) STJ. **A cadeia de custódia no processo penal**: do Pacote Anticrime à jurisprudência do STJ. Disponível em: https://www.stj.jus.br/sites/portalp/Paginas/Comunicacao/Noticias/2023/23042023-A-cadeia-de-custodia-no-processo-penal-do-Pacote-Anticrime-a-jurisprudencia-do-STJ.aspx. Acesso em: 31 jan. 2024.

Essa norma enfatiza a importância da correta coleta, preservação e acondicionamento dos vestígios desde o crime até a decisão final no processo penal para evitar a quebra da cadeia de custódia, o que pode comprometer a apuração da verdade[(23)].

O ministro Ribeiro Dantas, em decisão recente da Quinta Turma do STJ, destacou que a cadeia de custódia visa garantir o devido processo legal, a ampla defesa, o contraditório e o direito à prova lícita[(24)].

A cadeia de custódia, conforme definido pelo art. 158-A do CPP, compreende um conjunto de procedimentos destinados a manter e documentar a sequência cronológica dos vestígios coletados em locais de crime ou em vítimas.

Esse processo inicia-se com o reconhecimento do elemento como potencialmente relevante para a prova pericial, seguido por etapas que incluem o isolamento e a preservação do ambiente relacionado aos vestígios, a descrição detalhada no local do crime, o recolhimento para análise, a embalagem individualizada, a transferência com condições adequadas, o recebimento formal e documentado, o exame pericial para obtenção do resultado desejado, a guarda do material em condições adequadas e, finalmente, a liberação do vestígio em conformidade com a legislação e a autorização judicial quando necessário, conforme delineado pelo art. 158-B do CPP.

Essas medidas visam assegurar a integridade e autenticidade dos vestígios ao longo de todo o processo, desde sua descoberta até o eventual descarte. Assim, a quebra da cadeia de custódia pode gerar a nulidade da prova.

2.3. Normas previstas no Marco Civil da Internet

O Marco Civil da *Internet*, regulamentado pela Lei n. 12.965/2014, tem como propósito definir diretrizes para o uso da *internet* no Brasil, estabelecendo princípios, garantias e direitos. Destacam-se, no âmbito probatório, os princípios de proteção à privacidade e dados pessoais, refletidos nos direitos dos usuários à inviolabilidade do fluxo e sigilo de comunicações pela internet[(25)].

O art. 22[(26)] da lei possibilita à parte interessada, em processos judiciais cíveis ou penais, solicitar ao juiz o fornecimento de registros de conexão ou acesso a aplicações

---

(23) STJ. **A cadeia de custódia no processo penal**: do Pacote Anticrime à jurisprudência do STJ. Disponível em: https://www.stj.jus.br/sites/portalp/Paginas/Comunicacao/Noticias/2023/23042023-A-cadeia-de-custodia-no-processo-penal-do-Pacote-Anticrime-a-jurisprudencia-do-STJ.aspx. Acesso em: 31 jan. 2024.

(24) STJ. **A cadeia de custódia no processo penal**: do Pacote Anticrime à jurisprudência do STJ. Disponível em: https://www.stj.jus.br/sites/portalp/Paginas/Comunicacao/Noticias/2023/23042023-A-cadeia-de-custodia-no-processo-penal-do-Pacote-Anticrime-a-jurisprudencia-do-STJ.aspx. Acesso em: 31 jan. 2024.

(25) TAVARES, João Paulo Lordelo Guimarães. *O regime jurídico das provas digitais no direito brasileiro.* Disponível em: https://edisciplinas.usp.br/pluginfile.php/7508125/mod_resource/content/1/2.4.%20Lordelo%20-%20Provas%20Digitais.pdf. Acesso em: 31 jan. 2024.

(26) Art. 22 da Lei n. 12.965/2014. A parte interessada poderá, com o propósito de formar conjunto probatório em processo judicial cível ou penal, em caráter incidental ou autônomo, requerer ao juiz que ordene ao responsável pela guarda o fornecimento de registros de conexão ou de registros de acesso a aplicações de internet.

de internet, mediante requisitos específicos, como indícios do ilícito e justificativa motivada(27).

É essencial compreender que o pedido, conforme o art. 22 pode variar entre a quebra de dados já armazenados em provedores de conexão e a interceptação do fluxo de dados em tempo real(28).

No entanto, a necessidade de indicar o período ao qual se referem os registros tem interpretações distintas, sendo questionável no contexto da interceptação do fluxo de dados. Há, também, a ausência de regulamentação detalhada sobre dados relevantes, como informações cadastrais em redes sociais ou conteúdo de mensagens privadas, levantando questões sobre sua proteção e acesso(29).

Explica João Paulo Lordelo Guimarães Tavares que o Marco Civil da *Internet*, ainda, aborda as requisições de preservação de conteúdo, um instrumento relevante diante da facilidade de usuários excluírem dados, especialmente após a LGPD.

Assim, conforme o art. 13, § 2º, e o art. 15, § 2º, autoridades policiais, administrativas ou o Ministério Público podem requisitar cautelarmente que registros de conexão ou acesso a aplicações de *internet* sejam guardados por prazo superior ao legal(30).

Segundo João Paulo Lordelo Guimarães Tavares, embora denominado requerimento, esse procedimento assemelha-se a uma requisição direta aos provedores, pois, após 60 dias, a autoridade requerente deve pedir autorização judicial para acessar os registros(31).

A legislação permite que provedores de aplicações de *internet* estabeleçam ferramentas automatizadas para preservação de conteúdo, e alguns, como o *Facebook*, já implementaram plataformas específicas para solicitações online de autoridades de

---

Parágrafo único. Sem prejuízo dos demais requisitos legais, o requerimento deverá conter, sob pena de inadmissibilidade:

I — fundados indícios da ocorrência do ilícito;

II — justificativa motivada da utilidade dos registros solicitados para fins de investigação ou instrução probatória; e

III — período ao qual se referem os registros.

(27) TAVARES, João Paulo Lordelo Guimarães. *O regime jurídico das provas digitais no direito brasileiro.* Disponível em: https://edisciplinas.usp.br/pluginfile.php/7508125/mod_resource/content/1/2.4.%20Lordelo%20-%20Provas%20Digitais.pdf. Acesso em: 31 jan. 2024.

(28) TAVARES, João Paulo Lordelo Guimarães. *O regime jurídico das provas digitais no direito brasileiro.* Disponível em: https://edisciplinas.usp.br/pluginfile.php/7508125/mod_resource/content/1/2.4.%20Lordelo%20-%20Provas%20Digitais.pdf. Acesso em: 31 jan. 2024.

(29) TAVARES, João Paulo Lordelo Guimarães. *O regime jurídico das provas digitais no direito brasileiro.* Disponível em: https://edisciplinas.usp.br/pluginfile.php/7508125/mod_resource/content/1/2.4.%20Lordelo%20-%20Provas%20Digitais.pdf. Acesso em: 31 jan. 2024.

(30) TAVARES, João Paulo Lordelo Guimarães. *O regime jurídico das provas digitais no direito brasileiro.* Disponível em: https://edisciplinas.usp.br/pluginfile.php/7508125/mod_resource/content/1/2.4.%20Lordelo%20-%20Provas%20Digitais.pdf. Acesso em: 31 jan. 2024.

(31) TAVARES, João Paulo Lordelo Guimarães. *O regime jurídico das provas digitais no direito brasileiro.* Disponível em: https://edisciplinas.usp.br/pluginfile.php/7508125/mod_resource/content/1/2.4.%20Lordelo%20-%20Provas%20Digitais.pdf. Acesso em: 31 jan. 2024.

aplicação da lei. Embora a preservação ocorra extrajudicialmente, o acesso aos dados preservados depende de autorização judicial, exceto em situações excepcionais, como flagrantes de crimes ou indícios de planejamento de suicídios de usuários[32].

Assim, o Marco Civil da *Internet* estabelece um arcabouço legal para a utilização e proteção de dados na internet, incluindo disposições específicas para evidências em processos judiciais, mas desafia interpretações e regulamentações adicionais diante das nuances tecnológicas e de privacidade[33].

2.4. Normas previstas na Lei Geral de Proteção de Dados — LGPD

Embora focada principalmente na proteção de dados pessoais, a LGPD também tem impactos significativos na utilização de provas digitais, especialmente no que diz respeito à privacidade e é aplicada no âmbito trabalhista.

Afinal, no ambiente de trabalho, o empregador lida com dados de empregados e terceirizados, havendo tratamento de dados desde o pré-contrato, estendendo-se ao longo do contrato e, em casos específicos, após sua finalização, como em obrigações legais de armazenamento[34].

Além disso, tecnologias como câmeras, biometria e controles de acesso são utilizadas para produção de provas. Nesse sentido, para as provas oriundas desses mecanismos serem válidas, devem seguir as normas legais, especialmente a LGPD, que impõe que o tratamento de dados seja realizado conforme as bases legais e os princípios estabelecidos (artigos 7º e 11)[35].

Dessa forma, a lei impõe que o tratamento observe princípios como finalidade, adequação, necessidade, transparência, segurança, prevenção e responsabilização. O não cumprimento dessas normas pode invalidar o tratamento de dados e resultar em sanções.

Assim, os princípios da LGPD, como finalidade, adequação e necessidade, orientam a interpretação das normas e regem o tratamento de dados, impondo que a empresa seja transparente sobre o uso de dados, informando aos titulares as finalidades e a duração do tratamento.

---

(32) TAVARES, João Paulo Lordelo Guimarães. *O regime jurídico das provas digitais no direito brasileiro.* Disponível em: https://edisciplinas.usp.br/pluginfile.php/7508125/mod_resource/content/1/2.4.%20Lordelo%20-%20Provas%20Digitais.pdf. Acesso em: 31 jan. 2024.

(33) TAVARES, João Paulo Lordelo Guimarães. *O regime jurídico das provas digitais no direito brasileiro.* Disponível em: https://edisciplinas.usp.br/pluginfile.php/7508125/mod_resource/content/1/2.4.%20Lordelo%20-%20Provas%20Digitais.pdf. Acesso em: 31 jan. 2024.

(34) MATOS, Larissa. A prova digital e o compliance em proteção de dados nas empresas. *In: Provas digitais no processo do trabalho*: realidade e futuro. MISKULIN, Ana Paula; BERTACHINI, Danielle; AZEVEDONETO, Platon Teixeira de (coord.). Vol. 2. Campinas: Lacier, 2023.

(35) MATOS, Larissa. a prova digital e o compliance em proteção de dados nas empresas. *In: Provas digitais no processo do trabalho*: realidade e futuro. MISKULIN, Ana Paula; BERTACHINI, Danielle; AZEVEDO NETO, Platon Teixeira de (coord.). Vol. 2. Campinas: Lacier, 2023.

Portanto, a LGPD exige a estrita observância de seus princípios e normas no contexto das provas obtidas no ambiente de trabalho. A falta de conformidade com as normas jurídicas pode levar à nulidade da prova, sendo proibida a admissibilidade de provas obtidas de forma ilícita, conforme estipulado pelo art. 5º, LVI, da Constituição Federal[36].

O tratamento de dados nas empresas, sobretudo no âmbito das provas digitais, tem o potencial de gerar nulidades, ressaltando a relevância da adequação à LGPD[37].

Assim, a falta de conformidade não apenas sujeita as empresas a multas, mas também pode influenciar diversas operações empresariais, incluindo casos de dispensa por justa causa sustentada por provas digitais. Nesse contexto, tais provas podem ser invalidadas se não estiverem em conformidade com as diretrizes estabelecidas pela LGPD[38].

3. ANÁLISE DA ADMISSIBILIDADE E VALIDADE DAS PROVAS DIGITAIS

No cenário específico das provas digitais, a aplicação dos princípios e normas da LGPD é essencial para garantir a autenticidade e integridade das provas apresentadas. Como se viu, o Código de Processo Civil, em seus artigos 411, 440 e 441, estabelece critérios para considerar um documento autêntico.

No âmbito do Código de Processo Penal, a cadeia de custódia aparece como um requisito fundamental para preservar a integridade e autenticidade das provas digitais.

Em consonância com esses princípios, o Marco Civil da Internet, regulamentado pela Lei n. 12.965/2014, desempenha um papel fundamental no arcabouço legal. O artigo 22 dessa legislação possibilita a requisição de registros de conexão ou acesso a aplicações de *internet* em processos judiciais, estabelecendo requisitos específicos.

Além disso, é imperativo considerar o impacto direto da LGPD nas provas digitais do ambiente de trabalho. Dessa forma, ao enfrentar um caso concreto envolvendo provas digitais, cabe à magistratura analisar a questão de acordo com as disposições legais, especialmente a LGPD, para avaliar a conformidade das práticas da empresa no tratamento de dados pessoais relacionados à coleta e uso da prova digital.

Por exemplo, o TRT-4[39] já concedeu mandado de segurança devido à falta de observância dos princípios da LGPD em relação à coleta de dados de geolocalização

(36) MATOS, Larissa. A prova digital e o compliance em proteção de dados nas empresas. *In: Provas digitais no processo do trabalho*: realidade e futuro. MISKULIN, Ana Paula; BERTACHINI, Danielle; AZEVEDO NETO, Platon Teixeira de (coord.). Vol. 2. Campinas: Lacier, 2023.

(37) MATOS, Larissa. a prova digital e o compliance em proteção de dados nas empresas. *In: Provas digitais no processo do trabalho*: realidade e futuro. MISKULIN, Ana Paula; BERTACHINI, Danielle; AZEVEDO NETO, Platon Teixeira de (coord.). Vol. 2. Campinas: Lacier, 2023.

(38) MATOS, Larissa. a prova digital e o compliance em proteção de dados nas empresas. *In: Provas digitais no processo do trabalho*: realidade e futuro. MISKULIN, Ana Paula; BERTACHINI, Danielle; AZEVEDO NETO, Platon Teixeira de (coord.). Vol. 2. Campinas: Lacier, 2023.

(39) MANDADO DE SEGURANÇA. PROVAS DIGITAIS. COLETA DE DADOS DE GEOLOCALIZAÇÃO. ADMISSIBILIDADE NO PROCESSO DO TRABALHO, DESDE QUE OBSERVADOS OS PRINCÍPIOS DO TRATAMENTO DE DADOS. CASO CONCRETO

no processo do trabalho. Para o Tribunal, embora as provas digitais sejam admissíveis, a decisão não respeitou a necessária limitação do tratamento de dados ao mínimo necessário, podendo abranger informações não relacionadas ao objeto do processo e violar a intimidade e privacidade do empregado. A segurança foi concedida para cassar a decisão atacada.

Para aplicar os princípios e normas da LGPD, a magistratura pode adotar abordagens específicas, formulando questionamentos que direcionem a sua análise para determinar se a empresa está aderindo aos requisitos estabelecidos pela legislação.

O magistrado ou a magistrada, ao examinar o caso, deve considerar a transparência e a disponibilização de informações pela empresa aos titulares, assegurando que estes estejam cientes das finalidades e da duração do tratamento de seus dados.

A avaliação também pode, a depender do caso, abranger questionamentos em relação à implementação de medidas de segurança pela empresa, verificando se são adotadas precauções para proteger os dados contra acessos não autorizados e para prevenir situações acidentais ou ilícitas de destruição, perda, alteração, comunicação ou difusão dos dados.

Outro ponto de atenção é o princípio da necessidade, que exige que o tratamento de dados seja limitado ao mínimo necessário para alcançar seus objetivos, garantindo que os dados coletados sejam pertinentes e proporcionais às finalidades do tratamento.

Adicionalmente, é relevante avaliar se o tratamento de dados está alinhado com as bases legais estipuladas no art. 7º (dados gerais) e art. 11 (dados sensíveis) da LGPD. Dessa forma, o(a) magistrado(a) pode direcionar sua análise para obter informações essenciais que contribuam para a verificação de se a empresa está aderindo às normas de proteção de dados — isso assegura a devida observância dos princípios da LGPD no contexto específico das provas digitais em questão, permitindo, assim, a apuração da validade da prova.

EM QUE A DECISÃO ATACADA NÃO OBSERVA PRINCÍPIOS DA LGPD. SEGURANÇA CONCEDIDA. I — As provas digitais, incluindo a coleta de dados de geolocalização, são compatíveis e admissíveis no processo do trabalho, à luz dos arts. 369 e 370 do CPC (princípio da atipicidade das provas) e do art. 765 da CLT (ampla liberdade ao juízo na direção do processo). II — A Lei Geral de Proteção de Dados — LGPD (Lei nº 13.709/2018) não surgiu com o intuito de proibir o acesso a dados pessoais, mas sim para regular o tratamento desses dados, fixando balizas objetivas para a proteção desse direito fundamental (art. 5º, LXXIX, CF). A própria lei elenca hipóteses em que se permite o tratamento de dados pessoais, incluindo o exercício regular de direitos em processo judicial, administrativo ou arbitral (art. 7º, VI; art. 11, II, "d"). Assim, desde que observados alguns princípios como finalidade, adequação, necessidade, segurança e não discriminação (art. 6º da LGPD), além de fundamentos como respeito à privacidade, inviolabilidade da intimidade, da honra e da imagem (art. 2º da LGPD), é possível o uso de provas digitais, a exemplo da geolocalização. III — Caso concreto em que a decisão atacada não observou a necessária limitação do tratamento de dados ao mínimo necessário para a realização das finalidades do processo. Dada a amplitude da determinação — coleta de geolocalização durante todo o período não prescrito, sem delimitação de dias da semana ou horários —, é possível que os dados a serem remetidos pela empresa de telefonia abranjam informações não relacionadas ao objeto do processo, com potencial violação à intimidade e à privacidade do empregado. Incidência do art. 6º, III e VIII, da LGPD. IV — Segurança concedida, para cassar a decisão atacada (TRT da 4ª Região, 1ª Seção de Dissídios Individuais, 0025826-89.2023.5.04.0000 MSCIV, em 31/10/2023, Desembargador Roger Ballejo Villarinho).

Quando o tema for muito técnico, a obtenção de pareceres técnicos periciais pode ser imprescindível, especialmente quando se busca atestar a autenticidade, integridade e origem das provas digitais apresentadas.

Além da expertise técnica, a análise de decisões judiciais precedentes pode fornecer orientação sobre a admissibilidade das provas digitais. Por exemplo, para o TRT-3[(40)], a legislação permite a quebra do sigilo da geolocalização em processos judiciais, mas sua utilização para provar a jornada de trabalho deve ser excepcional, evitando violações ao direito à intimidade e privacidade do trabalhador. Se a empresa já tinha apresentado os controles de ponto e depoimento de testemunha sobre a jornada, o Tribunal entendeu ser desnecessária a produção da prova digital solicitada.

Em outra decisão, o mesmo Tribunal[(41)] entendeu que não houve cerceamento de defesa na recusa à produção de prova digital da geolocalização para comprovar a jornada de trabalho, uma vez que a exposição desse tipo de informação viola a intimidade e privacidade do trabalhador. A medida deve ser excepcional e só aplicada quando os meios ordinários de prova não são suficientes.

No mesmo sentido, o TRT-4[(42)] concedeu mandado de segurança apontando violação dos direitos constitucionais à intimidade, inviolabilidade das comunicações e privacidade nos meios digitais, porque a prova digital foi utilizada para comprovar

---

(40) JORNADA DE TRABALHO. PROVA DIGITAL. DADOS DE GEOLOCALIZAÇÃO. EXCEPCIONABILIDADE DE ABERTURA DO SIGILO DE DADOS. OFENSA AO DIREITO À INTIMIDADE E À PRIVACIDADE DO TRABALHADOR. É certo que a legislação pátria autoriza a quebra do sigilo da geolocalização das partes do processo judicial (art. 10, § 2º e art. 22 da Lei n. 12.965/2014 — Marco Civil da Internet). Todavia, somente em casos excepcionais é que se deve utilizar de tal prova digital, pena de ofensa aos art. 5º, X e XII, da Constituição da República, art. 7º, I, art. 10, caput e art. 23 da Lei 12.965/2011 e art. 2º, I e IV, da Lei n. 13.709/2018 — LGPD). Assim, a utilização de dados de geolocalização do empregado, para fins de prova da duração de sua jornada de trabalho, por importar em ofensa ao direito à intimidade e privacidade, somente deve ser permitida quando inexistir outros meios de prova aptas à comprovação da jornada laboral cumprida. No caso dos autos, a reclamada juntou ao processo os controles de ponto da reclamante, além de ter apresentado testemunha que prestou depoimento sobre a jornada cumprida pela parte obreira, tornando, assim, dispensável a produção da prova digital requerida. Preliminar de cerceio do direito de produção de provas que se rejeita. (TRT da 3ª Região; PJe: 0010162-48.2021.5.03.0054 (ROT); Disponibilização: 21/11/2023; Órgão Julgador: Sétima Turma; Relator(a)/Redator(a) Convocada Daniela Torres Conceição)

(41) PRODUÇÃO DE PROVA DIGITAL. JORNADA DE TRABALHO. GEOLOCALIZAÇÃO. CERCEAMENTO DE DEFESA. INOCORRÊNCIA. A exibição da geolocalização, por revelar os horários e locais onde o trabalhador esteve, configura violação à sua intimidade e privacidade. Por se tratar de medida extrema e excepcional, só deve ser adotada, nas hipóteses em que a duração da jornada de trabalho não possa ser constatada pelos meios probatórios ordinários, o que não se verificou na presente demanda, em que houve a devida produção de prova oral e documental. Logo, não se constatou o alegado cerceamento de defesa sustentado pelo banco réu. Inteligência dos incisos X, XII, LIV e LV do art. 5º da Constituição Federal. (TRT da 3ª Região; PJe: 0010900-31.2022.5.03.0109 (ROT); Disponibilização: 06/11/2023; Órgão Julgador: Sexta Turma; Relator(a)/Redator(a) Maria Cristina Diniz Caixeta)

(42) MANDADO DE SEGURANÇA. ACESSO A DADOS DE GEOLOCALIZAÇÃO. VIOLAÇÃO DO DIREITO À INTIMIDADE, À INVIOLABILIDADE DAS COMUNICAÇÕES E À PRIVACIDADE NOS MEIOS DIGITAIS. Hipótese em que a prova digital foi adotada para suprir ônus probatório acerca de matéria fática, cuja questão controvertida envolve direito meramente patrimonial ao pagamento de horas extras sem registro. Violação do direito constitucional à intimidade (artigo 5º, X, da CF) e à inviolabilidade das comunicações (artigo 5º, XII, da CF), além do direito à privacidade nos meios digitais, conforme os artigos 1º e 2º da Lei 13.709/2018 (LGPD) e 7º da Lei 12.965/2014. Segurança concedida. TRT da 4ª Região, 1ª Seção de Dissídios Individuais, 0034766-77.2022.5.04.0000 MSCIV, em 29/05/2023, Desembargador Gilberto Souza dos Santos)

questão fática relacionada ao pagamento de horas extras sem registro, envolvendo direito meramente patrimonial.

Decidindo sobre a gravação ambiental em aplicativo *WhatsApp* apresentada como prova digital, o TRT-3[(43)] entendeu pela rejeição, porque havia ausência de elementos informáticos mínimos para garantir a veracidade do conteúdo. A documentação não fornecia informações sobre a data, contexto ou interlocutores envolvidos, não sendo adequada para comprovar os fatos alegados em juízo.

De modo geral, a prova deve ser admissível, obedecendo às regras legais para ser levada ao Judiciário. Ademais, a autenticidade é fundamental, sendo necessário vincular positivamente as provas materiais ao incidente em questão[(44)].

Além disso, a prova deve ser completa, contando toda a história em vez de apresentar apenas uma perspectiva específica. A confiabilidade é outra regra importante, não permitindo qualquer aspecto que coloque em dúvida a autenticidade e veracidade da prova. Igualmente, a prova deve ser crível, sendo facilmente compreensível por um tribunal[(45)].

A coleta e reprodução da prova digital exigem rigor e observância de uma metodologia com técnicas aptas a verificar sua precisão e validação. Esse processo deve seguir normas como as da ISO/IEC 27037, garantindo a observância de procedimentos que assegurem a integridade e autenticidade da prova digital. A cadeia de custódia, que documenta a história cronológica do vestígio coletado, também é vital, sendo prevista no CPP e no Projeto de Lei n. 4939/20[(46)].

---

(43) GRAVAÇÃO AMBIENTAL. PROVA DIGITAL. GRAVAÇÃO EM APLICATIVO WHATSAPP. Documentos digitais disponibilizados por meio do link incluso no processo, inicialmente, podem ser admitidos como meio de prova, com base no artigo 369 do CPC. Está, ainda, sedimentado pelo Supremo Tribunal Federal — STF (RE 583.937-QO-RG, Rel. Min. Cezar Peluso, j. 19/11/2009) que a gravação de conversa feita por um dos interlocutores, ainda que sem o conhecimento do outro, para fins de prova de direito, é lícita e pode ser usada em processo, desde que um dos interlocutores faça a gravação (gravação clandestina), que pode ser pessoal, telefônica ou ambiental. No caso em exame, entretanto, a referida documentação não guarda elementos informáticos mínimos para que o magistrado tenha garantia suficiente para afirmar a veracidade do conteúdo apresentado em juízo e embasar a sua decisão, sobretudo porque não é possível conhecer ou reconhecer a data dos fatos retratados nos arquivos de áudios e vídeos, o contexto em que foram gravados e nem os interlocutores, não se prestando, assim, para comprovação dos fatos alegados. (TRT da 3ª Região; PJe: 0010873-96.2022.5.03.0093 (ROT); Disponibilização: 31/10/2023, DEJT/TRT3/Cad.Jud, Página 1762; Órgão Julgador: Sétima Turma; Relator(a)/Redator(a) Cristiana M. Valadares Fenelon).

(44) MATOS, Larissa. Prova digital no processo do trabalho. *In*: *O Processo do Trabalho é para todo mundo*. RODRIGUES, Adriana L. Saraiva Lamounier; MATOS, Larissa; Dombkowitsch, Luciana Alves; TOSS, Luciane; SAMPAIO, Silvia Cristina Carvalho (org.). Bauru: Canal 6 editora, 2022.

(45) MATOS, Larissa. Prova digital no processo do trabalho. *In*: *O Processo do Trabalho é para todo mundo*. RODRIGUES, Adriana L. Saraiva Lamounier; MATOS, Larissa; Dombkowitsch, Luciana Alves; TOSS, Luciane; SAMPAIO, Silvia Cristina Carvalho (org.). Bauru: Canal 6 editora, 2022.

(46) MATOS, Larissa. Prova digital no processo do trabalho. *In*: *O Processo do Trabalho é para todo mundo*. RODRIGUES, Adriana L. Saraiva Lamounier; MATOS, Larissa; Dombkowitsch, Luciana Alves; TOSS, Luciane; SAMPAIO, Silvia Cristina Carvalho (org.). Bauru: Canal 6 editora, 2022.

Sobre o tema, decisão do TRT-2[47] destacou que, embora as provas digitais sejam válidas, sua eficácia depende do cumprimento de requisitos legais, incluindo autenticidade, integridade e preservação da cadeia de custódia. Ressaltou a importância de eliminar suspeitas sobre a autoria do fato digital. Citou o artigo 158-A do CPP, que define cadeia de custódia, e o artigo 384 do CPC, que permite atestar fatos por meio de ata notarial. Concluiu que, ao utilizar provas digitais, a parte deve garantir a clareza cronológica, autoria e autenticidade, recorrendo a ata notarial ou outros meios digitais adequados para assegurar a força probatória, responsabilidade não cumprida pela reclamante.

Por fim, a análise das provas digitais, especialmente as obtidas pelo *WhatsApp*, requer um teste triplo de admissibilidade, considerando autenticidade, integridade e legalidade. A autenticidade é essencial para averiguar a autoria, enquanto a integridade se refere à preservação do conteúdo original. A legalidade está relacionada à forma de obtenção da prova[48].

Nesse sentido, decisão do TRT-2[49] entendeu que a apresentação de *prints* de conversas do aplicativo *WhatsApp*, como qualquer prova digital, não é, por si só, um meio de convencimento eficaz no processo do trabalho. A falta de confirmação da autenticidade,

---

(47) PROVAS DIGITAIS. VALIDADE COMO MEIO DE PROVA. REQUISITOS. NECESSIDADE DE DEMONSTRAÇÃO DA AUTENTICIDADE E AUTORIA. É perfeitamente válida a produção e utilização de provas digitais. Entretanto, para a eficácia a atividade probatória, impõe-se o respeito a alguns requisitos legais, os quais não foram observados pelo reclamante. Segundo ensinam Rennam Thamay e Mauricio Tamer: "A utilidade da prova digital passa necessariamente pela observância de três fatores principais: (i) autenticidade; (ii) integridade; e (iii) preservação da cadeia de custódia. E, ao se falar em utilidade, quer se dizer que é o respeito a esses três fatores ou qualidades da atividade probatória digital que vai permitir que ela seja utilizada sem questionamentos válidos ou minimamente hábeis a desconstituir seu valor agregado. A falha em qualquer deles resultará na fragilidade da própria prova, tornando-a fraca e atém por vezes, imprestável ou impotente de produzir efeitos no caso concreto. Em outras palavras, não servirá para trazer ao processo ou procedimento o fato ocorrido no meio digital, razão pela qual, inclusive, pretende-se trabalhar também tais premissas quando do estudo adiante sobre as provas em espécie. A um, por autenticidade deve ser entendida a qualidade da prova digital que permite a certeza em relação ao autor ou autores do fato digital. Ou seja, é a qualidade que assegura que o autor aparente do fato é, com efeito, seu autor real. É a qualidade que elimina toda e qualquer hipótese válida e estruturada de suspeição sobre quem fez ou participou da constituição do fato do meio digital." (Provas no Direito Digital. São Paulo: RT. 2020. p. 39/40). O artigo 158-A, do CPP, incluído pela Lei 13.964/2019, define cadeia de custódia como: "Art. 158-A. Considera-se cadeia de custódia o conjunto de todos os procedimentos utilizados para manter e documentar a história cronológica do vestígio coletado em locais ou em vítimas de crimes, para rastrear sua posse e manuseio a partir de seu reconhecimento até o descarte." Prevê o artigo 384, do CPC: "Art. 384. A existência e o modo de existir de algum fato podem ser atestados ou documentados, a requerimento do interessado, mediante ata lavrada por tabelião. Parágrafo único. Dados representados por imagem ou som gravados em arquivos eletrônicos poderão constar da ata notarial". Destarte, ao se utilizar provas digitais, a parte deve cuidar para que reste clara a ordem cronológica dos fatos, a cerceta da autoria e a autenticidade dos fatos discutidos, valendo-se, para tanto, da ata notarial ou outros meios digitais aptos a assegurar a força probatória quanto a tais fatos, ônus do qual não se desincumbiu a reclamante. (TRT da 2ª Região; Processo: 1001588-26.2022.5.02.0017; Data: 18-10-2023; Órgão Julgador: 4ª Turma — Cadeira 5 — 4ª Turma; Relator(a): IVANI CONTINI BRAMANTE)

(48) MATOS, Larissa. Prova digital no processo do trabalho. *In*: *O Processo do Trabalho é para todo mundo*. RODRIGUES, Adriana L. Saraiva Lamounier; MATOS, Larissa; Dombkowitsch, Luciana Alves; TOSS, Luciane; SAMPAIO, Silvia Cristina Carvalho (org.). Bauru: Canal 6 editora, 2022.

(49) PROCESSO DO TRABALHO. PROVAS DIGITAIS. PRINTS DE CONVERSAS DE APLICATIVO WHATSAPP. A juntada de prints de telas de conversa de aplicativo "*WhatsApp*", a exemplo de qualquer prova digital, isoladamente considerada, em regra e ao contrário do senso comum, não configura meio de convencimento eficaz, pois as capturas de tela, sem a apresentação da necessária cadeia de custódia ou produção de prova da integridade da comunicação, não têm a autenticidade confirmada. Inteligência do art.411, do CPC, e artigos 158-A a 158-F do Código de Processo Penal (Lei

sem a devida cadeia de custódia ou prova de integridade da comunicação, compromete a validade desses prints, conforme o artigo 411 do CPC e os artigos 158-A a 158-F do Código de Processo Penal.

4. CONCLUSÃO

A utilização de provas digitais no processo do trabalho se revela uma ferramenta essencial para a busca da verdade e justiça nas demandas trabalhistas, num cenário em que a tecnologia trouxe consigo uma vasta gama de informações digitais, relevantes para a resolução de conflitos laborais.

Nesse sentido, o uso adequado dessas provas pode proporcionar ao juiz ou juíza trabalhista um conjunto mais abrangente e preciso de informações, contribuindo significativamente para decisões fundamentadas e justas.

No âmbito prático, as vantagens do uso de provas digitais no processo do trabalho são diversas: a documentação instantânea oferecida por mensagens de *e-mail* e *WhatsApp*; a natureza digital das provas permite uma preservação eficiente e precisa, mitigando riscos de perda ou deterioração de documentos relevantes; as comunicações entre empregador e empregado podem ser comprovadas por mensagens trocadas por meio de plataformas digitais, esclarecendo questões contratuais, tarefas atribuídas e instruções específicas; o rastreamento de atividades pode servir como prova em casos de uso inadequado da tecnologia ou violação de políticas internas ou mesmo realização de sobrejornada.

Contudo, apesar das vantagens, é importante que as partes envolvidas respeitem as normas relacionadas à coleta e apresentação de provas digitais. Questões de autenticidade, integridade e consentimento adequado devem ser cuidadosamente consideradas para garantir a admissibilidade dessas provas no processo do trabalho.

Nesse sentido, seguem sinteticamente os parâmetros estabelecidos no ordenamento jurídico em relação às provas digitais na seara trabalhista:

1) Manter o equilíbrio entre prova oral e digital;
2) Necessidade e justificativa da prova digital;
3) Admissibilidade condicionada à autenticidade e integridade da prova;
4) Preservação da cadeia de custódia;
5) Proteção aos direitos fundamentais, em especial à privacidade e à proteção de dados pessoais.
6) Observância dos requisitos para solicitação de registros de conexão, conforme Marco Civil da *Internet*.

13.964/2019), aplicáveis subsidiariamente. (TRT da 2ª Região; Processo: 1000546-82.2021.5.02.0014; Data: 07-07-2022; Órgão Julgador: 7ª Turma — Cadeira 3 — 7ª Turma; Relator(a): GABRIEL LOPES COUTINHO FILHO).

REFERÊNCIAS

CLICKSING. *O que é o Código Hash presente no documento assinado*? Disponível em: https://ajuda.clicksign.com/article/704-o-que-e-o-codigo-hash-presente-no-documento-assinado. Acesso em: 31 jan. 2024.

MATOS, Larissa. A prova digital e o compliance em proteção de dados nas empresas. *In: Provas digitais no processo do trabalho*: realidade e futuro. MISKULIN, Ana Paula; BERTACHINI, Danielle; AZEVEDO NETO, Platon Teixeira de (coord.). Vol. 2. Campinas: Lacier, 2023.

MATOS, Larissa. Prova digital no processo do trabalho. *In*: *O Processo do Trabalho é para todo mundo*. RODRIGUES, Adriana L. Saraiva Lamounier; MATOS, Larissa; Dombkowitsch, Luciana Alves; TOSS, Luciane; SAMPAIO, Silvia Cristina Carvalho (org.). Bauru: Canal 6 editora, 2022.

MISKULIN, Ana Paula; BERTACHINI, Danielle; NETO, Platon Teixeira de Azevedo Neto. "Dadologia" e a sociedade digital: novos paradigmas e seus impactos no processo do trabalho. *In: Provas digitais no processo do trabalho*: realidade e futuro. MISKULIN, Ana Paula; BERTACHINI, Danielle; AZEVEDO NETO, Platon Teixeira de (coord.). Vol. 1. Campinas: Lacier, 2023.

PASTORE, Guilherme de Siqueira. *Considerações sobre a autenticidade e a integridade da prova digital.* Disponível em: https://www.tjsp.jus.br/download/EPM/Publicacoes/CadernosJuridicos/i_5_considera%C3%A7%C3%B5es_autenticidade.pdf?d=637250343071305756. Acesso em: 31 jan. 2024.

RODRÍGUEZ, Pedro De La Torre. La prueba digital en el proceso judicial. Disponível em: https://indalics.com/blog-peritaje-informatico/prueba-digital-proceso-judicial. Acesso em: 20 abr. 2024.

SILVA, José Antônio Ribeiro de Oliveira. Prova digital: um breve estudo sobre o seu conceito, natureza jurídica, requisitos e regras de ônus da prova correlatas. *In: Provas digitais no processo do trabalho*: realidade e futuro. MISKULIN, Ana Paula; BERTACHINI, Danielle; AZEVEDO NETO, Platon Teixeira de (coord.). Vol. 2. Campinas: Lacier, 2023.

STJ. **Informativo de jurisprudência 763**. Disponível em: https://processo.stj.jus.br/docs_internet/informativos/PDF/Inf0763.pdf. Acesso em: 31 jan. 2024.

STJ. **A cadeia de custódia no processo penal**: do Pacote Anticrime à jurisprudência do STJ. Disponível em: https://www.stj.jus.br/sites/portalp/Paginas/Comunicacao/Noticias/2023/23042023-A-cadeia-de-custodia-no-processo-penal-do-Pacote-Anticrime-a-jurisprudencia-do-STJ.aspx. Acesso em: 31 jan. 2024.

TAVARES, João Paulo Lordelo Guimarães. *O regime jurídico das provas digitais no direito brasileiro.* Disponível em: https://edisciplinas.usp.br/pluginfile.php/7508125/mod_resource/content/1/2.4.%20Lordelo%20-%20Provas%20Digitais.pdf. Acesso em: 31 jan. 2024.

THAMAY, Rennan; TAMER, Maurício. *Provas no direito digital*: conceito da prova digital, procedimentos e provas digitais em espécie. São Paulo: Revistas dos Tribunais, 2020.

TRT-2. **Sistema de jurisprudência.** Disponível em: https://juris.trt2.jus.br/jurisprudencia/. Acesso em: 31 jan. 2024.

TRT-3. **Consulta Acórdãos na Íntegra.** Disponível em: https://juris.trt3.jus.br/juris/consultaBaseCompleta.htm. Acesso em: 31 jan. 2024.

TRT-4. **Decisões de 2º Grau**. Disponível em: https://www.trt4.jus.br/portais/trt4/acordaos. Acesso em: 31 jan. 2024.

TST. **Especial:** Justiça do Trabalho é pioneira no uso de provas digitais. Disponível em: https://www.tst.jus.br/provas-digitais#:~:text=O%20uso%20das%20provas%20digitais,eficazmente%20na%20convic%C3%A7%C3%A3o%20do%20juiz. Acesso em: 31 jan. 2024.

Impactos da produção de provas digitais no meio ambiente digital e no meio ambiente natural

Karine Vaz de Melo Mattos Abreu (*)

INTRODUÇÃO: ATUAL CONTEXTO SOCIAL

Os avanços das tecnologias de comunicação têm promovido crescente interação entre as pessoas, tornando-se o principal motor da sociedade da informação, que caracteriza uma nova comunidade local e global, sucessora da sociedade industrial. Este modelo atual de organização social pressupõe que a informação, como meio de criação de conhecimento, desempenha papel fundamental na produção de riqueza e na qualidade de vida dos cidadãos. Tem desencadeado mudanças significativas nas áreas do direito, educação, economia, saúde, ciência, trabalho, governo e relações entre países.

Vivemos um contexto social que apresenta aspectos muito singulares quando comparado a épocas pretéritas. As ciências sociais o qualificam de diversas formas, como: contemporaneidade, hipermodernidade, segunda modernidade, capitalismo tardio, pós-modernidade ou modernidade líquida. Este último termo, cunhado pelo sociólogo Zygmunt Bauman, traduz a instabilidade das relações sociais, econômicas e de produção, que se tornaram frágeis, fugazes, aceleradas e maleáveis, como os líquidos(1). Outra nomenclatura interessante é a que qualifica a sociedade atual de "mundo VUCA", sigla em inglês para Volatility (volatilidade), Uncertainty (incerteza), Complexity (complexidade)

(*) Juíza Substituta do Tribunal Regional do Trabalho da 15ª Região; pós-graduada em Direito Público pela Faculdade Projeção, mestranda em Direito Empresarial pela UNINOVE — Universidade Nove de Julho. ORCiD 0009-0004-8966-1397. Currículo Lattes: http://lattes.cnpq.br/1625564259350953. E-mail: karinevaz@trt15.jus.br

(1) BAUMAN, Zygmunt. *Modernidade líquida*. 1. ed. Rio de Janeiro: Zahar, 2001.

e Ambiguity (ambiguidade)[2]. Um mundo de mudanças rápidas e multifacetado, em que nada é fixo e tudo pode mudar a qualquer momento, com a constante sujeição a riscos incalculáveis e imprevisíveis.

No que tange à organização do capital e às relações laborais, presenciamos a consolidação da *Quarta Revolução Industrial*, fenômeno global que tem transformado os modos de produção, a gestão empresarial e os modelos de negócios. O uso de tecnologias avançadas, como inteligência artificial, robótica, nanotecnologia, internet das coisas, sistemas de simulação e computação em nuvem, tem impulsionado a produtividade e a competitividade das empresas, preparando-as para um mais alto patamar na atividade econômica, além de capacitar os indivíduos para as novas necessidades laborais que surgem a todo momento.

Já no âmbito do Direito e do chamado "Judiciário 5.0" (NEVES JUNIOR, 2020), o processo eletrônico e as provas digitais têm se revelado como elementos essenciais na atividade judicante e na instrução probatória dos processos, o que reflete a transformação trazida pela era da informação. Estes meios de prova permitem a comprovação de fatos ou circunstâncias relevantes através de documentos eletrônicos, e-mails, mensagens de texto, gravações de áudio e vídeo, postagens em redes sociais, arquivos de dados, geolocalização, registros de transações em plataformas digitais e muitas outras que ainda podem surgir. Por serem facilmente replicadas, editadas ou manipuladas, exigem um rigor técnico na sua coleta e preservação. Para garantir sua integridade e autenticidade, é essencial o uso de recursos como a criptografia, *Blockchain*[3], assinaturas digitais e ferramentas de certificação, que ajudam a assegurar que os dados não foram alterados. O uso destas tecnologias promete trazer maior agilidade e confiança ao processo, beneficiando o cidadão.

De todo modo, o armazenamento, o processamento e a transmissão de informações em meios digitais, cada vez em maior quantidade e de forma mais rápida, acaba por sujeitar as pessoas a uma ampla variedade de riscos, que nem sempre são facilmente perceptíveis ou identificáveis, podendo acarretar a exposição de dados sensíveis, além de inúmeros danos pessoais e ambientais. Para que o uso das tecnologias mencionadas seja conduzido de forma adequada, é indispensável que todos possam ter acesso a elas, de forma segura e sustentável.

A integração entre o ser humano e a tecnologia traz impactos não apenas aos usuários, mas também ao próprio espaço em que atuam. Daí a necessidade da tutela jurídica à produção de provas processuais no plano virtual, considerando-se suas possíveis repercussões ambientais, tanto no meio natural, quanto no digital.

---

(2) MARQUES, J. M., & TEIXEIRA, A. (2019). O impacto do mundo VUCA nas organizações brasileiras: Um estudo de caso em uma empresa do setor de tecnologia. Revista de Administração Contemporânea, 23(1), 61-81.

(3) Em tradução livre para o português: cadeia de blocos. Tecnologia de armazenamento seguro por blocos de dados conectados entre si, em que cada bloco é protegido por código ou assinatura digital única.

1. PROTEÇÃO CONSTITUCIONAL DO MEIO AMBIENTE FÍSICO E DIGITAL

Para compreender o real significado de meio ambiente, nos aspectos físico e digital, com sua necessária regulamentação e proteção, é imprescindível antes adentrar na definição do direito ambiental, que é o ramo jurídico constituído por leis, normas e princípios destinados à tutela dos bens ambientais. Encontra sustentação constitucional nos artigos 170, VI, e 225 da Constituição Federal de 1988:

> "Art. 170. A ordem econômica, fundada na valorização do trabalho humano e na livre iniciativa, tem por fim assegurar a todos existência digna, conforme os ditames da justiça social, observados os seguintes princípios:
>
> (...)
>
> VI — defesa do meio ambiente, inclusive mediante tratamento diferenciado conforme o impacto ambiental dos produtos e serviços e de seus processos de elaboração e prestação;"

> "Art. 225 Todos têm direito ao meio ambiente ecologicamente equilibrado, bem de uso comum do povo e essencial à sadia qualidade de vida, impondo-se ao Poder Público e à coletividade o dever de defendê-lo e preservá-lo para as presentes e futuras gerações."

Em decisão do Supremo Tribunal Federal de julho de 2005, na Ação Direta de Inconstitucionalidade (ADI) 3540, o então Ministro Presidente Nelson Jobim reiterou que a Constituição Federal impõe ao Poder Público o dever de defender e proteger o meio ambiente para as presentes e futuras gerações. Trata-se de grande *leading case*[(4)] que orienta a atuação empresarial em matéria ambiental.

O bem ambiental é o bem corpóreo ou incorpóreo "de uso comum do povo e essencial à sadia qualidade de vida", conceito amplo, indeterminado e aberto, que não se restringe à distinção entre público e privado e que pode ser identificado como todo aquele que garanta a dignidade da pessoa humana (artigo 1º, III, CF) (FIORILLO, 2024), ainda que não haja previsão expressa no texto constitucional original.

Conclui-se, portanto, que os bens ambientais relacionam-se com os direitos sociais elencados no artigo 6º da CF, que estabelecem um patamar civilizatório mínimo não taxativo: "a educação, a saúde, a alimentação, o trabalho, a moradia, o transporte, o lazer, a segurança, a previdência social, a proteção à maternidade e à infância, a assistência aos desamparados".

O conceito de meio ambiente cultural advém do disposto no artigo 216 do texto constitucional, que inclui as criações tecnológicas no inciso III:

> "Art. 216. Constituem patrimônio cultural brasileiro os bens de natureza material e imaterial, tomados individualmente ou em conjunto, portadores de referência à

---

(4) Em tradução livre para o português: Caso paradigmático.

identidade, à ação, à memória dos diferentes grupos formadores da sociedade brasileira, nos quais se incluem:

(...)

III — as criações científicas, artísticas e tecnológicas;"

Ontologicamente, a informação é um elemento cultural considerado como bem jurídico ambiental, de uso comum de todos. O direito à informação mantém intrínseca relação com a liberdade de expressão e os direitos da personalidade, também possuindo assento constitucional nos artigos 5º, IX, X e XIV, e 220:

"Art. 5º Todos são iguais perante a lei, sem distinção de qualquer natureza, garantindo-se aos brasileiros e aos estrangeiros residentes no País a inviolabilidade do direito à vida, à liberdade, à igualdade, à segurança e à propriedade, nos termos seguintes:

(...)

IX — é livre a expressão da atividade intelectual, artística, científica e de comunicação, independentemente de censura ou licença;

X — são invioláveis a intimidade, a vida privada, a honra e a imagem das pessoas, assegurado o direito a indenização pelo dano material ou moral decorrente de sua violação;

(...)

XIV — é assegurado a todos o acesso à informação e resguardado o sigilo da fonte, quando necessário ao exercício profissional;"

"Art. 220. A manifestação do pensamento, a criação, a expressão e a informação, sob qualquer forma, processo ou veículo não sofrerão qualquer restrição, observado o disposto nesta Constituição."

A concepção de meio ambiente digital deriva, pois, do meio ambiente cultural e da característica interdisciplinar do próprio direito ambiental. Traduz a inter-relação entre informação, dados, tecnologia e usuários na internet. As inovações tecnológicas estabeleceram redes comunicacionais globais, com grande influência nas relações sociais e culturais contemporâneas e, assim como o meio ambiente natural ou físico, o meio ambiente digital é um ecossistema complexo, que precisa ser protegido para garantir sua higidez, funcionalidade e sustentabilidade.

No julgamento da Ação de Descumprimento de Preceito Fundamental (ADPF) 857, o Ministro André Mendonça do STF endossou a compreensão de meio ambiente digital, em interpretação ao direito positivo, como desdobramento do meio ambiente cultural — que compreende as criações humanas — e em interseção com o direito à comunicação social. Transcrevo excerto elucidativo do voto:

"30. E, de fato, não poderia ser diferente numa época em que **nossa sociedade é descrita como "sociedade da informação", na era da "big data", ensejando o surgimento, inclusive, do conceito de um meio ambiente digital**.

31. Essa nova dimensão, produto do referido contexto social, exsurge como **desdobramento do conceito mais abrangente de meio ambiente cultural (CF, art. 215 e 216) e em interseção com o direito à comunicação social (CF, art. 220 a 224)**, como entende, por exemplo, o professor Celso Antônio Pacheco Fiorillo, relacionando-se às **noções de "espaço digital" ou "ciberespaço", que deve ser efetivamente protegido e regrado pelo Direito** (FIORILLO, Celso Antônio Pacheco. Curso de Direito Ambiental Brasileiro. 23. ed. São Paulo: SaraivaJur, 2023, p. 649-655).

32. Ocorre que, a par da importância dessa nova categoria enquanto **objeto autônomo merecedor de tutela jurídica específica**, penso que não se possa desconsiderar a relevância da outra dimensão dessa nova abordagem, que — nesta específica conotação — não é fim em si mesma, mas instrumento viabilizador de uma tutela jurisdicional mais adequada do meio ambiente natural.

33. Assim, é que, tal como o meio ambiente natural, que é, ao mesmo tempo, (i) fim em si mesmo — bem jurídico a ser protegido de forma autônoma —; e (ii) instrumento concretizador de uma plêiade de outros direitos fundamentais; também **o meio ambiente digital goza dessa dupla dimensão, devendo ser tutelado e disciplinado pelo ordenamento jurídico a partir da edição de atos normativos próprios — como, no contexto do Brasil, se verifica com o Marco Civil da Internet — na condição de bem jurídico fundamental; e, ao mesmo tempo, servir como instrumento de tutela à defesa de outros direitos fundamentais, realçando-se com especial atenção o próprio meio ambiente natural.**

34. E é a relevância desse segundo aspecto que gostaria de enfatizar, à luz, inclusive, do que verificado nos recentes julgamentos do Supremo Tribunal Federal em matéria ambiental: como já afirmado, a importância que tiveram as informações ambientais para o deslinde dos casos. Daí a grande **importância de se produzir e publicizar informação adequada — ou seja, íntegra — que atenda a padrões de controle capazes de atestar a sua fidedignidade.**

35. Nesse cenário, **tanto a "poluição digital" quanto a escassez de dados devem ser vistas como fatores de "degradação" do ambiente digital/informacional, que, ao mesmo tempo, lesionam diretamente o meio ambiente digital e, por via de consequência, inviabilizam a proteção adequada do meio ambiente natural.**"[5] (grifos nossos)

Depreende-se, do entendimento da Suprema Corte, que cabe ao Judiciário tutelar também o meio ambiente em sua dimensão digital, com vistas a coibir, tanto a "poluição", quanto a escassez de dados digitais relevantes.

À medida que progride a era digital, sua sustentabilidade emerge como compromisso com um futuro tecnológico mais "verde", consciente e responsável. Trata-se de imperativo social diante das repercussões de nossas ações digitais, que começam a ser sentidas, tanto na vida concreta, quanto na impalpável. Impõe-se, desse modo, o estudo e a regulamentação sobre suas repercussões na atividade jurisdicional, no consumo de

(5) ADPF 857, Órgão julgador: Tribunal Pleno/Relator: Min. André Mendonça/Julgamento: 21/03/2024/Publicação: 11/06/2024.

energia, na gestão de resíduos eletrônicos, na proteção de dados e na promoção da inclusão digital.

2. TUTELA JURÍDICA DO MEIO AMBIENTE NATURAL

Por menos óbvio que pareça, é preciso enfatizar que o uso da internet impacta diretamente os efeitos climáticos no planeta. Já em 2015, constatou-se que as pesquisas no *Google*, por exemplo, atividade básica em nosso dia a dia — inclusive para a instrução de processos judiciais —, resultaram em 40% das emissões de dióxido de carbono relacionadas à internet(6). Por sua vez, o consumo de energia para a guarda e processamento de dados nos *datacenters* hoje representa em torno de 1 a 3% do consumo total de energia do mundo(7).

No âmbito do Judiciário, a paulatina transformação do processo físico para o processo eletrônico, regulamentada pela Lei n. 11.419/2006, que inaugurou formalmente a informatização do processo judicial, tem trazido ganhos incontestáveis aos jurisdicionados e à sociedade em geral em termos de acesso à Justiça, eficiência, publicidade e economia com insumos, como papel, tinta de impressão, carimbo, grampos, locais para armazenamento, transporte etc. Os sistemas se tornaram mais rápidos, com informações em tempo real, mais interativos e mais ecológicos. Por consequência, estima-se que deixam de ser utilizados anualmente 46 milhões de quilos de papel, o que representa a preservação de 690 mil árvores e 1,5 milhão de metros cúbicos de água (suficiente para abastecer uma cidade de 27 mil habitantes por ano)(8).

Nada obstante, ainda há muito a aprimorar em termos de interoperabilidade dos diversos sistemas processuais eletrônicos em uso nos tribunais brasileiros, de forma a facilitar a assimilação por parte dos usuários, além do melhor aproveitamento dos recursos humanos e financeiros do Judiciário. Apesar de toda economia ambiental viabilizada pela modernização já implementada até agora, a atual emergência climática nos provoca a pensar em novas formas de trabalhar que possam preservar os recursos naturais já bastante escassos. É possível imaginar o enorme custo financeiro e ecológico ainda suportado para o armazenamento virtual dos processos eletrônicos, cada vez mais "pesados" e com um maior número de documentos, fotos, vídeos, áudios etc. A cada ano são necessários *data centers* mais potentes e um maior dispêndio de energia elétrica na atividade judicante, assim como em todo o serviço público.

---

(6) Suas buscas no *Google* ajudam a acelerar o efeito estufa. *In:* Revista Galileu. Disponível em: https://revistagalileu.globo.com/Tecnologia/ noticia/2018/05/suas-buscas-no-google-ajudam-acelerar-o-efeito-estufa. html. Acesso em: 30 ago.2024.

(7) Data centers consomem de 1 a 3% de energia do mundo, mas é possível torná-los mais eficientes. Disponível em: https://www.manufaturadigital .com/data-centers-consomem-3-energia-mundo/#:~:text=A%20ind%C3 %Bastria%20de%20data%20centers,citadas%20pela%20Data%20 Center%20Market. Acesso em: 30 ago. 2024.

(8) Portal do TCU. Disponível em: https://portal.tcu.gov.br/data/files/36/63/51/01/CB75D410F10055D41A2818A8/783758.PDF&sa=U&ved=2ahUKEwj3ocrd-M-laxWuqZUCH ZSbAXcQFnoECAUQAQ&usg=AOvVaw0wKKrnL74l6NNMlOrAe. Acesso em: 02 set. 2024.

Nesse contexto, surge a necessidade de se entabular meios mais ecológicos e sustentáveis de produzir toda a energia utilizada para a manutenção do meio ambiente digital. Para tornar os sistemas mais eficientes, empresas de tecnologia têm desenvolvido supercomputadores, que operam com alta velocidade de processamento, grande capacidade de memória e baixo consumo de energia.

A prática denominada de *green computing* (MÓR, ALVES, LIMA, MAILLARD e NAVAUX, 2024) almeja reduzir o consumo de água, combustíveis fósseis e energia elétrica na produção de computadores e no seu funcionamento, além de estimular o uso de fontes energéticas renováveis. Encontra esteio nos princípios e objetivos da Política Energética Nacional, instituída pela Lei n. 9.478/1997 (artigo 1º, IV, VII, VIII, X a XII, XIV, XV, XVII, XVIII), assim como no fomento da autoprodução de energia elétrica por meio de usinas fotovoltaicas, promovido pela Lei n. 14.300/2022, que definiu o Marco Legal da microgeração e minigeração distribuída e criou o Sistema de Compensação de Energia Elétrica (SCEE) e o Programa de Energia Renovável Social (PERS).

No campo dos resíduos físicos decorrentes das atividades computacionais, denominam-se "lixo eletrônico" os equipamentos informáticos que já estão obsoletos ou sem funcionamento satisfatório. O descarte inadequado de *hardware* — dispositivos da chamada "linha verde" (computadores, *tablets, notebooks*, celulares, impressoras, monitores, cabos, fones de ouvido, baterias, etc.) — pode trazer grandes danos ao solo, à água e à saúde humana, devido à presença de componentes tóxicos, como metais pesados (chumbo, mercúrio, cádmio), sendo urgente pensar sobre as melhores formas de manejo e destinação. Na União Europeia, por exemplo, estima-se que 63% dos PCs são enviados para aterros, 22% para incineração e apenas 15% para reciclagem, que permite recuperar até 100% de materiais como aço, alumínio, cobre, chumbo, zinco, prata e ouro. Outros materiais são depositados em aterros de resíduos perigosos (ZANETTI, 2010). Já o Brasil é o quinto maior produtor de resíduo eletrônico no mundo, tendo descartado, em 2019, "mais de 2 milhões de toneladas de resíduos eletrônicos, sendo que menos de 3% foram reciclados" (TOKARNIA, 2024).

Considerando-se o ciclo de vida dos microcomputadores de aproximadamente quatro ou cinco anos, sua substituição periódica pelas instituições públicas, empresas e pessoas acaba por gerar expressivo lixo eletrônico. A Lei n. 12.305/2010, regulamentada pelo Decreto Federal n.10.240/2020, instituiu a Política Nacional de Resíduos Sólidos e prevê a responsabilidade compartilhada dos fabricantes, importadores, distribuidores, comerciantes, consumidores e titulares dos serviços públicos de limpeza urbana e de manejo de resíduos sólidos, tornando obrigatória sua destinação correta.

Os tribunais brasileiros têm por política mais comum a doação de computadores e periféricos ou a destinação adequada para centros de reciclagem, por meio de convênios. Como exemplos, podemos mencionar os TRTs da 15ª e da 21ª Regiões[(9)].

---

(9) TRT 15 doa 1.479 bens de informática ao Instituto Nova Ágora de Cidadania. Disponível em: https://trt15.jus.br/noticia/2023/trt-15-doa-1479-bens-de-informatica-ao-instituto-nova-agora-de-cidadania. Acesso em: 27set. 2024.

3. TUTELA JURÍDICA DO MEIO AMBIENTE DIGITAL

Em relação ao tema da proteção de dados, pode-se dizer que, assim como os recursos naturais, a salvaguarda da informação é contemplada pela Lei n. 6.938/1981, que dispõe sobre a Política Nacional do Meio Ambiente. Também a Lei n. 12.965/2014 (Marco Civil da Internet) estabeleceu os principais fundamentos para o exercício da cidadania nos meios digitais, no artigo 2º, dos quais se destacam: a liberdade de expressão, a pluralidade e a diversidade, a livre-iniciativa, a livre concorrência, a defesa do consumidor e a finalidade social da rede. Por princípios, adotou ainda: a proteção da privacidade, proteção dos dados pessoais, preservação e garantia da neutralidade de rede, preservação da estabilidade, segurança e funcionalidade da rede, responsabilização dos agentes de acordo com suas atividades, preservação da natureza participativa da rede e a liberdade dos modelos de negócios promovidos na internet (artigo 3º).

Acrescente-se à regulamentação protetiva, a aclamada Lei Geral de Proteção de Dados Pessoais — LGPD (Lei n. 13.709/2018), que dispõe que as atividades de tratamento de dados pessoais deverão observar a boa-fé e os princípios da finalidade, adequação, necessidade, livre acesso, qualidade dos dados, transparência, segurança, prevenção, não discriminação, responsabilização e prestação de contas (artigo 6º).

Apesar de todo o arcabouço jurídico vigente, é cada vez maior a dificuldade em se definir as melhores formas de combate à desinformação e à manipulação de dados no meio ambiente digital e de se proteger principalmente as populações mais vulneráveis das notícias e provas falsas, golpes e abusos publicitários.

A obtenção de provas processuais digitais se insere nesse contexto, na medida em que, quanto mais fácil e crescente sua produção e utilização, mais eficientes devem ser os mecanismos de segurança de dados e controle de autenticidade, sobretudo quando a inteligência artificial é capaz de criar informações inverídicas de forma rápida e acessível.

É fato que a internet se tornou palco de um número sem fim de armadilhas, que vão desde jogos de apostas — as famosas "*bets*"(10), atualmente regulamentadas pela Lei n. 14.790/2023 — a crimes cibernéticos envolvendo pedofilia, estelionato, sequestro, desvio de valores bancários, crimes contra a honra, *stalking*(11), *bullying*(12), dentre muitos outros, passando pela violação de direitos da personalidade e do consumidor e pela adulteração de provas.

Apesar de toda regulamentação já existente, muitas vezes se tem a impressão de que o meio ambiente digital é "terra sem lei". Não por acaso argumentam alguns psicólogos e educadores infantis que talvez seja mais seguro deixar uma criança sozinha no

---

Tribunal do Trabalho no RN faz descarte sustentável de equipamentos. Disponível em: https://www.cnj.jus.br/tribunal-do-trabalho-no-rn-faz-descarte-sustentavel-de-equipamentos/. Acesso em: 27set. 2024.

(10) Em tradução livre para o português: Apostas.

(11) Em tradução livre para o português: Perseguição.

(12) Em tradução livre para o português: Assédio.

meio da rua do que em seu quarto com um celular nas mãos. O problema é ainda maior nos países em desenvolvimento, já que as grandes plataformas tendem a proteger mais as crianças e adolescentes dos países desenvolvidos[13].

Nessa linha, cabe-nos tratar sobre as medidas legais de incentivo à inclusão digital, um dos eixos estruturantes do já mencionado Marco Civil da Internet, mas também da recém-editada Lei n. 14.533/2023, que criou a Política Nacional de Educação Digital (PNED) e busca incrementar as políticas públicas relacionadas ao acesso da população brasileira a recursos, ferramentas e práticas digitais. O novo diploma prevê como estratégias o letramento digital e a implantação e integração de infraestrutura de conectividade para fins educacionais. Ainda que possua um foco maior nas crianças e adolescentes, por certo que o investimento neste público tem o poder de alcançar indiretamente suas famílias, disseminando conhecimentos sobre o uso adequado e responsável da internet em toda a sociedade.

Como se nota, o abismo digital ainda existente no Brasil, decorrência natural de acentuada desigualdade social e de *déficits* na educação, somente poderá ser superado por meio de políticas públicas capazes de difundir o acesso a equipamentos tecnológicos (computadores, *tablets, smartphones*) e à conexão com a internet, além do ensino para uso consciente, seguro e ético destas ferramentas. O efeito será naturalmente sentido também no âmbito do Judiciário, com provas digitais mais efetivas, confiáveis e disponíveis a todos. No futuro, com relações profissionais, comerciais e até mesmo pessoais mais transparentes e rastreáveis, pode-se vislumbrar inclusive uma redução da litigiosidade, ou ao menos a prolação de decisões judiciais mais seguras, já que pautadas numa instrução processual mais abrangente e verossímil.

A preocupação com a preservação de recursos naturais e do clima, a inclusão digital, a produção de energia limpa e renovável, a sustentabilidade, o acesso à Justiça e o fortalecimento das instituições judiciais faz parte dos 17 Objetivos de Desenvolvimento Sustentável da Agenda 2030 da ONU, que definiram metas para tornar as cidades mais sustentáveis e justas para a sobrevivência do planeta e da humanidade[14].

4. RESPONSABILIDADE AMBIENTAL DAS *BIG TECHS*

Após breve incursão sobre a regulamentação de relevantes aspectos associados à proteção do meio ambiente físico e digital, inclusive para a garantia da confiabilidade das provas digitais, cumpre-nos investigar a respeito da responsabilidade ambiental das grandes empresas transnacionais de tecnologia, que de certa forma "comandam" o setor. A obrigatoriedade de prevenir e reparar possíveis danos advindos da atividade econômica

(13) Criança e Consumo questiona *Facebook* do Brasil sobre uso de redes sociais por crianças e adolescentes. Disponível em: https://criancaeconsumo.org.br/noticias/questiona-facebook-do-brasil-sobre-uso-de-redes-sociais-por-criancas/. Acesso em: 02 set. 2024.

(14) Como as Nações Unidas apoiam os Objetivos de Desenvolvimento Sustentável no Brasil. Disponível em: https://brasil.un.org/pt-br/sdgs. Acesso em: 28 set. 2024.

digital é expressão do princípio do direito ambiental do poluidor-pagador, segundo o qual os infratores, pessoas físicas ou jurídicas, respondem por sanções cíveis, penais e administrativas (§ 3º do artigo 225 da Constituição).

Daí decorre que compete às empresas de tecnologia da informação o fornecimento de dados e comunicações eletrônicas às autoridades nacionais, em cooperação à instrução processual em processos cíveis e criminais, quando ao menos parte da prestação de tais serviços seja disponibilizada em território nacional, e ainda que a pessoa jurídica responsável esteja localizada ou armazene tais informações no exterior, conforme elucidativo acórdão da Suprema Corte brasileira:

> "AÇÃO DECLARATÓRIA DE CONSTITUCIONALIDADE. NORMAS DE COOPERAÇÃO JURÍDICA INTERNACIONAL. OBTENÇÃO DE DADOS. EMPRESAS LOCALIZADAS NO EXTERIOR. DECRETO Nº 3.810/2001; ART. 237, II DO CPC; ARTS. 780 E 783 DO CPP; ART. 11 DO MARCO CIVIL DA INTERNET; ART. 18 DA CONVENÇÃO DE BUDAPESTE. CONSTITUCIONALIDADE. ADC CONHECIDA. PEDIDO JULGADO PARCIALMENTE PROCEDENTE. (...) 2. O art. 11 do Marco Civil da Internet, que encontra respaldo no art. 18 da Convenção de Budapeste, é norma específica em relação às regras gerais do MLAT. O referido dispositivo assegura a **aplicação da legislação brasileira em relação a atividades de coleta, armazenamento, guarda e tratamento de registros, dados e comunicações eletrônicas ocorridas em território nacional, desde que pelo menos um dos atos ou terminais se encontrem em território nacional, mesmo que a pessoa jurídica portadora dessas informações esteja localizada ou armazene tais informações no exterior. 3. As hipóteses de requisição direta previstas no art. 11 do Marco Civil da Internet e no art. 18 da Convenção de Budapeste reafirmam os princípios da soberania e da independência nacional, concretizando o dever do Estado de proteger os direitos fundamentais e a segurança pública dos cidadãos brasileiros ou residentes no país.** (...)" (ADC 51, Relator(a): GILMAR MENDES, Tribunal Pleno, julgado em 23-02-2023, PROCESSO ELETRÔNICO DJe-s/n DIVULG 27-04-2023 PUBLIC 28-04-2023 — grifos nossos)

Como se nota, o Direito é um produto cultural de seu tempo e acompanha as necessidades e características da nova sociedade digital. Embora a legislação brasileira atual não adentre em todos os aspectos relacionados à atuação humana no meio ambiente digital — o que seria praticamente impossível, dada a velocidade com que surgem novas tecnologias —, já está posta uma robusta regulamentação capaz de pautar a atuação dos usuários e das empresas transnacionais. Ganha relevância, portanto, o princípio da legalidade, cabendo ao Estado, cidadãos e empresas observar as legislações positivadas e, ao Judiciário, a aplicação adequada das normas ao caso concreto.

CONCLUSÃO

O presente trabalho buscou delimitar as características e a dinâmica da sociedade atual, bem como as tendências para a transformação social impulsionada pelas tecnologias de comunicação. O novo paradigma digital interfere na forma como nos relacionamos, trabalhamos e vivemos. A informação, como elemento cultural e bem jurídico ambiental, passa a apresentar destacada importância na sociedade e o direito à sua obtenção e difusão permeia a atuação das pessoas também na dimensão virtual.

Contudo, o uso massivo da internet e o armazenamento de dados contribuem para a elevação do consumo de energia e de emissões de carbono, com repercussões no clima, e o descarte inadequado de equipamentos pode gerar graves danos ao solo, à água e à saúde, devido à toxicidade de seus componentes. Impactam igualmente a forma como são atualmente produzidos e instruídos os processos judiciais. A informatização reduziu o uso do papel e de recursos físicos, mas exige muita energia para a manutenção dos sistemas, além da substituição periódica de dispositivos eletrônicos, devendo ser fomentadas as formas mais eficazes de produção energética e de destinação dos resíduos.

Nota-se, ainda, uma transformação significativa no modo de atuação de todos os operadores do Direito, com maior eficiência e acesso facilitado à Justiça, emergindo recentemente o uso cada vez mais frequente e difundido das provas digitais, o que reflete a importância da informação como recurso probatório e sua proteção como um bem ambiental. Esse cenário exige rigor técnico e efetivo no cumprimento da legislação regulamentadora, para assegurar a autenticidade das provas digitais, através das mais diversas ferramentas de segurança de dados disponíveis, de forma a garantir a sustentabilidade do meio ambiente digital, também em seu aspecto judicial.

O "Judiciário 5.0" visa promover, portanto, um sistema judicial mais ágil, sustentável e confiável, por meio da proteção de dados dos usuários, a autenticidade das provas e a transparência em sua atuação. Ainda há uma necessidade de maior inclusão e educação digital dos usuários, vislumbrando-se um futuro próximo em que todos os jurisdicionados e operadores do Direito poderão lançar mão destes relevantes meios de prova, de forma responsável, o que certamente propiciará maior confiabilidade nos processos e nas decisões judiciais.

Assim, apesar de tantos avanços tecnológicos, a sociedade contemporânea ainda enfrenta desafios que exigem um aprimoramento constante das normas jurídicas para garantir a proteção dos direitos ambientais fundamentais. A regulamentação do meio ambiente digital, sua interseção com o direito à informação e a responsabilidade das empresas transnacionais de tecnologia são, desse modo, essenciais para assegurar a justiça social, em um cenário global cada vez mais complexo e interconectado.

A nova era requer um compromisso coletivo com a preservação do meio ambiente, tanto físico, quanto digital, garantindo que as inovações tecnológicas beneficiem todos os setores da sociedade de modo equitativo e responsável. Conferir apropriado tratamento jurídico e social sobre o tema certamente contribuirá para o atingimento das metas definidas nos 17 Objetivos de Desenvolvimento Sustentável da Agenda 2030 da ONU.

REFERÊNCIAS

BAUMAN, Zygmunt. *Modernidade líquida.* 1. ed. Rio de Janeiro: Zahar, 2001.

Como as Nações Unidas apoiam os Objetivos de Desenvolvimento Sustentável no Brasil. Disponível em: https://brasil.un.org/pt-br/sdgs. Acesso em: 28set. 2024.

COSTA, Cynthia Lessa. Trabalho na Era Digital e a Necessidade de Cooperação entre Estados como Política Pública de Combate à Precarização. *In:* SILVA, Rogério Luiz Nery da, e MOURA, Emerson Affonso da Costa (org.). *Direitos sociais e políticas públicas I* [Recurso eletrônico on-line] organização CONPEDI. Florianópolis: CONPEDI, 2023.

DOSHI, Vashishtha. Construindo soberania digital nas potências médias: o papel dos efeitos intencionais e indiretos. *In:* SCHNEIDER, Aaron Schneider (org.). *Soberania popular na era digital.* São Paulo: Hucitec, 2023.

FIORILLO, Celso Antonio Pacheco. *Curso de Direito Ambiental Brasileiro.* 24. ed. São Paulo: Saraiva, 2024.

FIORILLO, Celso Antonio Pacheco. Responsabilidade Ambiental das Empresas Transnacionais em face das Atividades Potencialmente Causadoras de Significativa Degradação do Meio Ambiente no Âmbito do Meio Ambiente Digital. *RJLB,* Ano 10 (2024), n. 2.

MARQUES, J. M., & TEIXEIRA, A. (2019). O impacto do mundo VUCA nas organizações brasileiras: Um estudo de caso em uma empresa do setor de tecnologia. *Revista de Administração Contemporânea*, 23(1), 61-81.

MEDEIROS, Breno. *A Sociedade 5.0 e o Novo Balizamento Normativo das Relações de Trabalho no Plano das Empresas.* Brasília: Venturoli Editora, 2023.

MISKULIN, Ana Paula Silva Campos; BERTACHINI, Danielle; AZEVEDO NETO, Platon Teixeira de. "Dadologia" e Sociedade Digital: Novos Paradigmas e seus Impactos no Processo do Trabalho. *In:* MISKULIN, Ana Paula Silva Campos; BERTACHINI, Danielle; AZEVEDO NETO, Platon Teixeira de (org.). *Provas digitais no processo do trabalho:* realidade e futuro. Campinas: Lacier, 2022.

MÓR, Stéfano D. K.; ALVES, Marco A. Z., LIMA, João V. F.; MAILLARD, Nicolas B.; NAVAUX, Philippe O. *A. Eficiência Energética em Computação de Alto Desempenho:* Uma Abordagem em Arquitetura e Programação para Green Computing. Disponível em: chrome-extension://efaidnbmnnnibpcajpcglclefindmkaj/https://web.inf.ufpr.br/mazalves/wp-content/uploads/sites/13/2021/04/semish2010.pdf. Acesso em: 02 set. 2024.

NASCIMENTO, Bárbara Luiza Coutinho do. Provas digitais obtidas em fontes abertas na internet: conceituação, riscos e oportunidades. *In*: WOLKART, Erik Navarro; LAUX, Francisco de Mesquita; RAVAGNANI, Giovani dos Santos; LUCON, Paulo Henrique dos Santos. *Direito, processo e tecnologia.* São Paulo: Thomson Reuters Brasil, p. 109-124, 2020.

NEVES JUNIOR, Paulo Cezar. *Judiciário 5.0:* inovação, governança, usucentrismo, sustentabilidade e segurança jurídica. São Paulo: Blucher, 2020.

SOARES. Pollyana Lúcia Rosado As provas digitais no processo do trabalho. *Revista do Tribunal Regional do Trabalho da 3ª Região.* Belo Horizonte. 67, n. 104 p. 287-295. jul/dez 2021.

TOKARNIA, Mariana. *Brasil é o quinto maior produtor de lixo eletrônico. Rio de Janeiro:* 2021. Disponível em: https://agenciabrasil.ebc.com.br/geral/noticia/2021-10/brasil-e-o-quinto-maior-produtor-de-lixo-eletronico#:~:text=Apenas%20o%20Brasil%20descartou%2C%20em,algum%20eletroeletr%C3%B4nico%20no%20lixo%20comum. Acesso em: 27 set. 2024.

ZANETTI, Mirieli A. *Avaliação do ciclo de vida dos computadores e o prolongamento da vida útil como alternativa ambiental.* Curitiba: 2010.

O Poder Diretivo do Juiz no Processo do Trabalho brasileiro e o Princípio da Conexão nas Provas Digitais

Gisele Araújo Loureiro de Lima (*)

INTRODUÇÃO

Com a evolução tecnológica, o mundo digital se tornou mais presente na vida das pessoas.

A vida analógica foi cedendo e abrindo espaço para o digital e atualmente é raro o trabalhador que sai de casa sem a companhia de um smartphone. Como consequência, uso de redes sociais e aplicativos tornou-se rotina.

Diariamente, milhares de pessoas acessam o *Waze* para evitar o engarrafamento no caminho do trabalho ou pegam o *Uber* para deslocamento.

As ligações e mensagens de trabalho antes feitas exclusivamente por ligação telefônica, hoje utilizam os aplicativos como *WhatsApp*, *Facetime*, *Zoom*, *Google Meet*, *Instagram* e outros.

Logo, não há como afastar as provas produzidas no mundo digital, sejam aquelas que ocorrem diretamente neste meio, sejam as vivenciadas no mundo real e registradas ou transferidas para o digital.

(*) Juíza Titular da 10ª Vara do Trabalho de Manaus (TRT da 11ª Região). Especialista em Direito do Trabalho e Previdenciário. Tutora da Escola Judicial do TRT 11. Coordenadora da Coordenadoria de Sistemas Processuais (PJe, eGestão, Datajud e Veritas) desde 2017. Membro do Comitê Gestor Regional de Atenção Prioritária e Distribuição Orçamentária do 1º Grau de Jurisdição desde 2017.

Nesse contexto, o presente estudo apresenta a relação do juiz do trabalho com esse mundo de informações disponíveis através de fontes abertas e fechadas, acessíveis rapidamente através de um clique no computador ou celular.

O estudo apresenta, ainda, as normas que regem o poder de direção do processo conjugado com a possibilidade de acessar, através do princípio da conexão, todas as informações disponíveis no mundo virtual.

Por fim, analisa toda essa atuação jurisdicional sob o viés da imparcialidade esperada do julgador ético e justo.

PODER DIRETIVO DO JUIZ DO TRABALHO

Na Consolidação das Leis Trabalhistas, o poder diretivo do juiz está consignado no art. 765 que prevê que "os Juízos e Tribunais do Trabalho terão ampla liberdade na direção do processo e velarão pelo andamento rápido das causas podendo determinar diligência necessária ao esclarecimento delas".

a) Extrai-se da sua interpretação literal três aspectos essenciais:

b) liberdade na condução do processo;

c) busca pela celeridade (andamento rápido das causas);

d) autorização legal para o juiz determinar diligências que entender necessária para esclarecimento do processo.

Tais aspectos se coadunam perfeitamente com o princípio do impulso oficial previsto no art. 2º do CPC[1] e com as garantias fundamentais previstas na Constituição Federal do devido processo legal e celeridade (art. 5º LIV e LXXVIII).

Obviamente que tal condução deve ser acompanhada da devida fundamentação (art. 11, CPC) e observância do princípio da vedação à decisão surpresa (art. 9º e 10, CPC).

Logo, tem-se que, após a provocação da parte, que começa o processo, a regra geral, portanto, é a do impulso oficial.

A atividade probatória *ex officio* ou o impulso oficial corresponde ao abandono da concepção individualista do século XIX e que influenciou a legislação do direito civil e do direito processual civil do século XX, estando, hoje, inserida na maioria dos sistemas processuais do mundo ocidental (TUCCI, 2015, p. 54).

O art. 139 do CPC, aplicado subsidiariamente no processo do trabalho (art. 769, CLT), apresenta de forma detalhada exemplos dessa atuação do juiz:

(1) Art. 2º, CPC — O processo começa por iniciativa da parte, nos casos e nas formas legais, salvo exceções previstas em lei, e se desenvolve por impulso oficial.

Art. 139. O juiz dirigirá o processo conforme as disposições deste Código, incumbindo-lhe:

I — assegurar às partes igualdade de tratamento;

II — velar pela duração razoável do processo;

III — prevenir ou reprimir qualquer ato contrário à dignidade da justiça e indeferir postulações meramente protelatórias;

IV — determinar todas as medidas indutivas, coercitivas, mandamentais ou sub-rogatórias necessárias para assegurar o cumprimento de ordem judicial, inclusive nas ações que tenham por objeto prestação pecuniária;

V — promover, a qualquer tempo, a autocomposição, preferencialmente com auxílio de conciliadores e mediadores judiciais;

VI — dilatar os prazos processuais e alterar a ordem de produção dos meios de prova, adequando-os às necessidades do conflito de modo a conferir maior efetividade à tutela do direito;

VII — exercer o poder de polícia, requisitando, quando necessário, força policial, além da segurança interna dos fóruns e tribunais;

VIII — determinar, a qualquer tempo, o comparecimento pessoal das partes, para inquiri-las sobre os fatos da causa, hipótese em que não incidirá a pena de confesso;

IX — determinar o suprimento de pressupostos processuais e o saneamento de outros vícios processuais;

X — quando se deparar com diversas demandas individuais repetitivas, oficiar o Ministério Público, a Defensoria Pública e, na medida do possível, outros legitimados a que se referem o art. 5º da Lei n. 7.347, de 24 de julho de 1985 , e o art. 82 da Lei n. 8.078, de 11 de setembro de 1990 , para, se for o caso, promover a propositura da ação coletiva respectiva.

Como ensina a Desembargadora do TRT da 6ª Região, Eneida Melo Correia de Araújo, citando José Rogério Cruz Tucci (2021, p. 269):

> *"A atual concepção de "processo justo" não significa discricionariedade judicial, haja vista que '... o juiz proativo da época moderna deve estar determinado a zelar, tanto quanto possível, pela observância, assegurada aos litigantes, do devido processo legal'".*

No que tange à produção de provas especificamente, deve-se ter em mente que, na direção do processo, o juiz deve zelar pelo princípio da valorização da verdade, afastando todo comportamento malicioso e que atente contra a boa-fé (art. 77, I e II do CPC).

A oitiva da testemunha referida (art. 461, I, CPC), a determinação de inspeção judicial (art. 481, CPC) e possibilidade de novo interrogatório da parte são exemplos incontestáveis que integram a liberdade do poder diretivo do juiz durante a instrução processual.

Tal atuação ainda se acha compatível com o princípio da cooperação, estampado no art. 6º do CPC, que busca a concretização do princípio da rápida solução do processo, ofertando-se às partes uma decisão de mérito justa e efetiva.

A jurisprudência do TST e dos Tribunais Regionais nos apresenta vários exemplos de atuação legítima do poder diretivo do juiz:

a) Deferimento ou indeferimento de provas:

> "AGRAVO DE INSTRUMENTO DA RECLAMADA.RECURSO DE REVISTA. PRELIMINAR DE NULIDADE DA SENTENÇA POR CERCEAMENTO DO DIREITO DE DEFESA. O fato do juiz indeferir o pedido da reclamada de perícia contábil complementar, por entender desnecessária, não caracteriza cerceamento de defesa, por resultar do seu livre convencimento, em conformidade ao que dispõe o art. 131 do CPC, e da sua ampla liberdade na direção do processo (art. 765/CLT). Com efeito, tendo o magistrado formado o seu convencimento pelas provas coligidas nos autos, nada impedia tal indeferimento, como medida a atender a celeridade e economia processuais. Por violação do art. 5º, LV, da Constituição Federal o recurso de revista da Reclamada não se viabiliza, tampouco pelo art. 435 do CPC. Agravo de Instrumento a que se nega provimento [...]" (TST, 2004[2]) grifo nosso

> "[...] NULIDADE. INVERSÃO PROCESSUAL. CERCEAMENTO DE DEFESA. O art. 820/CLT, ao dispor que a reinquirição de testemunhas pode ser efetuada a requerimento das partes, de seus representantes ou dos Juízes Classistas, não impede que o Juiz, de ofício, tome a iniciativa quanto a esse procedimento, posto que a ele é dado aferir da necessidade e da utilidade de realização de provas, com vista a alcançar a verdade real (art. 765/CLT). Também não causa cerceamento de defesa o fato de o Juiz inverter a ordem da oitiva prevista no art. 452, II e III, do CPC, haja vista que não é absoluta a regra neles disposta, sendo que, *in casu*, não restou demonstrado nenhum prejuízo a autorizar a decretação da nulidade (art. 794/CLT). [...]" (TST, 2004[3]) grifo nosso.

> MANDADO DE SEGURANÇA. PRODUÇÃO DE PROVA DIGITAL. DADOS DE GEOLOCALIZAÇÃO. AUSÊNCIA DE ILEGALIDADE E DE ABUSO DE PODER. A prova digital, relativa a pesquisa de dados de geolocalização, não é vedada (inviabilizada) pelo ordenamento jurídico, devendo, entretanto, ser utilizada com cautela. A determinação da produção da prova digital, quando devidamente justificada e delimitada pelo Magistrado condutor da instrução processual, em face da controvérsia instaurada pelas partes, não é ilegal nem abusiva. Segurança que se denega. (TRT-12, 2023[4])

b) Expedição de ofícios:

> "EXPEDIÇÃO DE OFÍCIO À CAIXA ECONÔMICA FEDERAL, AO MINISTÉRIO DO TRABALHO E EMPREGO E AO MINISTÉRIO PÚBLICO FEDERAL. EXISTÊNCIA DE INDÍCIOS DE IRREGULARIEDADES NO PAGAMENTO DO SEGURO DESEMPREGO. APURAÇÃO DE ILÍCITO

---

(2) BRASIL. TST, AIRR-4126300-51.2002.5.04.0900, 3ª Turma, Relatora Juiza Convocada Dora Maria da Costa, DEJT 06/02/2004.

(3) BRASIL.TST, RR-605097-46.1999.5.15.5555, 3ª Turma, Relatora Juiza Convocada Dora Maria da Costa, DEJT 20/08/2004.

(4) SANTA CATARINA. TRT 12, MSCiv: 00033012820225120000, Relator Mirna Uliano Bertoldi, Seção Especializada 2, publicada em 16/02/2023.

CIVIL, ADMINISTRATIVO E PENAL. A expedição de ofícios é matéria de ordem pública, que, inclusive, prescinde de pedido específico. Verificada qualquer irregularidade nos autos, o juiz deve expedir ofício aos órgãos fiscalizadores (art. 631, da CLT). Em razão do depoimento do reclamante, necessário se faz a expedição de ofício à Caixa Econômica Federal e ao Ministério do Trabalho e Emprego para averiguar a ocorrência de ilícito civil e administrativo. Ademais, diante da gravidade dos fatos confessados, obrigatória a remessa de cópias do processado para o Ministério Público Federal para a apuração de eventual ilícito penal cometido contra a Administração Pública Federal. Apelo da reclamada a que se nega provimento (TRT-2,2014[5]) grifo nosso

"AGRAVO DE PETIÇÃO DA EXEQUENTE. EXPEDIÇÃO DE OFÍCIOS PARA PESQUISA DE ENDEREÇOS. Tratando-se de processo de execução, cabível a expedição de ofícios às concessionárias de água, luz e telefonia para tentativa de localização dos atuais endereços dos réus, a fim de possibilitar posterior expedição de mandado de penhora e avaliação de bens. Agravo de petição provido". (TRT-4, 2021[6])

c) Adoção de medidas alternativas para garantia da efetividade da execução:

I — AGRAVO DE PETIÇÃO PATRONAL. EXECUÇÃO. DIRECIONAMENTO. DEVEDOR SUBSIDIÁRIO. Diante da natureza alimentar da qual se reveste o crédito trabalhista e considerando o princípio da celeridade que norteia o Processo do Trabalho (art. 765 CLT) e, ainda, que o devedor subsidiário faz parte da relação processual, entendo que, uma vez frustrada a execução contra a devedora principal, deve-se iniciar, logo em seguida, a execução contra a responsável subsidiária e não, primeiramente, contra os sócios da executada. Agravo de Petição a que se Nega Provimento. (TRT-6,2022[7]) grifo nosso

"AGRAVO DE PETIÇÃO. PROSSEGUIMENTO DOS ATOS EXECUTÓRIOS. CONSULTA AO SISTEMA SNIPER. POSSIBILIDADE. O Juiz deve utilizar-se de todos os meios eficazes em prol da efetividade das execuções trabalhistas, mormente diante dos Princípios da Efetividade da Prestação da Tutela Jurisdicional e da Natureza Alimentar do Crédito Trabalhista. Cabível a utilização pelo Juízo "a quo" da ferramenta digital SNIPER para perquirir meios de satisfação da execução. Agravo provido." (TRT-6, 2023[8]) grifo nosso

PRINCÍPIO DA CONEXÃO

Ciente dos poderes do juiz na condução do processo, na análise das provas digitais, faz-se necessária a abordagem da extensão da aplicação do princípio da conexão.

Com a evolução tecnológica e a inclusão do mundo digital no cotidiano das pessoas, houve a evolução natural dos princípios que regem o processo. Logo, o clássico *princípio da escrituração* baseado na máxima "*o que não está nos autos, não está no mundo*",

---

(5) SANTA CATARINA. TRT-2 — RO: 00018469320125020020 SP 00018469320125020020 A28, Relator: MARIA CRISTINA FISCH, Data de Julgamento: 09/04/2014, 18ª TURMA, Data de Publicação: 14/04/2014.

(6) RIO GRANDE DO SUL. TRT-4 — AP: 00207129720185040016, Seção Especializada em Execução. Data de Julgamento: 14/07/2021.

(7) PERNAMBUCO. TRT-6 — Agravo de Petição: 0001494-62.2018.5.06.0102, Primeira Turma, Data de Julgamento: 20/07/2022.

(8) TRT-6 — AP: 00012806720175060341, Segunda Turma, Data de Julgamento: 26/07/2023.

que considerava exclusivamente as provas que estavam no processo, deu lugar ao *princípio da conexão* que permite que o juiz busque informações em outras fontes fora do processo para confirmação ou não dos fatos apresentados na inicial ou defesa.

Tal princípio está em sintonia com a busca pela verdade, pela duração razoável do processo e pelo princípio da cooperação tão presente no atual ordenamento jurídico brasileiro. Bastando para tanto a observância do devido processo legal, contraditório e ampla defesa.

A doutrina e a jurisprudência já falam amplamente da sua aplicação nos dias atuais.

Kleber Waki (2014) apresenta uma analogia que esclarece bem a situação:

> "se o relator de um processo consulta um site e internaliza uma informação para fundamentar uma decisão (certifica nos autos a informação obtida), está repetindo o que se fazia a partir do Diário Oficial. A novidade, no caso, está apenas nos instrumentos de consulta/busca".

Ele aponta que o primeiro acórdão a tratar, explicitamente sobre a conexão, veio do TRT da 3ª Região (Minas Gerais):

> "EMENTA: PRINCÍPIO DA CONEXÃO — OS AUTOS ESTÃO NO MUNDO VIRTUAL. Na atual era da informação em rede, na qual o "poder dos fluxos (da rede) é mais importante que os fluxos do poder" (CASTELLS), já não pode mais vigorar o princípio da escritura, que separa os autos do mundo. A Internet funda uma nova principiologia processual, regida pelo novo princípio da conexão. O chamado princípio da escritura — quod non est in actis non est in mundo — encerrou no Código Canônico a fase da oralidade em voga desde o processo romano e até no processo germânico medieval. <u>Com advento das novas tecnologias de comunicação e informação e as possibilidades ampliadas de conectividade por elas proporcionadas, rompe-se, finalmente, com a separação rígida entre o mundo do processo e o das relações sociais</u>, porquanto o link permite a aproximação entre os autos e a verdade (real e virtual) contida na rede. O princípio da conexão torna naturalmente, por outro lado, o processo mais inquisitivo. A virtualidade da conexão altera profundamente os limites da busca da prova. As denominadas TICS passam, portanto, a ter profunda inflexão sobre a principiologia da ciência processual e redesenham a teoria geral tradicional do processo, a partir desse novo primado da conexão." (TRT-3, 2012[9]). grifo nosso

Quanto à atuação específica do juiz do trabalho na resolução dos conflitos sociais, a Ministra Kátia Arruda (2010, p. 61) nos presenteia com uma análise perfeita sobre a aplicação do princípio da conexão:

> "O Juiz do Trabalho assume, portanto, o difícil papel de mediador de pólos antagônicos do sistema, ao ser responsável pela conciliação e julgamento de

(9) MINAS GERAIS. TRT-3, Processo 0001653-06.2011.5.03.0014, 1ª Turma relator: Des. José Eduardo de Resende Chaves Júnior. Data de julgamento: 25/06/2012.

> questões que denotam as contradições entre o capital e o trabalho. Tal papel encontra resistência em decorrência do perfil positivista que tem orientado o pensamento jurídico brasileiro e que hoje vem cedendo espaço à construção de princípios do direito do trabalho, como o princípio da primazia da realidade, para que o juiz trabalhista não se distancie do mundo que o cerca. Há um velho jargão por inúmeras vezes repetido e aprendido nos bancos das Faculdades de Direito, "o que não está nos autos não está no mundo", ao qual proponho novo questionamento: Qual o mundo que não está nos autos? Os autos dos processos estão no mundo e o mundo está nos autos, com toda a complexidade da sociedade contemporânea, e reflete as múltiplas possibilidades de conflitos, sejam trabalhistas, familiares, econômicos ou psicológicos, entre tantos outros. Todo esse processo expressa uma realidade. O processo trabalhista, por sua vez, traz o conflito inerente ao descumprimento da norma que garante os direitos trabalhistas, seja ela constitucional ou infraconstitucional. Nunca é demais relembrar que esses direitos nasceram de duras realidades de vida e que só foram regulados a partir de lutas históricas dos trabalhadores." grifo nosso.

Desconsiderar o que nos é posto no digital, seja através das fontes abertas seja através das fontes fechadas, é fazer com que o julgador se distancie da verdade muitas vezes conhecida por todos, mas que por descuido, má-fé, imperícia ou mesmo por não considerar relevante não foi apresentada espontaneamente pelas partes.

A decisão justa é aquela que considera toda realidade que permeia os fatos impostos e considera as múltiplas visões, como bem citado pela ministra Kátia. Aspectos trabalhistas, familiares, econômicos ou psicológicos devem sim ser analisados amplamente.

Importante registrar ainda que os fatos apresentados na internet não podem ser considerados indistintamente como fato notório. São fatos públicos, porém não necessariamente notórios.

O conceito de notoriedade pública, em direito penal, é apresentado por Pedro Nunes (1952, p. 587), no Dicionário de Tecnologia Jurídica:

> "Notoriedade pública (dir. pen.) — Estado de fato, de tal maneira sabido por todos, pelas circunstâncias que se revestiu, que não pode ser disfarçado ou ocultado e dá motivo a suspeitas sobre o seu conteúdo".

Ciente desse entendimento, não deve ser aplicado indistintamente às informações divulgadas na internet o disposto no art. 374, I do CPC que indica não dependerem de prova os fatos notórios.

A IMPARCIALIDADE DO JUIZ EM UM MUNDO CONECTADO

Após a Segunda Guerra Mundial, a exigência da imparcialidade judicial tornou-se um postulado universal consubstanciado em diversos tratados internacionais (SOUZA, 2017, p. 59).

Embora a Constituição Federal não traga expressamente a previsão da imparcialidade do juiz, pode-se entender que esse direito decorre dos demais princípios e garantias nela previstos.

A Declaração Universal dos Direitos Humanos (Resolução n. 217, de 10 de dezembro de 1948), no seu art. 10º, dispõe que:

> "todo ser humano tem direito, em plena igualdade, a uma justa e pública audiência por parte de um tribunal independente e imparcial, para decidir sobre seus direitos e deveres ou do fundamento de qualquer acusação criminal contra ele".

No âmbito infraconstitucional, a imparcialidade é tratada como regra, conforme previsão constante nos artigos 144 e 145 do Código de Processo Civil, que tratam do impedimento e da suspeição do magistrado, cuja inobservância gera a nulidade absoluta da decisão, ensejando, inclusive, a responsabilidade pessoal do julgador por eventuais danos que possa vir a causar às partes

A condição de imparcialidade do julgador é o que permite a produção de uma decisão justa, conforme o ordenamento jurídico, livre de interesse de qualquer das partes quanto ao resultado do processo.

A doutrina classifica a imparcialidade como objetiva e subjetiva.

O aspecto subjetivo da imparcialidade trata de averiguar a convicção pessoal de um determinado juiz em um caso concreto. Trata-se de aspecto ligado ao ânimo do julgador, caracterizada pela inexistência de qualquer identificação entre o julgador e o autor ou o réu.

De outro lado, a imparcialidade objetiva caracteriza-se pelo fato de o julgador não atuar como parte. Trata-se de um juiz visto como um terceiro, alheio ao interesse das partes. Nesse contexto, não basta o julgador ser imparcial, deve parecer ser imparcial.

Grande parte da doutrina, como Nelson Nery Júnior (2003, p. 541), entende que as hipóteses de impedimento, previstas no art. 144 do CPC, aproximam-se à imparcialidade objetiva, ao passo que na suspeição, prevista no artigo 145 do CPC, vislumbra-se uma correlação com a imparcialidade subjetiva.

Atualmente, diante dos princípios que regem o processo, em especial, a duração razoável do processo, celeridade e efetividade, exige-se do juiz uma conduta proativa, colaborativa e atenta à realidade que o cerca. Porém, essa proatividade e busca pela verdade não pode ser confundida com parcialidade.

Como bem explica Artur César de Souza (2008, p. 62-64) a imparcialidade do juiz de que tratamos não é o mero alheamento ante a realidade concreta (técnica pela técnica, que alimenta o processo de alienação), e sim uma conduta ativa de compromisso do homem concreto que deve ser o juiz, onde a imparcialidade subjetiva ou objetiva deve estar a serviço de uma ética da humanização, de um reconhecimento das situações imanentes à natureza humana. Nesse sentido, diante de uma visível desigualdade material, que comprometa o acesso à justiça, a perspectiva de imparcialidade deve guardar consonância com as diferenças sociais, econômicas e culturais.

Em outra oportunidade, ele explica que na verdade, o juiz não é neutro e muito menos imparcial, pois, de certa forma, ele está vinculado às suas concepções sociais, econômicas, culturais, psicológicas e ideológicas. *É um ser histórico e fruto de seu tempo.* Ao mesmo tempo, os poderes disciplinar e biopolítico disseminados perifericamente num determinado momento histórico da humanidade sugestionam a sua subjetivação, bem como sua performance no âmbito da relação jurídica processual.

Especificamente sobre as provas, Taruffo (2009, p. 122), explica que o juiz imparcial não é o que se mantém alheio ao que ocorre no processo, mas o que, valendo-se dos poderes instrutórios que o ordenamento lhe disponibiliza, emprega-os de modo imparcial para atingir os conhecimentos fáticos necessários para a melhor decisão. As provas, mesmo quando produzidas por determinação do juiz e não por iniciativa de uma das partes, se indicarem que se deva dar ganho de causa a um dos lados, não podem ser confundidas com parcialidade, se o contraditório foi respeitado. Não se pode confundir o juiz ativo, que busca a verdade dos fatos, com o juiz parcial, que propositalmente se afasta da verdade: "Portanto, para ser imparcial, o juiz não é obrigado a ser passivo e neutral no âmbito do processo: ser imparcial não significa não tomar posição (isto é: permanecer neutro)".

Como aponta Bruno Amaro Lacerda (2010, p.23), a imparcialidade "exige o distanciamento dos jurisdicionados, mas não a insensibilidade quanto aos seus direitos"

Nesse contexto, incabível falar em parcialidade no processo do trabalho contemporâneo quando o juiz, utilizando-se do seu poder diretivo e buscando atender o fim social da jurisdição, faz uso, de ofício, de uma prova digital com base no princípio da conexão, seja através de determinação judicial para pesquisa em portais judiciais (operadoras de telefonia, aplicativos e/ou redes sociais), seja através de livre consulta nos diversos sites de fonte aberta.

Exemplos de provas digitais possíveis e de acesso rápido ao juiz do trabalho são:

— informações dos contratos de trabalho ativos do empregado ou sobre atividades exercidas constante no LinkedIn;

— informações sobre a testemunha contraditada nas redes sociais;

— informações sobre empresas do mesmo grupo nos sites das próprias empresa, considerando inclusive aquelas páginas já excluídas, mas disponíveis nos arquivos do Wayback Machine[(10)];

— informações sobre perícia médica e contratos anteriores dos empregados no Prevjud;

— endereço atualizado da empresa no site da empresa ou no Infoseg ou Sniper;

— informações patrimoniais de empresas no Renajud, CNIB, Infoseg ou Sniper;

— pesquisa de acordo coletivo ou convenção coletiva no site do Ministério do Trabalho e Emprego.

Entender que a consulta de tais informações pclo próprio magistrado são atos de parcialidade corresponde a exclusão e afastamento do Poder Judiciário do mundo atual.

Dessa forma, entende-se que a busca das provas digitais está inserida do poder diretivo do juiz, sendo perfeitamente possíveis, bastando apenas a observância do contraditório amplo às partes, de modo a permitir o prévio conhecimento da prova indicada e a livre manifestação.

CONCLUSÃO

O estudo realizado no presente artigo buscou demonstrar que postura esperada do juiz contemporâneo na sociedade digital é do juiz atento à realidade, seja ela expressada nas relações pessoais, seja no digital.

Foi destacado que o poder diretivo permite que o juiz conduza a instrução processual com vistas à forma mais célere, econômica e útil para a solução do litígio, afastando provas desnecessárias e inúteis, além de zelar pela busca da verdade.

Demonstrou-se que está inserido no poder diretivo do juiz a consulta às informações públicas disponíveis na internet ou mesmo aquelas obtidas através das fontes fechadas, porém disponibilizadas ao juiz mediante os convênios judiciais.

Portanto, com base no princípio da conexão ficou claro que o juiz pode, pessoalmente, fazer consultas nos sites disponíveis na internet, aplicativos, redes sociais e demais meios de prova digital possíveis, pois segundo as palavras do Desembargador José Eduardo de Resende Chaves Júnior[(11)] do TRT da 3ª Região houve uma transposição da máxima latina "*o que não está nos autos não está no mundo*", para "*o que está no google está nos autos!*"

(10) Banco de dados digital criado pela organização sem fins lucrativos Internet Archive (máquina do tempo dos sites). Disponível em: https://web.archive.org/

(11) Des. José Eduardo expõe princípios do direito processual eletrônico. In: Portal de Notícias do TRT 3. publicado em 28/11/2017. Disponível em: https://portal.trt3.jus.br/internet/conheca-o-trt/comunicacao/noticias-juridicas/des-jose-eduardo-expoe-principios-do-direito-processual-eletronico Acesso em: 01 abr. 2024.

Essa atuação dinâmica, colaborativa e proativa do juiz não pode ser confundida com a parcialidade objetiva ou subjetiva estampada nos arts. 144 e 145 do CPC, pois não tem o intento de favorecer ou prejudicar uma das partes. Tal conduta é compatível com busca pela decisão justa afastando ideias que contrariem a verdade constante publicamente divulgada no mundo digital e de fácil acesso a todos.

Entender o contrário seria distanciar o Judiciário do mundo atual e atribui-lo descrédito social.

REFERÊNCIAS

ARAÚJO, Eneida Melo Correia de. O poder diretivo do juiz no novo código de processo civil e suas consequências no direito processual do trabalho. In: *Revista do Tribunal Regional do Trabalho da 10ª Região*. v. 25, n. 1. Brasília, 2021.

ARRUDA, KÁTIA. A efetividade dos direitos sociais. In: *Cadernos da Amatra IV* — n. 13. ISSN 1981-2590. Porto Alegre: HS Editora Ltda, 2010.

LACERDA, Bruno Amaro. *Ver ou cegar-se? considerações sobre a origem e o sentido da venda da justiça*. In: LACERDA, Bruno Amaro; LOPES, Mônica Sette. imagens da justiça. São Paulo, LTr, 2010

NERY Jr, Nelson. Código de Processo Civil comentado: e legislação extravagante, 7. ed. rev. e ampl., São Paulo: *Revista dos Tribunais*, 2003, p. 541.

NUNES, PEDRO. *Dicionário de Tecnologia Jurídica*, 2. ed. Rio de Janeiro, 1952, p. 587-588.

SOUZA, Artur César de. *A parcialidade positiva do juiz*. São Paulo: Revista dos Tribunais, 2008.

SOUZA, Artur César de. A parcialidade positiva do juiz. In: *Gazeta do Povo*. Publicada em 11/09/2008. Disponível em: https://www.gazetadopovo.com.br/vida-e-cidadania/a-parcialidade-positiva-do-juiz-b69jyn1qosbvpu8t16q2zn80e/ Acesso em: 30 mar. 24.

SOUZA, Artur Cesar de. Imparcialidade do juiz: similitudes e diferenciação em relação aos demais princípios constitucionais. In: *RePro* v. 42, n. 270, p. 59, ago/2017.

TARUFFO, Michele. *La semplice verità. Il giudice e la costruzione dei fatti*. Roma-Bari: Laterza, 2009.

TUCCI, José Rogério Cruz e. Contra o Processo Autoritário. In: *Revista de Processo*, ano 40, v. 242. São Paulo: Revista dos Tribunais, abril/2015.

WAKI, Kleber. Princípios do Processo Eletrônico — O Princípio da Conexão. In: *Direito e Outros Temas*. Disponível em: https://direitoeoutrostemas.wordpress.com/2014/10/13/princpios-do-processo-eletrnico-o-princpio-da-conexo/ Acesso em: 29 mar. 24.

Provas digitais e o poder diretivo do empregador: uma visão jurisprudencial nacional e comparada à Portugal

Ivani Contini Bramante (*)

Líliam Regina Pascini (**)

Vauzedina Rodrigues Ferreira (***)

INTRODUÇÃO

Na sociedade contemporânea da era digital as novas tecnologias exercem um domínio cada vez mais absoluto sobre as atividades humanas. As novas tecnologias causam

(*) Desembargadora Federal do Trabalho. Professora da Faculdade de Direito de São Bernardo do Campo. Doutora pela Pontifícia Universidade Católica de São Paulo (PUC/SP). Especialista em Relações Coletivas Comparada pela Organização Internacional do Trabalho (OIT), Turim — Itália. Membro da Academia Brasileira de Direito da Seguridade Social (ABDSS). Pós Graduada em Direitos Humanos e Governança Econômica na Universidad de Castilla-La Mancha, Toledo — Espanha. Pós Graduanda na Universidade Federal do Rio Grande do Sul. Membro do Instituto de Pesquisa e Estudos de Direito da Seguridade Social (IPEDIS). Professora convidada do Instituto Ius Gentium Conimbrigae Núcleo de Direitos Humanos da Universidade de Coimbra. Pesquisadora do Núcleo "O trabalho além do Direito do Trabalho" (NTADT), da Universidade de Direito de São Paulo — USP/SP.

(**) Advogada Sócia do Gonçalves e Bruno Sociedade de Advogados. Mestre em Direito das Relações Sociais pela PUC/SP. Pós-graduada em Direitos Humanos e Governança Econômica pela Universidad de Castilla-La Mancha (Espanha). Pós-graduada em Direitos Humanos pelo Instituto Ius Gentium Conimbrigae, da Faculdade de Direito de Coimbra (Portugal). Pós-graduanda em Direito Digital, Proteção de Dados e *Compliance* Trabalhista pela Escola Mineira de Direito. Membro da Comissão de Direito Sindical da OAB-SP (2023). Vice-presidente da Comissão de Direito Sindical da OAB-SP (2016/2018). Diretora Fundadora da Associação Paulista de Relações e Estudos Sindical (APRES). Pesquisadora do Núcleo de Pesquisa e Extensão "O Trabalho Além do Direito do Trabalho" (NTADT), da USP/SP. Membro do Instituto Goiano de Direito do Trabalho (IGT). Membro da Comunidade Cielo Laboral.

(***) Advogada, titular do escritório Vauzedina Rodrigues Ferreira — Sociedade Individual de Advocacia, Pós-graduada em Direitos Humanos e Governança Econômica pela Universidad de Castilla-La Mancha (Espanha). Pós-graduada em Direitos Humanos pela Instituto Ius Gentium Conimbrigae, da Faculdade de Direito da Universidade de Coimbra (Portugal). Pós-graduanda em Direito Digital, Proteção de Dados e *Compliance* Trabalhista pela Escola Mineira de Direito.

uma dependência em todos os setores da vida, vez que que são crescentes nas conexões de forma virtual, nas comunicações, no comércio, no transporte, na alimentação, de forma veloz e irreversível, passando da internet das coisas para a internet dos corpos, com a recente implantação de um chip no cérebro humano, com o intuito de possibilitar a interação com computadores e smartphones apenas com a força do pensamento.(1)

No mundo digitalizado, que naturalmente invadiu o ambiente de trabalho, levantam-se questionamentos acerca da utilização das novas tecnologias e seus impactos no poder diretivo do empregador. Surge a interrogação: quais são os limites do poder diretivo do empregador frente às novas e progressivas tecnologias? A utilização das novas tecnologias entra em rota de colisão com os direitos fundamentais à intimidade, à vida privada, à liberdade de expressão? Nossos irmãos portugueses também têm se deparado com os mesmos questionamentos. Assim, o presente estudo propõe um comparativo com o direito português, acerca do tema prova digitais e a invasão na esfera particular do empregado com violação dos direitos de personalidade.

Como parâmetro comparativo, trazemos algumas decisões judiciais proferidas no Brasil, acerca dos assuntos enfrentados no artigo acadêmico elaborado por Duarte Abrunhosa e Sousa e João Moreira Dias, no Volume 1 desta coleção Provas digitais no processo do trabalho: realidade e futuro(2). O intuito é buscar compreender se o direito português enfrenta os mesmos dilemas na produção e aceitação das provas digitais, em cotejo com o direito nacional, máxime tendo em conta que entre nós a Justiça do Trabalho é o ramo pioneiro e preparado para o uso de provas digitais.(3)

1. PODER DISCIPLINAR DO EMPREGADOR E O DIREITO À PROVA

Assim como no Código do Trabalho Português (CTP), que regula as relações de trabalho no direito lusitano, no Brasil, a lei confere ao empregador o poder diretivo das atividades desenvolvidas pelo empregado, conforme dispõe o artigo 2º, da Consolidação das Leis do Trabalho (CLT).

Membro da Comissão de Direito do Trabalho da OAB São Caetano do Sul, SP, e Membro Consultiva da Comissão da Jovem Advocacia da OAB São Caetano do Sul, SP. Pesquisadora do Núcleo de Pesquisa e Extensão "O Trabalho Além do Direito do Trabalho" (NTADT), da USP/SP.

(1) INFOMONEY. *O que é a Neuralink, de Elon Musk, e seu primeiro implante em cérebro humano.* Disponível em: https://www.infomoney.com.br/business/o-que-e-a-neuralink-de-elon-musk-e-seu-primeiro-implante-em-cerebro-humano/. Acesso em: 20 jan. 2024.

(2) SOUSA, Duarte Abrunhosa; DIAS, João Moreira. Algumas notas sobre a jurisprudência e a prova digital no procedimento disciplinar e processo do trabalho em Portugal. In: MISKULIN, Ana Paula Silva Campo; BERTACHINI, Danielle. AZEVEDO NETO, Platon TEIXEIRA de (Coords,). *Provas digitais no processo do trabalho*: realidade e futuro. Campinas, SP: Lacier, Editora, 2022. p. 296/318.

(3) CONSELHO SUPERIOR DA JUSTIÇA DO TRABALHO. *Justiça do Trabalho é o ramo mais preparado para o uso de provas digitais, avalia especialista.* Disponível em: https://www.csjt.jus.br/web/csjt/-/justi%C3%A7a-do-trabalho-%C3%A9-o--ramo-mais-preparado-para-o-uso-de-provas-digitais-avalia-especialista. Acesso em: 14 fev. 2024.

Em que pese o CTP trazer o poder diretivo do empregador na Subsecção IX, que trata do empregador e a empresa, especificamente no artigo 97, ao estabelecer que "compete ao empregador estabelecer os termos em que o trabalho deva ser prestado, dentro do contrato e das normas que o regem", nosso ordenamento jurídico houve por bem, trazê-lo logo no artigo 2º, o que revela a importância da matéria, no entanto, estabelecendo a mesma dinâmica normativa, ao prever que "considera-se empregador a empresa, individual ou coletiva, que, assumindo os riscos da atividade econômica, admite, assalaria e dirige a prestação pessoal de serviço".

Ambos os ordenamentos jurídicos conferem ao empregador a prerrogativa de direcionar a forma como o empregado deve cumprir o contrato com ele firmado. Embora o Código Português seja mais específico quanto aos limites do poder de direção (artigo 97), o direito brasileiro também possui limitadores, embora não expressos na norma trabalhista.

Com efeito, o primeiro e mais contundente corpo normativo limitador ao poder diretivo do empregador, no direito brasileiro, é a Constituição Federal, ao estabelecer ao lado da iniciativa provada, também a dignidade da pessoa humana e o valor social do trabalho como fundamentos da República Federativa do Brasil (art. 1º, incisos III e IV, CF/1988). No capítulo dos direitos fundamentais, encontramos garantias destinadas à pessoa humana, inviolabilidade da intimidade, a vida privada, a honra e a imagem das pessoas, da correspondência e das comunicações telegráficas, e o direito à proteção dos dados pessoais, inclusive nos meios digitais (art. 5º, incisos X, XIII, LXXIX, CF/1988).

Ambos os ordenamentos jurídicos deixam claro que o poder diretivo do empregador se destina à forma como o trabalho deve ser executado e não à direção da personalidade do trabalhador. Portanto, há uma larga distância entre o poder diretivo destinado à execução do contrato e a direção da pessoa do trabalhador, o que justifica a existência legal de certos limitadores.

Logo, oferecendo ao empregado um ambiente laboral seguro, hígido (física e mentalmente), com obediência aos direitos fundamentais, à boa-fé contratual, à legislação infraconstitucional, aos acordos e convenções coletivas de trabalho e às normas internacionais que disciplinam tal relação, é direito do empregador: direcionar a prestação dos serviços; estabelecer normas e regulamentos internos da empresa; horários a serem cumpridos; tarefas a serem executadas dentro de cada função desempenhada pelo empregado; e como desdobramento, a faculdade de fiscalizar e impor sanções àquele que descumpra as regras estabelecidas (SOUSA; DIAS, 2022, p. 299).

As novas tecnologias da era digital revolucionaram as formas de comunicação e as relações humanas. Há uma irreversível dependência digital que invade o mundo do trabalho, apta a controlar as atividades desenvolvidas pelos empregados. As novas tecnologias potencializadas pela Inteligência Artificial apresentam uma natureza bifronte: servem de instrumento de trabalho e, ao mesmo tempo, são instrumento de controle a serviço do poder diretivo do empregador, tais como controle de jornada por biometria; o uso de telecâmeras; equipamento de telefonia móvel; sistemas de geolocalização, aplicativos de celular e outros meios que surgem a cada dia (MATOS, 2023, p. 46).

O poder patronal de fiscalizar e aplicar sanções causam conflitos que desaguam no pedido de tutela jurisdicional do Estado, especialmente no que tange às sanções disciplinares, dispensa por justa causa, pedido de rescisão indireta, e suscitam o uso de provas digitais no amparo das alegações autorais e da defesa.

Em suma, no direito português e no direito brasileiro, até o momento não há regulamentação específica acerca do uso de provas digitais no processo do trabalho. No tema, por expressa autorização dos artigos 8º, 769 e 889, da CLT e artigo 15, do CPC, aplicam-se as legislações esparsas material e processual, que conferem amparo aos princípios constitucionais dos direitos à intimidade e à vida privada (artigo 5º, V, X, XIII e LXXIX, da CF/1988): o Código Civil (artigos 11 *usque* 21), o Marco Civil da Internet (Lei n. 12.965/2014), a Lei Geral de Proteção de Dados (Lei n. 13.709/2018 — LGPD), o Código de Processo Civil (artigos 369, 370 e 425, 439, 440 e 441), a Lei das Execuções Fiscais.

No campo processual brasileiro, apenas o documento digitalizado e o documento eletrônico foram objeto de regulamentação pelo Código de Processo Civil (artigos 369, 370, 425, 439, 440, 441). Cabe à jurisprudência traçar os deslindes sobre a admissão das provas digitais no bojo do processo do trabalho.

Curioso notar, nesse paralelo entre o direito do trabalho brasileiro e o direito do trabalho português, que o poder diretivo do empregador é permeado por substancial diferença no aspecto disciplinar, punitivo. Isso porque, no direito lusitano, o poder disciplinar que culmina com o despedimento por justo motivo, é precedido de uma espécie de sindicância interna, antes da aplicação da penalidade; ao revés, no ordenamento jurídico nacional o empregador tem plena liberdade na aplicação da punição que entender salutar ao caso concreto, inclusive a punição máxima de demissão por justa causa, desde que respeitada a gradação para tanto necessária.[4]

Souza e Dias (2022, p. 300) anotam que há, no direito português, um procedimento tendente ao despedimento, onde são produzidas provas e garantida ampla defesa, inclusive com oitiva de testemunhas. Embora o processo disciplinar seja submetido a uma comissão de trabalhadores e a associação sindical, se o trabalhador for dirigente sindical, a decisão de despedir ou não é exclusiva do empregador, em decisão fundamentada, que pode ser revertida pela Justiça do Trabalho.

(4) Distinção deve ser feita quanto ao dirigente sindical, em que há necessidade de ajuizamento de inquérito judicial para apuração de justa causa, sendo sua demissão concretizada apenas se a Justiça do Trabalho reconhecer que de fato houve situação caracterizadora de justa causa, por inteligência do Enunciado da Súmula 379 do TST ("SÚMULA N. 379, TST — DIRIGENTE SINDICAL. DESPEDIDA. FALTA GRAVE. INQUÉRITO JUDICIAL. NECESSIDADE O dirigente sindical somente poderá ser dispensado por falta grave mediante a apuração em inquérito judicial, inteligência dos arts. 494 e 543, § 3º, da CLT.").

O processo judicial português será instruído com o processo disciplinar, mas o empregador deverá ouvir as mesmas testemunhas e também poderá produzir outras provas. Após a instrução judicial, a punição máxima aplicada ao trabalhador poderá ser revertida por irregularidade quanto aos requisitos formais no processo disciplinar, ou por avaliação de mérito, como a aplicação do princípio da proporcionalidade na graduação da punição, em cotejo com a falta cometida pelo empregado (Souza e Dias 2022, p. 303). No ordenamento jurídico nacional, no entanto, todas as provas, digitais ou não, serão produzidas na esfera judicial, caso o empregado não se conforme com a penalidade aplicada e acione a tutela jurisdicional.

2. A TUTELA DA PERSONALIDADE DO TRABALHADOR, EM ESPECIAL, DA VIDA DIGITAL

Sousa e Dias (2022, p. 302) analisam a tutela da personalidade do trabalhador no contexto da relação laboral portuguesa e destacam que há inseparabilidade entre a pessoa, o cidadão e o trabalhador. Assim, há proteção de direitos laborais denominados de inespecíficos(5), ou seja, os direitos do empregado enquanto cidadão, relativos à proteção da personalidade contra práticas invasivas no ambiente de trabalho (como, por exemplo, a vigilância indiscriminada por câmeras), sendo oportuno destacar que tais direitos transcendem o âmbito puramente laboral. No direito lusitano, os direitos de personalidade dos empregados nas relações laborais são expressamente previstos no Código do Trabalho Português (CTP), para garantir ao empregado a efetividade e respeito pelo empregador, para que prevaleçam em situações de impasse, bem como para que sejam restringidos o mínimo necessário.

Nesse sentido, as disposições previstas nos artigos 14º a 22º, do CTP, preconizam a proteção dos direitos inespecíficos, em resposta aos desafios impostos pelo poder direito potencializado pelos avanços tecnológicos e que abrange: a liberdade de expressão, a integridade física e moral, a privacidade, a proteção de dados, entre outros. A legislação trabalhista portuguesa é expressa quanto à limitação do uso de meios de vigilância à distância pelo empregador, exige transparência e justificação legítima para sua utilização e tem por objetivo a proteção da confidencialidade das comunicações dos trabalhadores.

Como condição para a licitude da utilização da prova de monitoramento, exige-se que o empregador informe ao trabalhador sobre a existência e finalidade do uso de tais provas, visando protegê-lo contra formas de vigilância ocultas do controle de desempenho profissional. No tocante à confidencialidade de mensagens e de acesso à informação, "o n. 1, do art. 22º do CT estipula que o trabalhador goza do direito de reserva e confidencialidade relativamente ao conteúdo das mensagens de natureza pessoal ao acesso à informação de carácter não profissional que envie, receba ou consulte, nomeadamente

---

(5) Referidos autores apontam que seriam direitos laborais específicos o direito à greve e ao trabalho, previstos, respectivamente, nos artigos 57º e 58º da Constituição da República Portuguesa.

através do correio eletrônico". Entretanto, a lei confere legitimidade ao empregador para regular a utilização dos meios de comunicação da empresa, sendo possível proibir seu uso para fins pessoais (SOUSA; DIAS, 2022, p. 304).

Mesmo tendo sido revogada pelo Regulamento Geral Sobre a Proteção de dados (aprovado pela União Europeia em 2016), a diretrizes estabelecidas no grupo do artigo 29 da diretiva 95/46 do Conselho da Europa, para a instalação de sistema de vigilância, continuam a inspirar as normas em geral e a jurisprudência, de modo que ao monitoramento da atividade laboral são imprescindíveis, segundo palavras de Byruchico Junior *apud* Magno:

> NECESSIDADE — o empregador deve verificar se qualquer forma de monitoração é absolutamente necessária para determinado fim. Métodos tradicionais de supervisão, menos intrusivos da privacidade dos indivíduos, devem ser cuidadosamente considerados antes da adoção de qualquer monitoração das comunicações eletrônicas. [...]
>
> FINALIDADE — Os dados devem ser recolhidos para um fim específico, explícito e legítimo, e estes dados não devem ser tratados para qualquer outra finalidade, como monitoração do comportamento do trabalhador;
>
> TRANSPARÊNCIA — O empregador deve abster-se de fazer qualquer monitoração dissimulada do correio eletrônico, exceto em face de lei que PERMITA; [...]
>
> LEGITIMIDADE — O uso dos dados de um trabalhador pelo empregador deve ser feito para fins de interesses legítimos perseguidos por este e não pode violar os direitos fundamentais dos trabalhadores;
>
> PROPORCIONALIDADE — Os dados pessoais abrangidos pela monitoração devem ser adequados, pertinentes e não-excessivos no que se refere ao fim especificado. Este princípio exclui a monitoração geral de cada mensagem de correio eletrônica [sic] e do uso da internet de todo o pessoal, para além do que for necessário para garantir a segurança do sistema. [...] (por exemplo, evitando monitoração automática e contínua);
>
> RIGOR E RETENÇÃO DE DADOS — Quaisquer dados legitimamente guardados não devem ser mantidos para além do tempo que for necessário. Os empregadores devem especificar o período de retenção, não se tendo como normalmente justificado prazo superior a três meses;
>
> SEGURANÇA — O direito de o empregador proteger o sistema contra vírus faz com que a abertura automatizada do correio não seja considera [sic] uma violação do direito do trabalhador à privacidade, DESDE QUE POSTAS EM PRÁTICA SALVAGUARDAS APROPRIADAS.

Em seu Repositório de Recomendações Práticas sobre a Proteção de Dados pessoais dos Trabalhadores, a Organização Internacional do Trabalho (OIT) recomenda que se os trabalhadores forem monitorados, devem ser informados com antecedência sobre os dados verificados e as razões para tanto e sobre os métodos e técnicas utilizadas para a recolha de tais dados. Assim, deve o empregador minimizar a intrusão na privacidade dos trabalhadores (item 6.14.1), sendo justificável o monitoramento contínuo somente nos casos de proteção da saúde, da segurança ou proteção da propriedade (item 6.14.3).

Bramante, Martino e Alves (2021, p. 128) apontam a ferramenta do compliance de dados, e demostram que no âmbito nacional, nas relações de trabalho, também há necessidade da observância dos requisitos de tutela da privacidade, conforme Lei n. 13.709/18 (Lei Geral de Proteção de Dados — LGPD), que tem como fundamentos para o tratamento de dados: I — o respeito à privacidade; II — a autodeterminação informativa; III — a liberdade de expressão, de informação, de comunicação e de opinião; IV — a inviolabilidade da intimidade, da honra e da imagem; V — o desenvolvimento econômico e tecnológico e a inovação; VI — a livre iniciativa, a livre concorrência e a defesa do consumidor; e VII — os direitos humanos, o livre desenvolvimento da personalidade, a dignidade e o exercício da cidadania pelas pessoas naturais. A par disso, em seu artigo 6º, a LGPD prevê os seguintes princípios: I — finalidade; II — adequação; III — necessidade; IV — livre acesso; V — qualidade dos dados; VI — transparência; VII — segurança; VIII — prevenção; IX — não discriminação; e X — responsabilização e prestação de contas.

Feliciano (2023, p. 263) ressalta que acerca do artigo 6º, X, da LGPD, que

> na condição de controlador de dados pessoais, o empregador terá sempre diante de si o binômio *conformidade* (“*compliance*”) vs. *indenidade*, com proeminência para o primeiro termo. Malsucedido naquele aspecto, sucedem-se azos para o segundo.

Assim, para controle de dados do empregado, o interesse legítimo do controlador é invocado, eis que previsto no artigo 7º, IX, da LGPD, mas não se pode olvidar que após a promulgação da Emenda Constitucional n. 115/22, a proteção de dados pessoais foi incluída no rol dos direitos e garantias fundamentais (art. 5º, LXXIX, CF1988), o que demonstra que o poder direito do empregador deve ser exercido à luz das garantias e direitos fundamentais.

Afirma Bramante (2024, p. 144) que entre os paradoxos positivos e negativos, a introdução e uso das novas tecnologias deve sempre favorecer a sociedade em prol do bem comum, e não causar danos, observado sempre “o princípio constitucional das novas tecnologias pro homine”, encravado no artigo 218, da Carta Federal.

Sousa e Dias, com relação à competência da Justiça do Trabalho, destacam uma decisão proferida pelo Tribunal da Relação de Lisboa (Proc. n. 0010134, de 05.08.2002), consistente na declaração de incompetência material para julgar uma demanda que pleiteava a retirada das máquinas de filmar dos locais de trabalho onde os trabalhadores exerciam funções. O fundamento da decisão esclarece que o direito à imagem, previsto no artigo 79º, do C.C. Português, não é específico das relações laborais, pois protege não apenas trabalhadores, mas também prestadores de serviço, clientes e quaisquer pessoas que possam estar ao alcance das máquinas de filmar (SOUSA; DIAS, 2022, p. 302). No Brasil, diferentemente, o processamento e julgamento de demandas com tal objeto compete à Justiça de Trabalho, conforme se infere da jurisprudência nacional.(6)

3. JURISPRUDÊNCIA

Seguindo a linha de Souza e Dias (2023, p. 304/313) acerca da jurisprudência portuguesa, passa-se ao enfoque das decisões judiciais no Brasil quanto ao poder diretivo do empregador diante da videovigilância, o controle da internet, a utilização do GPS, as redes sociais e as comunicações. Vale lembrar que a Justiça do Trabalho é pioneira no uso das provas digitais. O Programa Provas Digitais usa informações tecnológicas para auxiliar magistrados e magistradas na instrução processual, especialmente na produção de provas para aspectos controvertidos. O objetivo é proporcionar maior agilidade à tramitação processual e facilidade para a busca da verdade dos fatos. Em cooperação entre o Conselho Superior da Justiça do Trabalho (CSJT) e a Escola Nacional de Formação e Aperfeiçoamento de Magistrados do Trabalho (ENAMAT), foram promovidas diversas ações de capacitação sobre o tema. Já são mais de 660 profissionais da magistratura, servidores e servidoras com conhecimentos adquiridos por meio de webinários e de cursos específicos sobre o uso de cada uma das ferramentas digitais.(7)

3.1. Controle de acesso à internet

No que pertine ao controle de acesso à internet, Souza e Dias (2023, p. 304/305) analisam um acórdão do Tribunal de Relação de Guimarães (Proc. 15/11.3TTVRL.G1), em que, ao se pronunciar sobre a demissão de um empregado por uso excessivo da internet (correspondendo em um dos meses da relação laboral, ao tempo equivalente a 17 dias úteis de trabalho), houve o reconhecimento da licitude do meio de prova e da dispensa

(6) DANO MORAL. VIOLAÇÃO DA INTIMIDADE. A instalação de câmera filmadora no local de trabalho, sem comunicação prévia aos empregados, ainda que se trate de medida de segurança, ofende o direito à inviolabilidade da intimidade assegurado no inciso X do art. 5º, da Constituição da República, fazendo incidir a norma insculpida no inciso V do aludido dispositivo constitucional (SANTA CATARINA. Tribunal Regional do Trabalho da 12ª Região. RO nº 00825-2001-008-12-00-9. 3ª T. Relatora: Juíza Maria de Lourdes Leiria. 26 nov. 2002).

DANO MORAL — VIOLAÇÃO DA INTIMIDADE DO FUNCIONÁRIO. A instalação de câmera no local de trabalho, com prévia ciência dos empregados, cientes inclusive onde estão, por medida de segurança patrimonial de todos, não ofende o direito à inviolabilidade da intimidade assegurado no inciso X do art. 5o., da Constituição da República (MINAS GERAIS. Tribunal Regional do Trabalho da 3ª Região. RO n. 01288-2002-106-03-00. 2ª T. Relator: Juiz José Maria Caldeira. Pub. 07 maio 2003).

(7) CONSELHO NACIONAL DE JUSTIÇA. *Justiça do Trabalho é pioneira no uso de provas digitais em processos*, dez/2021. Disponível em: https://www.cnj.jus.br/justica-do-trabalho-e-pioneira-no-uso-de-provas-digitais-em-processos/. Acesso em: 14 fev. 2024.

por justa causa. Um dos fundamentos é que havia autorização do empregado para que o empregador tivesse acesso a todo o conteúdo do tráfego de mensagens.

Blanchard e Henle (2008) apontam que utilizar a Internet ou outros recursos tecnológicos no ambiente de trabalho, com propósito pessoal, é chamado de "cyberloafing", "cyberbludging" ou "cyberslacking".

No âmbito europeu, Pessoa e Pamplona Filho (2016, p.3) analisam a matéria ao comentarem o caso Barbulescu X România, submetido ao Tribunal de Direitos Humanos do Conselho da Europa, referente à situação de um empregado que, inconformado com a decisão da Corte Romênia, que validara a dispensa por justa causa por uso da internet para fins particulares no local de trabalho (em contrariedade às normas da empresa), entrou com reclamação àquela Corte. Assim, invocou a violação ao artigo 8º, da Convenção de Proteção de Direitos Humanos e Liberdades Fundamentais, para crivar se o Estado da Romênia fez a valoração entre o direito à vida privada e os interesses do trabalhador, concluindo-se pela correta aplicação e adequação da medida, confirmada a justa causa aplicada ao trabalhador, com apenas um voto vencido.

A jurisprudência brasileira tende a reconhecer que o uso da internet ou aparelhamento telemático de propriedade do empregador, para fins particulares, pode ensejar dispensa por justa causa, fundada em insubordinação, indisciplina ou desídia, conforme o caso concreto.[8]

---

(8) A demissão por justa causa de um operador de telemarketing foi confirmada pelo Tribunal Superior do Trabalho (TST). O empregado levou o telefone celular para seu posto de trabalho, apesar de saber que estava infringindo norma da empresa e foi dispensado por insubordinação e indisciplina. Ao confirmar a justa causa, o juízo de primeiro grau entendeu que o empregado não podia "fazer uso arbitrário de suas próprias razões" e deixar de cumprir as normas da empresa, o que foi mantido pelo Tribunal Regional do Trabalho do Distrito Federal. Em seu voto, o relator do caso na 6ª Turma, ministro Augusto César Leite de Carvalho, destacou que os dados descritos pelo TRT demonstram que houve ato de insubordinação e indisciplina.

Ademais, a 4ª Turma do Tribunal Superior do Trabalho analisou caso em que uma empregada teve sua mão esmagada ao tentar pegar o seu celular em cima de uma prensa, demonstrando que o empregador pode restringir o uso do aparelho por questões de segurança, tendo sido afastada a responsabilidade do empregador. "A ministra relatora do processo, Maria de Assis Calsing, avaliou que a trabalhadora desrespeitou as normas da empresa, atraindo para si o risco do acidente, que, de fato, veio a ocorrer. 'É possível depreender da própria confissão da trabalhadora que, se não fosse a sua atitude imprudente, o acidente não teria ocorrido', afirmou. 'Diante de tais constatações, apesar de ser lamentável o acidente ocorrido e as sequelas que a acompanharão por toda a vida, não há como deixar de concluir pela culpa exclusiva da vítima', concluiu". (Processo n. TST-RR-521-66.2012.5.04.0234, Acórdão da 4.ª Turma do TST).

In: TRIBUNAL SUPERIOR DO TRABALHO. Operadora que teve a mão prensada por causa de celular não será indenizada. Disponível em: https://www.tst.jus.br/-/operadora-que-teve-a-mao-prensada-por-causa-de-celular-nao-sera-indenizada. Acesso em: 12 fev. 2024.

Outras decisões sobre o tema merecem ser citadas:

RECURSO ORDINÁRIO OBREIRO. DESÍDIA DO TRABALHADOR. PROVA. GRADAÇÃO DAS PENALIDADES. OCORRÊNCIA. DEMISSÃO POR JUSTA CAUSA. MANUTENÇÃO. O PRINCIPAL E ESSENCIAL FUNDAMENTO DA SENTENÇA PARA MANTER A DEMISSÃO POR JUSTA CAUSA APLICADA AO AUTOR (QUE ATUAVA COMO VIGILANTE) FOI A DEMONSTRAÇÃO DE QUE O OBREIRO, EMBORA ADVERTIDO E SUSPENSO EM OITO OPORTUNIDADES DISTINTAS, NÃO MUDOU SEU COMPORTAMENTO NO AMBIENTE DE TRABALHO, HAJA VISTA OS ATRASOS, AS FALTAS E ATÉ MESMO O USO EXCESSIVO DO APARELHO CELULAR DURANTE A JORNADA. E É JUSTAMENTE ISSO O QUE SE EXTRAI DA PROVA DOS AUTOS, CIRCUNSTÂNCIA A JUSTIFICAR O ENQUADRAMENTO DO CASO NO ART. 482, "E", DA CLT, TAL COMO MUITO BEM POSTO NA DECISÃO ORIGINÁRIA, AQUI MANTIDA. RECURSO NÃO PROVIDO. RECURSO ORDINÁRIO EMPRESARIAL. VIGILANTE. EQUIPAMENTO DE PROTEÇÃO.

3.2. E-mail, serviços de mensagens e redes sociais

Em Portugal, assim como no Brasil, a proteção à privacidade destina-se prioritariamente ao e-mail e aos serviços de mensagens, vez que as redes sociais possuem, por sua natureza, um viés carregado de exposição pública, como se percebe no *Facebook*, *Linkedin*, *Instagram*, *X* (antigo "*Twitter*"), *Tik Tok*, dentre outras.

Souza e Dias (2022, p. 306) asseveram que, no caso de correio eletrônico, discute-se a aplicação do artigo 22 do Código do Trabalho Português, que garante ao trabalhador a privacidade do conteúdo das mensagens de cunho pessoal, e permite acesso à informação que envie, receba ou consulte, com relação às mensagens de cunho profissional. Relatam um caso, apreciado pelo judiciário português, em que dois empregados trocaram e-mails com conteúdo ofensivo ao superior hierárquico, cujo acesso pelo empregador ocasionou-lhes a dispensa por justa causa. O Tribunal reverteu a decisão pelo ilícito acesso ao conteúdo da correspondência, sob o fundamento de que o fato de os meios informáticos pertencerem à empresa, ou ainda o conteúdo se referir à empresa, não autoriza o acesso ao teor da mensagem pelo empregador, diante da necessária proteção à privacidade.

Com relação ao Brasil, podemos citar como exemplo a decisão TST/RR: 13474220145120059 (23.06.2020), no sentido de que o acesso ao e-mail corporativo pelo empregador não viola os direitos de personalidade do empregado, por se tratar de ferramenta de trabalho, que autoriza ao empregador exercer seu poder diretivo, para monitorar fiscalizar e rastrear as atividades, sem configurar ilicitude da prova ou violação à vida privada ou intimidade do empregado.[9] Outra decisão (TRT/RO 0099800-

---

FORNECIMENTO INADEQUADO. RISCO À SEGURANÇA DO TRABALHADOR. DANOS MORAIS. CONFIGURAÇÃO. SENDO O EMPREGADOR UMA EMPRESA DE SEGURANÇA DE VALORES, QUE LIDA COM A GUARDA DE PATRIMÔNIO, A OMISSÃO DA RECLAMADA EM FORNECER EQUIPAMENTOS ADEQUADOS À SEGURANÇA AO AUTOR QUANDO DO EXERCÍCIO DE SUA PROFISSÃO COLOCA O OBREIRO EM UMA SITUAÇÃO DE EXTREMA IMPOTÊNCIA DIANTE DOS RISCOS INERENTES À ATIVIDADE EXERCIDA, O QUE JUSTIFICA O DEFERIMENTO DE INDENIZAÇÃO POR DANOS MORAIS À LUZ DOS ARTIGOS 186 E 927, AMBOS DO CCB/2002. APELO A QUE SE NEGA PROVIMENTO. (TRT-19 — RO: 00002345220165190006 0000234-52.2016.5.19.0006, Relator: João Leite, Data de Publicação: 31/08/2017)

JUSTA CAUSA CONFIRMADA. Trata-se de caso em que, como bem-dispôs o juízo de 1º grau, fica claro que o autor não cumpria a ordem geral da empresa de não utilizar o telefone celular em serviço. Ora, não há como o reclamante defender a tese de que não havia sido pré-avisado da regra geral de proibição do uso de celular em serviço, pois ele já havia sido advertido por tal motivo antes, e, ao depois, suspenso, também com base em nova falta de mesma natureza, como comprova o documento de fls. 71, ocorrências estas que guardaram plena imediatidade. (TRT-1 — RO: 00009253120135010343 RJ, Relator: Ivan da Costa Alemão Ferreira, Data de Julgamento: 21/10/2014, Nona Turma, Data de Publicação: 28/10/2014)

RESTRIÇÃO AO USO DE TELEFONES CELULARES NO HORÁRIO DE LABOR. PODER DIRETIVO DO EMPREGADOR. A proibição do uso de aparelho celular pelo empregado, no período em que está laborando, está inserida no poder diretivo do empregador, porquanto tais equipamentos permitem que a qualquer momento o trabalhador interrompa suas atividades profissionais para dedicar-se a questões particulares, nem sempre de caráter urgente, desviando sua atenção. A interferência na concentração gera não apenas uma interrupção dos serviços, mas também pode provocar acidente de trabalho, pondo em risco a integridade física dos trabalhadores envolvidos na tarefa." (Ac. 3ª T. Proc. RO 0000852-84.2011.5.12.0032. Maioria, 20.03.12. Relatora: Juíza Maria de Lourdes Leiria. Disponível. TRT-SC/DOE 30.03.12. Data de Publicação 02.04.12).

(9) RECURSO DE REVISTA. ACÓRDÃO REGIONAL PUBLICADO NA VIGÊNCIA DA LEI Nº 13.015/2014 E ANTERIORMENTE À LEI N. 13.467/2017. 1. PROVA ILÍCITA. "E-MAIL" CORPORATIVO. ACESSO E UTILIZAÇÃO DO CONTEÚDO DAS MENSAGENS DOS EMPREGADOS PELO EMPREGADOR. POSSIBILIDADE. NÃO CONHECIMENTO. I. Consoante entendimento consolidado neste Tribunal, o e-mail corporativo ostenta a natureza jurídica de ferramenta de trabalho. Daí porque é permitido

80.2011.5.17.0013, 17ª região), considerou violação à intimidade e à vida privada, o acesso patronal e monitoramento de e-mail pessoal de empregado, sem seu consentimento, com a condenação empresarial em indenização.(10)

Souza e Dias (2022, p. 306) anotam que, com relação à prova produzida por MSN (serviços de mensagens), caso analisado pela justiça portuguesa, em 2012, resultou no entendimento de que o acesso ao conteúdo de mensagens transmitidas é uma violação ao direito de confidencialidade da comunicação, de acesso à informação e liberdade de expressão, previstos nos artigos 14 e 22 do Código do Trabalho. Estabeleceu-se uma analogia com a escuta e a leitura de cartas, obviamente ilegais, se destituída de consentimento, ainda que seja de titularidade da empresa a concessão de uso da plataforma.

No que se refere a redes sociais, a jurisprudência portuguesa muda os contornos de suas decisões e admite o despedimento por justo motivo. Uma decisão do Tribunal do Porto, em que um delegado sindical que publicou mensagens denunciando a empresa e incitando a paralisação de trabalhadores, em um grupo fechado do *Facebook*, com cerca de 140 pessoas, acolheu a tese patronal, sob a ótica de vários argumentos, entre eles o fato do empregado ter óbvia ciência de que o conteúdo das mensagens disseminadas naquele grupo poderia ser compartilhada por seus membros, ganhando domínio público, de forma que não lhe seria dado sustentar o teor de privacidade e vida pessoal.

No Brasil, há o exemplo de um julgado de 2019 proferido pelo Tribunal Regional do Trabalho de São Paulo, Processo TRT-2 10007168320195020027, que confirmou a justa causa aplicada a um trabalhador, por ter disseminado no *Facebook* mensagens depreciativas à imagem da empresa, sobressaindo dos autos que assim agiu com o intuito de satisfazer o desejo de ser demitido. O julgado ponderou que há uma importância significativa para a imagem da empresa as postagens em redes sociais, que podem ser inclusive visualizadas por concorrentes com utilização prejudicial, entendo que há um agravamento da questão quando as postagens ofensivas partem de um empregado.(11)

---

ao empregador monitorar e rastrear a atividade do empregado em e-mail corporativo, isto é, checar as mensagens, tanto do ponto de vista formal (quantidade, horários de expedição, destinatários etc.) quanto sob o ângulo material ou de conteúdo, não se constituindo em prova ilícita a prova assim obtida. II. Não viola os arts. 5º, X e XII, da Constituição Federal, portanto, o acesso e a utilização, pelo empregador, do conteúdo do "e-mail" corporativo. III. Acórdão regional proferido em consonância ao entendimento desta Corte Superior. IV. Recurso de revista de que não se conhece. (...) 3. INDENIZAÇÃO. USO INDEVIDO DA IMAGEM. NÃO CONHECIMENTO. I. Consoante se depreende do art. 20 do Código Civil, o uso da imagem de uma pessoa, sem autorização, para fins comerciais, ainda que não haja ofensa, constitui ato ilícito. II. Extrai-se do acórdão regional que houve autorização expressa do Reclamante para uso da sua imagem, mediante a formalização de contrato específico. Registra o TRT, ainda, que não há notícias de que o uso da imagem fora utilizada pelo Reclamado após o período de vigência contratual. Em tal contexto, não há ofensa ao art. 20 do Código Civil. III. Recurso de revista de que não se conhece. (TST — RR: 13474220145120059, Relator: Alexandre Luiz Ramos, Data de Julgamento: 23/06/2020, 4ª Turma, Data de Publicação: DEJT 26/06/2020)

(10) DANOS MORAIS. E-MAIL PESSOAL MONITORADO PELO EMPREGADOR. VIOLAÇÃO À INTIMIDADE E À VIDA PRIVADA. O ato patronal de monitoramento de mensagens enviadas e recebidas através de e-mail pessoal do empregado, sem a autorização deste, assegura-lhe o direito à indenização por danos morais por violação à intimidade e à vida privada. (TRT 17ª R., RO 0099800-80.2011.5.17.0013, Rel. Desembargador Lino Faria Petelinkar, DEJT 02/10/2013).

(11) Vejamos o teor da ementa do julgado em tela:

DISPENSA POR JUSTA CAUSA — FALTA GRAVE — MENSAGEM POSTADA EM REDE SOCIAL (FACEBOOK) — CONFIGURAÇÃO — A importância positiva das redes sociais para as empresas, se define pelo "marketing de conteúdo", que consiste

Por outro lado, um julgado (TRT/DF.RO 0001938-33.2013.5.10.014) não admitiu a conversão da injusta dispensa por dispensa com justa causa de um trabalhador, que proferiu postagem negativa de seu empregador, em sua rede social particular, após ser demitido, sob o argumento de que não houve prejuízo para a empresa e que o empregado apenas expressou um natural desabafo pelo desligamento, após muitos anos de trabalho.[(12)]

Outro caso que merece destaque foi a invalidação de provas testemunhais produzidas no processo em razão da aparição da Reclamante na rede social *Tik Tok*, em vídeo no qual afirmava se dirigir à Justiça do Trabalho com as "amigas para processar a empresa tóxica" (TRT/ RO 1001191-35.2021.5.02.0717). Segundo manifestou a Relatora Desembargadora Silvia Almeida Prado Andreoni: "Trata-se de uma atitude jocosa e desnecessária contra a empresa e, ainda, contra a própria Justiça do Trabalho. Demonstra, ainda, que estavam em sintonia sobre o que queriam obter, em clara demonstração de aliança, agindo de forma temerária no processo, estando devidamente configurada a má-fé."[(13)]

Estamos assim, diante de direitos fundamentais, como o direito à livre expressão do pensamento, quando falamos em redes sociais, em cotejo com a honra e a imagem das pessoas, nela incluída a pessoa jurídica, que muitas vezes entram em rota de colisão, obrigando o Judiciário a sopesar, no caso concreto a valoração dos princípios à luz das garantias constitucionais.

3.3. Gravações e escutas telefônicas

Com relação a gravações e escutas telefônicas, Sousa e Dias pontuam que o Código de Trabalho Português, em seus artigos 20 e 21, proíbe a "vigilância a distância no local de trabalho, mediante o emprego de equipamento tecnológico, com a finalidade

---

no gerenciamento de estratégias para melhorar o reconhecimento e/ou identidade visual de um produto ou serviço, expondo tópico relevante, além de servir como um canal de atendimento, tanto para conquistar clientes, como um público-alvo. Portanto, é óbvio, que se uma empresa recebe um comentário negativo, esse pode ser visualizado pelos seus concorrentes e utilizado de forma prejudicial para a organização que o recebeu. E tal circunstância é agravada quando tal atitude parte de um funcionário. Afinal, embora as redes sociais funcionem no ambiente da Internet, não deixam de impactar profundamente "na existência das pessoas" (físicas ou jurídicas), até porque, hoje, é difícil dissociar o "digital" do "real", porquanto muitas notícias saem primeiro na "web", para após ser replicada em outras fontes de informações (jornais, revistas, etc..). Desta maneira, no caso corrente, não há como negar que o reclamante, com o seu comentário ofensivo, além do uso de palavras de baixo calão e o expresso desejo de obter a própria demissão, aviltou a reputação de sua empregadora, como dos seus colegas de trabalho, na maior e mais representativa rede social do mundo na atualidade (*Facebook*), dando ensejo à justa causa para a ruptura do liame empregatício pelo empregador, na forma do artigo 482, alínea *j* ("ato lesivo da honra ou da boa fama praticado no serviço contra qualquer pessoa..."). Apelo do reclamante a que se nega provimento. (TRT-2 10007168320195020027 SP, Relator: NELSON BUENO DO PRADO, 16ª Turma — Cadeira 4, Data de Publicação: 05/08/2021)

(12) JUSBRASIL. **Mensagem postada em rede social durante o aviso prévio não autoriza dispensa por justa causa.** Disponível em: https://www.jusbrasil.com.br/noticias/mensagem-postada-em-rede-social-durante-o-aviso-previo-nao-autoriza-dispensa-por-justa-causa/138827331/amp. Acesso em: 14 fev. 2024.

(13) TRIBUNAL REGIONAL DO TRABALHO DA SEGUNDA REGIÃO. **Provas testemunhais são anuladas pela justiça do trabalho após vídeo no *Tik Tok*.** Disponível em: https://ww2.trt2.jus.br/noticias/noticias/noticia/provas-testemunhais-sao-anuladas-pela-justica-do-trabalho-apos-video-no-tik-tok. Acesso em: 12 fev. 2024.

de controlar o desempenho profissional do trabalhador". No entanto, logo a seguir, há uma flexibilização da norma, permitindo esse controle quando se destinar a segurança de pessoas ou quando a natureza da atividade justificarem o seu uso, desde que o empregado seja cientificado verbalmente, e também mediante aviso fixado no local.

Já o artigo 21 do Código do Trabalho Português, dispõe expressamente que a pretensão de vigilância deverá ser submetida à autorização da Comissão Nacional de Proteção de Dados, que deverá observar a necessidade, adequação e proporcionalidade, o que nos mostra que nem mesmo a Comissão Nacional tem livre decisão sobre a autorização desse tipo de controle.

Pontuam os autores que a gravação de chamadas é admitida desde que seja feita nos limites do cumprimento das normas legais e que não violem direitos fundamentais. Relatam accrca de um caso julgado pela Justiça Portuguesa, onde foi considerado lícito o controle de audição para averiguar o cumprimento das normas legais e internas da empresa, isso após autorização da CNPD — Comissão Nacional de Proteção de Dados. Por outro lado, a mesma decisão considerou ilícita uma lista que incluiu chamadas de natureza pessoal, por ter havido tratamento de dados pessoais sem que houvesse consentimento.

No Brasil, não temos expressa na CLT a regulamentação da matéria sobre direitos de personalidade e privacidade, estes são hauridos da Carta Federal (artigos 5º, V, X, XIII e LXXIX) e do Código Civil (artigos 11 *usque* 21). Assim, é possível socorrer-se do direito comum. Ainda, há a Lei n. 9.296/1996, alterada pela Lei n. 13.964/2019, que embora seja de âmbito penal, seus conceitos também se aplicam ao direito civil e ao direito do trabalho, estatui em seu artigo 8º, que "a captação ambiental de sinais eletromagnéticos, ópticos ou acústicos", poderá ser autorizada pelo Juiz, se a prova não puder ser obtida de outras formas.

Destarte, constitui crime passível de reclusão a colheita da prova, sem a prévia autorização judicial. É possível observar que, até mesmo em sede de ação criminal, há uma proteção à intimidade, à vida privada e ao sigilo da correspondência, quando a lei estabelece que esta prova só deve ser deferida quando não houver outros meios que a substitua e tenha o mesmo valor, ou ainda, quando determina que após realizada, será descartada toda a parte onde não houver interesse probatório, na presença do próprio acusado ou de seu representante.

É salutar distinguir os tipos de provas relacionadas a audições telefônicas, que são: interceptação, escuta e gravação. A interceptação é o registro da conversa por um terceiro, sem que nenhum dos participantes tenham ciência do ato; a escuta, é o registro da conversa por terceiro, com a ciência de pelo menos um dos interlocutores; e a gravação, é o registro feito por um dos interlocutores. A prova é considerada lícita e livre de qualquer penalidade, se a captação é realizada por um dos interlocutores, ou seja, a gravação. Assim, considerando a interligação entre o direito penal e o direito do trabalho, se um empregado gravar conversa de terceiros, sem que seja um dos interlocutores, além de ser uma prova ilícita, é também um crime tipificado no âmbito penal, além da violação à Lei Geral de Proteção de Dados.

A jurisprudência brasileira considerou lícita a prova produzida por um dos interlocutores de áudios e mensagens, recebidas via aplicativo de mensagens, por entender que entre as partes não há sigilo de comunicação. Isso porque, a inviolabilidade das comunicações estaria presente na hipótese de interceptação, caso o registro da conversa tivesse sido promovido por terceiro, estranho à conversa (TST/RR10290352020518O103). No mesmo sentido, foi reconhecida a licitude de provas digitais produzidas pela reclamante, que retratava conversas e áudios entre ela e sua ex-empregadora, ressaltando a importância da preservação da cadeia de custódia, que, conforme preleciona TAMER (2023, p. 2), unida à integridade e autenticidade, formam a tríade de validade das provas digitais (TRT/DF-ROT: 00000998620215100015 DF, em 20.04.2022).

3.4. Utilização do GPS

Souza e Dias (2022, p. 311), referindo-se à utilização da geolocalização e sua licitude, anotam que o disposto no artigo 20 do Código do Trabalho Português, proíbe a vigilância à distância com o mero objetivo de controle do desempenho do empregado, salvo a exceção do inciso 2, que o permite quando a natureza da atividade justifique sua utilização. Portanto, em que pese a geolocalização não ser, em princípio, proibida, a sua utilização gera discussões e Comissão Nacional de Proteção de Dados permite a utilização de geolocalização, basicamente ao trabalho relacionado a transporte. A utilização em celulares e notebooks não é permitida. Embora não prevalente a decisão, o Supremo Tribunal de Justiça Português emitiu interpretação no sentido de que o artigo 20 do Código do Trabalho se refere à proibição de vigilância à distância por meio de imagem e som, ou ambos, excluindo o GPS do conceito de vigilância. Assim, há decisões divergentes, admitindo como válido esse tipo de provas e outras decisões inadmitindo.

No Brasil, a utilização da geolocalização como meio de prova é polêmica. Para uns, trata-se do meio mais eficaz de alcançar a verdade real, pois “tecnologia e verdade se entrelaçam; dados se transformam em provas; provas se transformam em sentença e lides são solucionadas com a pacificação social, escopo do judiciário” (FORTES, 2022, p. 235). Outros defendem que, não obstante a realidade digital seja inexorável, isso não autoriza que se faça o uso da geolocalização “ao arrepio dos limites constitucionais e legais, principalmente sem o consentimento — expresso — do titular dos dados, que se proceda à verdadeira devassa dos movimentos realizados.” (VEGAS JUNIOR, 2023, p. 192).

3.5. Videovigilância

Sousa e Dias (2022, p. 312) esclarecem quanto à videovigilância que, em Portugal, somente poderá ser considerada prova lícita, se antes de instalada no local de trabalho, houver autorização da CNPD — Comissão Nacional de Proteção de Dados. Há limites ao uso de câmeras, por intermédio da Deliberação 6172004, de 19 de abril de 2022, que proíbe, com fundamento nos artigos 20 e 21, do Código do Trabalho, a videovigilância com intuito de aferir, por exemplo, produtividade ou responsabilização disciplinar.

No Brasil, não há regulamentação expressa sobre a matéria, que fica adstrita à avaliação do caso concreto, nas decisões emanadas da Justiça do Trabalho. Um caso reconheceu a legalidade da utilização de câmeras de vigilância, utilizada sem excesso ou em locais destinados a repouso ou intimidade dos empregados, como vestiário e banheiros, de forma que foi acolhida como inerente ao poder fiscalizatório do empregador, ou seja, os direitos de personalidade dos empregados não foram violados pela empresa (TST/RR 21162-51.2015.5.04.0014).

Ao contrário da posição do Tribunal Superior, as decisões anteriores haviam considerado ilícita a iniciativa empresarial, condenando a empresa por dano moral coletivo, em ação ajuizada pelo Ministério Público do Trabalho, que almejava a condenação por dano moral coletivo, alcançando êxito em primeira instância com a condenação no valor de R$ 5 milhões e ainda imposição de desligamento dos equipamentos. Na mesma direção, um julgado decidiu que atenta contra os direitos de personalidade do empregado, a instalação de câmera de vigilância em ambientes reservados, como vestiários, o que nos dá uma luz no sentido de que, em ambiente público da empresa, não é considerado afronta à intimidade (TRT/SP — RO 101720125020 — 17ª Turma). Ainda, outro julgado fixa ser faculdade do empregador controlar o cumprimento dos deveres contratuais pelos empregados e proteger o patrimônio da empresa, desde que não viole a intimidade do empregado (TRT/MT — RO 0025343-93.2017.5.24.0006. Relator, Juiz Francisco das Chagas Lima, 2020).

No direito laboral brasileiro, o excesso de vigilância eletrônica no ambiente de trabalho pode ser considerado meio violador da intimidade do empregado, de modo a assediá-lo na execução do seu trabalho, e os tribunais pátrios já vêm se posicionando a respeito do tema, inclusive impondo a obrigação de indenizar por danos morais.(14)

---

(14) É o que exemplificam as ementas a seguir transcritas:

AGRAVO. AGRAVO DE INSTRUMENTO. RECURSO DE REVISTA. RECLAMADA, LIGHT SERVIÇOS DE ELETRICIDADE S.A. LEI Nº 13.467/2017 INDENIZAÇÃO POR DANOS MORAIS. INSTALAÇÃO DE CÂMERAS DE VIGILÂNCIA NOS VESTIÁRIOS DOS EMPREGADOS — INDENIZAÇÃO POR DANOS MORAIS. OBRIGAÇÃO PERSONALÍSSIMA. LIMITAÇÃO DA RESPONSABILIDADE SUBSIDIÁRIA. 1 — Consigne-se que o Tribunal Pleno do TST, nos autos ArgInc-1000485-52.2016.5.02.0461, decidiu pela inconstitucionalidade do artigo 896-A, § 5º, da CLT, o qual preconiza que "É irrecorrível a decisão monocrática do relator que, em agravo de instrumento em recurso de revista, considerar ausente a transcendência da matéria", razão pela qual é impositivo considerar cabível o presente agravo. INDENIZAÇÃO POR DANOS MORAIS. INSTALAÇÃO DE CÂMERAS DE VIGILÂNCIA NOS VESTIÁRIOS DOS EMPREGADOS 2 — Conforme sistemática adotada na Sexta Turma à época da prolação da decisão monocrática, não foi reconhecida a transcendência quanto ao tema "INDENIZAÇÃO POR DANOS MORAIS. INSTALAÇÃO DE CÂMERAS DE VIGILÂNCIA NOS VESTIÁRIOS DOS EMPREGADOS", e, como consequência, negou-se provimento ao agravo de instrumento da reclamada, LIGHT SERVIÇOS DE ELETRICIDADE S.A. 3 — A dignidade da pessoa humana, fundamento da República (art. 1º, III, da CF/88) e regra matriz do direito à indenização por danos morais (art. 5º, X, da CF/88), impõe-se contra a conduta abusiva do empregador no exercício do poder de direção a que se refere o art. 2º da CLT, o qual abrange os poderes de organização, disciplinar e de fiscalização. Embora o empregador possa adotar medidas de segurança não se admite a conduta que exponha a privacidade e/ou a intimidade dos empregados. 4 — Em regra, não se admite a instalação de câmeras de vigilância em vestiários, por se tratar de espaço que, conforme as peculiaridades de cada caso examinado, está protegido em sentido amplo pelo direito à privacidade (se nele os trabalhadores guardam e/ou utilizam pertences, produtos ou medicamentos pessoais) e/ou está protegido em sentido específico pelo direito à intimidade (se nele os trabalhadores trocam de roupa ou transitam em roupas íntimas). 5 — A jurisprudência desta Corte uniformizadora possui entendimento no sentido de que "a instalação de

Por derradeiro, importante registrar a existência um Projeto de Lei 7018-A (2013) em trâmite na Câmara dos Deputados, que pretende regular a utilização de vigilância em locais públicos, com captação de áudio e imagines em locais públicos, a exemplo os estabelecimentos bancários e comerciais, os estabelecimentos de saúde, os estabelecimentos de ensino, os condomínios residenciais. Observa-se que, embora não seja uma pretensa lei de cunho trabalhista, na mesma direção dos julgados, proíbe o uso de vigilância em locais que violem a intimidade das pessoas, como lavabos, banheiros e locais de descanso, terá reflexos nessa seara, considerando que nesses locais encontram-se diversos trabalhadores.

CONSIDERAÇÕES FINAIS

As novas tecnologias da era digital e da Inteligência Artificial (IA) trazem inúmeras transformações e impactos na Sociedade e no mundo, máxime na maneira como as empresas atuam no mercado, bem como na forma como gerenciam as relações com os seus trabalhadores no desenvolvimento de suas atividades. Na era da internet das coisas,

---

câmeras em área destinada à privacidade dos empregados não se justifica, pois não se trata de local de trabalho, mas, sim, de ambiente em que os funcionários trocam seu vestuário e guardam seus pertences particulares, de modo que o monitoramento invade a privacidade e a intimidade, constrangendo os trabalhadores, os quais ficam constantemente sob o manto da desconfiança, o que, por certo, fere a dignidade da pessoa". 6 — Com efeito, ficou consignado na delimitação do acórdão recorrido efetuada na decisão monocrática agravada, que o TRT decidiu condenar as reclamadas ao pagamento de R$ 6 mil a título de indenização por danos morais, em virtude da instalação de câmeras de vigilância nos vestiários dos empregados. A Corte regional consignou os seguintes fundamentos:"A vigilância eletrônica, por meio do circuito interno de monitoramento, no ambiente laboral é admissível desde que realizada com cautela, de modo a não submeter à devassa patronal àqueles locais destinados a uso reservado pelo empregado, como no caso do banheiro e do vestiário, hipóteses em que a instalação de câmeras de vídeo ofende a privacidade e a intimidade do obreiro, bens estes devidamente resguardados pelo art. 5º, X, da Constituição Federal. In casu, a primeira ré sustenta que a câmera, existente no vestiário, seria direcionada para os armários dos empregados, tendo sido instalada a pedido destes em razão da ocorrência de furtos no local. Deste modo, e, diante do fato impeditivo alegado pela empregadora, caberia a ela o ônus de demonstrar que a área de visão da câmera não teria alcançado todo o vestiário, mas, tão-somente os armários dos funcionários, ônus do qual a mesma não se desincumbiu satisfatoriamente. Isto porque a prova oral, produzida pelo autor [...] comprovou que a câmera também abrangia a área do chuveiro. [...] Por sua vez, e, relativamente à matéria, assim afirmou a testemunha [...] trazida em Juízo pela primeira reclamada [...]:"(...) que há câmeras nos vestiários da ré, direcionadas aos armários; que no vestiário há um espaço livre de câmeras para troca de roupas, próximo aos boxes, muito embora não haja sinalização da delimitação entre a parte alcançada pela câmara e a parte em que há privacidade (...)."Ademais, o entendimento defendido pelo C. TST é no sentido de que basta o monitoramento no vestiário para fins de configurar a lesão aos direitos de personalidade ."[grifei] 7 — Inexistem reparos a fazer na decisão monocrática que, mediante apreciação de todos os indicadores estabelecidos no artigo 896-A, § 1º, incisos I a IV, da CLT, concluiu pela ausência de transcendência da matéria objeto do recurso de revista denegado. (...) (TST — Ag: 112043620155010075, Relator: Katia Magalhaes Arruda, Data de Julgamento: 19/05/2021, 6ª Turma, Data de Publicação: 21/05/2021)

DANOS MORAIS. VIOLAÇÃO AO DIREITO À PRIVACIDADE: CÂMERA DE SEGURANÇA NO INTERIOR DOS VESTIÁRIOS. CONVENÇÃO AMERICANA SOBRE DIREITOS HUMANOS. DANO IN RE IPSA. INDENIZAÇÃO DEVIDA. Reconhecimento de violação da intimidade do trabalhador em razão da presença de câmeras de segurança no interior dos vestiários. Violação da Convenção Americana sobre Direitos Humanos, ratificada pelo Brasil em 1992, que estabelece em seu artigo 11 a proteção à vida privada. Sofrimento e o abalo emocional resultantes da situação em foco são mais do que evidentes e dispensam a prova de sua efetividade, pois o dano moral, enquanto resultante de violação à imagem e à honra íntima da pessoa é definido, pela legislação, ilícito de ação, e não de resultado, de modo que o dano se esgota em si mesmo (na ação do ofensor) e dispensa a prova do resultado. Logo, é nítida a violação da honra e imagem da empregada, configurando o dano moral, cuja responsabilização prescinde da prova de efetivo dano suportado pela vítima, bastando que se prove tão somente a prática do ilícito do qual ele emergiu (dano in re ipsa). Indenização por danos morais devida. (...). (TRT-4 — RO: 00203469420165040641, Data de Julgamento: 29/08/2017, 2ª Turma)

os dispositivos conectados permitem coletar, tratar e compartilhar dados em tempo real, com intenso monitoramento das atividades desempenhadas pelos trabalhadores.

No direito português e no direito brasileiro, até o momento não há regulamentação específica acerca do uso de provas digitais no processo do trabalho. No tema, por expressa autorização dos artigos 8º, 769 e 889, da CLT, e artigo 15, do CPC, aplicam-se as legislações esparsas material e processual, que conferem amparo aos princípios constitucionais dos direitos à intimidade e à vida privada (artigo 5º, V, X, XIII e LXXIX, CF/1988): o Código Civil (artigo 11 *usque* 21), o Marco Civil da Internet (Lei n. 12.965/2014), a Lei Geral de Proteção de Dados (Lei n. 13.709/2018 — LGPD), o Código de Processo Civil (arts. 369, 370 e 425, 439,440, 441), a Lei das Execuções Fiscais.

No campo processual brasileiro, apenas o documento digitalizado e o documento eletrônico foram objeto de regulamentação pelo Código de Processo Civil (artigos 369, 370, 425, 439, 440 e 441). Cabe à jurisprudência traçar os lindes sobre a admissão das provas digitais no bojo do processo do trabalho.

A evolução da digitalização das relações empresariais e laborais e uso no Poder Judiciário são irrefreáveis e irreversíveis. Mesmo que se calcule que poderá trazer consequências indesejáveis, na violação dos direitos fundamentais, devem ser sopesados os benefícios à celeridade processual, facilidade da dilação probatória e redução da insegurança jurídica, antes gerada por outros meios de prova mais falíveis, como a testemunhal.

A Justiça do Trabalho é uma pioneira no uso das provas digitais. Verifica-se no cotejo com o direito português e sua interpretação que a jurisprudência brasileira enfrenta a questão da produção das provas digitais, e sua veracidade, legitimidade e validade, ainda de forma tímida.

Por derradeiro, é imperioso haver maior capacitação dos advogados, membros do Judiciário e de todos os profissionais do Direito, no uso e aplicação das provas digitais, a fim de que possa a jurisprudência brasileira ser formada de modo robusto e coeso, vocacionada à aplicação do princípio das novas tecnologias "pro homine".

REFERÊNCIAS

BLANCHARD, A. L.; HENLE, C. A. (2008). *Correlates of different forms of cyberloafing*: The role of norms and external locus of control. Computers in Human Behavior, 24, 1067-1084.

BRAMANTE, Ivani Contini. Princípio das Novas Tecnologias Pro Homine. In: Fernanda Perregil e Ricardo Calcini. (Org.). *LGPD e Compliance Trabalhista*. Os desafios atuais do Direito do Trabalho Empresarial. 2 ed. Leme: Mizuno, 2024, p. 137/144.

BRAMANTE, Ivani Contini; MARTINO, Ana Cecilia Sampaio de; ALVEZ, Leonardo Gutierrez. *Proteção de Dados Pessoais na Relação de Trabalho. Personal Data Compliance* (LGPD--Lei n. 13.079/2018). 1 ed. Curitiba: Juruá, 2021.

CONSELHO NACIONAL DE JUSTIÇA. *Justiça do Trabalho é pioneira no uso de provas digitais em processos*. Dez, 2021. Disponível em: https://www.cnj.jus.br/justica-do-trabalho-e-pioneira-no-uso-de-provas-digitais-em-processos/. Acesso em: 14 fev. 2024.

CONSELHO SUPERIOR DA JUSTIÇA DO TRABALHO. *Justiça do Trabalho é o ramo mais preparado para o uso de provas digitais, avalia especialista.* Disponível em: https://www.csjt.jus.br/web/csjt/-/justi%C3%A7a-do-trabalho-%C3%A9-o-ramo-mais-preparado-para-o-uso-de-provas-digitais-avalia-especialista. Acesso em: 14 fev. 2024.

FELICIANO, Guilherme Guimarães. *Proteção de dados pessoais e os impactos nas relações de trabalho*: princípios, aplicações e crítica. São Paulo: Thomson Reuters Brasil, 2023.

FORTES, Olga Visnevsky. Novos meios de busca da verdade: a geolocalização. In: MISKULIN, Ana Paula Silva Campo; BERTACHINI, Danielle. AZEVEDO NETO, Platon Teixeira de (Coords,). *Provas digitais no processo do trabalho*: realidade e futuro. Campinas, SP: Lacier, Editora, 2022. p. 235/246.

INOFMONEY. *O que é a Neuralink, de Elon Musk, e seu primeiro implante em cérebro humano.* Disponível em: https://www.infomoney.com.br/business/o-que-e-a-neuralink-de-elon-musk-e-seu-primeiro-implante-em-cerebro-humano/. Acesso em: 20 jan. 2024.

JUSBRASIL. *Mensagem postada em rede social durante o aviso prévio não autoriza dispensa por justa causa.* Disponível em: https://www.jusbrasil.com.br/noticias/mensagem-postada-em-rede-social-durante-o-aviso-previo-nao-autoriza-dispensa-por-justa-causa/138827331/amp. Acesso em: 14 fev. 2024.

MAGNO, Carlos Vinícius Mariano. *Monitoramento e vigilância em ambiente de trabalho.* Ago, 2017. Disponível em: https://emporiododireito.com.br/leitura/monitoramento-e-vigilancia-em-ambiente-de-trabalho. Acesso em: 14 fev. 2024.

MATOS, Larissa. A prova digital e o compliance em proteção de dados nas empresas. In: MISKULIN, Ana Paula Silva Campo; BERTACHINI, Danielle. AZEVEDO NETO, Platon Teixeira de (Coords.). *Provas digitais no processo do trabalho*: realidade e futuro. v. 2. Campinas, SP: Lacier, Editora, 2023. p. 45/55.

PESSOA, Flávia Moreira Guimarães; PAMPLONA FILHO, Rodolfo. Monitoramento digital do empregado: estudo comparativo do caso Barbulsecu x Romênia da Corte Europeia de Direitos Humanos com a jurisprudência brasileira. *Revista dos Tribunais*, vol. 972/2016, out. 2016, p. 231/247.

SOUSA, Duarte Abrunhosa; DIAS, João Moreira. Algumas notas sobre a jurisprudência e a prova digital no procedimento disciplinar e processo do trabalho em Portugal. In: MISKULIN, Ana Paula Silva Campo; BERTACHINI, Danielle. AZEVEDO NETO, Platon Teixeira de (Coords,). *Provas digitais no processo do trabalho*: realidade e futuro. Campinas, SP: Lacier, Editora, 2022. p. 296/318.

TAMER, Maurício. A cadeia de custódia como elemento fundamental da validade e utilidade das provas digitais. *Boletim Revista dos Tribunais Online*, vol. 36/2023, fev. 2023.

TRIBUNAL REGIONAL DO TRABALHO DA SEGUNDA REGIÃO. *Provas testemunhais são anuladas pela justiça do trabalho após vídeo no Tik Tok.* Disponível em: https://ww2.trt2.jus.br/noticias/noticias/noticia/provas-testemunhais-sao-anuladas-pela-justica-do-trabalho-apos-video-no-tik-tok. Acesso em: 12 fev. 2024.

VEGAS JUNIOR, Valter Rosati. A geolocalização como panaceia no processo do trabalho. *Rev. Trib. Trab. 2ª Reg.*, São Paulo, v. 15, n. 30, p. 182-202, jul./dez. 202. Disponível em: https://basis.trt2.jus.br/bitstream/handle/123456789/15934/vegasJunior_walter_geolocalizacao_como_panaceia. Acesso em: 12 fev. 2024.

O gerenciamento da cadeia de custódia na preservação de provas digitais on-line judiciais

Regina Acutu (*)

Alexandre Munhoz (**)

Emily Sato (***)

INTRODUÇÃO

A era digital transformou significativamente a maneira como as informações são criadas, armazenadas e compartilhadas, impactando diretamente o campo jurídico. Provas digitais, definidas como qualquer dado ou informação em formato eletrônico que pode ser utilizado como evidência em contextos legais, tornaram-se fundamentais em processos judiciais contemporâneos. Exemplos de provas digitais incluem mensagens de mídias sociais, e-mails, documentos eletrônicos, vídeos, áudios e históricos de navegação na internet.

Entretanto, a utilização dessas evidências digitais apresenta desafios consideráveis, principalmente devido à sua natureza volátil e à facilidade com que podem ser adulteradas ou falsificadas. A integridade das provas digitais é essencial para assegurar sua admissibilidade e confiabilidade no Judiciário. Nesse contexto, o gerenciamento da cadeia de custódia emerge como um processo crítico para a preservação da integridade das provas digitais.

(*) Mestre em Inovação e Tecnologia PROFNIT, UEM; Top 50 women in cybersecurity America Latina 2021 (WOMCY), cofundadora da *Verifact*. Vencedora do Prêmio Mulheres Inovadoras 2023 FINEP, Regional Sul.

(**) Mestre em Administração, programador, CTO e fundador da *Verifact*.

(***) Bacharela em Direito pela Unicesumar. Pós-graduanda em Direito Público.

A cadeia de custódia refere-se a uma sequência rigorosa de procedimentos documentados que garantem o rastreamento e a preservação das evidências desde sua coleta até sua apresentação em juízo. Segundo a ABNT NBR ISO/IEC 27037:2013, diretrizes específicas foram estabelecidas para a identificação, coleta, aquisição e preservação de provas digitais, visando padronizar as práticas forenses e assegurar a fiabilidade das evidências apresentadas.

Além das normativas técnicas, a legislação brasileira, com destaque para o Código de Processo Penal e o Pacote Anticrime, reforça a importância da cadeia de custódia, estabelecendo parâmetros legais para a coleta e manuseio de provas digitais. Decisões judiciais recentes evidenciam uma tendência crescente de reconhecimento da validade das provas digitais, desde que cumpridos os requisitos de autenticidade, integridade e preservação da cadeia de custódia.

Este artigo tem como objetivo fazer uma introdução sobre o gerenciamento da cadeia de custódia no contexto das provas digitais, especialmente para conteúdos disponíveis na internet, destacando sua importância para a manutenção da integridade das evidências e sua aceitação no sistema jurídico. Serão apresentadas as fases da *computer forensics*, as normativas aplicáveis e as práticas recomendadas para assegurar a confiabilidade das provas digitais. Através dessa análise, busca-se compreender como a adoção de padrões técnicos e legais contribui para a eficácia do processo judicial na era digital.

CONCEITO DE PROVA DIGITAL

Prova digital pode ser definida por qualquer informação ou dado que pode ser usado como evidência em um contexto legal e esteja publicado, armazenado ou transmitido em formato eletrônico. Inclui, mas não se limita, a publicações de mensagens de mídias sociais, *WhatsApp*, e-mails, documentos eletrônicos, mensagens de textos, históricos de navegação na internet, vídeos e áudios.

Neste sentido, a utilização de evidências digitais disponíveis em dispositivos informáticos demanda cuidados para a coleta, preservação e acesso quando utilizadas como provas digitais para fins jurídicos.

> Assim como em um local do crime convencional, as evidências e provas ali existentes devem ser preservadas. Na informática não é diferente: os dados contidos nos dispositivos não podem sofrer nenhuma alteração. Cuidados especiais devem ser tomados nesta fase, pois até uma operação simples pode alterar os dados armazenados em mídia digital. (ELEUTÉRIO e MACHADO, 2011, p. 54)

Conforme lembra VIEIRA, 2019, os dados obtidos do documento eletrônico são uma sequência de bits, que traduzidos por um programa de computador, seja representativa de um fato.

Vieira ainda complementa:

> Em um documento físico, o acesso à informação depende da capacidade cognitiva do receptor interpretar os signos gravados em um suporte físico. O acesso ao significante é direto, dominada a codificação, por exemplo o idioma que representa a informação, é possível extrair dele o seu significado sem intermediários.
>
> A informação contida em um documento eletrônico, por seu turno, depende de múltiplas camadas de código que irão interpretar a sequência de bits (zeros e uns) convertendo-a em um formato inteligível ao ser humano (...) sem o intermédio de softwares e hardwares não é possível decodificar a informação. Ninguém consegue, por exemplo, extrair o significado um vídeo olhando diretamente a linguagem binária. O acesso ao significante, portanto, ainda que seja direto, depende de intermediários para extrair o seu significado. (VIEIRA, 2019)

Neste aspecto, vale lembrar que o meio digital apresenta alta volatilidade, no sentido de que a prova digital pode desaparecer a qualquer momento, além da facilidade na adulteração ou falsificação dos dados apresentados de forma virtual. Para que um conteúdo digital possa ser utilizado como prova digital, é necessária para prestabilidade da evidência, a adoção mínima de etapas de coleta e preservação, seguindo princípios informáticos. Conforme BADARÓ, 2021. P. 8,

> Os elementos de prova relevantes, no caso da *computer forensics*, são conservados e transmitidos em linguagem não natural, mas digital. Assim, ainda que os dados digitais, em seu conteúdo informativo, possam ser diretamente percebidos por quem está em contato com eles, eles não possuem uma materialidade imediatamente constatável.
>
> Justamente por isso, para que produzam informação jurídica útil para a reconstrução histórica dos fatos, devem seguir os princípios informáticos. O National Institute for Standard and Technology (NIST) distingue quatro fases da computer forensics: em suas fases de coleta dos dados, exame, análise e relatório:
>
> Durante a coleta, os dados relacionados a um evento específico são identificados, rotulados, registrados e coletados, e sua integridade é preservada. Na segunda fase, de exame, ferramentas e técnicas forenses adequadas aos tipos de dados que foram coletados são executados para identificar e extrair as informações relevantes dos dados coletados, protegendo sua integridade.

> O exame pode usar uma combinação de ferramentas automatizadas e processos manuais. A próxima fase, a análise, envolve a análise dos resultados do exame para obter informações úteis que abordem as questões que foram o ímpeto para a realização da coleta e do exame. A fase final envolve relatar os resultados da análise, que podem incluir a descrição das ações executadas e recomendar melhorias para políticas, diretrizes, procedimentos, ferramentas e outros aspectos do processo forense. (BADARÓ, 2021)

Em adição às evidências digitais encontradas em dispositivos informáticos, é importante considerar as que estão disponíveis na rede mundial de computadores, a internet. Com a digitalização da comunicação e dos conflitos, a internet tornou-se um repositório extenso de potenciais evidências digitais, relevantes, tanto para desavenças virtuais, quanto físicas. Exemplos comuns de tais evidências, frequentemente empregadas na Justiça brasileira, incluem mensagens de texto, imagens, áudios e vídeos distribuídos por diversos canais, como e-mails, *WhatsApp*, *Twitch*, *YouTube*, sites e redes sociais, como *Facebook*, *Instagram*, *Tik Tok*.

A coleta e preservação das provas digitais de forma adequada é imprescindível no caso de análise posterior dos dados digitais, pois a auditoria permitirá assegurar a integridade e autenticidade dos elementos probatórios e submeter essa análise à crítica judiciária das partes, removendo a possibilidade de modificações indevidas na evidência digital.

CONCEITOS DE CADEIA DE CUSTÓDIA APLICÁVEIS À PROVA DIGITAL

A cadeia de custódia da prova corresponde a uma sequência de procedimentos para rastreamento documentado da coleta, preservação e manuseio das evidências ou informações, documentando o histórico cronológico da evidência, desde o momento que é coletado, acessado durante o processo, até quando ele não é mais necessário e descartado. O propósito é garantir a integridade das provas, assegurando que não ocorra nenhuma alteração, perda, adição ou destruição fora dos parâmetros legais.

Para Gustavo Badaró, “a cadeia de custódia é a história cronológica escrita, ininterrupta e testemunhada, de quem teve a evidência desde o momento da coleta até que ela seja apresentada como prova no tribunal”.

Outra definição interessante de cadeia de custódia foi descrita pelo Ministro do STJ, Ribeiro Dantas, no julgamento HC n. 752.444/SC, que afirmou que a “cadeia de custódia diz respeito à idoneidade do caminho que deve ser percorrido pela prova até sua análise pelo magistrado, sendo certo que qualquer interferência durante o trâmite processual pode resultar na sua imprestabilidade”.

O Código de Processo Penal, nos artigos 158-A a 158-F, acrescidos pelo Pacote Anticrime em 2019, regulamenta a cadeia de custódia de provas. O primeiro dispositivo a define como “conjunto de todos os **procedimentos utilizados para manter e**

documentar a história cronológica do vestígio coletado em locais ou em vítimas de crimes, para rastrear sua posse e manuseio a partir de seu reconhecimento até o descarte". Ou seja, é todo agrupamento de técnicas empregadas para preservar de maneira lógica e temporal o conteúdo probatório frente ao cenário criminal.

Trata-se do caminho percorrido pela prova desde o conhecimento da prática de uma infração pelas autoridades encarregadas da persecução criminal até o momento em que, constatada a ocorrência de vestígios e realizados os exames necessários, for produzido o laudo pericial e descartado o material que serviu de base para a perícia (Avena, 2023). No julgamento do HC n. 752.444/SC, o ilustre Ministro Ribeiro Dantas do STJ afirmou que a "cadeia de custódia diz respeito à idoneidade do caminho que deve ser percorrido pela prova até sua análise pelo magistrado, sendo certo quc qualquer interferência durante o trâmite processual pode resultar na sua imprestabilidade."

A cadeia de custódia mencionada pelo Código de Processo Penal é composta por etapas: reconhecimento, isolamento, fixação, coleta, acondicionamento, transporte, recebimento, processamento, armazenamento e o descarte. A etapa do reconhecimento é a percepção de se determinar se um elemento tem ou não potencial interesse para a produção da prova pericial. Já o isolamento é o ato de isolar todo o ambiente onde ocorreu o fato criminoso, preservando os vestígios, para, assim, evitar alterações. A fixação é a descrição minuciosa da prova encontrada, tendo a capacidade de ser registrada por meio de fotos, filmagens, croqui ou outros recursos.

A coleta refere-se à atitude de recolher previamente o indício probatório para levá-lo à perícia, resguardando suas caraterísticas e natureza. O condicionamento, por sua vez, baseia-se em guardar a amostra em embalagem apropriada às suas qualidades, com anotação da data, hora e quem realizou o feito, preservando o vestígio contra alterações. O transporte é o deslocamento adequado do material, bem como o controle de sua posse. O recebimento é a transferência formal da posse do elemento, que deverá ser documentada com informações especificadas em lei.

O processamento concerne no exame pericial propriamente dito, tratamento do vestígio, submissão a testes e o devido registro em laudo produzido pelo perito. O armazenamento é a penúltima etapa, constitui na guarda, ou seja, abrigar o conteúdo para caso necessário, efetuar-se uma contra perícia, descarte ou novo transporte. Por fim, o descarte é o procedimento que realiza a liberação do vestígio, respeitando a legislação vigente e, quando pertinente, mediante autorização judicial.

Neste sentido, mesmo que não haja menção específica sobre provas digitais no Decreto-Lei n. 3.689/1941, é possível afirmar que a maioria de suas etapas também se aplica se há provas obtidas por meio digital, sendo especialmente importantes diante da maior volatilidade neste ambiente.

POR QUE A CADEIA DE CUSTÓDIA É IMPORTANTE PARA AS PROVAS DIGITAIS?

Evidentemente, os cinco sentidos humanos não são mais suficientes para avaliar o fato digital, pois existe disponível na internet um número vasto de aplicativos, programas de edição de imagens e *sites* que reproduzem visualmente uma conversa real de *WhatsApp* (ou *Instagram*, *Facebook*, entre outras publicações da internet), ou que possibilitam adulterações na tela de textos e imagens de *sites*.

Ocorre que estas possibilidades de manipulação de provas digitais, como, por exemplo, imagens e conteúdos em *sites*, redes sociais e aplicativos de mensagens, podem ser usadas para criar diálogos ou situações inverídicas, que nunca foram publicadas de fato na internet.

Sob este prisma, há o desafio sobre a aceitação e confiabilidade de provas digitais extraídas de conteúdos provenientes da rede mundial de computadores em Juízo, visto que a internet é um meio volátil, passível de falsificações e adulterações de forma bem fácil. Para Thiago Vieira, a evidência digital é frágil por sua própria natureza. Dados e metadados podem ser facilmente alterados, adulterados, suprimidos, inseridos e/ou corrompidos. O manuseio inadequado pode tornar a prova imprestável, ainda que a espoliação seja involuntária. "Por esta razão, todo o processo de identificação, coleta, aquisição e preservação da evidência digital deve ser conduzido por profissional capacitado e de acordo com os princípios e normas técnicas aplicáveis à espécie, a fim de preservar **a integridade, fiabilidade, inalterabilidade e auditabilidade desta espécie de prova**." [grifo nosso]

APLICAÇÃO DE NORMA FORENSE PARA COLETA E PRESERVAÇÃO DE PROVAS DIGITAIS — A ABNT IEC ISO/IEC 27037:2013

Verifica-se que, em toda cadeia de custódia, há a exigibilidade de registrar e documentar a sucessão de uma fase para outra. Inclusive, o entendimento da Suprema Corte é no sentido de declarar a quebra na cadeia de custódia diante da ausência desta documentação e julgar nula a prova produzida, estendendo-se às digitais. Para estas, existe normatização própria, ABNT NBR ISO/IEC 27037:2013 — Diretrizes para identificação, coleta, aquisição e preservação de evidência digital, tendo por finalidade a padronização no tratamento das evidências digitais.

Além disso, a referida normativa configura-se como um padrão global para a identificação, obtenção e conservação de provas forenses durante todas as fases da averiguação. As diretrizes certificam o gerenciamento seguro e confiabilidade da espécie probante por meio de práticas confiáveis e imparciais, visando resguardar sua integridade e, por conseguinte, favorecer sua aceitação, valor probatório e pertinência em procedimentos judiciais.

Neste aspecto, tendo em vista a fragilidade e volatilidade dos indícios digitais, a ABNT NBR ISO/IEC 27037:2013 fundamenta a sua credibilidade na metodologia aplicada por pessoas capacitadas. De acordo com OLIVEIRA, a evidência é composta por três aspectos basilares — a relevância, a confiabilidade e a suficiência — e, no manuseamento delas, mais quatro características devem ser assistidas — a auditabilidade, repetibilidade, reprodutibilidade e justificabilidade. Já o processo de tratamento que assegura a autenticidade é formado pela identificação, coleta, aquisição e preservação.

Conforme OLIVEIRA, o especialista, ao acessar um dispositivo físico, deve descrever na cadeia de custódia todas as informações encontradas — "a quantidade, tipo do dispositivo, marca, modelo, número de série, e país de fabricação". Além disso, o especialista deve filtrar os arquivos lógicos, como aquisição da memória RAM, dados extraídos de redes sociais, internet, aplicativos de troca de mensagens. Nestes casos é necessário constar os metadados — são dados adicionais sobre determinada operação ou conteúdo digital que podem ajudar no processamento da informação pelos *softwares*, além de identificar recursos e manter históricos (Souza, Munhoz e Carvalho, 2023).

Entretanto, se o processo de obtenção, guarda e análise das evidências digitais não aderir às fases estabelecidas pela cadeia de custódia, bem como à norma ABNT NBR ISO/IEC 27037:2013, estas podem se tornar alvos de fraude, alterações ou manipulações de maneira facilitada e, por vezes, imperceptível. Um ponto crítico adicional é que, na ausência de dados suficientes para avaliar as provas digitais, não se verificará a oportunidade de uma análise pericial técnica adequada de elementos, para assegurar a confiabilidade da representação do conteúdo em relação à realidade dos acontecimentos.

DECISÕES JUDICIAIS SOBRE PROVAS DIGITAIS DE PUBLICAÇÕES NA INTERNET

Para ilustrar a importância de rastreamento das evidências digitais, observe-se a sentença proferida pelo TRT-8ª Região (processo n. 0000393-60.2023.5.08.0101):

> "Destaco que os *prints* (ID. be48994) **não constituem meio válido de prova, pois não estão acompanhados das correspondentes cadeias de custódia desse tipo de provas virtuais**, portanto, não há a demonstração do processo de coleta dos metadados técnicos detalhados dessas provas que permitam a sua auditabilidade e verificação das informações nelas retratadas pelo juízo. Com efeito, **as provas digitais detêm regramento próprio**, estabelecido pela **norma NBR NM ISO/IEC 27037.2013**, expedida pela Associação Brasileira de Normas Técnicas ABNT, a qual define três etapas para coleta online de provas, quais sejam: isolamento, espelhamento e preservação". (Grifo nosso)

Outra exemplificação sobre a necessidade da preservação da cadeia de custódia em provas digitais pode ser vista em processo trabalhista (processo n. 00000685420215110301) da 1ª Vara do Trabalho de Tefé do Tribunal Regional do Trabalho da 11ª Região.

De acordo com a fundamentação do juiz do trabalho titular, Adilson Maciel Dantas, os prints de *WhatsApp* são inválidos como meio de prova,

> "(...), uma vez que não se tem como analisar a cadeia de custódia das conversas, além de existirem diversos aplicativos que permitem a fabricação de conversas entre quaisquer pessoas. **O print de tela, pois, é apenas um retrato da pintura que se queira exibir, não se podendo afirmar a autenticidade da prova em razão da impossibilidade de se afirmar que houve preservação da cadeia de custódia do documento digital.**" (Grifo nosso)

Ainda, neste aspecto, não significa necessariamente que conteúdos publicados na rede mundial de computadores não possam ser utilizados como prova digital em processos. No caso de ação trabalhista julgada pelo TRT da 3ª Região (processo n. 0010266-89.2023.5.03.0112), foram apresentados registros de conversas de *WhatsApp* pela empresa, como objetivo de provar suas alegações. A magistrada Solainy Beltrão dos Santos reconheceu a validade das provas digitais neste caso. Na sentença, primeiramente ressaltou não se tratar de gravação propriamente dita e sim de "registro de conversa no aplicativo do *WhatsApp*, em que se envia mensagens de texto, fotos e áudios". Em seguida, constou na sentença que a validade da prova digital dependia de três fatores: autenticidade, integridade e preservação da cadeia de custódia, esclarecendo:

> "Tais pressupostos — que não são exclusivos das provas digitais — visam ao respeito à atividade probatória, permitindo que a prova digital seja utilizada no processo sem alegações de invalidade, preservando-se sua higidez com meio apto ao convencimento do julgador sobre a verdade dos fatos."

Portanto, percebe-se que as decisões do Poder Judiciário já caminham para um alinhamento maior sobre a necessidade de maior confiança nas evidências digitais, considerando as práticas comuns até então utilizadas. Nesse caso, seguir os passos mínimos da cadeia de custódia e normativas da área forense não consiste em mera burocracia, mas requisitos mínimos para a fiabilidade do objeto probatório.

MEIOS DE COLETA DE PROVAS DIGITAIS DISPONÍVEIS

Para cumprir este caminho de coleta e preservação de provas digitais, vale ressaltar o papel do especialista, o profissional de perícia técnica forense computacional, que seguirá metodologias forenses em todas as etapas da coleta e preservação das evidências digitais.

Neste aspecto, vale ressaltar que meios de registro comuns até então, como a Ata Notarial, tendem a ser feitos sem o auxílio desses especialistas, não sendo suficientes para a confiabilidade das provas digitais. Mesmo que a lei afirme a imparcialidade do notário, este poderia ser induzido a erro por não possuir perícia técnica na área. Ao lavrar uma Ata a partir de um ponto de vista leigo, não se atende aos princípios da cadeia de custódia, tampouco se gera uma auditabilidade suficiente no documento gerado para uma eventual análise futura.

Dentro deste enfoque, vale complementar que, nas etapas de coleta e preservação de evidências digitais *on-line*, é essencial ter um agente que possibilite a fiabilidade da prova, que pode ser um profissional capacitado, o perito técnico forense computacional (ou assistente técnico), ou então um sistema capaz de seguir os mesmos procedimentos técnicos, leis e normas forenses, que apresente sua eficácia comprovada.

NOVA TECNOLOGIA PARA COLETA DE PROVAS DIGITAIS ON-LINE

Uma possibilidade para a coleta de provas digitais de conteúdos da internet é a utilização de inovações tecnológicas mais acessíveis e seguras que os meios de coleta convencionais. Neste aspecto, há disponível no Brasil a solução da *Verifact*, uma plataforma *online* de coleta e preservação de conteúdos da internet, que segue metodicamente a cadeia de custódia nos termos do Código de Processo Penal e da ABNT NBR ISO/IEC 27037:2013, tendo sido validada por diversos órgãos públicos, tais como ministérios públicos e policiais civis.

Aponta o documento de Atestado de Capacidade Técnica elaborado pelo Ministério Público Federal — MPF, em 19 de janeiro de 2024, a respeito de ação coordenada entre os partícipes, visando ao desenvolvimento e à solução de problemas ou demandas, com foco nos objetivos institucionais da Procuradoria Geral Eleitoral e das Procuradorias Regionais Eleitorais, notadamente em razão da campanha eleitoral de 2022:

> "O DESPACHO N. 5357/2023 ASPPE/SPPEA/PGR — PGR- 00418261/2023 avaliou a solução da empresa *Verifact* a partir de 03 (três) critérios constantes como referência no próprio Acordo de Cooperação Técnica, quais sejam:
>
> **4. Quanto ao cumprimento da cadeia de custódia como preceitua o Código de Processo Penal, bem como em relação à aplicação de boas práticas forenses recomendadas em normas internacionais:**
>
> 5. Conforme **Parecer Técnico 45/2021/ANPTIC/SPPEA:**
>
> [...] Acerca das funcionalidades técnicas, os subscreventes julgam que a solução se mostrou satisfatória na ação de coleta de evidências digitais e, em regra, atende as necessidades do Ministério Público Federal. Além disso, a ferramenta também se apresentou efetiva e eficiente na coleta de todos os metadados necessários a uma investigação, tais como:
>
> a) Data e hora da ação de coleta;
>
> b) URLs navegadas, com data e hora;
>
> c) Requisições realizadas via navegador, com data e hora;
>
> d) Código HTML da página;
>
> e) Valores hashes (SHA-512 e SHA3-512) dos arquivos coletados;
>
> f) Informações acerca do domínio em questão.

> Complementarmente, os subscreventes consideraram que a operação da solução não exige domínio de temas relacionados à segurança da informação ou perícia computacional. Dessa forma, poderia se abrir a oportunidade para que esse tipo de atividade seja realizado por um número maior de servidores e membros.
>
> Acerca da segurança da informação, a própria empresa, a partir do seu site, apresenta 3 (três) documentos técnicos produzidos pelas empresas eSecurity Cyber Security, EarlySec e Sipercom, que de forma geral atestam a segurança da solução. [...]
>
> 6. Nota-se que, de modo geral, o sistema atende às especificações técnicas. Entretanto, ficou ressalvado que todas as ações de coleta e armazenamento acontecem em ambiente virtual mantido e controlado pela empresa, ou seja, o MPF não teria nenhuma gestão sobre a infraestrutura e aplicação da solução. Em decorrência, não foi possível à ANPTIC/SPPEA/PGR realizar testes mais aprofundados de segurança.
>
> **7. Quanto aos benefícios administrativos ao MPF: [...] tais como agilidade em processos, custos, segurança etc.,** informo que foram a contento, visto que a utilização da ferramenta trouxe bastante efetividade às coletas de vestígios digitais, especialmente no período eleitoral. Comumente as coletas com preservação da cadeia de custódia são feitas pelo MPF de forma manual, por profissionais de Tecnologia da Informação. Ao se ter acesso à ferramenta *Verifact*, que executa o processo de forma automatizada, foi permitido aos demais servidores de Unidades de Pesquisa e Análise descentralizadas, não ocupantes de cargos de TI, a execução do serviço, o que propiciou o atendimento das demandas eleitorais dentro dos prazos legais.
>
> Para se ter uma ideia, foram realizadas cerca de 2.125 (duas mil, cento e vinte e cinco) coletas de captura *Verifact* durante o período eleitoral. Caso tais coletas fossem realizadas da forma convencional, manual, possivelmente algumas demandas seriam prejudicadas, especialmente levando-se em conta os prazos eleitorais, conhecidos por sua exiguidade. [...]
>
> **8. Quanto à efetividade jurídica, conforme a Procuradoria-Geral Eleitoral do MPF:**
>
> Após consulta perante os Procuradores Regionais Eleitorais sobre a efetividade jurídica da solução apresentada pela empresa *Verifact* para a preservação de vestígios digitais, o retorno foi muito positivo.
>
> Os Procuradores atestaram a eficiência da ferramenta, declararam seu uso efetivo em ações judiciais, e informaram que não houve qualquer questionamento judicial sobre a validade das provas produzidas, tendo inclusive ocorrido condenações a partir destas provas. Nesse sentido, se manifestaram os PREs de MT, SP, MA e PB.
>
> Em síntese, a experiência com o uso da ferramenta se mostrou muito positiva." (MINISTÉRIO PÚBLICO FEDERAL, 2024)

Ainda, de acordo com o documento de Atestado de Capacidade Técnica emitido pela Polícia Civil do Estado de Santa Catarina, Gerência de Tecnologia da Informação, em janeiro de 2024:

> "Os serviços foram realizados com observância às normas e padrões técnicos relevantes, incluindo a conformidade com as etapas aplicáveis da cadeia de custódia do Código de Processo Penal e os requisitos da ISO 27037. Destacamos as seguintes características da plataforma:

Isolamento Técnico: Utilização de um ambiente virtualizado com medidas rigorosas para garantir a segurança e a integridade das evidências, incluindo a prevenção de contaminação por vírus e a eliminação efetiva de dados residuais.

Espelhamento Técnico: Capacidade de registrar informações em diversos formatos, acompanhada de uma coleta automatizada de metadados técnicos, garantindo a completude e a auditabilidade do processo.

Preservação da Evidência: Uso de Certificação Digital ICP/Brasil para assegurar a integridade e a anterioridade dos relatórios gerados, além da aplicação de algoritmos HASH SHA512 e SHA3-512 para a proteção da integridade dos arquivos.

Interface de Uso: Desenvolvimento de uma interface web amigável, acessível através de navegadores comuns, sem necessidade de instalação de softwares adicionais, facilitando o uso por indivíduos sem conhecimento técnico avançado." (POLÍCIA CIVIL DO ESTADO DE SANTA CATARINA, 2024)

Além do documento emitido pela PCSC, foram disponibilizados outros documentos de Atestados de Capacidade Técnica para a *Verifact*, emitidos pelo Tribunal Superior Eleitoral, Ministério Público do Estado de São Paulo, Ministério Público do Estado da Bahia e Polícia Civil do Estado do Paraná.

Há provas digitais coletadas pela plataforma da *Verifact* em todas as instâncias do Judiciário. Esta solução permite um acesso mais fácil e barato para se obter a confiança gerada por estes métodos, permitindo um atendimento em massa desta demanda no meio jurídico.

CONSIDERAÇÕES FINAIS

Em resumo, mesmo que haja certa resistência do meio jurídico a implementar as práticas forenses de cadeia de custódia, especialmente por motivos econômicos, infelizmente não há outro caminho para a obtenção de provas digitais seguras. O meio digital evolui constantemente e evidências muito usadas no passado se tornam menos confiáveis a cada dia. Tome-se por exemplo os *prints* de tela, que são facilmente falsificáveis com os recursos atuais. Caminhar para uma exigência maior nos procedimentos da cadeia de custódia e em normas forenses envolvidas na aceitação de provas digitais em juízo é necessário para dar segurança ao julgador e evitar injustiças, contando com o apoio de inovações tecnológicas para torná-las viáveis.

REFERÊNCIAS

AFD, Academia Forense Digital. *Principais pontos de interesse da Norma ABNT ISO/IEC 27037:2013*. Disponível em: https://academiadeforensedigital.com.br/iso-27037-identificacao-coleta-aquisicao-e-preservacao-de-evidencia/ Acesso em: 17 ago. 2023.

AVENA, Norberto. Processo Penal. São Paulo: Grupo GEN, 2023. E-book. ISBN 9786559647774. Disponível em: https://app.minhabiblioteca.com.br/#/books/9786559647774/. Acesso em: 16 ago. 2023.

BADARÓ, Gustavo. *Os standards metodológicos de produção na prova digital e a importância da cadeia de custódia*. Disponível em: https://www.ibccrim.org.br/publicacoes/edicoes/747/8544 Acesso em: 18 jan. de 2024.

BRASIL. **Código de processo penal**. Disponível em: https://www.planalto.gov.br/ccivil_03/decreto-lei/del3689.htm Acesso em: 15 ago. 2023.

MINISTÉRIO PÚBLICO FEDERAL. *Atestado de capacidade técnica*. Disponível em: https://www.verifact.com.br/wp-content/uploads/2024/01/atestado_MPF_verifact_jan2024.pdf Acesso em: 28 out. 2024.

OLIVEIRA, Vinícius. *Cadeia de custódia*. Disponível em: https://oliveiraperito.com.br/2021/11/22/06-cadeia-de-custodia/. Acesso em: 11 set. 2023.

POLÍCIA CIVIL DO ESTADO DE SANTA CATARINA. *Atestado de capacidade técnica*. Disponível em: https://www.verifact.com.br/wp-content/uploads/2024/01/atestado_PCSC_verifact_jan2024.pdf Acesso em: 28 out. 2024.

SOUZA, Bernardo de Azevedo; MUNHOZ, Alexandre; CARVALHO, Romullo. *Manual prático de provas digitais*, 2ª Tiragem. Revista dos Tribunais, p. 47, 2023.

STJ, Superior Tribunal de Justiça. **AgRg no HABEAS CORPUS n. 752.444 — SC (2022/0197646-2)**. Disponível em: https://scon.stj.jus.br/SCON/GetInteiroTeorDoAcordao?num_registro=202201976462&dt_publicacao=10%2F10%2F2022 Acesso em: 16 ago. 2023.

TRT-8º, Tribunal Regional do Trabalho 8ª Região. **1ª Vara do Trabalho de Abaetetuba** Processo nº 0000393-60.2023.5.08.0101. Disponível em: file:///C:/Users/Usu%C3%A1rio%20Padr%C3%A3o.DESKTOP-J36OG06/Downloads/ATSum_0000393-60.2023.5.08.0101_1grau-1.pdf Acesso em: 18 ago. 2023.

TRT-3º, Tribunal Regional do Trabalho 3ª Região. 33ª Vara do Trabalho de Belo Horizonte. Processo n. 0010266-89.2023.5.03.0112. Disponível em: https://pje-consulta.trt3.jus.br/consultaprocessual/detalhe-processo/0010266-89.2023.5.03.0112/1#46fa69f. Acesso em: 11 set. 2023.

VIEIRA, Thiago. Disponível em: https://medium.com/@tocvieira/aspectos-t%C3%A9cnicos-e-jur%C3%ADdicos-da-prova-digital-no-processo-penal-aa22ef05fb30. Acesso em: 18 jan. 2024.

Computação em nuvem, perícia forense digital e acordos em nível de serviço

Jesse Geraldo Arriola Junior (*)

André Gonçalves Zipperer (**)

INTRODUÇÃO

Em 22 de fevereiro de 2022, o Tribunal Regional do Trabalho (TRT) da 17ª Região, no Espírito Santo, comunicou, por meio das suas redes sociais, que havia sofrido um ataque hacker.

Em nota divulgada, o TRT da 17ª Região informou que a sua Secretaria de Tecnologia da Informação e Comunicações (SETIC), em conjunto com a Equipe de Tratamento e Resposta a Incidentes de Segurança Cibernética (ETRI) seguiam trabalhando nos desdobramentos decorrentes do incidente e no levantamento das informações necessárias para a adoção das medidas legais cabíveis. Concluiu o comunicado dizendo que os serviços em nuvem disponibilizados pelo TRT-ES, como correio eletrônico, comunicação e arquivos, não haviam sido afetados e continuavam acessíveis para servidores e magistrados (Security Leaders, 2022).

Dentre as informações noticiadas pelo TRT-ES, dois fatos são de grande relevância para os temas abordados no presente artigo. O primeiro diz respeito ao "levantamento das informações necessárias para a adoção das medidas legais cabíveis", pois corresponde

(*) Advogado. Auditor de Controle Externo do Tribunal de Contas do Estado do Paraná (Diretoria de Tecnologia da Informação). Pesquisador do grupo de estudo Cidade Digital Estratégica (PPGTU/PUCPR). Membro efetivo da Comissão de Direito Digital e Proteção de Dados da OAB-PR (2023-2024). Doutorando em Gestão Urbana (PPGTU/PUCPR). Mestre em Ciência e Tecnologia Ambiental (UNIVALI-SC), Bacharel em Direito (UNICURITBA-PR), Bacharel em Informática (UP-PR). Pós-graduado MBA em Compliance e Gestão de Risco (Pólis Civitas), e Desenvolvimento em Tecnologia WEB (PUCPR).

(**) Advogado especializado em Direito do Trabalho. Sócio do escritório Zipperer e Minardi. Pesquisador na USP / GETRAB. Professor Direito do Trabalho. Doutor pela PUC- PR.

ao objetivo precípuo do que se chama de perícia forense digital. O segundo trata do local onde os serviços que permaneceram intactos e acessíveis residiam: "em nuvem".

A computação em nuvem tem se destacado como uma tecnologia transformadora no setor de tecnologia da informação (TI), atraindo a atenção de organizações públicas e privadas.

A Resolução n. 335 do Conselho Nacional de Justiça, de 29 de setembro de 2020, responsável pela instituição da política pública para a governança e gestão do processo judicial eletrônico, e pela integração dos tribunais brasileiros à Plataforma Digital do Poder Judiciário Brasileiro (PDPJ-Br), determinou expressamente que o PDPJ-Br deverá adotar soluções que abranjam computação em nuvem (CNJ, 2024). Trata-se, portanto, de uma tecnologia obrigatória em todo o Poder Judiciário.

Em 21 de dezembro de 2022, o TRT-17 finamente aderiu à política estabelecida pela Resolução n. 335 do CNJ e se tornou pioneiro ao migrar seus sistemas para a nuvem (BRASIL, 2023).

A transição para ambientes de computação em nuvem, no entanto, traz desafios, tais como as questões de segurança, privacidade e complexidades na realização de perícias forenses digitais.

Perícias forenses digitais constituem prática importante para a produção de prova digital em diversos ramos do Direito, *verbis:*

> Por vezes, o uso indevido da informática enseja crimes cibernéticos, como os crimes contra a propriedade artística e intelectual previstos no art. 184 do CP e Lei 9609/98; os relativos às fraudes bancárias relacionados aos artigos 155, §§ 3º e 4º, II, e 171 do CP; aqueles onde aparece a pornografia infantil, como os insertos nos art. 241 e 241-A da Lei 8069/90; os crimes entendidos como cyberbulling onde ocorre a criação e publicação de perfis falsos ou ofensas em blogs e *Facebook*, sendo crimes contra a honra enquadrados nos artigos 138, 139, 140 do CP. Contudo, em muitas situações estes desvios ocorrem no ambiente de trabalho, tendo como autores o empregado e o empregador (Garrido; De Oliveira, 2015).

Especificamente sobre a utilidade das perícias forenses digitais e o Direito do Trabalho, Garrido e De Oliveira (2015) explicam:

> Diante da variedade de opções de acesso a sites da rede mundial de computadores, inclusive, de utilização indevida do e-mail corporativo, ou seja, o fornecido como ferramenta de trabalho, as empresas passaram a monitorar essas ferramentas de trabalho, chegando por vezes a dispensar o empregado por justa causa em razão de conteúdos indevidos lançados nessa rede ou quando esse produziu um ato considerado como crime cibernético

> utilizando-se das máquinas do empregador. Devido à complexidade de tema, a prova da materialidade de tais atos, na maioria das vezes, há necessidade da elaboração de um laudo pericial realizado por um expert (...)

Assim, o presente artigo aprofunda-se nos conceitos de nuvem e nas características que a perícia forense digital assume ao ser realizada neste ambiente.

Analisa-se também uma peculiaridade contratual comumente encontrada na aquisição de serviços em nuvem, qual seja, a utilização de cláusulas que definem acordos em nível de serviço (do inglês, *service level agreements*, ou SLAs).

Para alguns autores e peritos digitais, os SLAs deveriam garantir contratualmente a realização de investigações forenses quando necessário, prevendo o acesso a hardware, software e infraestrutura de rede. Entretanto, a pesquisa realizada evidenciou outra realidade.

COMPUTAÇÃO EM NUVEM

A computação em nuvem é "um ambiente computacional que permite a terceirização de necessidades computacionais para outra parte, acessível via Internet" (Jadeja; Modi, 2012).

Já um outro conceito, com viés contratualista, que vincula a computação em nuvem às cláusulas de SLAs, caracteriza este tipo de arquitetura como

> um sistema distribuído e paralelo, composto por computadores virtualizados e interligados que são dinamicamente alocados, formando um ou mais recursos de computação integrados, regidos por acordos de nível de serviço (Calheiros et al., 2010).

Segundo Mell e Grance (2011), a computação em nuvem permite o acesso em rede a um conjunto compartilhado de recursos computacionais configuráveis. Tais recursos são exemplificados por Kaur (2019), que descreve a computação em nuvem como "um serviço baseado na Internet, oferecendo uma variedade de recursos, como servidores, armazenamento e softwares". Pawar (2021) detalha os componentes da infraestrutura de computação em nuvem, incluindo servidores, dispositivos de armazenamento, equipamentos de rede e uma camada de abstração de hardware que promove a virtualização de recursos. Lombardi e Di Pietro (2011) reforçam que este modelo de serviço emprega tecnologias de computação distribuída e virtualização.

A computação em nuvem emergiu rapidamente como uma tecnologia inovadora, ganhou popularidade e transformou o setor de TI. Corporações como *Google*, *Amazon*, *Oracle* e *Microsoft* oferecem vasta gama de serviços de nuvem em um modelo de aluguel, atraindo a atenção de inúmeras organizações e profissionais do setor (PAWAR, 2021). As empresas de TI, aproveitando a infraestrutura oferecida, estão adotando soluções baseadas na nuvem para desenvolver e hospedar aplicações em ambientes virtuais, proporcionando flexibilidade e espaço para armazenamento de dados pessoais.

A natureza dos serviços contratados em cada solução orienta a classificação dos tipos de nuvens em três modelos de serviço: Software como Serviço, Plataforma como Serviço e Infraestrutura como Serviço. Cada modelo oferece diferentes níveis de funcionalidade e suporte para os usuários.

O Software como Serviço (SaaS) é modelo mais simples. Destina-se a utilizar a nuvem simplesmente para hospedar os sistemas de uma organização que a contrata, e disponibilizá-los na Internet.

A Plataforma como Serviço (PaaS) fornece uma plataforma que permite aos clientes construir, executar e gerenciar seus aplicativos sem a complexidade de manter localmente a infraestrutura necessária para isto (hardware, rede, etc.) (SITARAM; MANJUNATH, 2012).

Infraestrutura como Serviço (IaaS) fornece recursos de computação completos pela internet. A organização que a contrata passa a ter na nuvem servidores exclusivamente seus, que podem ser configurados e utilizados como bem quiserem. Os recursos podem ser virtualizados, permitindo que os usuários paguem pelo armazenamento em bancos de dados e tráfego de rede com conforme o uso (SANTANA, 2016).

Em todos os três modelos identifica-se a grande vantagem econômica da computação em nuvem, que torna desnecessário arcar diretamente com os custos de infraestrutura, instalação, mão de obra e manutenção (Jadeja; Modi, 2012). Complementando essa visão, Pawar (2021) ressalta que a computação em nuvem se tornou vital para empresas competitivas, oferecendo redução de custos e escalabilidade em serviços de TI.

No entanto, o aporte tecnológico não representa tudo o que é buscado pelos usuários da nuvem. Eles procuram soluções integradas que atendam às suas demandas empresariais, abrangendo suporte humano, questões de conformidade jurídica e de segurança. Note-se desde já que estas expectativas exigirão que as cláusulas contratuais que representam acordos em nível de serviço sejam articuladas em linguagem de negócios (WIEDER et al., 2011).

De fato, a visão estratégica que deve guiar as organizações sobrepõe-se à simples opção por uma ou outra tecnologia. Forçoso observar então que computação em nuvem revoluciona a gestão da TI, levando à adoção de estratégias de longo prazo e à construção de arquiteturas que suportam objetivos de negócios, otimizando a eficiência e eliminando desperdícios (Ruan et al., 2011). Entretanto, nenhum objetivo de negócio subsiste atualmente se a segurança de seus ativos informacionais estiver em risco.

Para as empresas do setor de TI que ponderam sobre a transição para a nuvem, a segurança emerge como uma grande inquietação. Os desafios de segurança, inerentes ao ambiente que inclui agrupamento de recursos e virtualização, leva muitas organizações a hesitarem em confiar plenamente nos provedores de serviços externos (SINGH; JEONG; PARK, 2016).

Trata-se de um cenário complexo que se apresenta em ambientes distribuídos e com múltiplos usuários compartilhando uma mesma infraestrutura (SINGH; JEONG; PARK, 2016). Essa natureza distribuída levanta preocupações também sobre a privacidade, pois o fornecedor de serviços em nuvem tem acesso a todos os dados dos seus usuários.

Questões como armazenamento, manutenção, destruição, conformidade regulatória e monitoramento de violações de privacidade são essenciais. A segurança na computação em nuvem passa então a ser uma responsabilidade compartilhada entre fornecedores e usuários (YASH, 2022).

Por este motivo, a chamada segurança-como-um-serviço está emergindo como mais um atributo da computação em nuvem, oferecida na forma de produto adicional, e que reflete de forma extremamente útil no apoio às investigações de crimes cibernéticos (RUAN et al., 2011).

PERÍCIA FORENSE DIGITAL

A perícia forense digital é "uma ciência aplicada para identificar um incidente, coletar, examinar e analisar dados de evidência" (Kent et al., 2006). Pode ser também entendida como um processo dividido em quatro etapas principais (ZAWOAD; HASAN; SKJELLUM, 2015):

1. Identificação: Inclui a identificação de um incidente e das evidências necessárias para a sua investigação.
2. Coleta: Envolve a extração de evidências digitais de diferentes tipos de mídia (discos rígidos, circuitos de memória, celulares), preservando a integridade das evidências.
3. Organização: Compreende o exame e a análise das evidências digitais. Na fase de exame, os dados extraídos são inspecionados, enquanto na fase de análise, são interpretados e correlacionados para se chegar a uma conclusão que possa provar ou refutar alegações legais.
4. Apresentação: O investigador prepara um relatório organizado das descobertas, adequado para apresentação em diferentes contextos legais (processos criminais, cíveis, administrativos, juris etc.).

Quando realizada no ambiente de nuvem, a perícia forense digital passa a ser identificada como uma especialização, ou extensão lógica do conceito original, que considera o amplo acesso à rede, a terceirização e a virtualização de recursos nas suas práticas, mas que sofre com desafios tecnológicos, organizacionais, legais e requisitos específicos (RUAN et al., 2011).

A complexidade tecnológica e o vasto tamanho que as estruturas de nuvem alcançam criam obstáculos significativos para a investigação forense em computação em nuvem (ALOBAIDLI et al., 2017). Esses desafios são agravados por características fundamentais, os quais tornam a forense digital mais desafiadora do que em ambientes de computadores, servidores e redes privados, que se encontram nos domínios físicos de uma organização. Muitas vezes a falta de suporte adequado para investigações em ambientes de nuvem, juntamente com a possibilidade de conluio entre fornecedores de serviços, usuários e investigadores, coloca em dúvida a integridade das evidências (ZAWOAD; HASAN; SKJELLUM, 2015).

Os acordos de nível de serviço (SLAs) atuais frequentemente falham em abordar termos importantes para investigações forenses, uma lacuna que pode ser atribuída à baixa conscientização dos clientes, à transparência limitada dos provedores de serviços em nuvem e à ausência de regulamentação nacional e internacional. Muitos clientes de nuvem estão desinformados sobre os desafios que podem surgir em uma investigação forense e a relevância dessas investigações.

Esses desafios são exacerbados pela falta de SLAs específicos quando se trata da previsão de investigações forenses, baixa conscientização dos usuários, transparência limitada dos provedores de serviço e a ausência de regulamentações internacionais (Singh; Jeong; Park, 2016). Além disso, a presença de múltiplas jurisdições e o modelo multiusuário apresentam obstáculos significativos no que se refere ao acesso e recuperação de dados, direitos dos usuários e admissibilidade de evidências (RUAN et al., 2011).

Portanto, a adoção da computação em nuvem, além de suas vantagens, traz consigo desafios complexos que precisam ser geridos para garantir a segurança e a conformidade regulatória (ZAWOAD; HASAN; SKJELLUM, 2015).

SLAs DE SOLUÇÕES EM NUVEM

Um SLA é o resultado formal de uma negociação entre um cliente e um provedor de serviços, definindo as características do serviço, responsabilidades e prioridades de cada parte (STATOVCI-HALIMI; HALIMI, 2004). Esse acordo pode abranger aspectos como tarifação, faturamento, entrega do serviço e compensações. A garantia de qualidade de serviço é fundamental na oferta de serviços em nuvem, tornando os SLAs um elemento central nesse ecossistema (GIRS et al., 2020).

Passam, portanto, a se constituir como uma abordagem padrão para definir formalmente as condições específicas sob as quais os serviços são ou serão fornecidos. São ferramentas contratuais úteis para avaliar se a prestação do serviço está alinhada com as condições acordadas. Em caso de violações, são previstos mecanismos para penalidades ou compensações (Wieder et al., 2011).

Os SLAs em serviços de nuvem atuam como um elo crucial entre consumidores e fornecedores (Saravanan; Rajaram, 2015). O design destas cláusulas deve visar tanto o lucro dos fornecedores quanto qualidade dos serviços para os contratantes. No entanto os SLAs de nuvem frequentemente deixam de atender as partes envolvidas com equidade, vez que determinadas unilateralmente, o que favorece os provedores de serviço.

Em verdade, o ambiente de computação em nuvem inclui diversas entidades interativas, como provedores de serviços, corretores de serviços, clientes e usuários finais, cada um com metas e expectativas próprias. Neste ambiente, SLAs são fundamentais para regular as relações entre os fornecedores de serviços e os consumidores, estabelecendo os termos de participação e fornecendo a base para as interações entre as partes (Anithakumari; Chandrasekaran, 2015).

Os SLAs devem apoiar os atributos essenciais das nuvens, especificando e acordando as condições sob as quais os serviços são entregues, gerenciando a paisagem de serviços para que as capacidades estejam disponíveis na rede e acessíveis. Eles suportam a consolidação de recursos servindo a vários consumidores, e permitem que as capacidades sejam provisionadas de forma automática e escalável. Ou seja, fornecem um serviço medido onde o uso dos recursos é monitorado, controlado e relatado, proporcionando transparência.

Exemplos de soluções em nuvem, perícia forense digital e SLAs.

A pesquisa analisou as soluções de nuvem oferecidas por duas empresas líderes do mercado (Richter, 2024): a *Azure*, da *Microsoft*, e a *Amazon Web Services* (AWS), da *Amazon*.

Apesar dos autores ressaltarem a importância dos SLAs nas contratações de nuvem, tal como foi demonstrado nos capítulos anteriores, não foram encontradas cláusulas que estabelecessem expressamente níveis de serviço para rotinas de perícia forense.

Percebeu-se que os SLAs são, na verdade, parte acessória de contratos de adesão, nos quais não se prevê a participação dos contratantes para sua composição.

O que mais se aproxima das práticas de análise forense são os SLAs que versam sobre ferramentas de segurança e auditoria do uso da nuvem. O nível de serviço que se garante para todas apenas prevê o tempo mínimo de sua disponibilidade, o chamado *uptime*.

A AWS apresenta a ferramenta chamada de AWS Audit Manager, destinada a possibilitar auditoria contínua e gerenciamento de controles de conformidade na nuvem. Ela automatiza a avaliação da eficácia dos controles internos, processos de conformidade e práticas de governança em relação aos padrões de conformidade (*Amazon*, 2024a).

No contexto da investigação forense em nuvem, o AWS Audit Manager oferece interações relevantes. Ele pode ser utilizado para coletar evidências digitais, como registros de log, configurações de serviço, e para preservar a integridade das informações durante uma investigação. Além disso, o serviço ajuda na avaliação da conformidade com políticas e normas, na identificação de anomalias por meio da análise de registros e dados de configuração, gerenciamento de incidentes de segurança e fornecimento de informações para auditorias pós-incidente. É possível escolher frameworks configurados pela *Amazon* para a coleta de evidências, ou criar um framework customizado com controles escolhidos pelo próprio cliente. Entretanto, não há garantia em SLA de que o cliente poderá criar seus próprios controles. Eis a transcrição de trecho da cláusula que estabelece o SLA da ferramenta AWS Audit Manager (*Amazon*, 2024b).

Acordo de Nível de Serviço do AWS Audit Manager	
Este Contrato de nível de serviço (Service Level Agreement, "SLA") do AWS Audit Manager é uma política que rege o uso do AWS Audit Manager e se aplica separadamente a cada conta que usar o AWS Audit Manager. Em caso de conflito entre os termos deste SLA e os termos do Contrato de Cliente AWS ou de outro contrato conosco que reja o seu uso dos nossos Serviços ("Contrato"), os termos e condições deste SLA se aplicam, mas somente na medida do conflito. Os termos em letras maiúsculas aqui empregados, mas não definidos, terão os significados conforme estabelecidos no Contrato	
Compromisso de serviço	
A AWS fará o possível para disponibilizar o AWS Audit Manager com uma Porcentagem de tempo de atividade mensal para cada região da AWS, durante qualquer ciclo de faturamento mensal, com pelo menos 99,9% (o "Compromisso de serviço"). Se o AWS Audit Manager não cumprir o Compromisso de serviço, você terá direito a receber um Crédito de serviço, conforme descrito abaixo.	
Créditos de serviço	
Os Créditos de serviço são calculados como uma porcentagem do total de cobranças pagas por você pelo AWS Audit Manager para o ciclo de faturamento mensal em que o Compromisso de serviço não foi cumprido, de acordo com o cronograma abaixo.	
Porcentagem de tempo de atividade mensal	Porcentagem de crédito de serviço
Inferior a 99,9%, mas superior ou igual a 99%	10%
Inferior a 99%, mas superior ou igual a 95%	25%
Inferior a 95%	100%

Os serviços de nuvem da *Amazon* podem também valer-se de soluções de *logging* e monitoramento de terceiros para lidar com de dados de log, identificar a causa raiz de um incidente de segurança, incluindo o momento do ataque, a vulnerabilidade explorada, os sistemas comprometidos e a duração do ataque (*Amazon*, 2024c).

A *Microsoft*, por sua vez, prevê a perícia forense no ambiente de nuvem *Azure* por meio da disponibilização de recursos e práticas que permitem aos clientes investigarem incidentes de segurança e analisar eventos. O *Azure* fornece logs de auditoria, logs de diagnóstico e logs de segurança, que podem ser utilizados para rastrear ações e identificar atividades suspeitas. O módulo *Azure* Monitor possibilita o monitoramento em tempo real do desempenho e integridade de recursos fornecendo alertas para eventos específicos. O *Microsoft Defender for Cloud* fornece proteção contra ameaças e insights de segurança O *Azure*, tal como o AWS da *Amazon*, é compatível com ferramentas de terceiros para análise de segurança e perícia forense (*Microsoft*, 2024a).

De maneira análoga, os SLAs da solução *Azure* não dizem respeito à disponibilização de recursos específicos destinado à perícia forense, mas sim ao seu tempo de disponibilidade (*Microsoft*, 2024b).

CONCLUSÃO

A computação em nuvem tem sido uma revolução no setor de TI, proporcionando economia, escalabilidade e flexibilidade para as empresas. No entanto, a transição para a nuvem também trouxe desafios, especialmente na área de segurança e perícia forense.

A forense digital em ambientes de nuvem apresenta desafios únicos, como a complexidade tecnológica e a necessidade de preservar a integridade das evidências.

Os acordos de nível de serviço (SLAs) desempenham um papel crucial na garantia da qualidade e segurança dos serviços em nuvem, mas falham em abordar aspectos importantes para investigações forenses.

A segurança na computação em nuvem e a possibilidade de investigações forenses deveriam ser de responsabilidade compartilhada entre fornecedores e usuários, exigindo políticas específicas e SLAs abrangentes. Portanto, é essencial que as empresas adotem medidas proativas para garantir a segurança e a conformidade regulatória na computação em nuvem, com aprimoramentos contínuos nos SLAs e políticas de conformidade.

Além disso, a natureza distribuída e virtualizada da nuvem levanta questões adicionais, como a privacidade dos dados dos usuários e a integridade das evidências. Os desafios da perícia forense em nuvem incluem a coleta e segregação de dados forenses, segurança em ambientes virtualizados e a necessidade de especialistas com conhecimento específico. A falta de suporte adequado para investigações em muitos ambientes de nuvem atuais, juntamente com a possibilidade de conluio entre fornecedores de serviços, usuários e investigadores forenses, coloca em dúvida a integridade das evidências.

Diante desses desafios, é crucial que as empresas invistam em treinamento e capacitação de pessoal, pois a análise das soluções demonstrou que, por enquanto, a perícia forense no ambiente de nuvem é garantida por meio de ferramentas específicas dos fornecedores e de terceiros, e não dos SLAs dos contratos. Os SLAs dos contratos de ambas as empresas analisadas não visam o comprometimento com acessos especiais a hardware, software ou infraestrutura de rede. O conhecimento técnico acerca das ferramentas específicas, portanto, é de suma importância.

Além disso, é necessário um maior desenvolvimento de ferramentas e técnicas especializadas para a investigação forense em ambientes de nuvem, vez que as atuais tratam o assunto de maneira tangencial, inserindo a perícia forense nos contextos da segurança e conformidade. Os SLAs também devem ser aprimorados para incluir disposições específicas relacionadas à forense em nuvem, garantindo que os procedimentos de investigação sejam conduzidos de maneira eficaz e que as evidências coletadas sejam confiáveis e admissíveis em um contexto legal.

A computação em nuvem oferece inúmeras vantagens para as empresas, mas também apresenta desafios complexos, especialmente em relação à segurança e à forense digital. A adoção da nuvem requer um foco renovado na segurança e na forense em nuvem, com a necessidade de políticas e SLAs mais específicos, bem como o desenvolvimento e aprendizado de ferramentas e técnicas especializadas. Somente assim as empresas poderão garantir a segurança e a conformidade regulatória neste desafiador domínio tecnológico.

REFERÊNCIAS

ALOBAIDLI, H. et al. Challenges of Cloud Log Forensics. *Proceedings of the SouthEast Conference*, 13 abr. 2017.

AMAZON. *Audit Manager.* Disponível em: https://aws.amazon.com/pt/audit-manager/. Acesso em: 19 fev. 2024a.

AMAZON. *Audit Manager SLA.* Disponível em: https://aws.amazon.com/pt/audit-manager/sla/. Acesso em: 19 fev. 2024b.

ANITHAKUMARI, S. CHANDRASEKARAN, K. Monitoring and Management of Service Level Agreements in *Cloud Computing*. International Conference on Cloud and Autonomic Computing, Boston, MA, USA, 2015, pp. 204-207.

BRASIL. TRIBUNAL REGIONAL DO TRABALHO DA 17ª REGIÃO. TRT-17 inspira nova fase do PJe em âmbito nacional — Portal do TRT-17. 2023. Disponível em: https://trtes.jus.br/principal/comunicacao/noticias/conteudo/o5609-trt-17-inspira-nova-fase-do-pje-em-ambito-nacional. Acesso em: 22 fev. 2024.

CALHEIROS, R. N. et al. CloudSim: a toolkit for modeling and simulation of cloud computing environments and evaluation of resource provisioning algorithms. *Software: Practice and Experience*, v. 41, n. 1, p. 23–50, 24 ago. 2010.

CHAVAN, Yash V. Emerging cloud computing security issues. *International Research Journal of Modernization in Engineering Technology and Science.* Volume 04. Issue:09/September-2022.

CNJ. **Resolução n. 335 de 29 de setembro de 2020.** Institui política pública para a governança e a gestão de processo judicial eletrônico. Disponível em https://atos.cnj.jus.br/files/original-193745202009305f74de891a3ae.pdf. Acesso em: 21 fev. 2024.

FAIZI, S. M.; RAHMAN, S. S. M. *Securing Cloud Computing Through IT Governance.* Disponível em: https://papers.ssrn.com/sol3/papers.cfm?abstract_id=3360869.

GARRIDO, R. G.; DE OLIVEIRA, J. L. Aplicação da forense digital na justiça do trabalho. *Interfaces Científicas — Direito*, v. 3, n. 2, p. 21-27, 5 mar. 2015.

GIRS, S. et al. A Systematic Literature Study on Definition and Modeling of Service-Level Agreements for Cloud Services in IoT. *IEEE Access*, v. 8, p. 134498–134513, 2020.

LOMBARDI, F.; DI PIETRO, R. Secure virtualization for cloud computing. *Journal of Network and Computer Applications*, v. 34, n. 4, p. 1113-1122, 1 jul. 2011.

JADEJA, Y.; MODI, K. Cloud computing — concepts, architecture and challenges. *2012 International Conference on Computing, Electronics and Electrical Technologies (ICCEET)*, p. 877-880, mar. 2012.

KAUR, T. Cloud Computing: A Study of the Cloud Computing Services. *International Journal for Research in Applied Science and Engineering Technology*, v. 7, n. 6, p. 1933-1938, 30 jun. 2019.

KENT, K. et al. Guide to Integrating Forensic Techniques into Incident Response Recommendations of the National Institute of Standards and Technology. *NIST Special Publication 800-86*. Ago, 2006. Disponível em: <https://tsapps.nist.gov/publication/get_pdf.cfm?pub_id=50875>.

KUMARI, S. Emerging and analysis trends of SOA and SAAS. *International Journal Of Engineering Research & Technology*, v. V8, n. 12, 2019.

MELL, P. M.; GRANCE, T. *The NIST definition of cloud computing*. Gaithersburg, MD: National Institute of Standards and Technology, 2011.

MICROSOFT. *Cadeia de custódia de computação forense no Azure*. Disponível em: https://learn.microsoft.com/pt-br/azure/architecture/example-scenario/forensics/. Acesso em: 19 fev. 2024a.

MICROSOFT. *Licensing documents*. Disponível em: https://www.microsoft.com/licensing/docs/view/Service-Level-Agreements-SLA-for-Online-Services?lang=1&year=2023. Acesso em: 19 fev. 2024b.

PAWAR, S. D. Cloud Computing: A Review. *International Journal for Research in Applied Science and Engineering Technology*, v. 9, n. 12, p. 1201–1204, 31 dez. 2021.

RICHTER, F. *Amazon maintains cloud lead as Microsoft edges closer*. Disponível em: https://www.statista.com/chart/18819/worldwide-market-share-of-leading-cloud-infrastructure-service-providers/. Acesso em: 19 fev. 2024.

RUAN, K. et al. Cloud Forensics. *Advances in Digital Forensics VII*, p. 35-46, 2011.

SANTANA, M. Infrastructure as a Service. Security in the Private Cloud. CRC Press, 2016. p. 37-46.

SARAVANAN, K.; RAJARAM, M. An Exploratory Study of Cloud Service Level Agreements — State of the Art Review. *KSII Transactions on Internet and Information Systems*, v. 9, n. 3, 31 mar. 2015.

SECURITY LEADERS. TRT-ES segue investigando ataque cibernético em sua infraestrutura. *Security Report*. 2022. Disponível em: https://securityleaders.com.br/trt-es-segue-investigando-ataque-cibernetico-em-sua-infraestrutura/. Acesso em: 22 fev. 2024.

SINGH, S.; JEONG, Y.-S.; PARK, J. H. A survey on cloud computing security: Issues, threats, and solutions. *Journal of Network and Computer Applications*, v. 75, p. 200-222, nov. 2016.

SITARAM, D.; MANJUNATH, G. Platform as a Service. Em: *Moving To The Cloud*. [s.l.] Elsevier, 2012. p. 73–152.

STATOVCI-HALIMI, B.; HALIMI, A. QoS management through service level agreements: a short overview. *E & I Elektrotechnik und Informationstechnik*, v. 121, n. 6, p. 243-246, jun. 2004.

WIEDER, P et al. *Service Level Agreements for Cloud Computing*. New York, NY. Springer New York, 2011.

ZAWOAD, S.; HASAN, R. A trustworthy cloud forensics environment. *Advances in Information and Communication Technology*, p. 271–285, 2015.

As provas digitais no direito processual do trabalho: uma abordagem prática

Júlio César de Paula Guimarães Baía (*)

1. INTRODUÇÃO

O fenômeno da globalização consiste na interligação geográfica, política, econômica, social e cultural dos povos.

Thomaz L. Friedman, na sua imperdível obra, "O mundo é plano: o mundo globalizado no século XXI", descreve, com profundidade, os efeitos e a dinâmica da globalização. Ele a segrega em três etapas. A primeira é a "globalização 1.0", que envolveu apenas os países. A "globalização 2.0" abrangeu as empresas. Já a "globalização 3.0" é o que se classifica como a "recém-descoberta capacidade dos indivíduos de colaborarem e concorrerem no âmbito mundial".

Por esta última faceta o indivíduo isolado ou organizado em pequenos grupos ganha uma força em âmbito mundial, o que foi possível em razão da

> "(...) *convergência entre o computador pessoal (que subitamente permitiu a cada indivíduo tornar-se autor de seu próprio conteúdo em forma digital), o cabo de fibra óptica (que de repente permitiu a todos aqueles indivíduos acessar cada vez mais conteúdo digital no mundo por quase nada) e o aumento dos softwares de fluxo de trabalho (que permitiu aos indivíduos de todo o mundo colaborar com aquele mesmo conteúdo digital estando em qualquer lugar, independentemente da distância entre eles)".* (FRIEDMAN, 2014, p. 19)

Esta força individual ganhou ainda mais corpo com o advento das redes sociais, dando visibilidade às mais diversas espécies de manifestação.

(*) Mestre em Direito do Trabalho, Professor e Advogado.

A relevância das modificações nas relações sociais, por óbvio, impactaram todo o universo do trabalho, desde as formas de contratação, até a maneira como as relações de trabalho se desenvolvem.

O Direito do Trabalho não ficou à margem de tamanhas transformações. Os litígios decorrentes das relações de trabalho também foram atingidos por novos meios de prova a serem utilizados em reclamações trabalhistas movidas junto ao Poder Judiciário.

Não significa que os chamados meios de prova tradicionais, como a prova testemunhal e pericial, devam ser deixados de lado. Deve-se analisar no caso concreto a real necessidade de utilização da prova digital, isto é, se ela é mesmo relevante para a busca da verdade real ou se o seu requerimento não irá ter efeito prático, apenas retardando a regular marcha processual.

O uso de *prints* de internet e redes sociais, assim como a geolocalização, já são recorrentes em reclamações trabalhistas que tramitam na Justiça do Trabalho.

A utilização das provas digitais, portanto, não pode ser desconsiderada no Direito Processual do Trabalho, mas deve ser analisada casuisticamente sua conveniência e oportunidade, como se observará no presente artigo.

2. PROVAS DIGITAIS: NATUREZA JURÍDICA, CARACTERÍSTICAS E REQUISITOS DE VALIDADE

As provas digitais são aquelas produzidas exclusivamente no mundo digital, não se confundindo, portanto, com as provas digitalizadas. Estas são originadas do mundo físico, sendo transportadas para o universo digital para fins de armazenamento e utilização em processos judiciais eletrônicos.

As provas digitais carecem de dispositivo eletrônico para existir. Na sociedade atual elas surgem, principalmente, no contexto de conversas e postagens em redes sociais, assim como por meio de informações inseridas na rede mundial de computadores e que podem ser utilizadas pelas partes em processos judiciais. Na Justiça do Trabalho tem sido cada vez mais corriqueira a prova por meio de geolocalização, que é objeto de contundentes debates, especialmente acerca de sua constitucionalidade ante a potencial violação à intimidade de quem tem o sigilo de localização quebrado. Independentemente da espécie ou tipo de prova digital, tem-se que todos revelam a sua imaterialidade[(1)].

---

(1) GOMES, Erika Cristina Ferreira. Provas digitais e sua repercussão no Direito Processual do Trabalho. *Revista Trabalhista Direito e Processo*. Ano 20. n. 65. p. 61. LTr: 2023.

Sua natureza jurídica é objeto de controvérsias, sendo que alguns doutrinadores as consideram como prova documental:

> *Contudo, os doutrinadores que têm se proposto a estudar essa temática vêm considerando a prova digital como uma prova documental e esta seria, portanto, sua natureza jurídica.*
>
> *Rennan Thamay e Mauricio Tamer, na monografia já referida, ponderam que documento não pode ser entendido "apenas como uma escrita em um papel", sendo que o direito digital está a revelar essa obviedade. "De forma ampla, documento é um objeto com capacidade em materializar um fato, seja por meio da escrita, de sinais, gráficos, símbolos, etc. São documentos, portanto, os filmes, as fotos, as transcrições, desenhos" (THAMAY; TAMER, 2020, p. 112-113).* (SILVA, 2022, p. 205)

Evidentemente, pelas suas características próprias e pela singularidade de ser originária do universo digital, não pode ser simplesmente classificada como prova documental.

A melhor exegese é que define as provas digitais como meio de prova atípico, isto é, não previsto expressamente no ordenamento jurídico pátrio:

> *De nossa parte, diante do catálogo de provas da Lei Processual Civil, a prova digital se encaixa, com mais precisão no conceito de prova documental, no entanto, pelas suas características e singularidades, pode ser enquadrada como um meio de prova autônomo, mas ainda sem regulamentação legal própria. Por isso, enquanto não houver disciplinamento legal a respeito, é considerado um meio de prova não catalogado na lei processual, mas moralmente legítimo, também denominado pela doutrina de prova atípica.* (SCHIAVI, 2022, p. 323)

Ainda que consideradas como meio atípico de prova, sua legalidade está amparada no art. 369, do Código de Processo Civil (CPC)[2], que se aplica ao Direito Processual do Trabalho de forma subsidiária, nos termos do art. 769, da Consolidação das Leis do Trabalho (CLT):

> *Art. 369. As partes têm o direito de empregar todos os meios legais, bem como os moralmente legítimos, ainda que não especificados neste código, para provar a verdade dos fatos em que se funda o pedido ou a defesa e influir eficazmente na convicção do juiz.*

---

(2) Pode-se, também, invocar o disposto no art. 422, §1º, do CPC, que assim preconiza:

Art. 422. Qualquer reprodução mecânica, como a fotográfica, a cinematográfica, a fonográfica ou de outra espécie, tem aptidão para fazer prova dos fatos ou das coisas representadas, se a sua conformidade com o documento original não for impugnada por aquele contra quem foi produzida.

§ 1º As fotografias digitais e as extraídas da rede mundial de computadores fazem prova das imagens que reproduzem, devendo, se impugnadas, ser apresentada a respectiva autenticação eletrônica ou, não sendo possível, realizada perícia

Estabelecida sua natureza jurídica, é fundamental a breve análise de suas características, que serão úteis no uso das provas digitais no cotidiano forense.

As provas digitais são imateriais, como já explicitado. Precisam, portanto, de um dispositivo eletrônico para serem acessadas e transmitidas, como, por exemplo, um telefone celular, um computador ou um tablet. Esta característica também é denominada como "necessidade de intermediação de equipamento para ser acessada" (GOMES, 2023, p. 61).

Elas são voláteis, o que significa que podem ser apagadas ou alteradas mediante um pequeno e rápido clique.

Diante destas peculiares características é fundamental assegurar sua autenticidade, sua integridade e a preservação da sua cadeia de custódia.

A autenticidade diz respeito à certeza de quem produziu aquele fato digital:

> *Por autenticidade deve-se entender a qualidade da prova digital que, conforme os ensinamentos de Rodrigues e Tamer (l7l, "permite a certeza com relação ao autor ou autores do fato digital. Ou seja, é a qualidade que assegura que o autor aparente do fato é, com efeito, seu autor real'.* (GOMES, 2023, p. 62)

A título ilustrativo pode-se fazer menção a um perfil *fake* criado em rede social e que foi quem fez a publicação. Neste caso, a prova digital carece de autenticidade, sendo, portanto, imprestável.

A integridade da prova relaciona-se à impossibilidade de sua adulteração desde o momento em que o fato no mundo digital ocorreu até sua apresentação perante o Poder Judiciário. Trata-se de preservar a qualidade do meio de prova, permitindo até mesmo o rastreio até a fonte original (OLIVEIRA, 2023, p.72).

Tais elementos também são definidos pela Lei n. 12.527/11, popularmente conhecida como "Lei de Acesso à Informação":

> *Art. 4º Para os efeitos desta Lei, considera-se:*
>
> (...)
>
> *VII — autenticidade: qualidade da informação que tenha sido produzida, expedida, recebida ou modificada por determinado indivíduo, equipamento ou sistema;*
>
> *VIII — integridade: qualidade da informação não modificada, inclusive quanto à origem, trânsito e destino;*
>
> (...)

A preservação da cadeia de custódia é o terceiro elemento que deve estar presente para a prova digital ser considerada válida. Sua conservação permite acesso ao "histórico cronológico do momento em que a prova é identificada e coletada, até o momento do seu descarte" (GOMES, 2023, p. 63.)

Sua definição legal pode ser extraída do art. 158-A, do Código de Processo Penal:

> *Art. 158-A. Considera-se cadeia de custódia o conjunto de todos os procedimentos utilizados para manter e documentar a história cronológica do vestígio coletado em locais ou em vítimas de crimes, para rastrear sua posse e manuseio a partir de seu reconhecimento até o descarte. (Incluído pela Lei n. 13.964, de 2019)*
>
> *§ 1º O início da cadeia de custódia dá-se com a preservação do local de crime ou com procedimentos policiais ou periciais nos quais seja detectada a existência de vestígio. (Incluído pela Lei n. 13.964, de 2019)*
>
> (...)

Traçados os elementos necessários para a validade da prova digital, essencial tratar do aspecto prático de tal validação.

Ela pode ser feita pela mera lavratura de ata notarial junto a qualquer Cartório de Notas, como autoriza o art. 384, do CPC(3). Trata-se de expediente comum, mas que pode não ser o ideal frente à volatilidade de uma prova digital. A título ilustrativo, uma postagem em rede social, que seria prova contundente de determinado direito, pode ser simplesmente excluída antes da lavratura da ata notarial.

A tecnologia nos traz algumas soluções bastantes interessantes, especialmente a validação eletrônica da prova digital, que encontra amparo no art. 411, inciso II, do CPC:

> *Art. 411. Considera-se autêntico o documento quando:*
>
> *I — o tabelião reconhecer a firma do signatário;*
>
> *II — a autoria estiver identificada por qualquer outro meio legal de certificação, inclusive eletrônico, nos termos da lei;*
>
> *III — não houver impugnação da parte contra quem foi produzido o documento.*

No mercado existem diversas empresas(4) que oferecem os serviços de certificação eletrônica de maneira simples, sem que seja necessário deslocamento e, invariavelmente, a custo menor do que aquele referente à lavratura da ata notarial. São ferramentas que facilitam a vida do operador do direito e conferem validade à prova digital por meio da coleta automática dos dados não aparentes do conteúdo (metadados técnicos). Ao acessar e navegar por uma página na internet, por meio das ferramentas eletrônicas de validação,

---

(3) Art. 384. A existência e o modo de existir de algum fato podem ser atestados ou documentados, a requerimento do interessado, mediante ata lavrada por tabelião.

Parágrafo único. Dados representados por imagem ou som gravados em arquivos eletrônicos poderão constar da ata notarial.

(4) Podem ser citadas como empresas de validação eletrônica de provas digitais a "Verifact" e a "OriginalMy", que podem ser acessadas pelos seguintes endereços, respectivamente: https://www.verifact.com.br/ e https://originalmy.com/

automaticamente, há a captura de informações como a descrição dos dados com origem, data de registro em horário local e UTC[(5)], códigos *hash*[(6)] individuais para cada arquivo, dentre outras informações que garantem a presença dos três elementos necessários para que a prova digital seja válida.

Delineados os contornos acerca da natureza jurídica, das características e dos requisitos de validade das provas digitais, é fundamental passar para os aspectos práticos de sua utilização no dia a dia da Justiça do Trabalho.

3. O USO DE *PRINTS* DE REDES SOCIAIS E DA INTERNET EM RECLAMAÇÕES TRABALHISTAS

O advento das redes sociais transformou o cotidiano forense trabalhista. A busca da verdade real não está mais preponderantemente calcada na prova testemunhal. As conversas via *WhatsApp* ou outros mecanismos de troca de mensagens instantâneas, as postagens nas redes sociais e até mesmo informações extraídas da internet são comumente utilizadas nas reclamações trabalhistas em trâmite na Justiça do Trabalho.

A forma de utilização das redes sociais e ferramentas de troca de mensagens têm trazido novos conflitos para a relação empregatícia. Fenômeno corriqueiro é a dispensa por justa causa em virtude de postagem desabonadora ou que viole a dignidade de uma pessoa física jurídica.

Em abril de 2024 o Tribunal Superior do Trabalho analisou situação inusitada consistente na dispensa por justa causa de um trabalhador que fez postagem ofensiva no *status* do seu *WhatsApp*, com os seguintes dizeres: "*Cadê essa porcaria do 13 q não sai. Essa porra dessa padaria q não paga*".

No acórdão regional, que foi objeto de insurgência via Recurso de Revista, ainda constou que o trabalhador apagou as mensagens minutos após a postagem e que ele laborava há oito anos para a empregadora, não tendo nenhuma infração disciplinar no período.

O cerne da controvérsia era a prova digital anexada aos autos, consistente no *print* do *status* do *WhatsApp* do trabalhador. Aquela ofensa realizada no mundo digital era ou

---

(5) UTC — Tempo Universal Coordenado: É uma escala de tempo coordenado, mantida pela Agência Internacional de Pesos e Medidas e utilizada como padrão de "hora certa" no controle de tráfego aéreo e serviços de meteorologia aeronáutica. O UTC substitui o GMT (Greenwich Meridian Time) ou Z (Zulu), que é baseado na hora local de Greenwich, Inglaterra. Pode ser considerado equivalente ao GMT sempre que não forem importantes as frações de segundo. O sistema UTC foi desenvolvido pela ITU/UIT em 1970. Como não foi possível obter consenso quanto à sigla (CUT em inglês ou TUC em francês), decidiu-se adotar UTC como uma solução de compromisso.

Fonte: https://www.decea.mil.br/index.cfm?i=utilidades&p=glossario&single=2365 Acesso: 09 jul. 2024.

(6) A função criptográfica *hash* é um algoritmo utilizado para garantir a integridade de um documento eletrônico. Ao realizar a validação de uma prova digital pelos sistemas eletrônicos é gerado um código *hash*. Qualquer alteração na prova digital modifica o código *hash*, o que pode ser aferido por perito ou, então, por validadores existentes na internet. Simples alteração no documento altera o resumo *hash* original, desconstituindo a prova de integridade.

não apta a amparar a dispensa por justa causa perpetrada? O Tribunal Superior do Trabalho deu provimento ao Agravo de Instrumento da Reclamada, conheceu do Recurso de Revista, mas no mérito negou-lhe provimento, mantendo a decisão regional que reverteu a rescisão contratual por justa causa. O acórdão prolatado pelo TST foi assim ementado:

> *"Agravo de instrumento conhecido e provido. III — RECURSO DE REVISTA. DISPENSA POR JUSTA CAUSA. ATO LESIVO À HONRA E À BOA FAMA DA EMPREGADORA. POSTAGEM DESABONADORA NO STATUS DO WHATSAPP. GRAVIDADE DA CONDUTA NÃO VERIFICADA. JUSTA CAUSA NÃO CARACTERIZADA. 1. A Corte de origem negou provimento ao recurso ordinário da reclamada, mantendo, com isso, a sentença que declarou, " para todos os efeitos que o término do contrato de trabalho operou-se sem justa causa ". 2. No caso, o reclamante valeu-se de seu aplicativo de mensagens para externar seu sentimento de insatisfação com o suposto atraso do pagamento da parcela do 13º salário — a qual, em realidade, foi quitada tempestivamente. 3. Conquanto a linguagem empregada denote agressividade e suscite repúdio, configurando, portanto, uma conduta reprovável, não se reveste da gravidade necessária à configuração da justa causa, sobretudo quando considerado que o reclamante prestou serviços por oito anos sem ter cometido infração disciplinar e que a publicação foi retirada em poucos minutos. 4. Não há, pois, como concluir que após oito anos de vínculo empregatício, a publicação, mantida por poucos minutos, contendo uma reclamação acerca do atraso de uma das parcelas legais implique na quebra absoluta da fidúcia imprescindível à relação empregatícia. 5. Portanto, não havendo infração revestida de tal gravidade a atrair a aplicação imediata da justa causa, deveria a empresa ter observado o princípio da gradação das penas. 6. Sendo assim, analisando-se as premissas fáticas narradas no acórdão regional sob o norte dos princípios da continuidade da relação de emprego bem como do direito constitucional ao trabalho (arts. 5º, XIII, e 6º, caput), tem-se que o enquadramento jurídico emprestado pela Corte de origem foi o mais acertado, não merecendo reparos o acórdão regional impugnado. (...)* (RR-11752-15.2020.5.18.0010, 1ª Turma, Redator Ministro Hugo Carlos Scheuermann, DEJT 15/04/2024).

Em outro julgado do TST ficou demonstrada a fraude perpetrada na homologação de acordo extrajudicial. A principal prova utilizada foram as conversas mantidas via *WhatsApp*, como se infere do seguinte trecho da ementa:

> *2. A prova dos autos é sólida ao evidenciar que o autor não foi representado por advogado próprio e regularmente constituído, pois aquele que o representou nem mesmo o conhecia e a recíproca era verdadeira,*
>
> *3. A Lei 13.467/2017 trouxe a possibilidade de a Justiça do Trabalho homologar acordos extrajudiciais, desde que observado o procedimento previsto no art. 855-B da CLT, se sobressaindo a necessidade de representação por advogados distintos.*
>
> *4. A prova dos autos, no entanto, é sólida ao evidenciar que o autor não foi representado por advogado próprio e regularmente constituído, o que se extrai, antes de tudo, pelas mensagens via aplicativo WhatsApp adunadas aos autos, nas quais o patrono se identifica, sem qualquer indício de relação pretérita entre as partes, como aquele que o " acompanhou no acordo junto com a Vulcano " (p. 64).*
>
> *5. Releva notar, aliás, que mensagem idêntica foi enviada a diversos empregados da ré, e não apenas ao autor (p. 63-70), o que induz à inarredável ilação no sentido de que o obreiro não teve representação jurídica efetiva por advogado próprio, capaz de lhe*

orientar sobre os benefícios e prejuízos advindos da transação, atendendo à finalidade do dispositivo legal adrede referido. (ROT-931-78.2021.5.06.0000, Subseção II Especializada em Dissídios Individuais, Relator Ministro Amaury Rodrigues Pinto Junior, DEJT 09/02/2024).

Existem milhares de outras ações judiciais que envolve o uso destes *prints* de redes sociais. Ocorre que muitas vezes a utilização destas provas no âmbito judicial não é revestida das devidas cautelas, sobretudo no que tange aos requisitos de validade tratados no tópico anterior. Neste sentido é a lição de GOMES (2023, p. 65):

> *Não raro as partes trazem aos autos prints de mensagens trocadas em aplicativos de mensagens instantâneas (WhatsApp, Telegram), de páginas da internet, ou até mesmo de e-mails para fazer prova de suas alegações, sem, contudo, tomarem as cautelas necessárias para garantir a força probante dos documentos.*

Nem sempre a ausência da comprovação da prova digital a torna imprestável. Nos termos do art. 422, *caput*[(7)], do CPC, se a prova desta natureza não for impugnada "por aquele contra quem foi produzida", pode ser tida como válida, ainda que não tenha preenchido os requisitos de validade. Em sentido similar é a previsão contida no art. 224[(8)], do Código Civil, que consagra como prova a reprodução eletrônica "de fato ou coisas", ante a ausência de impugnação.

A lição prática a ser tomada consiste na avaliação acerca dos custos e riscos envolvidos na validação de determinada prova digital. Em diversas situações a parte pode deter, por exemplo, a conversa entabulada via *WhatsApp* em seu aparelho celular, de modo que em caso de eventual impugnação poderá haver a apresentação da conversa original ou até mesmo sua validação.

Não se pode olvidar, contudo, do livre convencimento motivado, positivado nos arts. 370 e 371, do CPC, segundo os quais incumbe ao julgador a livre apreciação das provas. Nesta quadra poderá desconsiderar *print* acostado aos autos diante da ausência de seus requisitos de validade, mesmo sem a impugnação da parte contrária.

Cabe ao operador do direito a acurada avaliação dos riscos existentes em cada reclamação trabalhista, devendo sempre, norteado pela ética que o ofício lhe exige, informar ao cliente acerca dos perigos e custos envolvidos em relação à estratégia a ser adotada.

---

(7) Art. 422. Qualquer reprodução mecânica, como a fotográfica, a cinematográfica, a fonográfica ou de outra espécie, tem aptidão para fazer prova dos fatos ou das coisas representadas, se a sua conformidade com o documento original não for impugnada por aquele contra quem foi produzida.

(8) Art. 225. As reproduções fotográficas, cinematográficas, os registros fonográficos e, em geral, quaisquer outras reproduções mecânicas ou eletrônicas de fatos ou de coisas fazem prova plena destes, se a parte, contra quem forem exibidos, não lhes impugnar a exatidão.

4. O USO DA GEOLOCALIZAÇÃO EM RECLAMAÇÕES TRABALHISTAS

As redes sociais digitais permitiram o surgimento de uma vigilância silenciosa do empregador em relação a seus funcionários, consistente na análise de suas postagens nas mídias sociais.

As novas tecnologias vão, ainda, mais além do que a análise passiva de manifestações nas redes sociais. Elas rastreiam a localização das pessoas permitindo o posterior acesso a estes dados de geolocalização. São muito utilizadas para comprovação de horário de trabalho, reconhecimento de vínculo de emprego e até mesmo para situações que envolvem rescisão do contrato de trabalho por justa causa.

A maior parte dos aplicativos que são instalados em aparelhos celulares tem o poder de rastrear a localização do usuário e envia-la para o proprietário do software. *Google* e *Apple*, por exemplo, fazem os rastreios de seus usuário, armazenando estes dados que podem ser obtidos para fins de prova em ações judiciais, bastando o interessado requerer a expedição de ofício pela Justiça do Trabalho ao proprietário do aplicativo[9].

O meio mais corriqueiro na Justiça do Trabalho para a obtenção de dados de geolocalização é pela quebra do sigilo das Estações Rádio Base (ERB):

> *As Estações Rádio Base nada mais são do que equipamentos que fazem a conexão entre os telefones celulares e a companhia telefônica (torres). É a denominação dada a um sistema de telefonia celular para a Estação Fixa com que os terminais móveis se comunicam. São compostas de antenas e equipamentos de transmissão/recepção, torre, fonte e infraestrutura. Uma ERB corresponde a uma célula (daí a origem do nome "celular").*

Sempre que se usa o telefone celular para o envio de mensagem SMS[10] ou para fazer ligações, o aparelho telefônico emite um sinal que é captado por três antenas. Por meio da triangulação deste sinal entre elas é possível constatar a localização da pessoa, com certa exatidão.

O acesso aos dados de geolocalização das Estações Rádio Base (ERB) somente é possível por determinação judicial, pois são informações sigilosas que ficam em poder das

---

(9) A título ilustrativo transcreve-se ementa de julgado que envolve o pedido de expedição de ofício ao *Google*:

MANDADO DE SEGURANÇA. EXPEDIÇÃO DE OFÍCIO ÀS OPERADORAS DE TELEFONIA E "GOOGLE" PARA FORNECIMENTO DE DADOS DE GEOLOCALIZAÇÃO. LIGAÇÕES EFETUADAS E RECEBIDAS EM CELULAR PARTICULAR COM O FIM DE FAZER PROVA DA JORNADA DE TRABALHO. VIOLAÇÃO AO DIREITO DA PRIVACIDADE. GARANTIA CONSTITUCIONAL. A determinação de expedição de ofício às operadoras de telefonia e ao provedor "google" para fornecimento de dados de geolocalização do empregado, com o fim de fazer prova da veracidade da jornada de trabalho alegada, constitui medida abusiva, caso o empregador não tenha cumprido adequadamente o dever de promover o registro dos horários de trabalho, quando nada justifica a quebra da garantia constitucional à privacidade. (TRT-1 — Mandado de Segurança Cível: 0101085-74.2023.5.01.0000, Relator: GLAUCIA ZUCCARI FERNANDES BRAGA, Data de Julgamento: 22/02/2024, SEDI-2, Data de Publicação: DEJT)

(10) Mensagem SMS significa *Short Message Service*, em português, Serviço de Mensagens Curtas.

companhias telefônicas. Quando há a quebra deste sigilo não se tem acesso às conversas telefônica ou às mensagens de texto que foram trocadas, mas tão somente aos dados referente a cada momento em que o aparelho celular se conectou a uma antena, especialmente: data e hora, código da antena (ERB) e os respectivos dados de geolocalização dessa antena (latitude, longitude, azimute).

Além dos dados de geolocalização obtidos via Estações Rádio Base (ERB), existem outras formas de acesso a esta informação. A maior parte dos telefones celulares é equipada com GPS (*Global Positioning System*), que é comumente utilizado pelos mais diversos aplicativos neles instalados. Os dados de geolocalização são frequentemente captados e armazenados pelo *Google* e pela *Apple*, de acordo com o sistema operacional instalado no aparelho. Assim, a própria parte por extrair estas informações do seu telefone e exibi-las em juízo para fins de prova e contraprova ou pode requerer que a Justiça do Trabalho envie ofício para que as empresas forneçam estes dados.

A partir deste *big brother* vivenciado pela humanidade emergem questões polêmicas acerca do uso dos dados de geolocalização, sobretudo em reclamações trabalhistas, ante o princípio da intimidade consagrado no art. 5º, inciso X, da Constituição da República Federativa do Brasil (CRFB/88)[11]:

> *Como mencionado anteriormente, o direito à privacidade e à intimidade possuem status de direitos humanos e fundamentais. Os dados de geolocalização dos trabalhadores, por se tratarem de dados pessoais, devem ser resguardados e protegidos, observada a sua utilização apenas de forma excepcional.*

O Tribunal Regional do Trabalho da 8ª Região, no Incidente de Resolução de Demanda Repetitiva n. 0000613-07.2022.5.08.0000, em julgamento realizado no dia 07 de dezembro de 2023 concluiu que "*não pode haver a quebra da geolocalização do celular do empregado sem a sua autorização, a fim de fazer prova em processo trabalhista, por violação aos direitos e garantias fundamentais do trabalhador*." O fundamento é de que o art. 5º, inciso II, da CRFB/88 "*assegura a inviolabilidade do sigilo dos dados e das comunicações telefônicas, ressalvando apenas, quanto à última, a quebra do sigilo por ordem judicial em instrução processual penal ou em investigação criminal*". Invoca, ainda, os arts. 2º, I e IV, e 5º, I e II, da Lei 13.709/18 (Lei Geral de Proteção de Dados) para assegurar o sigilo de tais dados. A decisão foi assim ementada:

> *OBTENÇÃO DA GEOLOCALIZAÇÃO DO CELULAR DO EMPREGADO COMO MEIO DE PROVA NO ÂMBITO DO PROCESSO DO TRABALHO. PRINCÍPIO DA PROPORCIONALIDADE. DIREITO*

---

(11) Art. 5º Todos são iguais perante a lei, sem distinção de qualquer natureza, garantindo-se aos brasileiros e aos estrangeiros residentes no País a inviolabilidade do direito à vida, à liberdade, à igualdade, à segurança e à propriedade, nos termos seguintes:

(...)

X — são invioláveis a intimidade, a vida privada, a honra e a imagem das pessoas, assegurado o direito a indenização pelo dano material ou moral decorrente de sua violação;

À INVIOLABILIDADE DO SIGILO DOS DADOS E DAS COMUNICAÇÕES TELEFÔNICAS. DIREITO CONSTITUCIONAL FUNDAMENTAL DE ÍNDOLE INDIVIDUAL. CLÁUSULA PÉTREA (ART. 60, § 4º, INCISO IV, DA CF). NECESSIDADE DE CONSENTIMENTO DO EMPREGADO. O artigo 5º, inciso XII, da Constituição Federal, assegura a inviolabilidade do sigilo dos dados e das comunicações telefônicas, ressalvando apenas, quanto à última, a quebra do sigilo por ordem judicial em instrução processual penal ou em investigação criminal. Apesar de não ser absoluto, trata-se de direito constitucional fundamental de índole individual, além de cláusula pétrea, nos termos do artigo 60, § 4º, inciso IV, da CF. No plano infraconstitucional, a Lei Geral de Proteção de Dados assegura o respeito à privacidade à inviolabilidade da intimidade, notadamente quanto aos dados pessoais e sensíveis, nos termos dos artigos 2º, I e IV, e 5º, I e II, da Lei 13.709/18. No caso dos autos, a quebra de sigilo determinada viola o dispositivo constitucional por não ter por objetivo a instrução de processo penal ou a investigação criminal, tampouco direito postulado no juízo trabalhista que possa configurar ilícito de natureza penal. Assim, entende-se que a medida se mostra desproporcional e afrontosa à privacidade do trabalhador. Nesse diapasão, fixa-se a seguinte tese jurídica: "Não pode haver a quebra da geolocalização do celular do empregado sem a sua autorização, a fim de fazer prova em processo trabalhista, por violação aos direitos e garantias fundamentais do trabalhador." (TRT da 8ª Região; Processo: 0000613-07.2022.5.08.0000 IRDR; Data de Publicação no DEJT: 11/12/2023; Órgão Julgador: Pleno; Relator: CARLOS RODRIGUES ZAHLOUTH JUNIOR)

Outros Tribunais Regionais do Trabalho também albergaram tese semelhante, especialmente em decisões proferidas pelas Seções de Dissídios Individuais. A título exemplificativo transcreve-se ementa de decisão proferida pelo Tribunal Regional do Trabalho da 4ª Região:

MANDADO DE SEGURANÇA. QUEBRA DE SIGILOS TELEFÔNICO E TELEMÁTICO PARA FORNECIMENTO DE DADOS E DE REGISTROS DE GEOLOCALIZAÇÃO DA IMPETRANTE PARA FINS DE INSTRUÇÃO PROCESSUAL TRABALHISTA (PROVA DE JORNADA LABORAL). TOTAL ILEGALIDADE. DIREITOS E GARANTIAS FUNDAMENTAIS VIOLADOS. 1. A exigência dos dados de geolocalização da impetrante enseja evidente afronta à garantia fundamental da inviolabilidade das comunicações (conforme art. 5o, XII, da Constituição da República), bem como aos direitos à privacidade e à intimidade previstos no inciso X do mencionado dispositivo constitucional. 2. Decisão impetrada ofensiva a dispositivos da Declaração Universal dos Direitos Humanos, da Convenção Americana sobre Direitos Humanos e do Pacto Internacional sobre Direitos Civis e Políticos, bem como da Lei 9296/97 e da Lei 13.709/18 — Lei Geral de Proteção de Dados Pessoais (LGPD). 3. Princípio da progressividade e interpretação pro persona. Os direitos humanos não comportam interpretações restritivas, mas tão somente ampliativas e fulcradas na que melhor atenda aos direitos e garantias fundamentais da pessoa. 4. Quebra de sigilo telefônico e de correspondência admitido apenas em processo criminal, sendo inviável o procedimento no processo do trabalho, de natureza cível, para fins de comprovação de jornada laboral. 5. O direito à privacidade deve ser considerado no sentido amplo, abrangendo todas as manifestações da esfera íntima, privada e da personalidade das pessoas, inclusive os dados de geolocalização concernentes ao direito humano de livre circulação (direito de ir e vir). Segurança concedida para cassar a decisão da autoridade coatora. (TRT-4 — MSCIV: 00376195920225040000, Relator: MARCELO JOSE FERLIN D'AMBROSO, Data de Publicação no DEJT: 19/04/2023, 1ª Seção de Dissídios Individuais)

A matéria somente foi enfrentada pelo Tribunal Superior do Trabalho no julgamento do Recurso Ordinário em Mandado de Segurança n. 23218-21.2023.5.04.0000, cuja publicação do acórdão ocorreu em 14/06/2024. Por seis votos contra três prevaleceu a tese de que a quebra do sigilo da geolocalização não viola o direito à intimidade, devendo ser sopesado com o princípio da busca da verdade real, que norteia o Direito Processual do Trabalho.

A tese favorável é no sentido de que o direito à intimidade não é absoluto, devendo ser minimente flexibilizado "*a fim de que a norma atinja sua finalidade precípua*". Restou fundamentado que "*a Lei Geral de Proteção de Dados Pessoais (Lei n. 13.709/2018, 7º, VI)*", "*a Lei de Acesso à Informação (Lei n. 12.527/2011, 21 c/c 31, § 4º) e o Marco Civil da Internet (Lei n. 12.965/2014, 22) possibilitam o acesso a dados pessoais e informação para defesa de interesses em Juízo.*"

Com o objetivo de sopesar tais princípios e evitar sacrifício inócuo ao direito à intimidade, a decisão judicial determinou que a quebra do sigilo de geolocalização do trabalho se restrinja ao horário e local designados na petição inicial.

Foi refutada a alegação de violação ao art. 5º, inciso II, da CRFB/88, que resguarda o sigilo telemático e de comunicações, sob justificativa de que "*a proteção assegurada pela constituição é o de comunicação dos dados e não dos dados em si*".

A decisão proferida pelo Tribunal Superior do Trabalho também se assenta na "via de duas mãos" do princípio da realidade. Na medida em que o empregado pode, por exemplo, utilizar a prova oral para desconstituir documentos juntados aos autos, o que é muito comum quando envolve cartões de ponto, por qual razão não pode o empregador usar a geolocalização para trazer aos autos a verdade real? A fim de garantir a consecução do princípio da isonomia, previsto no art. 5º, *caput*, da CRFB/88, necessário se faz que seja garantido ao empregador o mesmo direito do trabalhador no tange ao uso de geolocalização em processos judiciais. Assim, consta no acórdão:

> *Ademais, o direito processual é informado pelos princípios (i) da paridade de armas e, (ii) da inclusão.*
>
> *O primeiro, decorrente do princípio da ampla defesa, estabelece que as partes devem, a priori, ter a garantia de oportunidades iguais para se defender, meios processuais iguais para apoiar sua reivindicação de justiça e tempo e meios adequados para se defender, como revelou a Corte de Cassação italiana.*
>
> *O segundo informa que a admissibilidade de provas deve ser orientada por um regime de inclusão — sem isso, aliás, os trabalhadores seriam os mais prejudicados nas ações trabalhistas, haja vista o domínio da prova documental pelos empregadores —, conforme escólio de BADARÓ:*
>
> *[...] nos sistemas probatórios em que às partes é assegurado um verdadeiro direito à prova, os critérios de admissibilidade devem ser concebidos a partir de um regime de inclusão: a regra é que os meios de prova requeridos pelas partes devem ser admitidos. Somente haverá exclusão nos casos de manifesta irrelevância ou impertinência do meio probatório requerido pelas partes.*

O voto divergente teve como base a questão fática. Na situação sob exame a lide versava acerca do direito de gerente geral de banco receber horas extras. No caso, o requerimento de quebra do sigilo de geolocalização de Estação Rádio Base formulado pelo banco ocorreu antes da produção de qualquer prova, tendo sido deferido o pleito pelo juízo *a quo*, com o cancelamento da audiência de instrução até então designada.

O entendimento tem por argumento a tese defensiva de que o gerente ocupava cargo inserido na exceção do art. 62, inciso II, da CLT, controvérsia esta que deveria ser dirimida antes de ocorrer a quebra do sigilo dos dados de geolocalização.

Outro fundamento lançado no voto divergente é no sentido de que tal medida somente deve ser adotada em caráter subsidiário e excepcional:

> *A questão da utilização desse meio de prova, se entendido como possível, deve* ***se dar em caráter subsidiário ou excepcional****, na medida em que se trata, reforça-se,* ***de prova que viola o direito à intimidade.***
>
> *A banalização, ou seja, a autorização desta prova de forma corriqueira, ou* ***como primeira prova, como ocorreu nos autos****, viola o direito à intimidade, na medida em que* ***confere à ampla defesa e ao contraditório o patamar de direito absoluto****, sem qualquer uso da proporcionalidade e de forma* ***a aniquilar o direito à intimidade.***
>
> *Nesse contexto, é importante destacar o* ***perigo do retrocesso social****, na medida em que, como se sabe, os direitos humanos surgem historicamente* ***para proteger o indivíduo das arbitrariedades do Estado****. A utilização de meios de prova invasivos de forma corriqueira ou cotidiana auxilia na solução do conflito judicial,* ***mas esvazia o direito do indivíduo à sua privacidade****.*

A argumentação constante no voto divergente também se apoia na previsão contida no art. 74, § 2º, de CLT, de que é dever do empregador manter cartões de ponto com a finalidade de aferir a jornada laborada. Segundo ele "*a utilização da prova de geolocalização como primeira, com status superior aos cartões pontos esvaziaria a previsão celetista contida no artigo 74, § 2º*".

Em que pese os judiciosos fundamentos exarados na tese divergente, a busca da verdade real é um norte a ser seguido. O fato de se permitir a geolocalização não esvazia a necessidade de manutenção da obrigação legal dos registros de ponto, assim como o uso da prova testemunhal em reclamação trabalhista para invalidar o controle de jornada não torna ineficaz a previsão do art. 74, § 2º, da CLT.

O avanço da tecnologia deve ser utilizando sempre que for útil ao desfecho de uma relação processual, ainda mais envolvendo horas extras ou reconhecimento de vínculo de emprego, em que a prova obtida por geolocalização pode se relevar de extrema utilidade para ambas as partes.

O deferimento de uma prova digital consistente na quebra do sigilo dos dados de geolocalização deve passar, também, por análise casuística do julgador, tendo ainda com norte a celeridade processual.

Neste contexto, em diversas situações pode ser mais adequado a oitiva das partes e testemunhas para, então, ser feita a quebra do sigilo dos mencionados dados. Pode ocorrer que a prova testemunhal esclareça, de forma contundente, os fatos postos em discussão. Pode acontecer, também, de existir divergências nos depoimentos ou até mesmo não convencimento do julgador acerca da prova oral coletada, o que traz mais robustez para o uso dos dados de geolocalização.

Não se pode tão só rejeitar a possibilidade de uso dos dados de geolocalização em reclamações trabalhista, haja vista seu potencial de relevância para o deslinde eficaz do litígio.

5. OUTRAS FERRAMENTAS ÚTEIS PARA UTILIZAÇÃO EM RECLAMAÇÕES TRABALHISTAS

No presente artigo já foi elucidada a aplicação prática das provas digitais mais comumente utilizadas na Justiça do Trabalho, assim como a cautela que se deve ter no seu uso.

Diante do propósito prático deste estudo, importante trazer à tona outras ferramentas que podem auxiliar, e muito, o operador do direito.

A *Wayback Machine*(12) é uma plataforma gratuita que pode ser utilizada pelas partes ou até mesmo pelos julgadores na busca da verdade real. Ela armazena conteúdo de *sites* da internet que já foram apagados. Suas informações podem ser muito úteis em reclamações trabalhistas, como para a prova da existência de grupo econômico ou até mesmo para a valoração de prova oral colhida em audiência de instrução, dentre outras situações concretas.

A título ilustrativo, cita-se sentença proferida pela 2ª Vara do Trabalho de Guarujá/SP, nos autos da reclamação trabalhista movida n. 1000441-46.2023.5.02.0302. A contenda era sobre diferenças salariais em decorrência da promoção do trabalhador ao cargo de engenheiro elétrico, o que teria ocorrido ser aumento salarial. A Reclamada impugnou o *print* do seu *site* trazido aos autos pelo Reclamante, que apontaria o obreiro como engenheiro da empresa, ao fundamento de que teria sido manipulado. Tanto o sócio da empresa, quanto as testemunhas ouvidos a pedido dela negaram que o Reclamante tenha figurado no *site* da empresa como engenheiro. Veja-se o seguinte trecho da decisão de primeiro grau:

> *O sócio da empresa, em depoimento, confirmou o alegado na defesa, dizendo "que o depoente confirma que o site da empresa consta como contato no seguinte endereço http://www.springenergy.com.br/contato; que o reclamante nunca constou na área de atendimento da parte de contato do site da empresa como engenheiro; que, confrontado com a*

---

(12) https://web.archive.org/

imagem de folhas 428 em que consta o reclamante no site da empresa como engenheiro eletricista, o depoente diz que foi uma montagem e manipulação".

Sendo advertido sobre as penas de litigância de má-fé, o sócio disse "que nunca viu no site a informação de que o reclamante era engenheiro eletricista".

A parte, aparentemente desconhecia uma ferramenta muito útil, chamada Wayback Machine, disponível na internet.

(...)

Embora o sócio da empresa e testemunhas da empresa tenham negado que o reclamante constasse como engenheiro elétrico no site da empresa, restou claramente demonstrado através de ferramente disponível no site Wayback Machine que a empresa inseriu o reclamante em seu site na página de "contato", na lista de "atendimento" com a inscrição "engenheiro eletricista".

A prova oral trazida pela reclamada, consistente nos depoimentos de Thiago e Lucas, carece de credibilidade.

A testemunha Thiago disse que teve duas passagens pela empresa, nos períodos de 2019 a 2021 e depois a partir de abril ou maio de 2023, de modo que, o que interessa para o presente feito é o primeiro período. Thiago mencionou "que o depoente costumava acessar a página da empresa na internet e via que apenas Roni constava em tal documento; que nunca constou o reclamante em tal página como engenheiro; que acredita que Roni era o responsável por determinar as pessoas que constariam no site da empresa; que o depoente consultava o site da empresa uma ou duas vezes por mês e só constava Roni como engenheiro".

Após ser confrontado com a informação do site Wayback Machine mudou seu depoimento para dizer "que nunca reparou no nome do reclamante".

(...)

Portanto, restou claro a este magistrado que presidiu a instrução processual que as testemunhas estavam instruídas a dizer que o reclamante não constou como engenheiro no site da empresa, mas, confrontados com ferramenta há muito mencionada em páginas do mundo jurídico, precisaram alterar seus depoimentos, de modo que por não serem confiáveis, não serão consideradas como meio de prova.

Outra situação bastante interessante envolveu a utilização desta ferramenta para comprovação da existência de grupo econômico, como se extrai da sentença prolatada em 29/07/21, nos autos n. 1000223-30.2020.5.02.0332:

Com se vê, o conteúdo dos informes que a requerida mandou expedir são claros o suficiente para se concluir que ambas empresas estão intensamente entrelaçadas, na medida em que, de acordo com as informações acima, o nome fantasia da empresa Castcril, na verdade, seria London Indústria de Máquinas,

Grampos e Laços para Embalagens, denotando-se que estão a participar do mesmo ramo de atividade e que atuam em conjunto, apesar de possuírem quadros sociais distintos, assim como ramos de atividade formais igualmente distintos, endereços díspares mas, se apresentam no mercado como uma só companhia, sendo isto o suficiente para o acolhimento do pleito com a imputação da responsabilidade solidária que se persegue pois ao final de tudo, estão presentes os pressupostos legais para que se reconheça a existência de comunhão de interesses empresariais ou, no mínimo, confusão empresarial/patrimonial, apesar da requerida possuiu o registro da sua marca junto ao INPI.

Cumpre registrar ademais, que a impugnação lançada pela requerida quando ao documento não se sustenta, pois este Juízo em consulta à rede mundial de computadores pôde verificar a existência do referido documento por mera consulta realizada nesta data junto ao "site" "Wayback Machine — https://archive.org *", mais conhecido como a "máquina do tempo da internet", no qual obteve-se o/web/ endereço salvo "https://web. archive.org/web/20191025102844/http://www.castcril.com. e que se anexa à presentebr:80/comunicado-importante-fraudes-contra-a-london-ind/ decisão, fazendo parte dela.*

Pela consulta, se verifica que a requerida alterou o conteúdo das informações anteriormente transmitidas aos seus consumidores, mas com a consulta acima referida, não se tem dúvidas da veracidade das informações trazidas pela parte autora.

Registre-se por fim, que ainda que alterado o conteúdo da comunicação, a requerida ainda mantém nesta data no endereço eletrônico e menção relativa à empresa no referido comunicado, nos seguintes termos: "London", ohttps://www.castcril.com.br/ comunicado-importante-fraudes-contra-a-london-ind/ que corrobora a situação de confusão patrimonial.

Outra ferramenta cuja utilização merece destaque é o *Google Street View*[13], que armazena fotos de todo o mundo, obtidas via satélite, em alta resolução, permitindo que qualquer um verifique como são os locais atualmente e como eram no passado.

Em sentença publicada pela 7ª Vara do Trabalho de Fortaleza/CE, nos autos n. 0000869-07.2018.5.07.0003, os Embargos de Terceiro foram julgados improcedentes, usando como um dos fundamentos as imagens obtidas no *Google Street View*:

Alguns fatos chamaram a atenção deste juízo, cumprindo alertar inicialmente que, a despeito do ônus de comprovar a residência efetiva no bem penhorado, a embargante limitou-se a juntar apenas um comprovante de titularidade de conta de água, de 2015, ou seja, quase 4 anos atrás, documento este que considero insuficiente frente ao ônus que cabia à parte.

Este fato já seria suficiente ao julgamento de improcedência dos presentes embargos de terceiro, aliado ao fato de o imóvel encontrar-se em nome de uma pessoa jurídica, mas algumas outras circunstâncias tornam ainda mais patente a necessidade de se adotar esse caminho.

Destaco inicialmente que o imóvel penhorado trata-se de um terreno, no qual foi construída com uma casa, no endereço Rua Domingos Lopes, nº 390, PICI, afirmando a autora, neste feito, que trata-se de sua residência.

Contudo, simples consulta ao INFOJUD, que viabiliza o acesso deste juízo a dados da Receita Federal, demonstra que o endereço da embargante, na verdade, é Rua Domingos Lopes, n. 388, PICI, imóvel este situado ao lado daquele que fora penhorado.

Graças à tecnologia, este juízo pôde aprofundar suas pesquisas, tendo verificado, junto ao sítio eletrônico Google Street View que tratam-se de dois imóveis distintos, sendo o de numeração 390 de expressivo tamanho, localizado em uma esquina. Para melhor elucidação, inclusive, este juízo junta, neste ato, imagens dos imóveis, isto em 2017, estando o imóvel da esquina inclusive passando por uma obra de construção, assemelhando-se a

(13) https://maps.google.com.br

um galpão, enquanto que o imóvel de n. 388, no qual embargante alegou residir perante a Receita Federal do Brasil, detém feições mais aproximadas de um imóvel residencial, estando ambos devidamente protegidos com cerca elétrica.

Assim, a autora parece faltar com a verdade, informando nestes autos um endereço e perante a Receita Federal outro, restando patente, assim, a existência de dois imóveis, em razão do que afasto a qualidade de bem de família do imóvel penhora e determino o prosseguimento dos procedimentos de expropriação.

Por fim, apenas para que não passe desapercebido, considero oportuno ressaltar o caráter dissimulado da tentativa da reclamante de forjar difícil situação financeira, alegando na qualificação da petição inicial que mora em uma "favela", o que se mostra inverídico diante das imagens juntadas por este juízo, dos imóveis em questão.

Ela também é recorrentemente utilizada para questões que envolvem citação, ponderação de prova testemunhal, dentre outras.

Diante do avanço da tecnologia e, principalmente, do advento da inteligência artificial, é fundamental que os operadores do direito fiquem atentos a estes e outros recursos tecnológicos que irão auxiliar na busca da verdade real e que se tornaram cada dia mais presente no dia a dia do Poder Judiciário.

6. CONCLUSÃO

A utilização das provas digitais no Direito Processual do Trabalho é uma realidade inexorável. No presente artigo foi abordada a aplicação prática das provas digitais mais corriqueiras, assim como explicitadas as controvérsias que permeiam sua utilização.

Conclui-se que as provas digitais são lícitas e majoritariamente aceitas pela Justiça do Trabalho, sendo necessário, contudo, que o operador do direito tenha certa cautela quando da sua utilização, especialmente no que concerne aos seus requisitos de validade.

Os julgadores devem ter prudência na sua aceitação, tomando a prova digital como qualquer outro meio de prova e sendo, portanto, analisando em confronto com as demais provas produzidas, haja vista a inexistência de hierarquia de provas no Direito Processual do Trabalho.

A quebra do sigilo de geolocalização é a prova digital que tem as maiores controvérsias, como exposto, justamente por ser necessária rigorosa ponderação de princípios, em especial o da intimidade e o da primazia da realidade. Neste contexto, defende-se análise casuística a fim de determinar o melhor momento para o acolhimento da prova por geolocalização, não se definindo que se trata de mera prova subsidiária à testemunhal, até mesmo porque inexiste previsão legal neste sentido. A verificação do caso concreto é fundamental para aferir sua necessidade e eficácia. Em algumas situações, como a inexistência de outro meio de prova, ela será fundamental, ao passo que em outras a provas testemunha, por exemplo, já poderá ser suficiente para elucidar o conflito.

O que não se pode é simplesmente rechaçar o uso de provas digitais, haja vista sua utilidade e sua legalidade, trazendo contornos diferenciados para as reclamações trabalhistas, permitindo decisões mais justas e próximas à verdade real.

A compreensão e capacitação dos operadores do direito para a utilização das provas digitais é fundamental para que os direitos e trabalhadores sejam adequadamente defendidos, observando-se todos os preceitos legais e constitucionais.

7. REFERÊNCIAS

COLNAGO, Lorena de Mello Rezende; MINHARRO, Erotilde Ribeiro dos Santos. Prova digital: uma realidade que suplantará as provas orais? *Revista LTr*, São Paulo, SP, v. 86, n. 06, ano 86, 2022, p. 685-695.

FORTES, Olga Vishnevsky. Novos meios de busca da verdade: geolocalização. In: MISKULIN, Ana Paula Silva Campos; BERTACHINI, Danielle; AZEVEDO NETO, Platon Teixeira de. *Provas digitais no processo do trabalho*: realidade e futuro. Campinas, SP: Lacier Editora, 2022. p. 235-246.

FRIEDMAN, Thomas L. *O mundo é plano*: o mundo globalizado no século XXVI. 3. ed. São Paulo, SP: Companhia das Letras, 2014.

GOMES, Erika Cristina Ferreira Gomes. Provas digitais e sua repercussão no Direito Processual do Trabalho. *Revista Trabalhista Direito e Processo*. São Paulo: LTr, ano 20, n. 65, 2023, p. 56-68.

MELO, Geraldo Magela. *A reconfiguração do direito do trabalho a partir das redes sociais digitais*. São Paulo, SP: LTr, 2018.

MISKULIN, Ana Paula Silva Campos; BERTACHINI, Danielle; AZEVEDO NETO, Platon Teixeira de. *Provas Digitais no Processo do Trabalho*: Realidade e Futuro. Campinas, SP: Lacier Editora, 2022.

OLIVEIRA, Ana Luiza Ramos. As provas digitais no processo do trabalho. *Revista Fórum Justiça do Trabalho*. Belo Horizonte, MG, ano 40, n. 480, 2023, p. 65-87.

SHIAVI, Mauro. *Provas no Processo do Trabalho*. 9ª ed. Salvador, BA: Juspodivm, 2023.

SILVA, José Antônio Ribeiro de Oliveira. A prova digital: um breve estudo sobre seu conceito, natureza jurídica, requisitos e regras de ônus da prova. *Revista do TST*, São Paulo, vol. 88, n. 2, abr/jun 2022, p. 199-219.

A utilização de dados de geolocalização no processo do trabalho(*)

Walter Aranha Capanema (**)

INTRODUÇÃO

Vivemos em uma era marcada pela crescente informatização e digitalização, onde cada passo que damos, cada interação que realizamos, deixa sua marca em forma de dados. Este cenário contemporâneo transformou a maneira como conduzimos nossas vidas, mas também desencadeou a necessidade de reavaliar as ferramentas e métodos utilizados no sistema judicial. No epicentro desse debate emergiu uma peça valiosa e muitas vezes negligenciada: a geolocalização.

Nos últimos anos, a Justiça do Trabalho tem se deparado com a intrínseca relação entre a vida digital e as disputas laborais. Dentre os vastos dados disponíveis para a análise jurídica, a geolocalização tem se destacado como uma prova digital de relevância significativa. Este artigo busca explorar de maneira aprofundada a importância dessa forma de evidência no contexto jurídico trabalhista, analisando seu conceito, sua legalidade e, crucialmente, seus limites.

Em um mundo onde a mobilidade é uma constante e as interações laborais muitas vezes transcendem os limites físicos tradicionais, a geolocalização surge como uma testemunha virtual, registrando a presença e movimentação das partes envolvidas em

(*) O presente artigo será publicado originalmente na Revista do Tribunal Eletrônica do Tribunal Regional do Trabalho da 15ª Região. A presente versão contém acréscimos e inovações que não estarão presentes na publicação originária.

(**) Advogado. Diretor de Inovação e Ensino da Smart3. Coordenador da Pós-Graduação em Direito Digital do Instituto de Educação Roberto Bernardes Barroso (IERBB). Diretor Acadêmico Cultural da Fundação Escola Superior do Ministério Público do Estado do Rio de Janeiro (FEMPERJ). Coordenador do Curso de Extensão em Direito Eletrônico da Escola da Magistratura do Estado do Rio de Janeiro (EMERJ). Coordenador de Defesa das Prerrogativas nos Processos Eletrônicos e Inteligência Artificial da OAB/RJ.

um processo judicial. Ao avançarmos nesta análise, debruçamo-nos sobre a complexidade jurídica dessa evidência digital, reconhecendo sua relevância no contexto laboral contemporâneo.

À medida que nos aprofundamos na interseção entre geolocalização e justiça laboral, torna-se evidente que esta ferramenta não apenas fornece um registro virtual das atividades das partes envolvidas, mas também lança luz sobre questões éticas, privacidade e regulamentações legais. Ao considerarmos a importância crescente da geolocalização como meio probatório, é crucial abordar as implicações éticas envolvidas no seu uso, garantindo que sua aplicação respeite os direitos fundamentais dos indivíduos.

Além disso, a legalidade da coleta e utilização de dados de geolocalização no ambiente de trabalho se torna um ponto central de discussão, demandando uma análise minuciosa das normativas existentes e a possível necessidade de adaptação ou criação de novas leis para acompanhar o avanço tecnológico. Este artigo pretende não apenas explorar a importância e complexidade da geolocalização no âmbito jurídico trabalhista, mas também contribuir para o debate sobre as melhores práticas e regulamentações necessárias para assegurar uma utilização justa e ética dessa valiosa ferramenta no sistema judicial.

Diante desse panorama, a geolocalização emerge como uma peça-chave na contemporaneidade jurídica, desafiando as concepções tradicionais e demandando uma análise crítica de seu papel na busca pela verdade em disputas laborais. Ao nos aprofundarmos na exploração deste tema, revelamos não apenas a potencial transformação dos processos judiciais, mas também a responsabilidade inerente de lidar com dados sensíveis e suas implicações na sociedade moderna.

1. GEOLOCALIZAÇÃO: CONCEITO, CARACTERÍSTICAS E ESPÉCIES

A geolocalização ou localização geográfica é um procedimento técnico que se refere à determinação da localização física de um objeto, pessoa ou dispositivo no planeta. Essa identificação pode ser expressa por coordenadas geográficas, como latitude e longitude, ou por meio de referências mais específicas, como nomes de cidades ou endereços.

As principais características da geolocalização incluem a capacidade de proporcionar informações precisas sobre a localização em tempo real, permitindo o mapeamento e o monitoramento de movimentos. Além disso, a geolocalização desempenha um papel fundamental em aplicativos e serviços modernos, possibilitando desde navegação por satélite até a personalização de conteúdos com base na localização do usuário. No entanto, seu uso levanta questões éticas e legais relacionadas à privacidade, exigindo uma ponderação cuidadosa sobre os limites e regulamentações adequadas para garantir o uso responsável dessa tecnologia.[(1)]

---

(1) ROUSE, Margaret. *What Does Geolocation Mean?* Disponível em: https://www.techopedia.com/definition/1935/geolocation. Acesso em: 4 mar. 2024.

É possível identificar três espécies principais de geolocalização, cujo índice de precisão e de determinação dependerá, principalmente, do método e da forma de análise utilizada:

a) **GPS ("*Global Positioning System)*"[2]:** é um sistema de navegação por satélite que permite determinar a posição precisa de um objeto na Terra. Composto por uma constelação de satélites em órbita, o GPS fornece informações de localização por meio de sinais captados por receptores em dispositivos diversos.

Existem vários tipos de dispositivos que podem conter receptores GPS, incluindo:

- *Smartphones*: Muitos smartphones modernos vêm equipados com receptores GPS integrados, permitindo que aplicativos de navegação, mapeamento e localização sejam utilizados.
- Veículos: Sistemas de navegação veicular utilizam receptores GPS para oferecer orientação em tempo real, indicando rotas, pontos de interesse e estimativas de chegada.
- Relógios e Dispositivos Vestíveis: Alguns relógios inteligentes e dispositivos vestíveis possuem recursos de GPS para rastrear atividades físicas, registrar rotas de corridas, caminhadas, entre outros.
- Câmeras: Algumas câmeras digitais incorporam receptores GPS para marcar automaticamente as coordenadas geográficas nas informações de metadados EXIF[3] das fotos.

---

(2) "GPS é a sigla em inglês para Sistema de Posicionamento Global. Esse sistema de localização se utiliza de uma rede de 24 satélites artificiais para captar dados e fornecer informações a respeito da posição de qualquer ponto na superfície terrestre por meio da latitude e da longitude, isto é, das coordenadas geográficas. Além disso, o GPS é capaz de oferecer, com precisão, a altitude e o horário. Esse sistema funciona ininterruptamente, e todos os dados são informados ao usuário em tempo real." Brasil Escola. *GPS*: sistema de posicionamento global. Sistema de Posicionamento Global. Disponível em: https://brasilescola.uol.com.br/geografia/gpssistema-posicionamento-global.htm. Acesso em: 4 mar. 2024.

(3) Os metadados Exif (*Exchangeable Image File Format*) são informações adicionais incorporadas em arquivos de imagem, especialmente em formatos como JPEG, TIFF e RAW, para armazenar dados sobre a captura da imagem. Esses metadados fornecem detalhes sobre as configurações da câmera, data e hora da captura, informações de GPS (se disponíveis), configurações de exposição, resolução da imagem, entre outros.

Alguns dos principais tipos de informações contidas nos metadados Exif incluem:

1. Configurações da Câmera: Abertura, velocidade do obturador, ISO, modelo da câmera, fabricante, informações sobre a lente, entre outros.
2. Dados Temporais: Data e hora exatas em que a imagem foi capturada.
3. Informações de GPS: Se a câmera ou dispositivo de captura tiver capacidade GPS, os metadados Exif podem conter coordenadas geográficas indicando onde a foto foi tirada.
4. Configurações da Imagem: Resolução, orientação da imagem, configurações de cor, entre outros.
5. Informações de Software: Versão do software da câmera ou aplicativo utilizado para capturar a imagem.

Esses metadados são úteis para os fotógrafos, pois fornecem detalhes técnicos sobre a captura da imagem e ajudam na organização e edição das fotografias. No entanto, é importante ter em mente questões de privacidade ao compartilhar

As informações colhidas pelo GPS incluem latitude, longitude e altitude. A precisão do GPS pode variar dependendo de vários fatores, como a qualidade do receptor, a quantidade de satélites visíveis, interferências atmosféricas e obstruções físicas no ambiente.

Em condições ideais, o GPS pode atingir precisões na faixa de alguns metros. No entanto, em áreas urbanas densas ou locais com muitas obstruções, a precisão pode ser reduzida. O uso de tecnologias adicionais, como o A-GPS (*Assisted GPS*) e GLONASS (*Global Navigation Satellite System*), pode melhorar a precisão em determinadas situações.

b) **ERBs (Estações Rádio Base):** As são estruturas fundamentais em redes de comunicação móvel, como as redes de telefonia celular. Elas consistem em antenas de transmissão e recepção, equipamentos de rádio e demais componentes necessários para possibilitar a comunicação entre dispositivos móveis (*como smartphones)* e a infraestrutura da rede.

A capacidade de localizar uma pessoa por meio das antenas ERB está associada ao processo conhecido como triangulação de células. Esse método explora a ideia de que, ao conectar-se a uma rede celular, um dispositivo móvel estabelece uma conexão com a ERB mais próxima. Ao se mover, o dispositivo passa a se conectar com diferentes ERBs, permitindo que o sistema rastreie a mudança de posição.

O processo de localização por triangulação de células envolve, pelo menos, três antenas ERBs que conseguem detectar e se comunicar com o dispositivo móvel. A distância entre o dispositivo e cada ERB é calculada com base no tempo que leva para os sinais de rádio viajarem entre eles. Com essa informação, é possível determinar a localização aproximada do dispositivo por meio da interseção das áreas de cobertura das antenas.

É importante ressaltar que a precisão da triangulação de células pode variar. **Em áreas urbanas densas, onde há uma maior densidade de antenas ERBs, a precisão tende a ser mais alta. No entanto, em áreas rurais ou com menos antenas, a precisão pode ser reduzida**. Além disso, a triangulação de células não fornece uma localização exata, mas sim uma área aproximada onde o dispositivo móvel pode estar.

imagens online, pois os metadados Exif podem conter informações sensíveis, como localização geográfica. Alguns usuários optam por remover ou editar esses metadados antes de compartilhar suas fotos online.

Os metadados podem ser visualizados em sites como o Jimpl (https://jimpl.com/), Metadata2go (https://www.metadata2go.com/) e o Smart3lab (https://smart3lab.com/), esse último criado pelo autor com codificação delineada por Inteligência Artificial.

c) **Números IP:** os números IP desempenham um papel fundamental na comunicação e identificação de dispositivos conectados à internet. Cada dispositivo, ao se conectar à rede, é atribuído um endereço IP exclusivo ou compartilhado que facilita o roteamento de dados entre servidores, *websites* e outros dispositivos online.

Os provedores de conexão, como empresas de serviços de Internet, atribuem números IP aos dispositivos conectados em suas redes. Esses endereços podem ser dinâmicos, mudando cada vez que um dispositivo se conecta, ou estáticos, permanecendo constantes. Essa atribuição é crucial para o roteamento eficiente dos dados na Internet.

A geolocalização por meio do número IP baseia-se na associação entre determinados blocos de endereços IP e regiões geográficas específicas. Bancos de dados mantêm registros dessas associações, e, ao analisar o número IP de um dispositivo, é possível inferir a localização geral desse dispositivo. No entanto, a precisão dessa técnica é limitada.

O motivo dessa limitação reside na natureza da atribuição de IPs pelos provedores de serviços de Internet. Em áreas urbanas densamente povoadas, onde diversos usuários compartilham o mesmo bloco de endereços IP, a geolocalização pode identificar a localização apenas até nível de cidade ou bairro. Em contrapartida, em áreas com uma menor densidade de usuários, a identificação pode ser mais precisa.

Além disso, fatores como o uso de VPNs (Redes Privadas Virtuais) ou proxies podem distorcer significativamente a localização identificada por meio do número IP, pois essas ferramentas alteram o endereço IP visível publicamente. Dessa forma, é menos precisa e a mais fácil de ser fraudada.

Assim, embora os números IP possam fornecer uma estimativa geral da localização de um dispositivo, a precisão é limitada e sujeita a várias variáveis. A geolocalização por IP é valiosa para fins de segurança e análise de tráfego na web, mas é importante compreender suas limitações e considerar a privacidade dos usuários ao interpretar essas informações.

A gigantesca imprecisão da geolocalização do número IP pode ser evidenciada em um teste realizado pelo autor. Ao consultar a ferramenta de "geolocalização de um número IP" do site Smart3lab (www.smart3lab.com), foram apresentadas as seguintes informações, sendo úteis, para o nosso estudo, a latitude e a longitude:

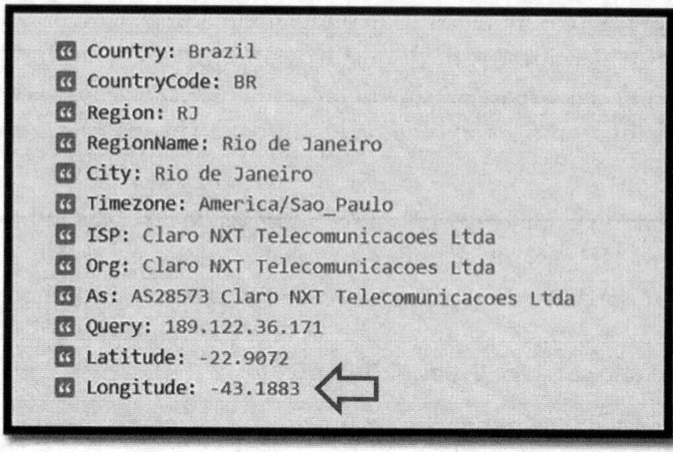

Figura 1: Teste de Geolocalização por IP usando a ferramenta disponível no site Smart3lab

A fim de verificar a acurácia dessa informação, recorreu-se ao *Google Maps* para estimar a distância entre a localização indicada e o destino correto, revelando uma grande discrepância: 10 quilômetros.

Figura 2: app *Google Maps* apontando a distância entre os lugares verdadeiros e apontados

Independentemente da espécie de método de geolocalização, o seu acesso dependerá, como regra geral, de requerimento ao respectivo provedor, o qual deverá cooperar com o Juízo, e não precisará integrar a lide.

2. USOS PRÁTICOS DA GEOLOCALIZAÇÃO NO PROCESSO DO TRABALHO:

O uso generalizado de dispositivos celulares como utensílio pessoal oferece implicações significativas no contexto laboral[(4)], a saber:

1. **Comprovação de Jornada de Trabalho**: A geolocalização pode ser utilizada para verificar a presença física do trabalhador no local de trabalho durante o horário de expediente. Isso auxilia na comprovação ou contestação de horas trabalhadas, podendo ser valiosa em casos de horas extras ou de registro inadequado da jornada.
2. **Avaliação de Deslocamento e Itinerários:** Em profissões que envolvem deslocamento frequente, como vendedores externos, a geolocalização pode documentar itinerários e locais visitados. Isso pode ser útil para calcular o tempo de trabalho efetivo, para reembolsos de despesas e para verificar a veracidade das atividades registradas.
3. **Segurança e Condições de Trabalho**: Em setores que demandam trabalhos em locais específicos, como construção civil, a geolocalização pode ser usada para monitorar se os trabalhadores estão seguindo os protocolos de segurança e trabalhando em condições previamente estabelecidas.
4. **Proteção contra Assédio e Discriminação**: Casos de assédio ou discriminação no ambiente de trabalho podem ser corroborados ou contestados com base em registros de geolocalização. Esses registros podem fornecer evidências de encontros, movimentações e interações entre as partes envolvidas.
5. **Avaliação de Ambiente de Trabalho Remoto**: Em situações de trabalho remoto, a geolocalização pode ser utilizada para verificar se o empregado está

(4) Nas esferas civil e consumerista, a geolocalização pode ser utilizada como elemento para atestar o local de assinatura de um contrato: "Existência de várias formas de se celebrar um contrato bancário: presencialmente, em que os contratantes firmam os documentos pertinentes; remota, com emprego de assinaturas digitais, selfies e geolocalização; com utilização dos caixas eletrônicos; mediante atuação do gerente da instituição financeira; e até por meio telefônico. Possibilidades que não afastam a obrigação da comprovação da contratação pela parte interessada. **Prova** que deve corresponder ao instrumento de que se valeram as partes contratantes; assim, a contratação presencial se demonstra pela juntada do instrumento físico que contenha as firmas dos contratantes; a remota com a apresentação de cópia do documento eletrônico sobre o qual recaiu a assinatura digital; a telefônica mediante exibição da gravação da conversa entre os negociantes; e as demais por relatório contendo o histórico de registro eletrônico das transações e, neste último caso, se impugnado o referido relatório, deverá a instituição financeira recorrer à perícia na área da tecnologia da informação" (TJRJ — Apelação n. — 0033506-06.2017.8.19.0021 — Relator: Des. Marcos Antonio Ribeiro de Moura Brito)

cumprindo suas atividades profissionais em uma localidade acordada, assegurando que ele não esteja violando os termos de seu contrato.

6. **Acidentes de Trabalho**: Em casos de acidentes de trabalho, a geolocalização pode ser crucial para determinar o local exato do incidente, contribuindo para investigações de segurança e para estabelecer responsabilidades.

A presença generalizada dos dispositivos celulares no cotidiano não apenas acompanha a evolução tecnológica, mas também oferece novas e poderosas ferramentas para a gestão de recursos humanos e, quando necessário, para a resolução de disputas trabalhistas. Contudo, é crucial garantir que a coleta e o uso desses dados estejam em conformidade com as leis e normas de proteção de dados, especialmente a Lei Geral de Proteção de Dados (Lei n. 13.709/2018).

3. BASES JURÍDICAS DA GEOLOCALIZAÇÃO:

Os dados de geolocalização, por sua natureza estática e fixa, e por se referirem à privacidade e à intimidade do trabalhador, são protegidos pelo art. 5º, X da Constituição Federal[(5)]. Não se aplicaria o inciso XII, que versa, principalmente, por comunicação em trânsito[(6)].

Embora não haja uma legislação específica prevendo o acesso aos dados de geolocalização, uma interpretação sistemática do sistema normativo, inspirada pela constitucionalização da proteção de dados pessoais com a Emenda Constitucional 115/2022, indica que sua obtenção deva ocorrer mediante ordem judicial, ressalvada a autorização expressa do reclamante. Além disso, é possível se pensar na aplicação do art. 7º, III do Marco Civil da Internet (Lei n. 12.965/2014), que garante a "inviolabilidade e sigilo de suas comunicações privadas armazenadas, salvo por ordem judicial".

É imperativo considerar a Lei Geral de Proteção de Dados (LGPD) nesse contexto. Os dados de geolocalização, ao identificar o reclamante-titular de maneira direta ou indireta, podem ser classificados como dados pessoais[(7)]. Sobretudo, quando a geoloca-

(5) Art. 5º, CF. Todos são iguais perante a lei, sem distinção de qualquer natureza, garantindo-se aos brasileiros e aos estrangeiros residentes no País a inviolabilidade do direito à vida, à liberdade, à igualdade, à segurança e à propriedade, nos termos seguintes:

(...)

X — são invioláveis a intimidade, a vida privada, a honra e a imagem das pessoas, assegurado o direito a indenização pelo dano material ou moral decorrente de sua violação;

(6) Art. 5º, XII, CF — é inviolável o sigilo da correspondência e das comunicações telegráficas, de dados e das comunicações telefônicas, salvo, no último caso, por ordem judicial, nas hipóteses e na forma que a lei estabelecer para fins de investigação criminal ou instrução processual penal;

(7) Art. 5º, LGPD. Para os fins desta Lei, considera-se:

I — dado pessoal: informação relacionada a pessoa natural identificada ou identificável;

lização permite inferir informações sensíveis[8], como trajetos frequentes a um psiquiatra ou a uma igreja, esses dados podem ser enquadrados como dados pessoais sensíveis[9], sujeitos a um grau mais elevado de proteção legal.

Em consonância com as disposições estabelecidas pela LGPD, notadamente em relação ao princípio da necessidade (art. 6º, III)[10], é imprescindível que apenas os dados de geolocalização pertinentes à demanda sejam apresentados nos autos. Nesse contexto, é essencial o descarte ou anonimização[11] de quaisquer outros dados que não guardem relação direta com a matéria em litígio. Essa abordagem visa garantir uma coleta e utilização de informações estritamente necessárias, alinhando-se aos princípios de proteção da privacidade e minimização de dados previstos na legislação.

Além disso, dada à dimensão da discussão da geolocalização no processo, pode ser determinado o sigilo do referido documento ou até mesmo de todo o processo.

Portanto, é essencial adotar práticas cautelosas ao lidar com dados de geolocalização no âmbito jurídico trabalhista, garantindo que seu acesso e utilização estejam em estrita conformidade com os preceitos constitucionais, as normas da LGPD e, principalmente, respeitando a privacidade e dignidade do reclamante. O acesso a esses dados deve ser efetuado mediante processos judiciais ou autorização expressa, evitando qualquer forma de violação dos direitos fundamentais estabelecidos pela legislação brasileira.

4. DESAFIOS E DIFICULDADES NO USO DA GEOLOCALIZAÇÃO:

O uso das coordenadas de geolocalização no processo do trabalho apresenta desafios e dificuldades significativos, especialmente devido à possibilidade de fraude e manipulação das informações.

Um exemplo marcante que ilustra essa situação é o notório caso do assassinato da vereadora carioca Marielle Franco e do seu motorista, Anderson Gomes, onde o suspeito,

---

(8) Art. 5º, II, LGPD — dado pessoal sensível: dado pessoal sobre origem racial ou étnica, convicção religiosa, opinião política, filiação a sindicato ou a organização de caráter religioso, filosófico ou político, dado referente à saúde ou à vida sexual, dado genético ou biométrico, quando vinculado a uma pessoa natural;

(9) Art. 11, § 1º, LGPD Aplica-se o disposto neste artigo [refere aos dados pessoais sensíveis] a qualquer tratamento de dados pessoais que revele dados pessoais sensíveis e que possa causar dano ao titular, ressalvado o disposto em legislação específica.

(10) Art. 6º As atividades de tratamento de dados pessoais deverão observar a boa-fé e os seguintes princípios:

(...)

III — necessidade: limitação do tratamento ao mínimo necessário para a realização de suas finalidades, com abrangência dos dados pertinentes, proporcionais e não excessivos em relação às finalidades do tratamento de dados;

(11) Art. 5º, LGPD. Para os fins desta Lei, considera-se:

(...)

XI — anonimização: utilização de meios técnicos razoáveis e disponíveis no momento do tratamento, por meio dos quais um dado perde a possibilidade de associação, direta ou indireta, a um indivíduo;

Ronnie Lessa, optou por utilizar um telefone descartável ("bucha" ou "*burner phone*"(12)), adquirido utilizando CPFs de terceiros, com o intuito de evitar qualquer rastreamento de suas atividades.

Uma reportagem do jornal Extra(13) destaca que o telefone registrado em nome de Lessa no dia do assassinato foi utilizado por uma mulher na Zona Sul do Rio, evidenciando uma tentativa clara de despistar a polícia. O objetivo era confundir as investigações, especialmente no que diz respeito à identificação da localização do suspeito por meio das antenas de telefonia.

Para localizar o celular "bucha" usado por Lessa no local do delito, os investigadores realizaram o que denominam de triangulação de antenas, em que identificaram as ERBs na área do crime e mapearam uma localização mais precisa, aprimorando assim a busca pelo celular dos criminosos. Foi necessário fazer um levantamento de todos os telefones ligados no dia e na hora do crime, desde a saída da vereadora da Câmara até o local do assassinato.

Os policiais foram refinando as buscas e reduzindo os suspeitos, buscando apoio em outras provas digitais, como câmeras de segurança. Aliás, foi justamente uma câmera situada próxima ao local do crime que registrou os horários em que um celular aparecia aceso dentro do carro usado pelos assassinos, um Cobalt Prata.

Ao identificar o horário em que o aparelho estava em uso, a polícia refinou ainda mais a lista de celulares, até descobrir que um deles havia feito contato com uma pessoa ligada a Lessa.

A partir daí, a investigação ganhou uma nova frente.

Essa situação ilustra a complexidade envolvida na utilização das coordenadas de geolocalização como prova em processos judiciais. A manipulação das informações pode distorcer a verdade dos fatos, dificultando a busca pela justiça e comprometendo a integridade do sistema Judiciário.

---

(12) "Um *burner phone* é normalmente um telefone celular pré-pago barato que o proprietário não pretende usar por muito tempo. Esses telefones são tradicionalmente comprados em dinheiro para evitar qualquer tipo de rastro de papel que possa vincular o número de telefone a um indivíduo". BROOKES, Tim. *What Is a Burner Phone, and When Should You Use a Secret Phone Number?* Disponível em: https://www.howtogeek.com/712588/what-is-a-burner-phone-and-when-should-you-use-one/. Acesso em: 24 mar. 2024.

(13) "De acordo com uma fonte que investiga o caso, Lessa usava na época do crime um telefone "bucha" (comprado com o CPF de terceiros, para não ser rastreado). Já o aparelho registrado na operadora telefônica em nome do próprio sargento foi usado no dia do duplo assassinato por uma mulher em um bairro da Zona Sul. O objetivo do militar suspeito, segundo o investigador, foi o de confundir a polícia, caso os agentes fossem verificar as antenas de telefonia das estações de rádio-base (ERBS) para checar se o celular pessoal de Lessa estava no local do crime." OTÁVIO, Chico; ARAÚJO, Vera. PM e ex-PM são presos pelo assassinato de Marielle Franco e Anderson Gomes. Disponível em: https://extra.globo.com/casos-de-policia/pm-ex-pm-sao-presos-pelo-assassinato-de-marielle-franco-anderson-gomes-23514868.html. Acesso em: 24 mar. 2024.

Diante disso, é essencial que os Tribunais estejam atentos a essas possibilidades de fraude e adotem medidas rigorosas para verificar a autenticidade e a confiabilidade das evidências apresentadas, a fim de garantir decisões justas e imparciais.

5. A GEOLOCALIZAÇÃO NOS TRIBUNAIS DO TRABALHO:

O Tribunal Superior do Trabalho já entendeu que a utilização da geolocalização como meio de prova em situações excepcionais e com autorização a parte contrária:

> "Ademais, **a determinação de produção de prova digital correspondente a dados de geolocalização extraídos, por exemplo, do *Google* Brasil Internet Ltda, do *Facebook* Serviços Online do Brasil Ltda, dentre outros, deve ser utilizada com cuidado, apenas para situações pontuais e extremamente necessárias, mediante autorização da parte contrária, sob pena de atenta contra os direitos fundamentais de intimidade e privacidade previstos no artigo 5º X e XII da CF e no artigo 2º da Lei n. 13.709/2018 (Lei Geral de Proteção de Dados Pessoais)**." (RRAg — 24224-36.2022.5.24.0002. 3ª Turma. Relator: Min. Mauricio Godinho Delgado. Julgamento: 07/02/2024. Publicação: 09/02/2024)

Não é necessário que a Reclamada faça um requerimento judicial quando o dispositivo a ser analisado lhe pertence:

> "**Ademais, mesmo que fosse superada a preclusão probatória, não havia nenhuma necessidade de produção de prova digital referente à geolocalização do tablet e do aparelho celular utilizado em serviço pelo reclamante, haja vista que, por ser o equipamento de propriedade do reclamado, não há que se cogitar em sigilo de dados do banco para com ele próprio, de maneira que o demandado poderia ter baixado da internet os elementos de prova, mediante uso de aplicativos, amplamente disponíveis em lojas virtuais.**
>
> **Não se verifica nenhum óbice ao direito de produção de prova pelos recorrentes, uma vez que foram produzidas provas documental e oral durante a instrução processual, as quais se revelaram suficientes para a solução do litígio**". (RRAg — 128-54.2022.5.13.0004. 4ª Turma. Relator: Ministro. Alexandre Luiz Ramos. Julgamento: 28/11/2023. Publicação: 01/12/2023)

Entretanto, existem precedentes, como o apresentado pelo Egrégio Tribunal Regional do Trabalho da 15ª Região, que sustentam que a mencionada evidência viola a intimidade do trabalhador:

> "Por fim, o reclamado alegou cerceamento do direito de defesa pelo rejeição do pedido de produção de prova digital a partir da geolocalização do celular particular da parte autora "com fulcro nos artigos 369 e 370 do CPC, artigos 7º, III e 10 do Marco Civil da Internet (Lei 12.965/2014), assim como nos artigos 7º, VI e 11, II, "d", da Lei Geral de Proteção de Dados (Lei 13.709/2018), que permitem a disponibilização dos registros e dados pessoais mediante ordem judicial e para o regular exercício de direitos em processo judicial" (f. 1402). Tal pretensão não procede, porque a produção da prova requerida pelo reclamado, consistente em dados de geolocalização do telefone celular, viola o

direito à intimidade e importaria desrespeito ao inciso X do artigo 5º da Constituição Federal, que estabelece serem invioláveis a intimidade e a vida privada, ao artigo 31 da Lei n. 12.527/11, que regula o acesso a informações, e ao inciso IV do artigo 2º da Lei n. 13.709/18, que dispõe sobre a proteção a dados pessoais. Se o reclamado não cumpriu o dever de registrar corretamente os horários de trabalho, como previsto no artigo 74 da CLT, não tem o direito de exigir que sejam exibidos dados que afrontem os direitos mencionados acima". (Processo n. 0012894-94.2021.5.15.0077. Órgão Julgador: 10ª Câmara. Relator: Ricardo Regis Laraia. Data publicação: 04/05/2023)

Mas há julgados do E. TRT-15 admitindo a geolocalização, mas seguindo o critério da excepcionalidade:

"**Ementa:** NEGATIVA DE PRESTAÇÃO JURISDICIONAL NÃO CARACTERIZADA. Não há que se falar em nulidade processual por negativa de prestação jurisdicional na hipótese em que o juízo de primeiro grau adota tese explícita, em sede de julgamento de embargos de declaração, acerca de todas as matérias invocadas pela parte. CERCEAMENTO DE DEFESA INEXISTENTE. PROVAS DIGITAIS. GEOLOCALIZAÇÃO. EXCEPCIONALIDADE. A produção de prova consistente em registros de geolocalização do telefone celular da trabalhadora, além de constituir procedimento incipiente no âmbito desta Especializada, tem aplicação estritamente excepcional, restrita aos casos em que demonstrada sua imprescindibilidade, o que não se verificou nos autos, em que a empregadora dispensou conscientemente o controle de jornada, devendo arcar com o ônus processual correspondente a essa escolha." (Processo nº 0010596-93.2021.5.15.0089. Órgão Julgador: 4ª Câmara. Relatora: Eleonora Bordini Coca. Data publicação: 16/10/2023)

6. FERRAMENTAS PARA O USO DA GEOLOCALIZAÇÃO

Os profissionais do Direito estão empenhados em explorar novas abordagens e tecnologias inovadoras para a coleta, análise e interpretação de dados de geolocalização, visando aprimorar os processos judiciais e garantir uma justiça mais eficiente e precisa.

A Seção de Provas Digitais do Tribunal Regional do Trabalho da 12ª Região (Santa Catarina), por exemplo, desenvolveu o sistema Véritas, que permite a criação de relatórios amigáveis para a visualização de dados de localização[14].

(14) "O Véritas é capaz de gerar relatórios amigáveis que facilitam muito a visualização e a interpretação dos dados de localização, inclusive com mapas", afirma o gestor regional da Execução Trabalhista do TRT-12, juiz Roberto Masami Nakajo. Ele e o corregedor do TRT-12, desembargador Nivaldo Stankiewicz, apresentaram a ferramenta juntamente com os servidores Crisnamurti Vale (TI) e Gustavo Castro (Provas Digitais).

Os dados de localização decodificados pelo Véritas mostram todos os lugares por onde circulamos ao longo do dia. Podem ser obtidos a partir de duas formas: pelas antenas das operadoras de telefonia ou pelo *Google*. Então, quem tem um celular com internet ou uma conta no *Google* pode ter suas informações de localização rastreadas."Tribunal Regional do Trabalho da 12ª Região. **Ferramenta que converte dados de localização em mapa é apresentada nacionalmente.** Disponível em: https://portal.trt12.jus.br/noticias/ferramenta-que-converte-dados-de-localizacao-em-mapa-e-apresentada-nacionalmente. Acesso em: 24 mar. 2024.

Com o suporte da inteligência artificial, criamos o "*Google Maps Report*",(15) uma ferramenta que permite a geração de relatórios a partir de arquivos de geolocalização no formato do *Google Maps*. Basta inserir ("colar") o conteúdo do arquivo em uma caixa de texto, e automaticamente se apresentarão os dados em uma tabela, simplificando assim a análise da prova.

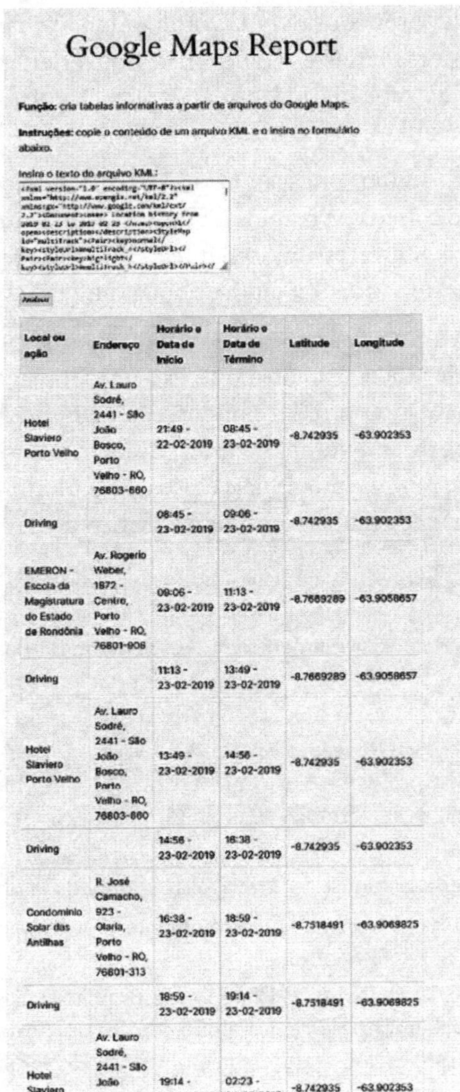

Google Maps Report

Função: cria tabelas informativas a partir de arquivos do Google Maps.

Instruções: copie o conteúdo de um arquivo KML e o insira no formulário abaixo.

Insira o texto do arquivo KML:

Local ou ação	Endereço	Horário e Data de Início	Horário e Data de Término	Latitude	Longitude
Hotel Slaviero Porto Velho	Av. Lauro Sodré, 2441 - São João Bosco, Porto Velho - RO, 76803-660	21:49 - 22-02-2019	08:45 - 23-02-2019	-8.742935	-63.902353
Driving		08:45 - 23-02-2019	09:06 - 23-02-2019	-8.742935	-63.902353
EMERON - Escola da Magistratura do Estado de Rondônia	Av. Rogerio Weber, 1872 - Centro, Porto Velho - RO, 76801-906	09:06 - 23-02-2019	11:13 - 23-02-2019	-8.7669289	-63.9058657
Driving		11:13 - 23-02-2019	13:49 - 23-02-2019	-8.7669289	-63.9058657
Hotel Slaviero Porto Velho	Av. Lauro Sodré, 2441 - São João Bosco, Porto Velho - RO, 76803-660	13:49 - 23-02-2019	14:56 - 23-02-2019	-8.742935	-63.902353
Driving		14:56 - 23-02-2019	16:38 - 23-02-2019	-8.742935	-63.902353
Condominio Solar das Antilhas	R. José Camacho, 923 - Olaria, Porto Velho - RO, 76801-313	16:38 - 23-02-2019	18:59 - 23-02-2019	-8.7518491	-63.9069825
Driving		18:59 - 23-02-2019	19:14 - 23-02-2019	-8.7518491	-63.9069825
Hotel Slaviero Porto Velho	Av. Lauro Sodré, 2441 - São João Bosco, Porto Velho - RO, 76803-660	19:14 - 23-02-2019	02:23 - 24-02-2019	-8.742935	-63.902353

Figura 3: Ferramenta *Google Maps Report*

(15) Disponível em: https://smart3lab.com/scripts/google-maps-report/

CONCLUSÃO

Em síntese, a utilização da geolocalização como prova no contexto laboral demanda uma abordagem cautelosa e alinhada aos preceitos legais e éticos. Dada a intrusão inerente à privacidade do trabalhador, é imperativo que seu emprego seja submetido a um prévio controle judicial, assegurando a observância do devido processo legal e a proteção dos direitos fundamentais.

A geolocalização deve ser considerada como um instrumento de exceção, utilizado apenas em situações extraordinárias e quando não houver alternativas menos invasivas. Sob a ótica do princípio da subsidiariedade, sua aplicação deve ser a última alternativa, buscando preservar ao máximo a privacidade do trabalhador.

Ademais, é crucial adotar práticas de coleta e apresentação desses dados que estejam em conformidade com os princípios da necessidade e minimização de dados preconizados pela legislação vigente. Assim, somente as informações estritamente relevantes à demanda devem constar nos autos, evitando-se qualquer excesso que possa comprometer a privacidade do indivíduo.

Em um ambiente jurídico em constante evolução, o uso da geolocalização como meio de prova deve ser pautado por uma ponderação equilibrada entre a necessidade de evidências e o respeito aos direitos fundamentais. Somente por meio de uma abordagem criteriosa e respeitosa às garantias individuais é possível garantir que a geolocalização seja empregada de maneira justa e ética no âmbito da Justiça do Trabalho.

REFERÊNCIAS

Brasil Escola. *GPS*: sistema de posicionamento global. Sistema de Posicionamento Global. Disponível em: https://brasilescola.uol.com.br/geografia/gpssistema-posicionamento-global.htm. Acesso em: 4 mar. 2024.

BROOKES, Tim. *What Is a Burner Phone, and When Should You Use a Secret Phone Number?* Disponível em: https://www.howtogeek.com/712588/what-is-a-burner-phone-and--when-should-you-use-one/. Acesso em: 24 mar. 2024.

CAPANEMA, Walter Aranha. *A utilização de dados de geolocalização no processo do trabalho*. Publicação da Revista do Tribunal Eletrônica do Tribunal Regional do Trabalho da 15ª Região.

CAPANEMA, Walter Aranha. *Manual de Direito Digital*: teoria e prática. Salvador: Juspodivm, 2024.

OTÁVIO, Chico; ARAÚJO, Vera. PM e ex-PM são presos pelo assassinato de Marielle Franco e Anderson Gomes. Disponível em: https://extra.globo.com/casos-de-policia/pm-ex-pm-sao-presos-pelo-assassinato-de-marielle-franco-anderson-gomes-23514868.html. Acesso em: 24 mar. 2024.

ROUSE, Margaret. What Does Geolocation Mean? Disponível em: https://www.techopedia.com/definition/1935/geolocation. Acesso em: 4 mar. 2024.

Tribunal Regional do Trabalho da 12ª Região. *Ferramenta que converte dados de localização em mapa é apresentada nacionalmente*. Disponível em: https://portal.trt12.jus.br/noticias/ferramenta-que-converte-dados-de-localizacao-em-mapa-e-apresentada-nacionalmente. Acesso em: 24 mar. 2024.

A geolocalização fere os princípios constitucionais?

Ícaro Ataia Rossi (*)

Vauzedina Rodrigues Ferreira (**)

INTRODUÇÃO

A tecnologia invadiu o mundo e vem causando transformações significativas na sociedade e também no mundo do trabalho, revolucionou as formas de comunicação entre as pessoas, trazendo celeridade, vencendo barreiras geográficas, tempo e espaço.

Como todo novo, traz expectativas, incertezas e aflições, impulsiona a reflexão e o estudo para dissipar e acomodar o novo ao antigo.

Assim como na sociedade, a tecnologia causou impacto no mundo do trabalho, especialmente durante a fluência do contrato de trabalho.

Como decorrência do uso da tecnologia na fluência do contrato de trabalho, chegou-se ao impacto de sua utilização, via de regra, após o seu término, quando o trabalhador vai ao judiciário em busca dos direitos que entende sonegados.

Surge, então, a discussão acerca do uso da tecnologia no processo do trabalho, as chamadas provas digitais, como meio de chegar à verdade real e à rápida e eficaz promoção da justiça.

Mas, o uso de provas digitais, como a geolocalização fere princípios constitucionais?

(*) Mestre em Direito do Trabalho pela FMU, especialista em Direito do Trabalho pelo Complexo Damásio de Jesus; em Direito Previdenciário pelo Instituto Connect de Direito Social; em Direito Público e Acidentário pelo LEGALE; MBA em direito previdenciário e do trabalho pelo Legale. Advogado. Professor Universitário e da ESA. Escritor de Livros e artigos jurídicos. Palestrante

(**) Pós-graduada em Direitos Humanos e Governança Econômica pela Universidade de Castilla La Mancha (13071 — Castilla La Mancha –Ciudad Real –Espanha)/Pós-graduada em Direitos Humanos pela IUS Gentium Conimbrigae da Faculdade de Direito da Universidade de Coimbra (Portugal)/Pesquisadora do Núcleo de Pesquisa e Extensão "O Trabalho além do Direito do Trabalho" NTADT da USP-SP/Advogada em São Caetano do Sul, São Paulo, Brasil.

O objeto do estudo aqui proposto é a rota de colisão entre a geolocalização, modalidade de prova digital, em confronto com os direitos de personalidade, o direito à intimidade, à vida privada, ao sigilo das comunicações, no processo do trabalho.

A pesquisa aborda o amplo poder instrutório do Juiz conferido pelo artigo 765 da CLT, em cizânia com os princípios constitucionais de proteção aos direitos de personalidade, à proteção de dados e ainda, traz a pesquisa, a posição dos tribunais pátrios acerca do assunto.

1. PROVAS DIGITAIS

Segundo Taruffo, os meios de prova constituem a base para as inferências lógicas cujo objetivo é dar suporte a conclusões acerca dos fatos em litígio, (2014, p. 34). O objeto da prova são os fatos narrados pelo autor, pelo réu ou por terceiros que se referem aos acontecimentos jurídicos ou aos fatos jurídicos ou ilícitos, originadores do conflito intersubjetivo de interesses (TEIXEIRA FILHO, 2018, p. 16).

Por isso não dependem de prova os fatos notórios; afirmados por uma parte e confessados pela parte contrária; admitidos no processo como incontroversos; em cujo favor milita a presunção legal de existência ou de veracidade, conforme prescreve o art. 374, do CPC.

Quanto ao avanço tecnológico o precitado jurista, Miclhele Taruffo, demonstrou certa preocupação quando a tecnologia é usada no lugar dos documentos escritos ordinários, mencionando:

> A prática, em todo o mundo é usarem-se os registros computadorizados como único suporte em muitas transações. Quando tais negócios precisam ser provados em um processo judicial, podem ser suscitadas diversas questões de dados que podem estar armazenados em locais diferentes, vários *softwares* e bases de dados podem ser utilizados, as informações relevantes podem estar um protegidas ou ocultas, dentre outras. Ademais, mesmo quando a prova eletrônica é impressa, os documentos resultantes não são "escritos" na sua tradicional acepção, e, na maioria dos casos, esses não são assinados pelo seu autor. Portanto, o perigo de falsificação, erros e uso indevidos ou abuso são especialmente frequentes e relevantes e, em certa medida, ainda desconhecidos. Os vários sistemas jurídicos empenham-se em reagir a essa situação na tentativa de oferecer uma regulação adequada. (2014, p. 84)

O *common law* regulamentou essa questão como um testemunho indireto, uma vez que admitir as provas informáticas significaria admitir o uso de uma fonte de prova que não está sob o controle direito do julgador e deve provar que todo o maquinário que produziu o documento, funcionou correta e apropriadamente. Ao passo que o *civil law*, por sua vez, é mais complicado, devido às regras acerca da forma dos contratos e às características dos documentos escritos, públicos ou privados, assinados. Por isso as provas informáticas não se adaptam nesse modelo de prova documental, pois os registros computadorizados não são escritos tradicionais. E os meios ordinários usados para verificar a autenticidade não se aplicam às provas informáticas. Embora se reconheça que as novas tecnologias também possam criar documentos. Em relação à assinatura do documento, solucionou-se com a assinatura digital. Todavia, permanece sem resposta o problema da admissibilidade como meio de prova dos documentos eletrônicos não assinados (TARUFFO, 2014, p. 84/86).

No mesmo sentido, quanto à autenticidade, "sempre foi preocupação da jurisprudência verificar a autenticidade do documento eletrônico" (SCHIAVI, 2021, p. 218). Ocorre que a preocupação, quando aos documentos eletrônicos não assinados, já se encontra superada pela existência hodierna de algumas ferramentas digitais disponíveis, tais como "*wayback machine:* que permite a recuperação de versões anteriores de uma página da internet; *pic2map:* ferramenta para extrair metadados de uma fotografia digital original; *verifact:* útil para a extração de dados digitais documentais de maneira segura e confiável; verificador de conformidade do padrão de assinatura digital Icp-Brasil: permite aferir se um arquivo assinado com certificado ICP-Brasil está em conformidade ou não com as disposições regulamentares; qual operadora?: permite descobrir qual a operadora de um telefone móvel está vinculado e se houve ou não portabilidade; *localize IP*: permite saber a qual provedor de acesso o IP está ligado (CESÁRIO, 2023, p. 196/198).

Poder-se-ia conceituar a prova digital como o instrumento jurídico vocacionado a demonstrar a ocorrência ou não de determinado fato e suas circunstâncias, tendo ele ocorrido total ou parcialmente em meios digitais ou, se fora deles, sirvam como instrumento para sua demonstração (THAMAY; TAMER, 2022, p. 33)

Em relação ao valor probatório das provas digitais, "nunca terá a força vinculante de alguns documentos especiais regulados pela lei" (TARUFFO, 2014, p. 87). Acreditamos que esse entendimento também esteja superado, conforme os atuais entendimentos sobre a natureza jurídica e os requisitos de autenticidade da prova digital, que serão analisados a seguir.

A primeira dicotomia a ser enfrentada é se a prova digital se enquadra como uma prova documental típica ou um documento eletrônico, conforme arts. 422 e parágrafos; ou 439 a 441, do CPC, respectivamente.

O documento eletrônico é aquele produzido, autenticado, armazenado e transmitido em suporte eletrônico na sua forma original (THAMAY; TAMER, 2022, p. 120). Como se observa, os próprios doutrinadores mencionam tratar-se de "documentos".

Em tese, os documentos eletrônicos são capazes de exprimir um pensamento e comprovar um fato, mas o legislador, por sua vez, não definiu o que deveria compreender por documento eletrônico. Embora mencione, no art. 10, da MP n. 2.200-2/2001, considerar documentos públicos ou particulares, para todos os fins legais, os documentos eletrônicos de que trata essa Medida Provisória. No entanto, um documento eletrônico não se confunde com a versão digitalizada de um documento concebido originalmente em meio físico, que ele pode ser público ou privado e que caso sejam inseridos no processo eletrônico serão considerados originais para todos os efeitos. (AMARAL, 2021, 223/226).

Os doutrinadores que têm se proposto a estudar essa temática vêm considerando a prova digital como uma prova documental e esta seria, portanto, sua natureza jurídica (SILVA, 2023, p. 99/100).

Portanto, os meios de prova constituem a base para as inferências lógicas, o objeto da prova é o ato ou fato em conflito, mas independem de prova os fatos previstos no Art. 374, do CPC. No entanto, com o avanço tecnológico, a preocupação que se dá é com a autenticidade do documento eletrônico, mas existem diversas ferramentas aptas a minimizar essa preocupação. Finalmente, prevalece o entendimento de tratar-se, a prova digital, de prova documental, sendo essa a sua natureza jurídica. Com isso, passaremos agora a analisar a geolocalização.

2. GEOLOCALIZAÇÃO

Cada vez mais as pessoas deixam seus dados pessoais na rede mundial de computadores, sejam eles pessoais ou sensíveis, nos termos do Art. 5º, da Lei Geral de Proteção de Dados. A Lei ainda trata de temas social e economicamente, muito sensíveis, como a neutralidade da rede, a liberdade de expressão, a retenção de dados, a função social da Internet e a responsabilidade civil de provedores. Criando um novo paradigma de proteção jurídico-política — a cidadania digital -, que ainda carece de maior densidade no âmbito da legislação, da jurisprudência e da própria literatura jurídica. (FELICIANO, 2023, p. 114/117).

Em 1970 foi desenvolvido, pelo departamento de defesa civil dos EUA, o *NAVSTAR GPS*, consistindo na utilização de um conjunto de 24 satélites distribuídos em 6 planos orbitais, no qual cada órbita possui pelo menos 4 satélites operacionais. Independentemente de onde o receptor do GPS (*Global Positioning System)* esteja na superfície terrestre, haverá pelo menos 4 satélites ao seu alcance. Os telefones inteligentes passaram a utilizar esse sistema, que ficou conhecido como *Global Positioning System* ou Sistema de Posicionamento Global, que é capaz de coletar e registrar posições geográficas precisas em tempo real, que ficam armazenadas em seu banco de dados caso a opção esteja habilitada. Essas posições, quando acessadas, fornecem o histórico da localização do usuário em determinado espaço de tempo e lugar. São verdadeiros mapas virtuais, localizadores de endereços e criadores de rotas. (SAKO, HASEGAWA e HIGASHI, 2023, p. 47).

Atualmente, para que o GPS funcione corretamente, faz-se necessário o uso de três componentes, chamados de: espacial, de controle e o utilizador. O espacial é composto de vinte e sete satélites que se encontram em órbita. Vinte e quatro deles estão ativos e três são os "reservas", que entram em operação caso ocorra alguma falha com um dos principais. O segundo componente nada mais é do que estações de controle dos satélites. Ao todo são cinco estações espalhadas pelo globo terrestre. A função principal delas é atualizar a posição atual dos satélites e sincronizar o relógio atômico presente em cada um dos satélites. O último componente é o receptor GPS, que é um aparelho que mostra sua posição, hora e outros recursos que variam de aparelho para aparelho. Contudo, a localização pode gerar um erro de apenas 20 metros (MARTINS, 2018, *on-line*).

Muitas pessoas não têm seus direitos reconhecidos num processo judicial por não produzirem a prova dos fatos geradores de seus direitos. A prova da geolocalização pode ser muito útil nos processos judiciais, seja pela ausência de provas testemunhais seja para dirimir eventuais controvérsias entre elas. Inclusive a geolocalização pode ser auditável, devendo ser assegurada sua autenticidade e integridade, observando-se a cadeia de custódia.

Tratando-se de um pedido de reconhecimento de vínculo, seria uma prova importante, para comprovar que durante aquele período o empregado permaneceu na empregadora por determinado tempo. O mesmo ocorre para comprovar a jornada de trabalho. Algumas das ferramentas de captação por geolocalização são: *Google takeout*: apresenta, entre outras, o histórico de localização do usuário; sistema IOS da *Apple*: captura a geolocalização do usuário; estação rádio base: a geolocalização pode ser capturada pelas antenas das operadoras de celular; fotos digitais: uma forma de provar a geolocalização da pessoa é através dos metadados das fotos digitais; *WhatsApp*: por meio dos registros de *logs* do *WhatsApp* é possível precisar a geolocalização do usuário. É admissível, também, oficiar provedores de aplicação, a exemplo de aplicativos de transporte; de entrega de refeição; de bancos; dentre outros, para requisitar dados de *logs* com o objetivo de identificar a localização do usuário em determinadas datas e horários. (ALBINO; LIMA, 2023, p. 209/214).

Todavia, não nos parece que essa gama toda de ferramentas possa trazer benefícios processuais, conforme se observa no Manual Prático de Provas Digitais:

> tanto os dados coletados por ERBs quanto aqueles por aplicativos não são 100% confiáveis. Empresas como *Google* e *Samsung* assim já admitiram quando questionadas judicialmente. Os dados coletados por aplicativos têm margem de erro maior, chegando a centenas de metros em áreas urbanas e até mesmo a centenas de quilômetros em áreas rurais. (SOUZA, MUNHOS E CARVALHO, 2023, p. 152)

Para concluir, merece destaque a afirmação de que "não há meios de falsificar os dados das Estações Rádio Base, mas existem técnicas que permitem forjar a posição do GPS em sistemas como o *Android*, mas é difícil fabricar um caminho inteiro por várias horas. (SOUZA, MUNHOS E CARVALHO, 2023, p. 153).

Portanto, deve requerer intimação das empresas *Google* e da *Apple*, para que informem todos os aplicativos com permissão de GPS que foram instalados pelo usuário nos últimos "x" meses. Com as respostas, fundamentando que os dados dos aplicativos contribuirão para formar a convicção do juízo, requerer intimação das empresas mantenedoras dos aplicativos para que informem data, hora, gps e dados de uso do aplicativo. Dada a natureza mais invasiva da medida, que informará a localização dos usuários nos últimos "x" meses, é necessário realçar a necessidade, a adequação e a proporcionalidade, assinalando que as demais provas dos autos são insuficientes para esclarecer a controvérsia. (SOUZA, MUNHOS E CARVALHO, 2023, p. 153/154).

Cada vez mais as pessoas deixam seus dados pessoais na rede mundial de computadores, uma das ferramentas que efetuam essa captura é o GPS, o qual poderá ser utilizado em reclamações trabalhistas que pretendem o reconhecimento do vínculo empregatício ou a existência de horas extras. No entanto as próprias empresas já admitiram que os dados coletados por aplicativos têm margem de erro maior, chegando a centenas de metros em áreas urbanas e até mesmo a centenas de quilômetros em áreas rurais. Todavia, um pedido judicial bem fundamentado pode obter essas informações. Mas será que não viola os princípios constitucionais? O que será analisado a seguir

3. PRINCÍPIOS CONSTITUCIONAIS E A PROVA DIGITAL

É prudente, neste ponto, analisarmos potencial violação a direitos fundamentais, tais como o direito à prova, à intimidade, à personalidade, à inviolabilidade de comunicação, à imagem, ao direito de defesa e aos dados pessoais.

O direito à prova é uma garantia constitucional (MARTINS, 2022, p. 1.487). No entanto, ele não é absoluto, pois deve ser valorado e fundamentado o seu deferimento, conforme (MENDES e BRANCO, 2021, p. 1.166):

> Há uma teoria racionalista da prova, em que, embora inexistam critérios de valoração rigidamente definidos na lei, o juízo sobre fatos deva ser orientado por critérios de lógica e racionalidade, podendo ser controlado em âmbito recursal. Para tanto, a valoração racional da prova impõe-se constitucionalmente, a partir do direito à prova (artigo 5º, LV, CF) e do dever de motivação das decisões judiciais (artigo 93, IX, CF).

Este também é o entendimento de (SARLET, MITIDIERO, MARINONI, 2020, p. 1.136/1.137), ao mencionarem que o direito à prova exige a observância quanto à existência de relação teleológica entre prova e verdade (art. 369 do CPC de 2015); à admissibilidade da prova e dos meios de prova; à distribuição adequada do ônus da prova (art. 373 do CPC de 2015); ao momento de produção da prova; e à valoração da prova e formação do convencimento judicial.

O direito à intimidade, por sua vez, faria parte do direito à privacidade, sem privacidade, não há condições propícias para o desenvolvimento livre da personalidade, direitos esses que vêm ganhando novos contornos no contexto contemporâneo da internet, da coleta permanente de dados pessoais por sites em geral, motivo pelo qual a Constituição

Federal, lista, em seu art. 5º, "direitos e deveres individuais e coletivos". Englobando, entre outros, os direitos à privacidade em suas diversas manifestações (art. 5º, XI e XII). A Constituição consagra a inviolabilidade do domicílio (art. 5º, XI) e das correspondências e comunicações (art. 5º, XII), embora admita que decisão judicial possa afastar essa proteção constitucional em determinadas circunstâncias. (BARCELLOS, 2018, p. 229)

O direito à defesa, não morre, porém, na apresentação da peça processual. É que a defesa, entendida como apresentação de argumentos e provas pertinentes, há de se estender por todo o processo, para ambas as partes envolvidas. (TAVARES, 2020, p. 763/764).

Todavia o pedido de dados de geolocalização poderá ser deferido desde que não existam outras formas de se obter a verdade processual, observar o segredo processual e a decisão de deferimento seja devidamente fundamentada, conforme julgados a seguir.

A obtenção dos dados de geolocalização, especialmente em relação às operadoras de telefonia, são possíveis no processo do trabalho. No entanto, sua utilização pode implicar colisão de direitos fundamentais (direito à prova por parte do empregador versus direito à intimidade e privacidade do empregado e de terceiros), devendo ser resolvida pelas regras da utilidade, proporcionalidade e razoabilidade à luz do caso concreto. É o que se depreende da aplicação subsidiária do disposto no art. 22, II, da Lei n. 12.965 /2014 (uso da Internet no Brasil). Em outras palavras, se for possível utilizar outro meio para a produção da prova, não será necessária a obtenção dos dados de geolocalização, foi esse o entendimento do Tribunal Regional do Trabalho da 15ª Região, processo n. 0010411-62.2019.5.15.0077, no qual entendeu ser desnecessária a obtenção de dados de geolocalização, uma vez que as provas documentais e pessoais comprovaram que a empregada laborava além de oito horas diárias e não observava o horário interjornada.

Por sua vez o Tribunal Regional do Trabalho da 4ª Região, no Mandado de Segurança n. 0020077-57.2020.5.04.0013, entendeu que se existem outras provas nos autos capazes de solucionar o litígio, a obtenção de registros de geolocalização é ilegal, mostrando-se medida inadequada, desnecessária e desproporcional, considerando o bem jurídico protegido constitucionalmente, consistente na proteção à intimidade e a garantida de inviolabilidade da comunicação.

No mesmo sentido a decisão do Tribunal Regional do Trabalho da 3ª Região, processo n. 0011155-59.2021.5.03.0000, amparou, por via mandamental a pretensão da impetrante, eis que considerou medida extrema a quebra de sigilo temático determinado pela autoridade coatora, tornando nula a decisão que determinou a produção da prova, mostrando-se medida desproporcional naquele caso concreto, a exibição da geolocalização, por vinte e quatro horas do dia, revelando toda a sua trajetória de localização, desvendando lugares e horários onde esteve, constituindo violação à sua intimidade, à vida privada, e o sigilo dos dados telemáticos, porque ponderou a decisão, que os meios ordinários de prova seriam suficientes e hábeis a trazer a verdade real.

Por sua vez, o Tribunal Regional do Trabalho da 12ª Região, processo n. 0000239-77.2022.5.12.0000, desde que preservado o adequado sigilo da pesquisa, seria permitida a obtenção de dados de geolocalização, sem que haja qualquer violação aos direitos de personalidade ou à Lei Geral de Proteção de Dados que autorizou o tratamento dos dados pessoais na hipótese do exercício regular de direitos em processo judicial (art. 7º VI). Ademais, entendeu a decisão que, a ampla liberdade do Magistrado na direção do processo ao determinar a produção de provas que lhe seja mais confiável, contribui para a rápida prestação jurisdicional e o cumprimento do princípio da razoável duração do processo.

Por meio de Agravo Regimental em Mandado de Segurança n. 0000227-88.2023.5.17.0000, um banco obteve liminar para afastar a utilização de geolocalização como primeira medida, não obstante a plena liberdade conferida ao Juiz pelo artigo 765 da CLT, a prova digital deve ser utilizada com cautela por estabelecer uma rota de colisão entre princípios constitucionais que buscam a efetividade da tutela jurisdicional e a inafastabilidade da jurisdição, (CF, art. 5º XXXV), e de outro lado, os direitos de personalidade, como a intimidade e a vida privada, imperioso sopesar a necessidade, adequação e utilidade da prova digital em cotejo com os demais elementos de prova presentes nos autos,

Não se fala em geolocalização quando está comprovado, nos autos, a existência de sistemas eletrônicos para controle de jornada, conforme entendimento do juízo de primeiro grau da 11ª Região, Ação Trabalhista n. 0000025-98.2022.5.11.0005, confirmando a discricionariedade atribuída ao Juiz pelo parágrafo único do artigo 370 do CPC, para indeferir as provas que julgar desnecessária ou meramente protelatórias, como destinatário da prova e por zelar pela rápida duração do processo, especialmente quando presentes elementos suficientes ao julgamento da lide.

A Ministra Rosa Weber, do v. Supremo Tribunal Federal, deu provimento ao Recurso Extraordinário n. 1.301.250 para conceder a ordem mandamental e cassar a decisão de quebra de sigilo de dados pessoais, registros de acesso à internet e fornecimento de IP, por se tratar de decisão genérica, não indicando parâmetros mínimos para identificação dos usuários, sem delimitação, ademais, do espaço territorial em que veiculada a ordem, em confronto com o princípio da proteção à intimidade e ao sigilo de dados (art. 5º, X e XII, CF), facultando ao Juízo Criminal que profira outra decisão observando os limites formais e materiais dos direitos fundamentais à privacidade, à proteção de dados pessoais e ao devido processo legal, e propunha a fixação da seguinte tese (Tema 1.148 da repercussão geral): "À luz dos direitos fundamentais à privacidade, à proteção dos dados pessoais e ao devido processo legal, o art. 22 da Lei n. 12.965/2014 (Marco Civil da Internet) não ampara ordem judicial genérica e não individualizada de fornecimento dos registros de conexão e de acesso dos usuários que, em lapso temporal demarcado, tenham pesquisado vocábulos ou expressões específicas em provedores de aplicação", pediu vista dos autos o Ministro Alexandre de Moraes, e encontra-se aguardando julgamento.

Interessante o Recurso Ordinário em Mandado de Segurança n. 658-34.2021.5.12.0000 no qual o Relator ficou vencido por entender não haver ofensa à intimidade das partes quando limitado ao escopo da investigação, de maneira que sejam levantadas informações relativas à contratualidade entre as partes, sem se imiscuir na vida pessoal da parte, ou, mesmo nos casos em que tal não seja possível se evitar, sem que a tais dados seja dada a indevida publicidade. Frisa o Relator, também, que a Lei Geral de Proteção de Dados não impede a realização da prova digital, senão apenas protege os envolvidos contra vazamentos e abusos de dados. No entanto, a prova digital quanto à geolocalização fora requerida pela empregadora que poderia ser dirimida para apresentação de documentos e prova testemunhal, portanto a produção de prova digital se revelou precoce, por isso foi denegada a segurança para revogar a decisão que determinou precocemente a prova digital, sem prejuízo de que, em oportunidade outra, verifique a necessidade de determiná-la sopesando-a frente às demais provas realizadas nos autos.

No mesmo sentido foi concedida a segurança no Recurso Ordinário em Mandado de Segurança n. 1003410-04.2022.5.02.0000, mesmo o juízo de primeiro grau restringindo as informações aos últimos anos de contrato de trabalho e somente aos horários de trabalho alegado pela própria empregada, bem como a exclusão dos meses em que ela estivesse de férias. Ainda fora atribuído sigilo às informações recebidas pela geolocalização. Frisou, também, que o artigo 7º, VI, da Lei n. 13.709/2018 (Lei de Proteção de Dados Pessoais — LGPD) estabelece, expressamente, a possibilidade de tratamento de dados pessoais 'para o exercício regular de direitos em processo judicial'. Mas não fora esse o entendimento pelo e. Tribunal Superior do Trabalho, inferiu que, ainda que haja a proteção do segredo de justiça, o acesso aos dados e informações de natureza íntima e privada, causa evidente violação à Lei Geral de Proteção de Dados, que prima pelo respeito à privacidade e inviolabilidade da intimidade, honra e imagem.

4. CONCLUSÃO

Embora a prova digital seja um importante e eficaz meio de levar ao judiciário a realidade dos fatos e a correta aplicação da lei, com a consecução da esperada promoção da justiça, sua utilização na busca da verdade real não é pacífica entre os doutrinadores, porque uns privilegiam princípios constitucionais que asseguram os direitos conexos com o direito à intimidade, restringindo seu uso, outros entendem que é possível harmonizar os princípios constitucionais, produzindo a prova digital, porém, revestida de sigilo.

A geolocalização é uma prova digital que suscita essa discussão, em face do seu potencial de revelar dados pessoais de localização que estejam na esfera particular do trabalhador.

O estudo demonstra que a questão, merece ser aprofundada doutrinariamente para dar equilíbrio aos direitos constitucionais fundamentais que se encontram em colisão, porém, foi possível observar que essa discussão acadêmica encontra um vértice de incontroversa entre os doutrinadores, pois todos são uníssonos em afirmar que, antes de buscar provas digitais é preciso a avaliação criteriosa do caso concreto, para aferir se os elementos dos autos proporcionam. às partes, a garantia do exercício da ampla defesa, do contraditório e a suficiência do acervo probatório hábil a formar o convencimento do julgador, nessa hipótese, a produção de provas digitais mostra-se desnecessária.

A tendência jurisprudencial segue a mesma linha, havendo provas nos autos capazes de formar o convencimento do Juiz, que é o destinatário da investigação, diante dos princípios que regem a utilidade e necessidade da prova, não se há de produzir prova digital, como a geolocalização, preservando o direito à proteção dos dados pessoais, à intimidade e outros a ela conexos.

Por fim, a geolocalização ou qualquer outra prova digital, pode e deve ser utilizada, com as ressalvas acima, sempre que auxiliar os juízes na fase de instrução do processo, visando a celeridade processual, assim como contribuir na produção de provas para aspectos controvertidos.

REFERÊNCIAS

ALBINO, João Pedro; LIMA, Ana Cláudia Pires Ferreira. Técnicas de Captura de Geolocalização para produção de prova judicial. In: *Provas digitais, jurimetria e as garantias constitucionais e processuais no mundo digital*. Revista Trabalhista de Direito e Processo. Anamatra. Ano 20. n. 65. São Paulo: LTr. 2023

AMARAL, Paulo Osternack. *Provas: atipicidade, liberdade e instrumentalidade*. 3. ed. rev., atual. e ampl. São Paulo: Thomson Reuters Brasil, 2021

BRASIL. *Código de Processo Civil*. Disponível em https://www.planalto.gov.br/ccivil_03/_ato2015-2018/2015/lei/l13105.htm. Acesso em: 12 jan. 2023

CESÁRIO, João Humberto, *Provas no processo do trabalho*. 2. ed. Brasília, DF: Editora Venturoli, 2023

FELICIANO, *Guilherme* Guimarães Feliciano. *Proteção de dados pessoais e os impactos nas relações de trabalho* — princípios, aplicações e crítica. São Paulo: Thomson Reuters Brasil, 2023

MARTINS, Elaine. *Como funciona o GPS?* Tecmundo, 10/08/2019. Disponível em https://www.tecmundo.com.br/gps/2562-como-funciona-o-gps-.htm#:~:text=Trata%2Dse%20do%20c%C3%A1lculo%20feito,ele%20%E2%80%9Csaiu%E2%80%9D%20do%20sat%C3%A9lite. Acesso em: 12 jan. 2024

MARTINS, Flávio. *Curso de Direito Constitucional*. 6. ed. São Paulo: SaraivaJur, 2022.

MENDES, Gilmar Ferreira; BRANCO, Paulo Gustavo Gonet. *Curso de direito constitucional*. 16. ed. São Paulo: Saraiva Educação, 2021.

SAKO, Emília; HASEGAWA, Ernesto Mitsuo; HIGASHI Alexandre. Perícia de Geolocalização: a prova produzida pela tecnologia. In: *Provas digitais, jurimetria e as garantias constitucionais e processuais no mundo digital*. Revista Trabalhista de Direito e Processo. Anamatra. Ano 20. n. 65. São Paulo: LTr. 2023

SARLET, Ingo Wolfgang; MITIDIERO, Daniel; MARINONI, Luiz Guilherme. *Curso de direito constitucional*. 9. ed. São Paulo: Saraiva Educação, 2020

SCHIAVI, Mauro. *Provas no processo do trabalho*. 8. ed. rev. ampl. e atual. São Paulo: Editora JusPodivm, 2021.

SILVA, José Antonio Ribeiro de Oliveira Silva. A prova digital: um breve estudo sobre seu conceito, natureza jurídica, requisitos e regras de ônus da prova correlatas. In: *Provas digitais, jurimetria e as garantias constitucionais e processuais no mundo digital.* Revista Trabalhista de Direito e Processo. Anamatra. Ano 20. n. 65. São Paulo: LTr. 2023

SOUZA, Bernardo de Azevedo; MUNHOZ, Alexandre; CARVALHO Romullo. *Manual prático de provas digitais*. São Paulo: Thomson Reuters Brasil. 2023

TARUFFO, Michele. *A prova*. 1. ed. São Paulo: Marcial Pons, 2014.

TAVARES, André Ramos. *Curso de direito constitucional.* 18. ed. São Paulo: Saraiva Educação, 2020.

TEIXEIRA FILHO. *Cadernos de processo do trabalho*, n. 13: prova: parte geral, I. São Paulo: LTr. 2018.

THAMAY, Renan; TAMER, Maurício. *Provas no direito digital:* conceito da prova digital, procedimentos e provas digitais em espécie. 2. ed. São Paulo: Thomson Reuters, 2022.

Geolocalização e privacidade: desafios e reflexões acerca do uso desse instrumento, seja na relação de trabalho, seja no processo do trabalho

Régis Antônio Bersanin Nieddu (*)

INTRODUÇÃO

A tecnologia veio para ficar, é irrefreável, e afeta a sociedade em todo o mundo. Isso não quer dizer, contudo, que as ferramentas oriundas do desenvolvimento tecnológico devam ser utilizadas sem nenhum controle[1]. Pelo contrário, quaisquer que sejam os instrumentos decorrentes da evolução tecnológica, deverão ser manuseados de modo a que sejam sempre resguardados os princípios e fundamentos consagrados pela Constituição Federal e pelas leis vigentes.

O tratamento de dados em larga escala, como reflexo do avanço tecnológico, é a grande temática atual. Mais especificamente, a geolocalização vem sendo utilizada de diversas formas distintas, por diversos setores da atividade econômica, e como mecanismo de prova, em processos judiciais.

(*) Juiz do trabalho substituto vinculado ao Tribunal Regional do Trabalho da 15ª Região. Autor do livro Tecnologia nas relações de trabalho na União Europeia: privacidade e proteção de dados em Portugal, Itália, Espanha, França e Alemanha. Mestre em ciências jurídico-empresariais pela Universidade Lusíada de Lisboa. Especialista em direito do trabalho e processo do trabalho pela Universidade Cândido Mendes, Rio de Janeiro. Coordenador do CEJUSC de Presidente Prudente.

(1) Como bem pondera JÚNIOR (2023) "[...] *vale referir que apesar do desenvolvimento da sociedade da informação ter permitido a comunicação cada vez mais simples e rápida entre os indivíduos, rompendo barreiras físicas com a adoção de mecanismos tecnológicos que possibilitam comunicação instantânea em áudio e vídeo, com ou sem gravação do conteúdo, isso não significa que não devam existir verdadeiros limites — jurídicos — ao acesso a tais fluxos comunicativos*" (VEGAS JÚNIOR. Walter Rosati . A geolocalização como panaceia no processo do trabalho. *In Rev. Trib. Trab. 2. Reg., São Paulo, v. 15, n. 30, p. 182-202, jul./dez. 2023.* p. 184-185.

O objetivo do presente estudo é o de refletir, sem a pretensão de esgotar o tema, sobre os parâmetros e limites dessa modalidade de tratamento de dados, tanto nas relações de trabalho (como instrumento do exercício do poder diretivo), quanto nos processos judiciais trabalhistas (como elemento probatório).

Antes, porém, faz-se necessária uma rápida abordagem sobre a Lei n. 13.709/2018, a Lei Geral de Proteção de Dados (doravante LGPD) e, também, sobre a geolocalização, em termos gerais.

LGPD: ALCANCE, CONCEITOS, FUNDAMENTOS, REQUISITOS E HIPÓTESES DE TRATAMENTO

A LGPD vem se mostrando uma importante ferramenta para o regular tratamento de dados pessoais, sobretudo na Justiça do Trabalho. Pese embora não haja disposição expressa acerca da sua aplicação na seara laboral, é sabido que referido diploma se destina, de maneira indistinta, às operações de tratamento de dados pessoais, o que alcança, inevitavelmente, as relações trabalho e de emprego(2).

A LGPD possui **alcances** de ordem objetiva, subjetiva e material.

O *alcance objetivo* diz respeito ao alinhamento da legislação brasileira ao mercado de dados global, notadamente com os padrões internacionais de privacidade e de proteção de dados. Já o alcance *pessoal* ou *subjetivo* diz respeito às pessoas que devem observar a legislação, quais sejam, as físicas ou jurídicas de direito público ou privado, ficando excluídas as pessoas naturais que utilizam dados para fins particulares e não econômicos, bem como as demais hipóteses previstas no art. 4º da lei(3).

Por fim, o alcance *material*, consiste na proteção de dados, sejam eles produzidos em meio físico, ou em meio digital. É o que se depreende da leitura da primeira parte do art. 1º da lei, retirando a ideia equivocada de que somente os dados oriundos do meio digital é que são abrangidos pelo diploma em comento.

A LGPD contém, ainda, alguns **conceitos**, enumerados em seu art. 5º. Para fins deste estudo, destacam-se os mais relevantes, a saber: *dado pessoal*, que é a informação

---

(2) Diversamente do que prevê o Regulamento 2016/679 (RGPD), a LGPD não contém previsão expressa, relativamente à sua aplicação na seara laboral. Referido Regulamento, que substituiu a então Diretiva 95/46/CE, fez menção expressa, no art. 88º, do tratamento de dados na seara laboral. O fato de a LGPD ter se espelhado na Diretiva (o primeiro texto do anteprojeto da LGPD deu-se no fim de 2010, quando a Diretiva 95/46/CE estava em vigor) pode ser a causa provável da ausência dessa menção, o que, de maneira alguma, pode ser interpretado como vedação da aplicação da LGPD nas relações trabalhistas, como se chegou a argumentar.

(3) O art. 4º da Lei n. 13.709/2018 estabelece que ela não se aplica aos dados pessoais realizados exclusivamente para fins jornalísticos ou artísticos, ou acadêmicos, aplicando-se a esta hipótese os arts. 7º e 11, bem como os realizados para fins exclusivos de segurança pública, defesa nacional, defesa do Estado, ou atividades de investigação e repressão de infrações penais. Ainda não se aplica a lei para os dados pessoais provenientes de fora do território nacional e que não sejam objeto de comunicação, uso compartilhado de dados com agentes de tratamento brasileiros ou objeto de transferência internacional de dados com outro país que não o de proveniência, desde que o país de proveniência proporcione grau de proteção de dados pessoais adequado ao previsto nessa lei (incisos I a IV).

relacionada à pessoa natural identificada ou identificável (inciso I); *dado pessoal sensível*, que diz respeito ao dado pessoal sobre origem racial ou étnica, convicção religiosa, opinião política, filiação a sindicato ou a organização de caráter religioso, filosófico ou político, dado referente à saúde ou à vida sexual, dado genético ou biométrico, quando vinculado a uma pessoa natural (inciso II); *dado anonimizado*, que é aquele relativo a titular que não possa ser identificado, considerando a utilização de meios técnicos razoáveis e disponíveis na ocasião de seu tratamento (inciso III); *titular*, relativo à pessoa natural a quem se referem os dados pessoais que são objeto de tratamento (inciso V); *controlador*, que é a pessoa natural ou jurídica, de direito público ou privado, a quem competem as decisões referentes ao tratamento de dados pessoais (inciso VI); *operador*, que é a pessoa natural ou jurídica, de direito público ou privado que realiza o tratamento de dados pessoais em nome do controlador (inciso VII); *encarregado*, que é a pessoa indicada pelo controlador e operador para atuar como canal de comunicação entre o controlador, os titulares dos dados e a ANPD — Autoridade Nacional de Proteção de Dados (inciso VIII); *agentes de tratamento*, que dizem respeito ao operador e ao controlador (inciso IX); *tratamento*, em si, que diz respeito à toda operação realizada com dados pessoais, como as que se referem à coleta, produção, recepção, classificação, utilização, acesso, reprodução, transmissão, distribuição, processamento, arquivamento, armazenamento, eliminação, avaliação ou controle da informação, modificação, comunicação, transferência, difusão ou extração (inciso X). Por fim, *consentimento* é a manifestação livre, informada e inequívoca pela qual o titular concorda com o tratamento de seus dados pessoais para uma finalidade determinada (inciso XII).

A LGPD tem como **fundamentos** o respeito à privacidade, a autodeterminação informativa, a liberdade de expressão, de comunicação e de opinião, a inviolabilidade da honra e da imagem, o desenvolvimento tecnológico e a inovação. Tem, ainda, como fundamentos, a livre iniciativa, a livre concorrência e a defesa do consumidor, bem como os direitos humanos, o livre desenvolvimento da personalidade, a dignidade e o exercício da cidadania pelas pessoas naturais (art. 2º, incisos II a VII).

Possui, ainda, diversos **princípios**, enumerados no art. 6º da lei. No *caput* já se encontra o princípio da *boa-fé*, e, a partir do inciso I, tem-se o *princípio da finalidade*, que se traduz na realização do tratamento dos dados para propósitos legítimos, específicos, explícitos e informados ao titular.

O princípio da finalidade, costuma dizer, é norteador de todos os demais, notadamente porque todos os outros princípios decorrem dele[(4)].

---

(4) Consigna MOREIRA (2020) que a finalidade constitui "[...] *o princípio verdadeiramente cardinal da proteção de dados, sendo os demais princípios função deste na medida em que os dados devem ser adequados, pertinentes e não excessivos em relação à finalidade pretendida; devem ser exatos, completos e atualizados em função da finalidade; e só devem ser conservados pelo tempo que a finalidade exige*". MOREIRA. Teresa Coelho. Algumas questões sobre o Regulamento Geral de Proteção de Dados e as Relações de Trabalho. *In O Regulamento Geral de Proteção de Dados e as relações de trabalho.* Lisboa: AFFDL, 2020. p. 15-38. ISBN: 978-972-629-396-5. p. 23.

Com efeito, o *princípio da adequação* diz respeito à compatibilidade do tratamento de dados com as finalidades informadas ao titular (inciso II); o *princípio da necessidade*, refere-se à limitação dos dados ao necessário para a realização das suas finalidades (inciso III); o *princípio do livre acesso* garante, aos titulares, a consulta facilitada e gratuita sobre a forma de tratamento e sua duração, bem como sobre a integralidade dos dados pessoais (inciso IV); o *princípio da qualidade dos dados* tem como objetivo a garantia, aos titulares, da sua exatidão, clareza, relevância e atualização dos dados, de acordo com a necessidade e para o cumprimento da finalidade do tratamento (inciso V); *o princípio da transparência* visa a garantir informações claras e precisas sobre a finalidade do tratamento, a sua realização e os respectivos agentes (inciso VI). A lei determina, ainda, a observância dos princípios da segurança, da prevenção, da não discriminação e da responsabilização e prestação de contas (incisos VII a X).

Importante ter em mente que todos fundamentos e princípios devem ser observados quando do tratamento de dados, sob pena de incorrerem nas penas previstas na legislação, sobretudo no disposto no art. 42 da LGPD.

Além da observância dos fundamentos e dos princípios acima enumerados, também deve o tratamento de dados se encaixar em uma das **hipóteses de tratamento** previstas no art. 7º da lei, quando se diz respeito aos dados em geral, e no art. 11, quando do tratamento de dados sensíveis.

Aos dados em geral (art. 7º), e no que interessa para o presente estudo, tem-se o *consentimento* do titular de dados como a primeira hipótese de tratamento (inciso I). Os dados pessoais também podem ser tratados para cumprimento "[...] *de obrigação legal ou regulatória, pelo controlador*" (inciso II), quando "[...] *necessário para a execução do contrato ou de procedimentos preliminares relacionados ao contrato do qual seja parte o titular, a pedido do titular de dados*" (inciso V), para o "[...] *exercício regular de direitos em processo judicial, administrativo ou arbitral* [...]" (inciso VI), e também para atender "[...] *aos interesses legítimos do controlador ou de terceiro, exceto no caso de prevalecerem direitos e liberdades fundamentais do titular que exijam a proteção dos dados pessoais*" (inciso IX).

Aos dados pessoais sensíveis, as hipóteses de tratamento são um pouco diferentes. No que diz respeito ao *consentimento*, deve ele ser dado de forma específica e destacada, para finalidades específicas (inciso I). Relativamente ao cumprimento de obrigação legal e para regular exercício de direitos em contrato ou em processo judicial (inciso II, alíneas "a" e "d"), as disposições se mantêm as mesmas.

Entretanto, chama a atenção o fato de não constar, do art. 11, a possibilidade de tratamento para legítimo interesse do controlador, o que leva à conclusão de que os dados pessoais sensíveis não podem ser tratados sob essa justificativa[5].

---

(5) Vários são os elementos que permitem que se chegue a essa conclusão. O primeiro, é o de que o art. 10 da LGPD, que dispõe sobre o legítimo interesse, está localizado na seção I "Dos requisitos para o tratamento de dados pessoais", que inicia no art. 7º (hipóteses de tratamento de dados em geral), e vai até o art. 10. Os dados sensíveis, porém, estão localizados na seção II, com início no art. 11, dispositivo legal este que, conforme visto, não contém o "legítimo interesse" como

Feita essas considerações iniciais acerca da LGPD, notadamente a necessidade de sua regular observância quando do tratamento de dados pessoais, oportuno que se faça uma rápida abordagem sobre a forma de tratamento de dados objeto do presente estudo: a geolocalização.

A GEOLOCALIZAÇÃO: CONCEITO, FORMAS DE OBTENÇÃO DE DADOS E NATUREZA JURÍDICA

De maneira bem sintética, pode-se estabelecer o **conceito** de geolocalização, ou georreferência como sendo uma ferramenta hábil a identificar, localizar e rastrear objetos e/ou pessoas, utilizando-se, para tanto, diversos meios tecnológicos[(6)].

No que diz respeito às **formas de obtenção de dados** relativos à geolocalização, tem-se como principais: **a.** o *GPS (Global Positioning System)*, que constitui um sistema de navegação por satélite que fornece a um dispositivo a ele vinculado, a sua posição global; **b.** as *Estações Rádio Base* (ERBs), que constituem equipamentos de transmissão e recepção, fazendo a conexão dos telefones celulares por meio de ondas de rádio, utilizando dados fornecidos por torres e operadoras de telefonia móvel que, a partir de uma triangulação, possibilita a localização aproximada, em um certo perímetro, do utilizador do aparelho a elas conectado; **c.** o *AGPS (Assisted Global Positioning System)*, que é a soma das duas ferramentas acima: o dispositivo móvel se conecta a uma antena que, por sua vez, se conecta ao satélite, fornecendo um localização mais precisa que o GPS, porém, um pouco mais lenta. O GPS, assim como o AGPS, está presente em grande parte dos dispositivos móveis inteligentes atuais; **d.** o *Wi-Fi*, método mais comum de geolocalização, que consistente na localização com base na intensidade do sinal de recepção de vários pontos de acesso e, por fim; **e.** o *bluetooth*, que pode ser um importante instrumento de geolocalização em ambientes fechados, localizando determinada pessoa ou objeto, em tempo real, a curta distância, com utilização de ondas curtas de rádio.

No que tange à natureza jurídica da geolocalização, pergunta que recorrentemente se faz é a seguinte: trata-se a geolocalização de um dado pessoal sensível?

---

uma das hipóteses de tratamento. Ademais, no guia orientativo da ANPD, que prevê as hipóteses legais de tratamento de dados pessoais, relativamente ao legítimo interesse, consta expressamente que este constitui *"[...] uma hipótese legal não aplicável ao tratamento de dados pessoais sensíveis, haja vista a sua previsão apenas no art. 7º da LGPD, não tendo sido reproduzida no art. 11"* (DADOS. Agência Nacional de Proteção de. *in* Guia Orientativo Hipóteses legais de tratamento de dados pessoais — legítimo interesse. Publicação digital de fevereiro de 2024).

(6) SOUZA (2023) explica que a "[...] *geolocalização envolve o uso de dados de localização geográfica para determinar a presença de um dispositivo ou indivíduo em uma determinada área"* (SOUZA. Bernardo de Azevedo e. Técnicas de Requisição e Apresentação de dados de Geolocalização em Processos Judiciais. *In Provas digitais no processo do trabalho*: realidade e futuro (volume 2) / coordenação Ana Paula Silva Campos Miskulin, Danielle Bertachini, Platon Teixeira de Azevedo Neto. 1. ed. Campinas, SP: Lacier Editora, 2022. p. 253). No âmbito das relações de trabalho, explica SILVA (2022) que os "[...] *sistemas de geolocalização incorporados a celulares, veículos ou chips permitem controlar a localização exata do trabalhador"*. (SILVA. Fabrício Lima — Do Panoptismo ao Pós-Panoptismo: Controle da Geolocalização dos Trabalhadores pelo Empregador. *In* Provas digitais no processo do trabalho: realidade e futuro (volume 1) / coordenação Ana Paula Silva Campos Miskulin, Danielle Bertachini, Platon Teixeira de Azevedo Neto. 1. ed. Campinas, SP: Lacier Editora, 2022. p. 253).

Há quem entenda que a geolocalização sempre será um dado sensível, já que os padrões de movimentos e de inatividade, inerentes aos dispositivos de geolocalização, permitem o conhecimento dos hábitos do titular dos dados: onde dorme, a igreja que frequenta, as pessoas com quem se relaciona, as clínicas em que costuma comparecer habitualmente, assim revelando dados sensíveis, possibilitando a formação de perfis, e a consequente antecipação de condutas por parte do controlador.

Respeitosamente, contudo, diverge-se desta posição, preferindo-se o entendimento no sentido de que a ferramenta de coleta de dados não pode ser confundida com os dados pessoais propriamente ditos.

Dito de outro modo, a geolocalização, assim como a imagem, o vídeo, o áudio, o conteúdo de e-mail ou de algum arquivo existente em um dispositivo eletrônico, a mensagem postada em rede social, a informação descrita em um documento físico, a exemplo de um diário, e mesmo as informações verbais, constituem mecanismos hábeis a possibilitar o tratamento de dados pessoais, sendo certo que estes é que podem ser, ou não, de caráter sensível, conforme o conteúdo que esses mecanismos possam revelar(7).

Nesse sentido, GUSMÃO (2024) (8) afirma ser "[...] *perfeitamente possível a existência de dados indiretamente sensíveis*". Utilizando a geolocalização como exemplo, explica que se:

> [...] por meio do cruzamento com outras informações é possível descobrir que determinado individuo está realizando certo tratamento, a geolocalização não se tornou dado sensível. Mas a informação de saúde indiretamente revelada, sim.

Assim, a geolocalização, como qualquer um dos instrumentos acima descritos, permite a obtenção de dados que podem, ou não, ser de caráter sensível.

Independentemente disso, o fato é que o tratamento de dados por meio da geolocalização merece atenção especial, em razão das informações que seu tratamento pode revelar.

A matéria ganha ainda mais importância quando analisamos a geolocalização nas relações de trabalho/emprego, e também como prova nos processos trabalhistas.

Passemos à análise de cada um deles.

---

(7) Vale o registro de que a lei, quando quis vincular o instrumento de tratamento ao dado pessoal sensível, o fez expressamente, como no caso dos dados genéticos e dos dados biométricos (art. 5º, II, da LGPD).

(8) GUSMÃO. André Simoni e. Sobre a taxatividade de dados pessoais sensíveis. *In Consultor Jurídico*, área civil, 13 de janeiro de 2024.

A GEOLOCALIZAÇÃO E A RELAÇÃO DE TRABALHO/EMPREGO: O PODER DE DIREÇÃO E A SUBORDINAÇÃO JURÍDICA

Sobre a geolocalização e a relação de trabalho e emprego, a questão é pouco tratada, seja na doutrina, seja na jurisprudência brasileira.

A Autoridade Nacional de Proteção de Dados (doravante ANPD), que tem por competência a edição de regulamentos e procedimentos sobre a proteção de dados pessoais e privacidade (art. 55-J, XIII), assim como a edição de normas, orientações, e procedimentos para microempresas e empresas de pequeno porte (art. 55-J, XVIII), nada produziu sobre a questão, até a presente data.

Uma das causas possíveis dessa escassez legislativa, regulamentar e jurisprudencial deve-se ao fato de que, no Brasil, comumente, a dispensa do trabalhador, à revelia do que dispõe o art. 7º, inciso I, da CF, se dá sem justa causa, por iniciativa do empregador. Tal circunstância acaba por deixar para segundo, terceiro, ou quarto plano a discussão sobre os mecanismos adotados pelo empregador, relativamente aos métodos de vigilância à distância para controle de produtividade de seus empregados. Já no campo dos tempos de trabalho, a discussão relativa à vigilância à distância vem com o objetivo de demonstrar a efetiva jornada praticada, deixando à margem a discussão acerca dos limites do empregador na utilização das ferramentas tecnológicas como meio de controle.

Voltando os olhos ao direito comparado percebe-se que, em Portugal, a legislação trabalhista exige que o despedimento do trabalhador deva ser sempre motivado, conforme se depreende da Secção IV do Código do Trabalho português (arts. 351º e seguintes)[(9)].

Essa talvez seja a razão pela qual a Comissão Nacional de Proteção de Dados daquele país (doravante CNPD), órgão equivalente à ANPD no Brasil, tenha se debruçado sobre a questão, trazendo luz à temática relativa à utilização das tecnologias de geolocalização no contexto laboral, por meio da Deliberação n. 7.680/2014[(10)], publicada ainda quando da vigência da Diretiva 46/95/CE (diploma que antecedeu o Regulamento Geral de Proteção de dados — RGPD).

Tal Deliberação leva em consideração o avanço da tecnologia, bem como a geolocalização, como mecanismo de vigilância à distância que potencializa o controle do empregador sobre a sua atividade produtiva[(11)]. Ressalva, contudo, que, como qualquer

---

(9) O item 1, alínea "a", do art. 374º do CT prevê as situações de despedimento por inadaptação, que se dá quando da redução "[...] *continuada de produtividade ou de qualidade*" do trabalhador, e os artigos seguintes dispõem sobre os requisitos e demais procedimentos que devem ser observados.

(10) PORTUGAL. Comissão Nacional de Proteção de Dados — Deliberação n. 7.680/2014, aplicável aos tratamentos de dados pessoais decorrentes da utilização de tecnologias de geolocalização no contexto laboral. [Em linha]. Lisboa: CNPD. 2014.

(11) Vale registrar que a constatação de que o controle de geolocalização constituía meio de vigilância à distância deu-se em razão do avanço tecnológico. Num primeiro momento, a jurisprudência portuguesa não considerava o GPS como um meio de vigilância à distância. Em um acórdão proferido pelo Supremo Tribunal de Justiça, datado de 2007,

sistema de vigilância, deve ser utilizado de maneira restrita, de modo a não violar direitos fundamentais.

Explica a Deliberação que a:

> [...] subordinação jurídica no âmbito da relação laboral, quando confrontada com a utilização das tecnologias e com o tratamento de dados pessoais do trabalhador, deve ser adequada às exigências legais atinentes ao regime de proteção de dados, assumindo particular relevância, nomeadamente, os princípios da finalidade, da adequação, da necessidade e da proporcionalidade, da transparência e da boa-fé, bem como os direitos de informação, acesso e oposição (considerando XI).

Com essas premissas, inicia a Deliberação, explicando, por meio de itens, que os dispositivos de geolocalização são usados, de maneira geral, em veículos e em dispositivos móveis (item 5), resultando em tratamento de dados pessoais sempre que se relacione com uma pessoa, independente do grau de impacto que se tenha sobre a sua privacidade (item 19).

Constituindo sério risco de invasão à privacidade do trabalhador, o tratamento exige sério juízo de proporcionalidade entre os interesses da atividade empresarial, e dos direitos fundamentais dos trabalhadores (itens 20 a 23 e 27). Assim, o legítimo interesse do empregador, por mais que se justifique pela otimização de seus recursos, não deve ser feito obtendo o rastreamento constante e intrusivo, tanto assim é, que o art. 20º do Código do Trabalho português repudia expressamente esta hipótese (item 30). Diante disso, a recolha desse tipo de dados deve ter por objetivo o atingimento de finalidades legítimas e específicas, com a conservação dos dados pelo tempo estritamente necessário (itens 38 e 39).

A Deliberação considera que os dados provenientes da geolocalização são sensíveis (item 41), e seu tratamento pode ser utilizado, em regra, de forma anonimizada. Ressalta que o art. 20º, item 1, do CT, pese embora vede o tratamento de dados para fins de controle de desempenho profissional do trabalhador, o autoriza quando a finalidade for a de proteger a segurança de pessoas ou bens, ou quando as particulares exigências inerentes à atividade o justifiquem (itens 49 a 52).

Buscando interpretar a expressão "*particulares exigências inerentes à atividade*", faz a Deliberação a distinção entre dispositivos de geolocalização instalados em veículos e em dispositivos móveis.

---

concluiu a Corte que o dispositivo, instalado no veículo utilizado pelo trabalhador, não poderia assim ser considerado, "[...] já que esse sistema não permite captar as circunstâncias, a duração e os resultados das visitas efectuadas aos seus clientes, nem identificar os respectivos intervenientes". (Acórdão do STJ de 22 maio 2007, processo n. 2007:07S054.47. In Acórdãos STJ [Em linha]. Relator: Pinto Hespanhol, item 2 do sumário).

No caso dos veículos, explica a Deliberação que não se afigura adequado o tratamento para a finalidade de demonstrar: se o serviço foi efetivamente prestado (a que horas, e em que local), pois há meios menos intrusivos para o efeito. Informa que também não constitui interesse legítimo a fiscalização para fins de cumprimento das normas de trânsito, no caso da instalação de geolocalização em veículos, ou mesmo para otimização de sua atividade produtiva. Consigna que, relativamente à proteção dos bens, o dispositivo de geolocalização pode ser instalado, mas ficará a cargo da empresa de rastreamento fornecer os dados à autoridade competente, caso haja necessidade (havendo furto, roubo ou outra circunstância que demande a apresentação dos dados provenientes da geolocalização — itens 69 a 72 e 140 a 141).

No que diz respeito aos dispositivos móveis (celulares, laptops e tablets), a restrição ao tratamento de dados é ainda maior, considerando a Deliberação que é excessivo e desproporcional o tratamento de dados de geolocalização, não estando o empregador autorizado a aceder a eles através de operações de telecomunicação, notadamente porque impacta negativamente na privacidade (item 76).

Feita essa breve análise do diploma estrangeiro, pode-se concluir que também aqui, no Brasil, os mecanismos de geolocalização disponíveis não podem ser tais que possibilitem uma fiscalização desmedida da atividade econômica, submetendo o trabalhador a uma sensação de constante observação, tolhendo-lhe por completo a privacidade.

Não se nega que o poder de direção garante ao empregador a fiscalização do trabalho, da produtividade do empregado contratado, da sua assiduidade. Entretanto, há um limite para esse poder, qual seja, o direito à personalidade, notadamente à privacidade e a proteção de dados. Assim, alguns limites devem ser traçados, de modo a permitir que, mesmo nos tempos de trabalho, a geolocalização seja utilizada da maneira menos intrusiva possível, e, fora dos tempos de trabalho, apenas sejam os dados tratados em situações excepcionalíssimas, a exemplo de determinação judicial em instrução criminal.

Assim, ainda que não haja, no Brasil, uma legislação específica que trate da utilização de mecanismos de geolocalização no âmbito laboral, os princípios e fundamentos gerais estabelecidos na Constituição Federal, bem como os específicos, traçados na LGPD e nos demais diplomas que tratam da matéria, podem ser largamente utilizados, podendo a Deliberação da CNPD ser um norte ao estabelecimento de parâmetros e limites do poder de direção, relativamente à utilização da geolocalização.

Exemplificativamente, em observância aos princípios da boa-fé e da transparência (art. 6º, *caput* e inciso VI, da LGPD), deve o empregador dar prévia ciência aos seus empregados de que o veículo guiado, ou o dispositivo móvel fornecido, é munido de dispositivo de geolocalização(12).

---

(12) Conforme bem salientado por SILVA (2022), a OIT já previa que "[...] *se os trabalhadores forem monitorados, estes devem ser informados com antecedência sobre as razões para o monitoramento, o cronograma, os métodos e técnicas utilizadas e os dados a serem recolhidos, e o empregador deve minimizar a intrusão na privacidade dos trabalhadores*" (SILVA. Fabrício Lima — Do Panoptismo ao Pós-Panoptismo: Controle da Geolocalização dos Trabalhadores pelo Empregador.

Também poderá o empregador pode inserir dispositivos de geolocalização em seus veículos, com o intuito de proteger o próprio bem, a carga e/ou a pessoa transportada, desde que os dados provenientes deste dispositivo sejam mantidos fora do seu alcance. No caso de algum evento criminoso, a exemplo de roubo, furto, ou outra circunstância que possa ensejar a necessidade de apuração na esfera criminal, tais dados deverão fornecidos pela empresa responsável pelo rastreamento, não ao empregador, mas às autoridades competentes para investigação e processamento/julgamento de eventual processo. Essa é a interpretação que prestigia os princípios da LGPD, a saber, a finalidade, a necessidade e a compatibilidade (art. art. 6º, I, II e III, da LGPD).

Poderá o empregador, ainda, inserir dispositivo de geolocalização em seus veículos, a fim de que sejam analisados dados relativos à manutenção de sua frota (trajetos percorridos, períodos de inatividade, manutenção, velocidade média, consumo de combustível, dentre outras), desde que tais dados sejam anonimizados. Isso garantirá a obtenção dos dados por parte do empregador, sem que tais sejam vinculados a este ou aquele empregado, impedindo, assim, a relação dos dados com a sua produtividade. Possuindo o empregador outros meios de aferir a produtividade de seus empregados, a anonimização de dados prestigia a correta ponderação entre a livre iniciativa e a dignidade e privacidade do trabalhador (arts. 2º, incisos IV, V, VI e VII, da LGPD).

No que tange ao cumprimento das normas de trânsito, também não se vislumbra interesse legítimo do empregador no tratamento de dados. Em primeiro lugar, porque não faz parte de suas obrigações legais, mas das dos órgãos de trânsito. E ainda que se diga que o empregador é responsável pelos atos cometidos pelos seus empregados, necessário deixar claro que há formas menos intrusivas para o exercício desse poder de fiscalização e, eventualmente, punição, não havendo necessidade, à luz do art. 6º, III, da LGPD, de um controle constante de geolocalização, para esse fim.

Relativamente ao monitoramento em tempo real, ainda no que diz respeito aos veículos, assim como estabelece a Deliberação, pode-se pensar que particulares exigências inerentes à natureza da atividade podem autorizar o tratamento de dados. Tomando o mesmo exemplo extraído do direito comparado, vislumbra-se a possibilidade de monitoramento em tempo real de veículos que transportam cargas muito valiosas, ou demasiado perigosas. O empregador, nesses casos, poderá ter acesso aos dados do veículo, durante os tempos de trabalho.

Porém, sobre essa questão, há uma observação importante.

Se, eventualmente, o trabalhador permanecer com o veículo após o término da jornada, deve ter ele a prerrogativa de desativar a geolocalização disponível ao

---

In Provas digitais no processo do trabalho: realidade e futuro / coordenação Ana Paula Silva Campos Miskulin, Danielle Bertachini, Platon Teixeira de Azevedo Neto — 1. Ed. — Campinas, SP: Lacier Editora, 2022. p.254).

empregador, pese embora os dados possam continuar sendo colhidos pela empresa de rastreamento[13].

Passando para a hipótese de geolocalização em dispositivos móveis, da mesma forma que consta da Deliberação, não se concebe a possibilidade de instalação de aplicativos de geolocalização com a finalidade de gerenciar a produtividade de determinado trabalhador, em observância aos princípios da adequação, necessidade e prevenção (art. 6º, II, III e VIII, da LGPD). Também não é permitida a utilização de dispositivos de geolocalização para proteção do bem e/ou de informações constantes dos dispositivos. Em primeiro lugar, porque, conforme dito, a geolocalização, nesses casos, é ainda mais intrusiva à privacidade do trabalhador. Ademais, a tecnologia atual permite que as informações constantes dos dispositivos móveis sejam deletadas de maneira remota, bastando que o empregador instale os aplicativos adequados para esse fim.

No que diz respeito à otimização da atividade empresarial, a utilização de aplicativos de geolocalização instalados em dispositivos móveis poderiam, em tese, ser admitidos, desde que os dados cheguem ao empregador de maneira anonimizada, assim cumprindo-se os requisitos previstos na LGPD, já aqui citados.

Por fim, mas não menos importante, há a hipótese de tratamento calcada no consentimento do trabalhador.

Sobre essa questão, pese embora haja um evidente desequilíbrio entre o poder de direção e a subordinação, não se descarta por completo (diversamente da previsão constante da Deliberação 7.680/14)[14] o consentimento do trabalhador como hipótese de tratamento de dados pessoais, desde que seja feito, não nos termos do art. 7º, I, da LGPD, mas nos termos do art. 11, inciso I, da LGPD, isto é, o consentimento específico, de forma destacada, com menção das finalidades específicas e legítimas, e sem que haja vício de consentimento (erro, dolo ou coação). É evidente que tal circunstância será sempre passível de apreciação pelo Poder Judiciário, caso seja instado a se pronunciar sobre o tema, e eventual infração poderá acarretar sanções ao controlador, nas esferas cabíveis (penal, cível e trabalhista).

Feita a reflexão sobre a utilização da geolocalização no âmbito das relações laborais, passa-se à análise deste mecanismo como meio de prova nos processos em trâmite na Justiça do Trabalho.

---

(13) Pergunta que se faz é se o próprio empregador realiza esse controle, não o fazendo por meio de uma empresa de rastreamento. Neste caso, o encarregado de proteção de dados (EPD) é quem deverá fazer o tratamento desses dados, anonimizando-os antes de repassá-lo ao empregador, mantendo, assim, o compromisso da confidencialidade das informações recebidas.

(14) Nos termos do item 45 da referida Deliberação, "[...] *o consentimento do trabalhador para estes tratamentos de dados não configura um fundamento de legitimidade válido, devido à evidente situação de desequilíbrio de poder existente na relação laboral que não garante que o consentimento seja dado de forma livre, condição indispensável à luz da alínea h) do artigo 3º da LPD*".

A GEOLOCALIZAÇÃO COMO MEIO DE PROVA NO PROCESSO DO TRABALHO

Sobre a produção de prova, é importante registrar, antes de mais, que constitui direito constitucionalmente garantido, conforme estabelece o art. 5º, inciso LV, da CF, ao assegurar aos litigantes, em processo judicial ou administrativo, "[...] *o contraditório e a ampla defesa, com os meios e recursos a ela inerentes*".

No âmbito infraconstitucional, bem estabelece o art. 369 do CPC que as partes têm "[...] *o direito de empregar todos os meios legais, bem como os moralmente legítimos, ainda que não especificados neste Código, para provar a verdade dos fatos em que se funda o pedido ou a defesa e influir eficazmente na convicção do juiz*".

Além de direito da parte, a produção de prova também é prerrogativa do magistrado. É o que estabelecem os arts. 765, da CLT e 370, do CPC, que conferem ao juiz ampla liberdade para a produção, ou não, de determinada prova, sempre justificando a sua decisão.

No que diz respeito às provas digitais, prevê a Lei n. 12.965/2014, conhecida como o Marco Civil da Internet (doravante, MCI) a possibilidade de sua produção para fins de processo judicial cível ou penal (art. 22 do MCI)[15]. Também a LGPD, em 2018, trouxe a possibilidade de tratamento de dados para o exercício regular de direito em processo judicial (arts. 7º, inciso I, e 11, alínea "d", da LGPD).

Sobre essa questão, vale ressaltar que os "fundados indícios da ocorrência de ilícito" de que trata o inciso I do art. 22 do MCI não constitui óbice para o tratamento de dados em processo trabalhista. Pelo contrário, a teor do que dispõe o art. 186 do Código Civil, comete ato ilícito aquele "[...] *que por ação ou omissão voluntária, negligência ou imprudência, violar direito e causar dano a outrem, ainda que exclusivamente moral*". Assim, se no curso da instrução processual ficar o magistrado convencido de que existam razoáveis indícios de que a parte pretende obter vantagem indevida (mediante alteração da verdade dos fatos, por exemplo), em prejuízo à parte contrária (ato ilícito, portanto), poderá deferir o requerimento relativo ao fornecimento de registros de conexão ou de acesso a aplicações de internet.[16]

Mais.

(15) Estabelece o art. 22 do MCI que a "[...] *parte interessada poderá, com o propósito de formar conjunto probatório em processo judicial cível ou penal, em caráter incidental ou autônomo, requerer ao juiz que ordene ao responsável pela guarda o fornecimento de registros de conexão ou de registros de acesso a aplicações de internet. Parágrafo único. Sem prejuízo dos demais requisitos legais, o requerimento deverá conter, sob pena de inadmissibilidade: I — fundados indícios da ocorrência do ilícito; II — justificativa motivada da utilidade dos registros solicitados para fins de investigação ou instrução probatória; e III — período ao qual se referem os registros*".

(16) Importante trazer as ponderações de VEGAS JÚNIOR (2023) no sentido de que tal tratamento de dados não pode "[...] *ocorrer de forma indiscriminada e de maneira incidental em todos os processos trabalhistas*". VEGAS JÚNIOR, Walter Rosati . *A geolocalização como panaceia* ... p. 190.

Poderá o magistrado, à luz dos arts. 7º e 11, ambos da LGPD, e em decisão fundamentada, determinar, independentemente de requerimento das partes, a produção de provas digitais que entender cabíveis para elucidação dos fatos controvertidos.

Apesar de todos esses dispositivos, constitucionais e infraconstitucionais, há quem não admita a produção de provas digitais em processos que tramitam na Justiça do Trabalho, sob o argumento de que acarretam inequívoca violação ao princípio da intimidade da vida privada do trabalhador e/ou de terceiros.

Sobre essa questão, oportuno indagar se: **1.** a prova digital em geral, e a geolocalização, em particular, sempre acarretará violação à privacidade do titular de dados; **2.** a potencial violação à privacidade é atributo exclusivo das provas digitais; **3.** é possível determinar a produção de prova de geolocalização de ofício ou se a concordância da parte é requisito essencial para legitimar a determinação, ou deferimento do pedido; **5.** existe um momento ideal para que seja determinada a produção da prova de geolocalização.

Para a resposta destas, e de outras questões, mostra-se prudente a realização de uma análise acerca de situações concretas, a partir de julgamentos proferidos pelo Egrégio Tribunal Regional do Trabalho da 15ª Região (doravante, Eg. TRT15).

GEOLOCALIZAÇÃO: ANÁLISE DE CASOS

A análise de situações concretas auxilia na reflexão acerca dos mais variados fundamentos que embasam a pretensão das partes e a decisão judicial. Assim, passa-se à análise crítica, porém respeitosa, dos argumentos expostos nos processos analisados pelo Eg. TRT15.

No **processo n. 0010186-48.2022.5.15.0138**(17) a reclamante, que se ativava em parte da jornada no interior da agência e, em parte da jornada em labor externo, postulou o pagamento de horas extras, sustentando que jornada que praticara não era aquela anotada em seu cartão de ponto. A reclamada, então, pugnou pela produção da prova de geolocalização, pretensão que foi indeferida pela Origem, sob os seguintes fundamentos:

> [...] a prova restou incontroversa quanto ao fato de que era habitual que a autora realizasse atividades externas em locais variados, o que impedirá que possamos afirmar que estando ela em determinado local, além do horário contratual que a empresa afirma que ela cumpria, não estivesse a autora a serviço da reclamada. Ou seja, a partir da conclusão de que a própria ré admite que a autora realizava trabalhos externos, não será a geolocalização de seu celular que demonstraria o tempo total de trabalho, já que apenas parte deste ocorre no interior da agência. Essa prova, portanto, não auxiliará na definição da jornada.

(17) Processo n. 0010186-48.2022.5.15.0138, Desembargador Relator: Alexandre Vieira dos Anjos. Publicação: DEJT 19/09/2023).

Em recurso ordinário, entendeu o Eg. TRT15 que a reclamada não rebateu os principais fundamentos da sentença, isto é, não indicou como a prova "[...] *pretendida demonstraria o tempo total de trabalho, diante das atividades externas exercidas*". Ressaltou os termos dos arts. 765, da CLT e 370, do CPC, e explicou que, nos termos do art. 794, da CLT, só há nulidade quando houver manifesto prejuízo às partes, o que não ocorreu, já que foi resguardado o direito de produção de provas às partes.

No **processo n. 0011117-97.2020.5.15.0113**(18), a parte reclamante afirmou que não exercia cargo de mando e gestão, não podendo ser dispensada do controle de ponto. Postulou o pagamento de horas extras, de intervalo intrajornada e os respectivos reflexos. A reclamada, em defesa, afirmou que a parte autora se ativava externamente, estando inserida na exceção prevista no art. 62, I, da CLT, e também possuía poderes de mando e gestão, aplicando-se o disposto no art. 62, II, da CLT. Após a tomada de depoimentos e depois de ouvidas as testemunhas, a reclamada requereu a produção de provas de geolocalização, o que foi indeferido, sob o argumento de que a prova testemunhal já havia esclarecido os pontos controvertidos.

Em recurso ordinário, o Eg. TRT15 não acolheu a tese de cerceamento de defesa, conforme se depreende da ementa que abaixo se transcreve:

> CERCEAMENTO DE DEFESA INEXISTENTE. PROVAS DIGITAIS. GEOLOCALIZAÇÃO. EXCEPCIONALIDADE. A produção de prova consistente em registros de geolocalização do telefone celular da trabalhadora, além de constituir procedimento incipiente no âmbito desta Especializada, tem aplicação estritamente excepcional, restrita aos casos em que demonstrada sua imprescindibilidade, o que não se verificou nos autos, em que a empregadora dispensou conscientemente o controle de jornada, devendo arcar com o ônus processual correspondente a essa escolha. Recurso do reclamado desprovido.

No **processo n. 0011568-93.2018.5.15.0016**(19), a reclamada pretendeu a produção da prova de geolocalização, o que foi indeferido pela Origem, sob o argumento de que tal medida representaria "[...] *violação dos direitos constitucionais do reclamante à intimidade e privacidade*". Citou a decisão o art. 6º da LGPD e explicou que a utilização dessa prova, no caso, seria para:

> [...] beneficiar o empregador que violou a lei, o que deixa o requerimento próximo do absurdo. Veja-se que se o empregador enquadrou o empregado no art. 62 da CLT corretamente, será desnecessário comprovar a jornada por ele laborada. Essa necessidade só advirá se a aplicação do art. 62 em questão tiver sido feita de forma irregular pelo empregador. Assim, basicamente, o requerimento é para que a intimidade e

(18) Processo n. 0011117-97.2020.5.15.0113, Desembargadora Relatora: Eleonora Brodini Coca. Publicação: DEJT 20/09/2023).

(19) Processo n. 0011568-93.2018.5.15.0016, Desembargador Relator: Edson dos Santos Pelegrini. Publicação: DEJT 27/04/2022).

privacidade de uma parte seja violada para beneficiar a parte que, ao longo da vigência do contrato, agiu irregularmente, o que não pode ser referendado pelo Poder Judiciário.

Em recurso ordinário, entendeu o Eg.TRT15 que a produção daquela prova digital, de fato, não teria o resultado prático pretendido, sendo inútil, ainda que por motivo diverso do da Origem, "[...] *uma vez que a questão maior envolve o enquadramento do autor no cargo de gestão previsto no art. 62, II, da CLT, tema afeto à prova oral coligida, que a seguir será analisado*".

Na análise do mérito, o Tribunal reformou a sentença proferida pela Origem, entendendo, pelo próprio depoimento pessoal do autor, que exercia cargo de mando e gestão, estando, assim, inserido na exceção prevista no art. 62, II, da CLT.

Já no **processo n. 0010098-63.2021.5.15.0067**[20] a pretensão de produção de prova de geolocalização da parte ré foi indeferida pela Origem, e mantida pelo Eg. TRT15, que entendeu a prova desnecessária. Ademais, argumentou o Colegiado que "*o Tema 1148 de Repercussão Geral do STF, decorrente do RE 1301250, que trata dessa questão na área penal, ainda está pendente de julgamento*".

Na **análise crítica** de todas as decisões acima, em conjunto, pode-se pensar nas seguintes conclusões.

A depender das provas colhidas em audiência, a geolocalização pode se tornar desnecessária. Entretanto, entende-se que a descaracterização do disposto no art. 62, da CLT, por si só, não pode ensejar a exclusão automática do direito de produção de provas, digitais ou convencionais. Para que isso ocorra, deve haver elementos suficientes que permitam ao magistrado a conclusão de que houve manifesta má-fé do empregador no curso do contrato de trabalho, inserindo seu empregado indevidamente na exceção constante do dispositivo legal. Havendo dúvida razoável, não se concebe a limitação do direito de produção de prova. Veja que no processo n. 0011568-93.2018.5.15.0016, houve dúvida razoável acerca da inserção, ou não, do ex-trabalhador na exceção constante do dispositivo legal em questão, tendo o Colegiado, no mérito, reformado a decisão proferida pela Origem.

Outra questão que merece reflexão é o do Tema 1148, de Repercussão Geral do STF. Isso porque o reconhecimento da repercussão geral em determinada matéria não suspende, automaticamente, o processamento e julgamento dos processos que envolvem a questão, valendo registrar que o art. 1.035, §5º, do CPC confere este poder de discricionaridade do Relator. Neste caso, pese embora tivesse sido reconhecida a repercussão geral na matéria, não foi determinada a suspensão de processos que envolvam essa questão[21].

---

(20) Processo n. 0010098-63.2021.5.15.0067, Desembargadora Relatora: Juliana Benatti. Publicação: DEJT 02/02/2024).

(21) Vale a transcrição da ementa que reconheceu a repercussão geral no Tema 1148: "*DIREITO CONSTITUCIONAL. DIREITO PROCESSUAL PENAL. QUEBRA DE SIGILO DE DADOS PESSOAIS. REGISTROS DE ACESSO À INTERNET E FORNECIMENTO DE IP. DECISÃO GENÉRICA. NÃO INDICAÇÃO DE PARÂMETROS MÍNIMOS PARA IDENTIFICAÇÃO DOS USUÁRIOS. NÃO DELIMITAÇÃO,*

Seguindo com a análise de casos, no **processo n. 0011455-33.2021.5.15.0082**(22) a parte reclamada pretendeu a produção de prova de geolocalização, pretensão que foi indeferida em audiência de instrução, sob o argumento de que existem:

> [...] vários e muitos meios de prova, como existem fartos e eficazes meios de controle do empregador, do tempo à disposição do empregado que não violaria a sua intimidade e a privacidade que são direitos fundamentais protegidos pela Constituição Federal.

Em recurso ordinário, a decisão foi mantida, com destaque para a fundamentação constante dos arts. 765, da CLT e 370, do CPC. Trouxe o acórdão os fundamentos de que as informações de geolocalização da reclamante não seriam eficazes, já que a alegação de trabalho em sobrejornada teve como fundamento as ações universitárias e a visitação a clientes, as quais, notoriamente, eram realizadas fora do espaço físico da agência, de modo que a produção de prova, nessas circunstâncias, poderia acarretar violação ao direito de privacidade da parte autora.

No **processo n. 0010562-15.2022.5.15.0112**(23) a produção de prova digital foi indeferida pela Origem e mantida pelo Tribunal, sob o argumento de que não seria relevante a expedição de ofícios para as:

> [...] empresas que fazem a gestão de dados, a fim de que disponibilizem a geolocalização da Autora (ex. *Facebook*, *Google*, *Apple* e *Twitter*), durante o pacto laboral, haja vista que o mero indicador da localização do empregado, "quando existente", não traduz dado seguro para a definição do período da efetiva prestação de serviços e do gozo dos intervalos legais, em relação a trabalhadores que se ativam interna e externamente, como no caso.

À **análise crítica** dos julgados acima, constata-se que, de fato, no caso do primeiro processo analisado, prestando a trabalhadora serviços dentro e fora do estabelecimento, e a depender de como a produção da prova fosse determinada, poderia, sim, haver violação ao direito de privacidade da trabalhadora.

Entretanto, na negativa da reclamada, relativamente ao trabalho da autora em campanhas universitárias e no estabelecimento de clientes, e remanescendo a dúvida depois da colheita das provas oral e documental, poder-se-ia pensar na alteração do foco

---

ADEMAIS, DO ESPAÇO TERRITORIAL EM QUE VEICULADA A ORDEM. PROTEÇÃO À INTIMIDADE E AO SIGILO DE DADOS (ART. 5º, X e XII, CF). QUESTÃO CONSTITUCIONAL. POTENCIAL MULTIPLICADOR DA CONTROVÉRSIA. REPERCUSSÃO GERAL RECONHECIDA. 1. Possui índole constitucional e repercussão geral a controvérsia relativa aos limites e ao alcance de decisões judiciais de quebra de sigilo de dados pessoais, nas quais determinado o fornecimento de registros de acesso à internet e de IPs (internet protocol address), circunscritos a um lapso temporal demarcado, sem, contudo, a indicação de qualquer elemento concreto apto a identificar os usuários. 2. Repercussão geral reconhecida" (RE n. 1301250 RG, Ministra Relatora: Rosa Weber. Publicação: DEJT 27/05/2021).

(22) Processo n. 0011455-33.2021.5.15.0082, Desembargador Relator: Alexandre Vieira dos Anjos. Publicação: DEJT 19/09/2023).

(23) Processo n. 0010562-15.2022.5.15.0112, Desembargadora Relatora: Luciana Mares Nasr. Publicação: DEJT 19/01/2023).

da pesquisa, centrando-se, não na autora, mas nos estabelecimentos e/ou clientes em que alegou ter havido a prestação de serviços e, com isso, verificar por amostragem se, nos dias em alguns horários indicados na petição inicial, houve algum tipo de conexão vinculada aos seus dados, nas redes de telefonia daquela(s) região(ões). Tais elementos, em conjunto com todos os outros coletados nos autos, poderiam contribuir significativamente para a formação de convencimento.

No segundo processo analisado, concorda-se com o fundamento de que a informação prestada por este ou por aquele aplicativo, pode não ser um dado definitivo para corroborar integralmente a alegação da parte autora (de que esteve no estabelecimento por todo o período). Entretanto, não se nega que constitui um elemento importante de prova, a ser cotejado com as demais ali produzidas. Assim, se o cartão de ponto demonstra que a parte autora laborou até às 17h00, entretanto, o aplicativo *Ifood* revela que a parte autora, às 20h30, efetuou o pedido para que entrega no local onde alegou estar prestando serviços, tal circunstância pode ser considerada para fins de "desequilíbrio da balança da prova dividida".

Passando para o **processo n. 001064189.2020.5.15.0006**[24], a reclamada pretendeu a produção de prova digital, o que foi indeferido pela Origem, sob o argumento de que a expedição de ofício "[...] *a diversos órgãos com a finalidade de se obter a geolocalização do telefone celular da parte autora durante sua jornada de trabalho*" configuraria evidente "[...] *violação à intimidade e vida privada da pessoa*". Além disso, "[...] *o empregado não é obrigado a levar celular pessoal para o trabalho e tampouco habilitar o aplicativo de geolocalização*".

Em sede de recurso ordinário, a decisão foi mantida, ressaltando o Colegiado que "[...] *deve ser respeitada a inviolabilidade da intimidade e a vida privada da reclamante, conforme previsto no inciso X do art. 5º da Constituição Federal*".

Em **análise crítica** ao julgado, entende-se que o deferimento ou indeferimento de produção de provas, digitais ou convencionais, tem de considerar os elementos do caso concreto e não o campo meramente hipotético. Isso porque não é toda e qualquer prova digital que levará à violação à intimidade do titular de dados. Dito de outro modo, tal violação não é atributo exclusivo da prova digital. Conforme veremos adiante, em um exemplo hipotético, as provas convencionais também poderão revelar dados sensíveis do titular, remanescendo a questão, se o titular de dados pode recusar a produção de uma prova convencional que lhe possa acarretar potencial violação à privacidade.

Relativamente ao segundo argumento, concorda-se que ninguém se vê obrigado a levar seu celular pessoal ao trabalho, embora tal fato seja de comum ocorrência. De todo modo, tal questão parece relacionar-se ao mérito da prova, não sendo, ressalvados entendimentos em sentido contrário, fundamento obstativo à produção da prova.

(24) Processo n. 0010641-89.2020.5.15.0006, Desembargador Relator: Hélcio Dantas Lobo Júnior. Publicação: DEJT 18/04/2023).

Por fim, relativamente à violação de privacidade em razão da obtenção de dados de geolocalização durante os tempos de trabalho, entende-se, salvo melhor juízo, não ser o caso. Estando o autor no local de trabalho, e constatando a prova digital essa situação, não haveria que se falar em violação à privacidade. Uma vez realizada a prova, e constatado que a parte autora se encontrava em local diverso, que possa lhe causar prejuízo à privacidade, tem a parte o direito de que tais documentos sejam inseridos em sigilo, ou em segredo de justiça.

Passando adiante, no **processo n. 0011174-18.2021.5.15.0037**[(25)], a parte reclamante alegou ter prestado serviços como empregado à parte reclamada. Esta última, por sua vez, sustentou que a parte autora nunca lhe prestou serviços. Em depoimento pessoal, o autor afirmou que, como músico, viajava para várias cidades a pedido da reclamada. A Origem, então, determinou que a parte reclamante apresentasse "[...] *o número do celular que utilizava à época*". A parte, então, informou "[...] *não se lembrar do celular que utilizava*". Em sentença, a Origem julgou improcedentes os pedidos formulados, argumentando que:

> [...] instado a apresentar seu número de telefone celular, para que a geolocalização das chamadas permitisse ao Juízo inferir a frequência com que comparecia em cidades dos estados do Paraná e São Paulo, onde o reclamante afirmou ter feito a maioria dos shows a serviço das reclamadas, convenientemente 'esqueceu' do número, evidentemente na tentativa de obstar o encontro da verdade real dos fatos ocorridos.

O Eg. TRT15 manteve a decisão proferida pela Origem.

À **análise crítica** do julgado, registra-se que a recusa em fornecer o número de telefone deve ter se dado no flagrante intuito de manter uma versão dissonante da realidade, a julgar pela decisão dos Primeiro e Segundo Graus sobre questão tão peculiar.

Não raras vezes, porém, dados como estes podem, de fato, não ser mais de conhecimento do trabalhador (são comuns os casos de trabalhadores/testemunhas que não se lembram, sequer, do seu atual endereço residencial). Diante disso, acredita-se que, salvo em situações evidentes (como parece ter sido o caso), o mais indicado seria possibilitar às partes a tomada de depoimentos, a fim de se evitar posterior anulação da sentença e de demais atos, por cerceamento de defesa.

Corrobora a conclusão acima a análise do caso seguinte. Com efeito, no **processo n. 0010692-36.2022.5.15.0037**[(26)], o autor, motorista de caminhão, postulou o pagamento de horas extras e reflexos, sob o argumento de que permanecia trabalhando além dos tempos normais de trabalho. Em contestação, a reclamada anexou aos autos os

(25) Processo n. 0011174-18.2021.5.15.0037, Desembargador Relator: José Otávio de Souza Ferreira. Publicação: DEJT 18/10/2022).

(26) Processo n. 0010692-36.2022.5.15.0037, Desembargador Relator: Claudinei Zapata Marques. Publicação: DEJT 24/04/2023).

cartões de ponto, impugnados pelo autor em réplica. Em audiência de instrução, o autor se negou a fornecer o número de seu celular, quando indagado pelo magistrado.

Diante disso, entendeu a Origem que, tendo a parte ré anexado aos autos os cartões de ponto, cabia à parte autora a demonstração dos fatos constitutivos de seu direito. Tendo ela se recusado, injustificadamente, a informar o número de seu telefone celular, considerou-se ineficaz a impugnação feita em réplica. Assim, não foram ouvidas testemunhas e, não tendo a parte autora apresentado diferenças que entendia devidas, foi julgado improcedente o pedido formulado.

Em recurso ordinário, entretanto, entendeu o Eg. TRT15 que a parte autora poderia se desincumbir de seu ônus mediante a produção de qualquer prova admitida em direito, o que inclui a oitiva de testemunhas, não cabendo ao juízo a imposição de utilização de um determinado meio de prova, em detrimento de outro. Em razão disso, determinou o retorno dos autos à Origem para a reabertura da instrução processual.

Passando à **análise crítica** do julgado, entende-se que decisão proferida pelo Eg. TRT15 prestigiou o disposto no art. 369, do CPC. De fato, a parte tem o direito de produzir prova que lhe seja menos gravosa, morosa e onerosa. Remanescendo a dúvida acerca da validade dos cartões de ponto e, por consequência, da jornada praticada, a prova digital passa a ser uma saída viável e, na impossibilidade de sua produção (seja pela recusa no fornecimento de dados, seja pelo seu esquecimento), aí sim a questão será decidida mediante a distribuição do ônus probatório.

Seguindo para o **processo n. 0011907-27.2020.5.15.0034**[27], a reclamada requereu produção de prova digital de geolocalização de todo o período imprescrito da parte autora. Na Origem, foi indeferida a pretensão, sob o argumento de que não há nada que justifique a "[...] *invasão à privacidade da reclamante uma vez que a geolocalização apresenta, em tese, minuto a minuto, a localização da reclamante*". Continuou a sentença, explicando que se trata de:

> [...] uma funcionária interna de uma agência bancária e, caso a reclamada não confie nos seus cartões de ponto, pode demonstrar a jornada da reclamante por outros meios de prova, como por prova testemunhal, câmeras de segurança da agência, relatórios de alarme que indiquem a que agência os mesmos se referem, sem que isso fira a privacidade da reclamante, inclusive fora do ambiente de trabalho. Além disso, a geolocalização importará em evidente tumulto processual, uma vez que haverá necessidade de conferência dos horários trazidos pela documentação com o cruzamento de informação de latitude e longitude para verificação de onde a reclamante estava naquele horário, o que demandará um tempo que um processo de 2020 não pode mais esperar. Além disso, incorre-se o erro de acreditar que a verdade possa estar nos algoritmos de um de um aplicativo de uma empresa privada.

(27) Processo n. 0011907-27.2020.5.15.0034, Desembargadora Relatora: Lúcia Zimmermann. Publicação: DEJT 31/01/2024).

Passando à **análise crítica** da decisão, é importante registrar que a parte que anexa os cartões de ponto, em regra, neles deposita a sua confiança. É a parte contrária que os coloca em xeque, impugnando-os, e tentando afastar a sua credibilidade por meio de prova oral. Cabe, então, à parte que os anexou, demonstrar que aquelas anotações são corretas, podendo-se fazer uso de todo tipo de prova moralmente legítimo, o que inclui as provas digitais.

No que diz respeito aos outros documentos mencionados no julgado (câmeras de segurança, alarmes, etc.), certo é que algumas dessas medidas tomadas podem ser obrigatórias a algumas empresas, mas essa não é uma regra. Ademais, ainda que seja obrigatório para aos estabelecimentos bancários, como no caso em análise, não há um prazo definido para o armazenamento desses dados. No caso específico do alarme, há que se registrar que os relatórios podem não mencionar, especificamente, quem esteve em seu interior até o acionamento, a depender de quem estiver, por ele, responsável.

Não está aqui a impedir que tais elementos possam ser colhidos para auxílio na formação de convicção. O que se pretende frisar é que tais possibilidades, salvo melhor juízo, não podem ser utilizadas de maneira genérica, no intuito de justificar o indeferimento de produção da prova digital.

No intuito de resguardar a intimidade da parte, tratando-se de pessoa que se ativava no interior da agência, bastaria a delimitação do horário de entrada e de saída estabelecidos na petição inicial. Tal conduta preservaria a privacidade da parte autora, já que, segundo suas próprias alegações, no período indicado, estaria no interior da agência, e não em outro local que possa revelar dados sensíveis.

No **processo 0040449-55.2023.5.15.0000**(28) a parte reclamante sustentou a nulidade de seu contrato de estágio, sob os argumentos de acúmulo de funções e porque se ativou em sobrejornada, sem intervalo para refeição e descanso. Postulou o pagamento de horas extras, intervalo intrajornada e reflexos.

Reclamada negou as alegações e apresentou os cartões de ponto.

Em audiência, após a oitiva das testemunhas, a reclamada pleiteou a expedição de ofício para a operadora de telefonia e para outros aplicativos que pudessem indicar a geolocalização da reclamante no período do contrato de estágio e de trabalho, sob o argumento de que a resposta das operadoras poderá auxiliar na elucidação da existência, ou não, de horas extras.

Dada a palavra à parte autora, manifestou-se no sentido de não concordar com a expedição. Diante disso, a Origem assim fundamentou:

---

(28) Processo n. 0040449-55.2023.5.15.0000, Desembargadora Relatora: Antônia Regina Tancini Pestana. Publicação: DEJT 26/07/2023).

> Tendo em vista que a Justiça do Trabalho prima pela busca da verdade real, defiro o requerimento, devendo a Secretaria da vara providenciar a expedição de ofícios às operadoras de telefonia e de aplicativos, tais como *Google Drive*, *Facebook* e *Twiter*.

A parte autora impetrou, então, mandado de segurança. O Eg. TRT15 entendeu que a medida adotada acarretaria violação à sua privacidade. Sustentou que não se tratava de investigação criminal ou instrução processual penal, o que por si só já demonstra a abusividade do ato coator. Além disso, fundamentou que não se pode atribuir a terceiros o ônus da prova de jornada de trabalho. Registrou, também, o desrespeito ao entendimento consolidado na Súmula 338 do C.TST.

Passando à **análise crítica** do julgado, entende-se, respeitosamente, que não há disposição, constitucional ou infraconstitucional, que restrinja a produção de prova digital aos processos criminais, não sendo esta a interpretação dada pelo inciso XII do art. 5º, da CF. Ademais, os arts. 22 do MCI, 7º e 11, da LGPD, também não limitam a produção prova digital aos processos criminais. Pelo contrário, consignam expressamente que a prova poderá ser produzida no âmbito civil, administrativo ou arbitral. Diante disso, ousa-se divergir da decisão, entendendo-se que não há violação a direito líquido e certo a medida judicial que determina a colheita de prova digital de geolocalização do impetrante. Vale registrar que o julgamento se deu por maioria(29).

---

(29) Na ocasião, ficou vencido o Excelentíssimo Desembargador João Batista da Silva, que assim fundamentou seu voto de divergência: "*Data venia* divergia para negar a segurança, na esteira do decidido pela 6ª Turma, do C. STJ, no HC 626983, que versava sobre validade ou não de pedido feito pelo Ministério Público — sem autorização judicial — para que provedores de internet congelassem dados telemáticos de usuários, relatado pelo Excelentíssimo Desembargador Convocado Olindo Menezes, constando da fundamentação do voto que '...o Marco Civil da Internet dispõe que a guarda e disponibilização dos registros de conexão e de acesso a aplicações da internet, de dados pessoais e do conteúdo das comunicações privadas devem atender à preservação da intimidade, da vida privada, da honra e da imagem", no entanto, o relator "...ressalvou que o provedor responsável pela guarda está obrigado a disponibilizar tais registros, mediante ordem judicial, quando a finalidade for a produção de prova em processo cível ou criminal', aliás, a 2ª Sessão Especializada do Tribunal Regional do Trabalho da 12ª Região, no MSCiv 0000955-41.2021.5.12.0000, cujo voto foi de relatoria do Excelentíssimo Desembargador GRACIO RICARDO BARBOZA PETRONE, em caso, exatamente, igual a este que está sendo objeto de análise, agora, denegou, em definitivo a denegou, em definitivo, a ordem de segurança, 'in verbis':'PRODUÇÃO DE PROVA DIGITAL, CONSISTENTE EM PESQUISA DE GEOLOCALIZAÇÃO. O requerimento formulado por uma das partes no sentido da produção de determinada prova, inclusive, digital, revela o exercício regular de um direito, notadamente considerando a maior solidez e alto grau de confiabilidade das informações que dela possam advir, em comparação com outros meios probatórios clássicos. Não se tratará de prova obtida por meio ilícito, nem tampouco se estará desprezando os direitos à privacidade assegurados pelos arts. 5º, X e XII da CF e arts. 7º, I e II, e 10 da Lei n. 12.965/2014 (Marco Civil da Internet) quando conferido aos dados coletados o adequado sigilo, reservada sua análise às partes envolvidas no processo e com vistas à confirmação dos fatos afirmados pela própria parte' (negritei). Na referida decisão foi afirmado que 'Não se pretende com referida prova, portanto, conhecer de informações pessoais da impetrante, mas apenas a busca da verdade real', o que está em plena consonância com o ordenamento jurídico que assegura o direito ao contraditório e ampla defesa (art. 5º, inciso LV, da Carta Magna) e o direito à produção de provas lícitas (art. 5º, inciso LVI, da Carta Magna, e 369, do CPC), mesmo porque 'De acordo com o entendimento consolidado no col. Supremo Tribunal Federal, 'os direitos e garantias individuais não tem caráter absoluto. Não há, no sistema constitucional brasileiro, direitos ou garantias que se revistam de caráter absoluto, mesmo porque razões de relevante interesse público ou exigências derivadas do princípio de convivência das liberdades legitima, ainda que excepcionalmente, a adoção, por parte dos órgãos estatais, de medidas restritivas das prerrogativas individuais ou coletivas, desde que respeitados os termos estabelecidos pela própria constituição' (MS n. 23.452/RJ, Segunda Turma, Rel. Min. Celso de Mello,

Partindo para a análise do **processo n. 0010411-62.2019.5.15.0077**(30) o reclamante requereu o pagamento de horas extras, de intervalo intrajornada e de intervalos interjornadas, sob o argumento de que trabalhava por longo período sem que lhe fossem quitadas as verbas respectivas. Em defesa, a reclamada sustentou que a parte autora somente trabalhou quando estava logada no sistema. Sem trazer a documentação específica de *login* e *logout*, postulou a reclamada a expedição de ofício às operadoras de telefonia, para verificar a geolocalização da parte autora, visando à demonstração de que não prestou serviços fora do horário normal de trabalho. No acórdão em questão, teceram-se considerações acerca da colisão de direitos fundamentais, e explicou que, segundo a própria reclamada:

> [...] o gestor deveria envidar esforços para que os serviços fossem prestados dentro da jornada de trabalho, compreendida entre o login, que dá acesso aos recursos de informática, e o logout. Portanto, sob o prisma exclusivo da reclamada, toda a jornada estará compreendida nesse período, sendo que somente ela poderia oferecer ao Juízo os respectivos relatórios para provar as suas alegações. Como não juntou tais dados, que só ela possui, não pode querer expor os dados sensíveis do reclamante. Cerceamento de defesa não configurado.

Passando à **análise crítica,** parece ter a decisão bem realizado a ponderação de interesses. Com efeito, salvo se ficar demonstrado justo motivo, não pode a reclamada deixar de trazer aos autos documentos que estão ao seu alcance — e que têm a finalidade de controlar a jornada do trabalhador — e pretender substituir essa prova por meio da obtenção da geolocalização.

Já no **processo n. 0010807-64.2019.5.15.0004**(31), a parte reclamante postulou o pagamento de horas extras. Após a instrução processual, anexou aos autos os relatórios de geolocalização de seu aparelho celular. Referidos documentos foram apreciados pela Origem, por ocasião da prolação da sentença.

Em sede de recurso ordinário, o Eg.TRT15 considerou extemporânea a produção da prova, registrando, ainda, que não demonstra a real jornada, notadamente porque, *"embora constem horário além das 20h, não implicam reconhecer que o autor estava em trabalho, até porque referidos documentos apenas são 'histórico de localização', independentemente de ele estar em cumprimento de labor ou a lazer"*. Acrescentou, ainda, que *"a localização é do aparelho de telefone celular e não de seu proprietário"*.

Fazendo uma **análise crítica** da decisão, consigno que os documentos foram anexados aos autos após a colheita da prova oral, entendendo a parte que os depoimentos não foram suficientes para a demonstração dos fatos alegados. Sendo esse o

---

DJe de 12/5/200), citado em AgRg no RMS 68.119/RJ, Rel. Min. JESUÍNO RISSATO (DESEMBARGADOR CONVOCADO DO TJDF), QUITA TURMA, julgado em 15/03/2022, DJe de 28/03/2022 — negritei)."

(30) Processo n. 0010411-62.2019.5.15.0077, Desembargador Relator: Samuel Hugo Lima. Publicação: DEJT 26/08/2022).

(31) Processo n. 0010807-64.2019.5.15.0004, Juiz Relator: José Antônio Gomes de Oliveira. Publicação: DEJT 21/10/2022).

procedimento para eventual deferimento da prova digital, isto é, sua produção quando as provas convencionais não dirimem satisfatoriamente a questão, não se entende razoável considerá-la extemporânea.

Quanto ao outro fundamento da decisão, consigna-se que, de fato, a localização é do aparelho celular, e não de seu proprietário. Contudo, partindo desse pressuposto, será forçosa a conclusão de que não haverá hipótese em que tais provas poderão conferir certa margem de certeza do horário e do local em que o trabalhador estava, quando da prestação de serviços. Importante, uma vez mais, consignar que a prova digital, em regra, não será analisada isoladamente, mas em conjunto com os demais elementos existentes nos autos.

Por fim, no **processo n. 0010553-36.2021.5.15.0129**[32] sustentou a parte reclamante ter se ativado mediante vínculo de emprego com a parte reclamada. No curso do processo, antes da instrução, faleceu a parte autora da demanda. Seus sucessores requereram a produção de prova oral (geolocalização), no intuito de demonstrar a existência do vínculo empregatício.

O magistrado, em audiência, indeferiu o pedido, sob o argumento de que tais provas: **a)** são requeridas em processo de natureza penal, pelo Ministério Público, sendo "novidade" na seara trabalhista; **b)** tal medida deve ser utilizada com moderação, e não de forma discriminada, sem uma plausível justificativa; **c)** o tema é objeto do RE 1301250, com repercussão geral reconhecida pelo STF, sendo "prematura qualquer decisão nesse sentido"; **d)** o próprio trabalhador, quando do ajuizamento da ação, poderia ter juntado tal prova aos autos, sem o auxílio do Poder Judiciário.

Durante a instrução, foram ouvidas 3 testemunhas da ré; a parte autora não possuía testemunhas. Os pedidos foram julgados improcedentes.

No Eg. TRT15, entendeu o Colegiado que o falecimento da parte autora dificultou aos sucessores a produção de provas. Assim, cabia ao Poder Judiciário garantir o direito de utilização de outros meios.

Explicou o Colegiado que "[...] *diante da peculiaridade do caso e da dificuldade de produção de prova pela parte autora, evidente o prejuízo causado, eis que não reconhecido o vínculo empregatício*". Entendeu que, "[...] *violado o disposto no art. 5º, LV, da CF, que assegura a todos os litigantes o contraditório e a ampla defesa, com os meios e recursos a ela inerentes*", a declaração da nulidade da sentença é medida que se impõe. Assim, determinou o retorno dos autos à Origem para a produção de prova digital, notadamente a prova da geolocalização, nos horários e dias indicados na exordial.

À **análise crítica,** entende-se ter sido correto o posicionamento do Eg. TRT15. O interesse na utilização da prova de geolocalização pode vir no curso do processo, não

(32) Processo n. 0010553-36.2021.5.15.0129, Desembargadora Relatora: Rosemeire Uehara Tanaka. Publicação: DEJT 17/03/2023).

havendo que se falar em preclusão. Ademais, a parte pode optar pelo meio de prova menos invasivo à sua privacidade (em regra, a prova oral) e, não logrando total êxito em sua pretensão, avaliará a possibilidade de submeter os dados de geolocalização, no intuito de demonstrar as suas alegações.

Quanto aos demais fundamentos, já foram tratados nos casos anteriormente analisados.

Vistos os exemplos retirados de casos concretos, oportuno trazer um **caso hipotético**, para a reflexão.

Com efeito, em uma reclamação trabalhista em que o autor alega que anotava o cartão de ponto às 18h00 na empresa, entretanto, permanecia trabalhando até às 20h00.

Hipótese 1: o magistrado determina a expedição de ofício para a operadora de telefonia, determinando a geolocalização do(s) telefone(s) vinculados ao autor, no período do contrato de trabalho (se forem longos anos, pode-se fazer por amostragem, isto é, 1 ou 2 meses por ano trabalhado), das 18h00 às 20h00 (período que alega não ter sido anotado nos cartões de ponto).

Hipótese 2: na audiência de instrução, a empresa convida uma testemunha, que trabalha como caixa em uma casa de prostituição, e que tem o conhecimento de que o autor era frequentador assíduo do local, nos horários em que alega o trabalho em sobrejornada. O autor conhece previamente o rol das testemunhas convidadas pela reclamada, ou, mesmo não tendo ciência do rol previamente, reconhece a testemunha no momento da sua qualificação.

Considerando tais hipóteses, e tendo em vista que, para fins da LGPD, considera-se dado pessoal qualquer "[...] *informação relacionada à pessoa natural identificada ou identificável*" (art. 5º, I, da LGPD), pergunta-se: na hipótese 1, pode o autor se insurgir contra a produção da prova, alegando que o fornecimento de tais dados pode ser demasiadamente intrusivo à sua privacidade?

Na hipótese 2, pode o reclamante se opor à oitiva da testemunha, sob o argumento de que ela pode revelar informações tendentes a violar a sua privacidade?

Indagando de maneira abrangente: pode a parte se recusar à produção de provas (digitais ou não) que possam, em tese, violar seu direito à privacidade?

Pois bem.

O exemplo hipotético acima, bem como a análise de todos os julgados aqui destacados, leva às seguintes reflexões:

1. O direito à privacidade e o direito à proteção de dados não são absolutos, assim como também não é absoluto o direito à produção de todo e qualquer tipo de prova. No aparente conflito entre o princípio da ampla defesa e o princípio à proteção da intimidade da vida privada e da proteção de dados, a ponderação deverá ser feita, caso a caso;

2. Em prestígio à ponderação dos interesses em jogo, deverão as partes produzir as provas que sejam menos intrusivas ao direito de privacidade e da proteção de dados, fazendo-se uso da prova digital quando as provas convencionais se mostrarem insuficientes para o deslinde da lide;

3. Decorrência lógica da conclusão acima, viola o disposto no art. 369, do CPC a decisão que: **a)** se opõe a oitiva de testemunhas, considerando a prova digital como única admitida nos autos; **b)** considera preclusa a oportunidade da parte em anexar documentos relativos à sua geolocalização, após instrução processual em que a prova permaneceu "dividida";

4. Com amparo nos arts. 765, da CLT, e 370, do CPC, o magistrado pode determinar, de ofício, a produção de prova digital, justificando, sempre, a sua decisão;

5. A produção de prova digital prescinde da concordância de quaisquer das partes, notadamente porque não há tal condição nos dispositivos constitucionais e legais analisados;

6. O direito à privacidade não pode ser utilizado como escudo para o abuso do direito de ação;

7. A análise de requerimentos relativos à produção de provas digitais deve ser feita com cautela. Isso porque, geralmente, ela é requerida para prova da principal matéria existente nos processos trabalhistas: jornada de trabalho, e não se pode negar que esse tipo de prova, ao menos por ora, pode elevar o tempo de duração do processo[(33)], bem como o seu custo, como no caso de elaboração de perícia técnicas específicas;

8. As questões relativas ao resultado efetivo da prova constituem matéria de mérito sobre a própria prova, e não fundamento para o seu indeferimento. Assim, é com base no resultado da sua produção que se avaliará se a prova pode, ou não, auxiliar na formação da convicção do magistrado;

9. O argumento genérico no sentido de que as provas digitais causam "violação à intimidade e vida privada da pessoa" não deve prevalecer como motivo ao indeferimento, notadamente porque não é sempre que a prova digital irá revelar informações demasiado intrusivas à intimidade da parte. Ademais, não é só a prova digital que pode revelar dados hábeis a expor a privacidade do titular, mas também as provas tradicionais; e

10. Exauridos todos os meios de produção de provas, e não havendo possibilidade de produção da prova digital (qualquer que seja o motivo), o magistrado irá proferir a sua decisão com base nos elementos existentes nos autos, observando a distribuição do ônus da prova (art. 373, do CPC).

---

(33) Veja-se que o programa Veritas, desenvolvido pelo Tribunal Regional do Trabalho da 12ª Região ainda está em desenvolvimento, não tendo as ferramentas disponíveis a todos os Tribunais. Além disso, até a presente data, não há convênio firmado com as operadoras de telefonia e demais empresas, para fornecimento, ao Poder Judiciário, de informações de geolocalização de maneira célere.

CONCLUSÃO

A geolocalização é um instrumento poderoso, e como tal, deve ser bem utilizado, e bem fiscalizados aqueles que utilizam essas ferramentas, a fim de que permaneçam íntegros os fundamentos e princípios existentes na Constituição Federal e na legislação infraconstitucional, sobretudo nos diplomas especiais, que protegem os dados pessoais. Para o empregador, nas relações de emprego, o tratamento de dados de geolocalização deve atender aos severos requisitos previstos em lei, nunca podendo ser utilizado como se o trabalhador estivesse em constante sensação de observação, tolhendo-lhe a privacidade. Já como matéria de prova, a geolocalização também tem de observar as devidas cautelas, fazendo o magistrado, caso a caso, a devida ponderação de interesses.

REFERÊNCIA

BARZOTTO, Luciane Cardoso. *A prova digital como meio de prova atípica*: aspectos teóricos e um caso prático. Revista Fórum Justiça do trabalho, Belo Horizonte, v. 38, n. 450, p. 17- 28, jun. 2021.

CASTILHOS, Guilherme Machado de; CASTILHOS, Aline Pires de Souza Machado de. *Existem limites probatórios na era digital*: a validade processual penal e constitucional das provas digitais. Revista dos Tribunais, São Paulo, v. 108, n. 1010, p. 275-294, dez. 2019.

CESÁRIO, João Humberto. As provas eletrônicas no processo do trabalho. *Revista LTr*: Legislação do Trabalho, São Paulo, v. 82, n. 5, p. 539-546, maio 2018.

DADOS, Agência Nacional de Proteção de. Guia Orientativo Hipóteses legais de tratamento de dados pessoais — legítimo interesse. Publicação digital de fevereiro de 2024. [Consult. 27 março 2024]. Disponível em https://www.gov.br/anpd/pt-br/documentos-e-publicacoes/guia_legitimo_interesse.pdf

GAIO JÚNIOR, Antônio Pereira; RAMOS, Rafaella Cardoso. Prova documental eletrônica como objeto probatório no contexto do processo civil brasileiro. *Revista de Processo*, São Paulo, v. 43, n. 282, p. 179-199, ago. 2018.

GUSMÃO, André Simoni e. Sobre a taxatividade de dados pessoais sensíveis. Consultor Jurídico, área civil, 13 de janeiro de 2024. [Consult. 27 março 2024]. https://www.conjur.com.br/2024-jan-13/sobre-a-taxatividade-do-rol-de-dados-pessoais-sensiveis/

LOPES, Adriano Marcos Soriano; SANTOS, Solainy Beltrão dos. O uso da ata notarial para as provas digitais da Justiça do Trabalho. *Revista Fórum Justiça do Trabalho*, Belo Horizonte, v. 39, n. 460, p. 11-34, abr. 2022.

MOREIRA, Teresa Coelho. Algumas questões sobre o Regulamento Geral de Proteção de Dados e as Relações de Trabalho. In *O Regulamento Geral de Proteção de Dados e as relações de trabalho.* Lisboa: AFFDL, 2020. p. 15-38.

PERIM, Paula Abi-Chahine Yunes; STURARI, Matheus Noronha. Aspectos processuais da Lei geral de proteção de dados: impressões iniciais. *Revista de Processo*, São Paulo, v. 46, n. 319, p. 403-424, set. 2021

PORTUGAL. Comissão Nacional de Proteção de Dados. Deliberação n. 7680/2014, aplicável aos tratamentos de dados pessoais decorrentes da utilização de tecnologias de geolocalização no contexto laboral. [Em linha]. Lisboa: CNPD. 2014. [Consult. 27 março 2024]. Disponível em chrome-extension://efaidnbmnnnibpcajpcglclefindmkaj/https://www.cnpd.pt/media/zvxmdfad/del_7680-2014_geo_laboral.pdf

SILVA. Fabrício Lima — Do Panoptismo ao Pós-Panoptismo: Controle da Geolocalização dos Trabalhadores pelo Empregador. In *Provas digitais no processo do trabalho*: realidade e futuro (volume 1) / coordenação Ana Paula Silva Campos Miskulin, Danielle Bertachini, Platon Teixeira de Azevedo Neto. 1. ed. Campinas, SP: Lacier Editora, 2022.

SOUZA. Bernardo de Azevedo e. Técnicas de Requisição e Apresentação de dados de Geolocalização em Processos Judiciais. In *Provas digitais no processo do trabalho: realidade e futuro* (volume 2) / coordenação Ana Paula Silva Campos Miskulin, Danielle Bertachini, Platon Teixeira de Azevedo Neto. 1. ed. Campinas, SP: Lacier Editora, 2022.

VEGAS JÚNIOR, Walter Rosati. A geolocalização como panaceia no processo do trabalho. Rev. Trib. Trab. 2. Reg., São Paulo, v. 15, n. 30, p. 182-202, jul./dez. 2023. [Consult. 27 março 2024]. Disponível em chrome-extension://efaidnbmnnnibpcajpcglclefindmkaj/https://basis.trt2.jus.br/bitstream/handle/123456789/15934/vegasJunior_walter_geolocalizacao_como_panaceia.pdf?sequence=1&isAllowed=y

A geolocalização como panaceia para a elucidação das controvérsias factuais no processo do trabalho. Limites e possibilidades a partir da Lei n. 12.965/2014 (marco civil da internet)

Walter Rosati Vegas Junior (*)

1. INTRODUÇÃO

O presente artigo apresenta abordagem crítica sobre a disseminação de específico meio de prova digital no âmbito do processo do trabalho, qual seja, o acesso aos dados de geolocalização de usuários de dispositivos eletrônicos a partir de decisão do juiz do trabalho direcionada ao esclarecimento de variadas controvérsias sobre fatos. Almeja-se apresentar um breve panorama normativo quanto ao tema da proteção da privacidade dos dados, avançando para a análise dos limites e possibilidades de acesso de tais informações e de sua utilização como elemento de prova no âmbito do processo do trabalho pátrio. Para os fins aqui pretendidos, será oportuna também a abordagem sobre a iniciativa probatória e o papel esperado do juiz ao longo da instrução probatória. A partir de todas essas premissas pretende-se então apresentar uma abordagem crítica e possíveis conclusões — ainda que parciais e evidentemente não irrefutáveis — sobre a intrincada questão da disseminação do uso da geolocalização para fins probatórios no processo do trabalho pátrio.

(*) Juiz do Trabalho Substituto do Tribunal Regional do Trabalho da 2ª Região. Doutorando, Mestre e Especialista em Direito do Trabalho na Faculdade de Direito da Universidade de São Paulo. Especialista em Direito Processual Civil pela Escola Paulista da Magistratura. Professor universitário.

2. BREVE ANÁLISE DA PROTEÇÃO CONSTITUCIONAL E INFRACONSTITUCIONAL DA PRIVACIDADE DOS DADOS

Ainda que os direitos fundamentais dos cidadãos à inviolabilidade da intimidade e da vida privada (art. 5º, X, da CRFB/88) e do sigilo das comunicações telegráficas, de dados e telefônicas (art. 5º, XII, da CRFB/88) já estivessem consagrados desde o advento da Constituição Federal de 1988 — CRFB/88, com estabelecimento de verdadeiros limites à atuação estatal e dos agentes privados dentro de um Estado de Direito, múltiplos avanços tecnológicos próprios da sociedade da informação[1] trouxeram novas discussões sobre os contornos e parâmetros de tais garantias, especialmente a partir de aspectos não imaginados à época da definição do rol de direitos fundamentais.

Em relação aos limites relacionados à proteção de dados, cumpre esclarecer que na atualidade avulta a preocupação não apenas com a proteção do processo comunicativo entre os indivíduos em sociedade, na forma da interpretação doutrinária[2] e jurisprudencial[3] construída e consolidada a partir do enunciado contido no art. 5º, XII, da CRFB/88. A discussão tem avançado para a efetiva proteção de dados pessoais disseminados pelos indivíduos nos múltiplos meios de comunicação social, com possíveis novas conotações relativas ao fenômeno da privacidade.[4] O advento da Lei Geral de Proteção de Dados — LGPD (Lei n. 13.709/2018) e a promulgação da Emenda Constitucional n. 115/2022, que incluiu a proteção de dados pessoais, inclusive nos meios digitais, entre o rol de direitos fundamentais, foram passos legislativos concretos em tal perspectiva de tutela — efetiva — do próprio dado digital, ou seja, para além da singela proteção do processo comunicativo.[5]

---

(1) "Embora a informação, em sua acepção ampla de comunicação de conhecimento, já tenha acarretado inovações tecnológicas e verdadeiros rompimentos em um dado modelo de sociedade ao longo da história, o que se verifica no final do século XX é basicamente que o ciclo entre a aquisição de uma informação e a sua utilização em um dado contexto social intensifica-se a tal ponto de tornar aquela a principal "origem do poder dentro da sociedade" (CASTELLS, 1999, p. 69).

(2) FERRAZ JÚNIOR, ao abordar o art. 5º, XII, da CRFB/88, destaca que "o objeto protegido no direito à inviolabilidade do sigilo não são os dados em si, mas a sua comunicação restringida (liberdade de negação). A troca de informações (comunicação) privativa é que não pode ser violada por sujeito estranho à comunicação" (FERRAZ JÚNIOR, 1992, p. 86).

(3) "[...] Não há violação do art. 5º. XII, da Constituição que, conforme se acentuou na sentença, não se aplica ao caso, pois não houve "quebra de sigilo das comunicações de dados (interceptação das comunicações), mas sim apreensão de base física na qual se encontravam os dados, mediante prévia e fundamentada decisão judicial". 4. A proteção a que se refere o art. 5º, XII, da Constituição, é da comunicação 'de dados' e não dos 'dados em si mesmos', ainda quando armazenados em computador. (cf. voto no MS 21.729, Pleno, 5.10.95, red. Néri da Silveira — RTJ 179/225, 270). V — Prescrição pela pena concretizada: declaração, de ofício, da prescrição da pretensão punitiva do fato quanto ao delito de frustração de direito assegurado por lei trabalhista (C. Penal, arts. 203; 107, IV; 109, VI; 110, § 2º e 114, II; e Súmula 497 do Supremo Tribunal). (STF, RE 418416, Relator(a): SEPÚLVEDA PERTENCE, Tribunal Pleno, julgado em 10/05/2006, DJ 19-12-2006 PP-00037 EMENT VOL-02261-06 PP-01233).

(4) A Suprema Corte estadunidense já teve a oportunidade de firmar premissa no sentido de que os "indivíduos têm expectativa razoável de privacidade em todos os seus movimentos físicos" (Carpenter v. United States, No. 16-402, 585 U.S. 12 (2018)), mesmo em se tratando o caso em julgamento de apuração de infração criminal supostamente praticada pelo indivíduo que portava o aparelho celular e compartilhava a respectiva localização com a operadora de telefonia. Entendeu-se na ocasião que o órgão governamental responsável pela investigação (FBI) não possuía um mandado judicial apoiado por causa provável antes de obter os registros do dispositivo eletrônico do acusado.

(5) Para uma análise desta nova perspectiva de proteção ver, por todos, DONEDA, 2021.

Apesar do desenvolvimento da sociedade da informação ter permitido a comunicação cada vez mais simples e rápida entre os indivíduos, rompendo barreiras físicas com a adoção de mecanismos tecnológicos que possibilitam comunicação instantânea em áudio e vídeo, com ou sem gravação do conteúdo, isso não significa que não devam existir verdadeiros limites — jurídicos — ao acesso a tais fluxos comunicativos. Não nos parece que exista verdadeiro amparo constitucional ou mesmo legal, por exemplo, para um acesso indiscriminado por terceiros às movimentações do aparelho celular utilizado por determinado indivíduo, especialmente quando se esteja diante de equipamento de propriedade dele e em relação ao qual exista legítima expectativa de proteção nos contatos mantidos com terceiros ou mesmo da localização — em determinado momento e região — a partir de registros de torres de telefonia, denominadas Estações Rádio Base (ERB's).

Ainda que exista certa controvérsia — doutrinária e jurisprudencial — quanto às balizas de proteção dos dados digitais a partir dos limites semânticos do enunciado contido no inciso XII do artigo 5º da CRFB/88, que trata essencialmente da inviolabilidade da comunicação e não propriamente da informação, desde o advento da Emenda Constitucional n. 115/2022 não há mais dúvidas de que a proteção dos dados pessoais ganhou assento entre os direitos fundamentais (art. 5º, LXXIX, CRFB/88). Exige-se ao menos uma nova abordagem da temática, independentemente da inequívoca diferenciação entre os denominados dados estáticos e dinâmicos que podem ser gerados a partir dos aplicativos e meios de comunicação social. Vale aqui pontuar que o próprio STF, na condição de último interprete da CRFB/88 e mesmo durante o caráter excepcional da pandemia de COVID-19, já teve a oportunidade de fixar nova perspectiva de proteção dos dados pessoais e limitar o compartilhamento, com ente público, de dados pessoais custodiados por concessionária de serviço público, na forma do que se pretendia estabelecer a partir do advento da Medida Provisória n. 954/2020.[6]

Em relação ao tema dos dados pessoais custodiados por concessionária de serviço público, cumpre pontuar que a Lei n. 9.472/97 ainda prevê que a prestadora do serviço de telefonia poderá valer-se de informações relativas à utilização individual pelo usuário na execução de sua atividade, ou seja, para o desempenho de seu objeto social.

---

(6) "MEDIDA CAUTELAR EM AÇÃO DIRETA DE INCONSTITUCIONALIDADE. REFERENDO. MEDIDA PROVISÓRIA N. 954/2020. EMERGÊNCIA DE SAÚDE PÚBLICA DE IMPORTÂNCIA INTERNACIONAL DECORRENTE DO NOVO CORONAVÍRUS (COVID-19). COMPARTILHAMENTO DE DADOS DOS USUÁRIOS DO SERVIÇO TELEFÔNICO FIXO COMUTADO E DO SERVIÇO MÓVEL PESSOAL, PELAS EMPRESAS PRESTADORAS, COM O INSTITUTO BRASILEIRO DE GEOGRAFIA E ESTATÍSTICA. FUMUS BONI JURIS. PERICULUM IN MORA. DEFERIMENTO. 1. Decorrências dos direitos da personalidade, o respeito à privacidade e à autodeterminação informativa foram positivados, no art. 2º, I e II, da Lei nº 13.709/2018 (Lei Geral de Proteção de Dados Pessoais), como fundamentos específicos da disciplina da proteção de dados pessoais. 2. Na medida em que relacionados à identificação — efetiva ou potencial — de pessoa natural, o tratamento e a manipulação de dados pessoais hão de observar os limites delineados pelo âmbito de proteção das cláusulas constitucionais assecuratórias da liberdade individual (art. 5º, caput), da privacidade e do livre desenvolvimento da personalidade (art. 5º, X e XII), sob pena de lesão a esses direitos. O compartilhamento, com ente público, de dados pessoais custodiados por concessionária de serviço público há de assegurar mecanismos de proteção e segurança desses dados [...] (ADI 6387 MC-Ref, Relator(a): ROSA WEBER, Tribunal Pleno, julgado em 07/05/2020, PROCESSO ELETRÔNICO DJe-270 DIVULG 11-11-2020 PUBLIC 12-11-2020).

Todavia, a disposição legal claramente limita a divulgação de tais informações a terceiros, ao estabelecer no § 2º de seu artigo 72 que ela não poderá ocorrer quando permita a "identificação, direta ou indireta, do usuário, ou a violação de sua intimidade", situação na qual o compartilhamento da informação agregada apenas deveria ocorrer com "anuência expressa e específica do usuário", como estabelece o §1º.[7] Houve aqui certo cuidado do legislador ao tratar do acesso por terceiros de informações relacionadas à utilização pelo usuário — pessoa física ou jurídica — do respectivo serviço, o que pode ser aplicável aos circunstanciais momentos em que ele — usuário — transita pelas regiões abrangidas pelas denominadas Estações Rádio Base (ERB's). Tal raciocínio também pode ser depreendido do direito à inviolabilidade e ao segredo da comunicação previsto no art. 3º, V, do mesmo diploma legal, o qual faz a ressalva de revelação do segredo da comunicação apenas "nas hipóteses e condições constitucional e legalmente previstas".

Com efeito, é necessário pontuar que a regra deve ser a inviolabilidade do dado ou informação da utilização — individual — de um determinado usuário, a qual poderá ser afastada a partir de hipóteses legalmente previstas, ou seja, quando a ordem jurídica expressamente autorize o acesso a tais dados, como já ocorre, por exemplo, a partir do previsto na lei de interceptações das comunicações telefônicas (Lei n. 9.296/1996), ou mesmo em outras hipóteses nas quais exista decisão fundamentada em prévios parâmetros legais admitindo o acesso, independentemente da concordância ou não do usuário. Além disso, note-se que por usuário é possível compreender também aquele que adquire e remunera o acesso aos serviços de telecomunicações prestados, ou seja, possibilitando que determinada pessoa física ou jurídica, ao custear o serviço para uso próprio ou por outras pessoas indeterminadas, tenha acesso aos respectivos dados diretamente na condição de consumidor.

A questão da proteção dos dados digitais ganhou ainda mais densidade e contornos mais explícitos a partir do advento do Marco Civil da Internet — MCI (Lei n. 12.965/2014) e da Lei Geral de Proteção de Dados — LGPD (Lei n. 13.709/2018), de modo a indicar verdadeira superação do entendimento até então predominante na jurisprudência em relação às balizas de aplicabilidade dos direitos fundamentais supracitados. Foram criados inequívocos deveres jurídicos aos provedores de conexão e de acesso a aplicações de internet, bem como aos que façam o tratamento de dados pessoais na condição de pessoa física ou jurídica. Em que pesem as múltiplas implicações jurídicas e celeumas decorrentes das disposições contidas nos dois marcos normativos supracitados, que desbordam para aspectos relacionados à moderação e responsabilidade por conteúdo divulgado por terceiro — perfil ou usuário — em redes sociais,[8] bem como sobre o

(7) "Art. 72. Apenas na execução de sua atividade, a prestadora poderá valer-se de informações relativas à utilização individual do serviço pelo usuário. § 1° A divulgação das informações individuais dependerá da anuência expressa e específica do usuário. § 2° A prestadora poderá divulgar a terceiros informações agregadas sobre o uso de seus serviços, desde que elas não permitam a identificação, direta ou indireta, do usuário, ou a violação de sua intimidade".

(8) Em tal sentido vale realçar que o MCI ainda prevê em seu art. 19 que: "[...] o provedor de aplicações de internet somente poderá ser responsabilizado civilmente por danos decorrentes de conteúdo gerado por terceiros se, após ordem judicial específica, não tomar as providências para, no âmbito e nos limites técnicos do seu serviço e dentro do prazo assinalado,

tratamento de dados pessoais sensíveis para o exercício regular de direitos em processo judicial,[9] o foco deste estudo se direcionará para a análise dos deveres de guarda e exibição de tais dados digitais.

Em tal sentido, cumpre pontuar que os arts. 13 e 15 do MCI trazem regramento específico no que concerne ao período de guarda dos registros de conexão e de acesso às aplicações de internet, contemplando exclusivamente o dever de guarda em ambiente controlado e de segurança pelo prazo de 1 (um) ano para os registros de conexão e de singelos 6 (seis) meses para as aplicações de internet. Trata-se, no último caso, de período que inclusive se coaduna com o prazo fixado no art. 38 do Código de Processo Penal — CPP para fins de exercício do direito de queixa ou de representação pelo ofendido. Como se verifica, tal período é relativamente curto quando cotejado, por exemplo, com o prazo de prescrição das pretensões condenatórias relativas aos créditos trabalhistas típicos (art. 7º, XXIX, CRFB/88), e denota, no mínimo, a duvidosa legalidade de se exigir dos responsáveis por tal guarda a imediata exibição de informações relativas a período pretérito superior ao fixado no MCI. Apesar do modelo processual civil inequivocamente fixar que "ninguém se exime do dever de colaborar com o Poder Judiciário para o descobrimento da verdade" (art. 378 do CPC/15), há regramento específico que regulamenta a exibição de documento ou coisa por terceiro ao longo do procedimento. Em tal regramento se estabelece que o juiz apenas não admitirá a recusa se "o requerido tiver obrigação legal de exibir" o respectivo documento (art. 399, I, do CPC/15), bem como se pontua que a parte ou terceiro se escusam da exibição em juízo se "houver disposição legal que justifique a recusa" (art. 404, VI, do CPC/15). Assim, eventual recusa de exibição por ausência do dever jurídico de guarda dos dados digitais relativos a período pretérito superior ao fixado no MCI,[10] contado da data da ordem judicial, não seria

---

tornar indisponível o conteúdo apontado como infringente, ressalvadas as disposições legais em contrário. § 1º A ordem judicial de que trata o caput deverá conter, sob pena de nulidade, identificação clara e específica do conteúdo apontado como infringente, que permita a localização inequívoca do material. § 2º A aplicação do disposto neste artigo para infrações a direitos de autor ou a direitos conexos depende de previsão legal específica, que deverá respeitar a liberdade de expressão e demais garantias previstas no art. 5º da Constituição Federal. § 3º As causas que versem sobre ressarcimento por danos decorrentes de conteúdos disponibilizados na internet relacionados à honra, à reputação ou a direitos de personalidade, bem como sobre a indisponibilização desses conteúdos por provedores de aplicações de internet, poderão ser apresentadas perante os juizados especiais.§ 4º O juiz, inclusive no procedimento previsto no § 3º , poderá antecipar, total ou parcialmente, os efeitos da tutela pretendida no pedido inicial, existindo prova inequívoca do fato e considerado o interesse da coletividade na disponibilização do conteúdo na internet, desde que presentes os requisitos de verossimilhança da alegação do autor e de fundado receio de dano irreparável ou de difícil reparação".

(9) Como já destacamos em outro estudo tratando da publicidade processual, a partir artigo 11, inciso II, alínea b, da LGPD é plenamente possível o tratamento de dados pessoais sensíveis para o exercício regular de direitos em processo judicial, administrativo ou arbitral, independentemente de consentimento do titular e sem exigência expressa da adoção de técnicas de anonimização (CASTRO; VEGAS JUNIOR, 2021, p. 431).

(10) "APELAÇÃO CÍVEL. MARCO CIVIL DA INTERNET. FORNECIMENTO DE REGISTROS DE ACESSO A APLICAÇÕES. Ação de obrigação de fazer. Sentença de parcial procedência, a fim de condenar o provedor de aplicação a inviabilizar acesso aos links fornecidos pela autora, bem como a fornecer os dados cadastrais dos administradores das contas responsáveis pelas publicações indicadas pela requerente, no prazo de 10 dias, sob pena de multa. Insurgência da ré. Preliminar de nulidade da sentença afastada. Alegação de impossibilidade de cumprir a obrigação quanto a uma das URLs descritas, vez que o perfil foi deletado em setembro de 2020, já tendo sido ultrapassado o prazo a que estava obrigada a armazenar e fornecer registros. Acolhimento. Marco civil da internet que prevê a obrigatoriedade da manutenção dos dados

manifestamente injustificada. Aliás, do ponto de vista sistêmico e lógico, tal conduta sequer permitiria, por exemplo, a aplicação de medidas indutivas em face do terceiro (art. 139, IV, do CPC/15), justamente por extrapolar os limites dos deveres de exibição e de cumprimento de ordem judicial.

Ultrapassada tal questão e avançando em relação especificamente à requisição ou determinação judicial, vale destacar que ela é minuciosamente prevista nos arts. 22 e 23 do MCI, nos seguintes termos:

> "Art. 22. A parte interessada poderá, com o propósito de formar conjunto probatório em processo judicial cível ou penal, em caráter incidental ou autônomo, requerer ao juiz que ordene ao responsável pela guarda o fornecimento de registros de conexão ou de registros de acesso a aplicações de internet. Parágrafo único. Sem prejuízo dos demais requisitos legais, o requerimento deverá conter, sob pena de inadmissibilidade: I — fundados indícios da ocorrência do ilícito; II — justificativa motivada da utilidade dos registros solicitados para fins de investigação ou instrução probatória; e III — período ao qual se referem os registros.
>
> Art. 23. Cabe ao juiz tomar as providências necessárias à garantia do sigilo das informações recebidas e à preservação da intimidade, da vida privada, da honra e da imagem do usuário, podendo determinar segredo de justiça, inclusive quanto aos pedidos de guarda de registro."

Considerando o disposto no *caput* do artigo 22 do MCI denota-se que tal requisição será realizada a partir de provocação da "parte interessada" na produção de conjunto probatório em processo judicial, medida habitualmente tomada por aquele que, em tese, foi alvo de alguma espécie de ofensa ou lesão por conteúdo disseminado a partir de conexão ou de registros de acesso a aplicações de internet. Tal perspectiva se reforça com a singela e atenta leitura da seção anterior do MCI, a qual trata justamente da responsabilidade por danos decorrentes de conteúdo gerado por terceiros, como se verifica dos artigos 18 a 21. Infelizmente não é incomum que, em razão de características próprias da rede mundial de computadores, ocorra a eventual prática de ofensa à honra ou disseminação de conteúdo lesivo por meio de perfil ou usuário, sem a possibilidade de imediata e completa identificação do responsável. Logo, seria imprescindível o pronto acesso aos respectivos registros para os fins de individualização da pessoa — física ou jurídica — e eventual responsabilização, seja no campo cível ou penal.(11) Por isso, como já afirmamos

---

de acesso dos usuários por 06 meses (art. 15 da Lei 12.965/2014). Precedentes. Demanda que foi ajuizada muito após o prazo legal. Caso em que, ademais, o perfil já havia sido excluído pelo próprio usuário na ocasião de citação da ré, momento em tomou ciência da pretensão do usuário no fornecimento do registro. Sentença reformada apenas para afastar a condenação da ré em fornecer os dados cadastrais da mencionada URL. RECURSO PROVIDO." (v. 38577). (TJSP, Apelação Cível 1016907-96.2019.8.26.0477; Relator (a): Viviani Nicolau; Órgão Julgador: 3ª Câmara de Direito Privado; Foro de Praia Grande — 1ª Vara Cível; Data do Julgamento: 15/02/2022; Data de Registro: 15/02/2022).

(11) GUARDIA, em estudo sobre os dados digitais no processo penal, pontua nesse particular que "a possibilidade de identificação do responsável por meio dos dados de tráfego é limitada a direção de IP, v.g., permite apenas revelar o computador utilizado, fator que pode não se mostrar suficientemente elucidativo se consideradas as possíveis variações no uso de um número de IP (denominado IP dinâmico) ou o uso de ferramentas de navegação anônima. Ademais, se o

em outra seara, parece adequado concluir que tal requisição possa também ser veiculada no processo do trabalho, pois o legislador ordinário não pretendeu afastar a possibilidade de tal requisição integrar o acervo probatório daquele.(12) A título meramente exemplificativo vale referir a hipótese de produção antecipada de prova, na forma do art. 381 do CPC/15, para eventual análise em futura demanda que tenha por objeto a pretensão de reparação por ofensa aos direitos da personalidade, por ato decorrente da relação de trabalho e diante do que prevê o art. 114, VI, da CRFB/88.

Todavia, isso não permite que se conclua que tal requisição possa ocorrer de forma indiscriminada, para além dos limites relativos aos denominados registros de conexão/acesso e de maneira incidental em todos os processos trabalhistas, o que se reforça a partir do que estabelece o parágrafo único do art. 22 do MCI. Referido dispositivo elenca verdadeiros requisitos para o requerimento de acesso aos respectivos registros, quais sejam: "I — fundados indícios da ocorrência do ilícito; II — justificativa motivada da utilidade dos registros solicitados para fins de investigação ou instrução probatória; e III — período ao qual se referem os registros".

Embora a premissa de busca pelo melhor elemento de prova seja correta em termos epistêmicos,(13) isso não significa que seja sempre admissível juridicamente, especialmente a luz das válidas opções do legislador ordinário no sopesamento de todos os valores envolvidos dentro de determinado modelo de sociedade. Ainda que os dois últimos requisitos legais contidos no parágrafo único do art. 22 do MCI não exijam grandes dificuldades para especificação em uma determinada demanda trabalhista, pois o período dos registros pertinentes é de fácil identificação a partir dos limites da causa de pedir (tempo do contrato de trabalho ou da questão controvertida) e a motivação da utilidade do acesso tenha relação direta com o que se pretende provar (ideias de pertinência e relevância), não se pode ignorar o primeiro e principal requisito da regra aqui analisada, qual seja, a indicação de fundados indícios da ocorrência do ilícito.

Tal situação factual se apresenta mais evidente, por exemplo, diante de uma publicação ofensiva em rede social, ocasião na qual se faz pertinente apurar a autoria e responsabilidade pelo perfil ou usuário, já que a própria publicação já pode constituir o indício de prática de um ilícito, normalmente de uma das espécies de crimes contra a honra (arts. 138 a 140 do CP). De qualquer sorte, seria de maior dificuldade quando se cogita de mera divergência, por exemplo, sobre o tempo à disposição em favor do empregador ao longo do contrato de trabalho ou em relação ao comparecimento ou não do empregado em determinado dia ao trabalho. Mesmo que se dê ao termo ilícito interpretação ampla, no sentido de não se confundir apenas com as infrações penais, é oportuno questionar, por exemplo, sobre qual seria a infração do usuário do serviço de telefonia

---

identificado for parte de uma rede de acesso à internet, imprescindível a obtenção de dados das pessoas que utilizem a rede local" (GUARDIA, 2012, p. 117).

(12) VEGAS JÚNIOR, 2017, p. 137.

(13) Para uma análise da perspectiva da melhor prova possível ver, por todos, NANCE, 1988.

que circunstancialmente é parte em um processo trabalhista no qual postula horas extras, bem como quais seriam os fundados indícios a partir dos quais se justifica a determinação judicial para acesso a tais informações sobre os exatos locais de registro de conexão e de acesso às aplicações da internet?

3. ACESSO AOS DADOS DE GEOLOCALIZAÇÃO, INICIATIVA PROBATÓRIA E PAPEL ESPERADO DO JUIZ

Diante do panorama normativo acima fixado e de algumas premissas já esboçadas dentro do estudo das disposições infraconstitucionais em relação aos dados de uso individual dos serviços de telefonia e registros de conexão às aplicações de internet, cumpre agora avançar para algumas considerações sobre o efetivo acesso a tais informações de maneira incidental no processo do trabalho, com especial enfoque na iniciativa probatória e no papel esperado do juiz em referidos procedimentos.

Como já foi acima especificado, nada impede que o próprio usuário obtenha, por meios próprios, os respectivos dados relacionados ao uso do serviço de telefonia e a sua geolocalização em um determinado período de tempo, sendo que eventual resistência dos responsáveis legais pela guarda e exibição pode validamente ser analisada nas esferas próprias que buscam pacificar eventuais conflitos decorrentes das relações de consumo ou até mesmo com intervenção judicial a partir, por exemplo, do procedimento de produção antecipada de prova. Não é incomum, inclusive, que por meio de seus próprios aparelhos celulares (*smartphones*) os respectivos titulares do bem móvel ou usuários de serviços de aplicativos compartilhem e autorizem — expressa ou tacitamente — o acesso a tais informações relacionadas ao momento e local em que estiveram ao longo de determinado período de tempo do dia. Tais situações denotam a clara possibilidade de que os respectivos dados eventualmente já sejam apresentados voluntariamente nos momentos próprios de produção de provas documentais, aqui entendida a ideia de documento em sentido amplo e que não necessariamente se vincula a um suporte cartáceo. Logo, invariavelmente caberá ao juiz a respectiva valoração de tais elementos de prova para os fins pretendidos, em cotejo com todos os demais produzidos.

Diante desse cenário é plenamente pertinente a preocupação e adequação de iniciativas administrativas do Tribunal Superior do Trabalho — TST e da respectiva Escola Nacional da Magistratura — ENAMAT para a nova realidade digital de nossa sociedade, pois os efeitos de tal realidade no campo probatório são inexoráveis e demandam constante atualização dos sujeitos processuais e, por conseguinte, do próprio juiz.

De qualquer sorte, tais considerações não autorizam, ao arrepio dos limites constitucionais e legais, principalmente sem o consentimento — expresso — do titular dos dados, que se proceda à devassa dos movimentos realizados ao longo da vivência em sociedade por alguém que portava aparelho celular com acesso à internet para fins, por exemplo, de apuração da sua provável jornada de trabalho. Não há dúvidas de que há uma relação teleológica entre prova e verdade,[14] sendo que a melhor demonstração possível daquilo que ocorreu no mundo fenomênico, por meio das mais diversas provas produzidas em contraditório, permanece sendo um importante fator de legitimação para o próprio Direito enquanto ciência. Todavia, tal premissa não permite que se desconsiderem os meios adotados ou outros valores constitucionais de elevada relevância, sendo de pouca valia um ideal exclusivamente utilitarista, pois os meios utilizados também são importantes para legitimar os fins a serem alcançados em dada sociedade. É preciso que o juiz, ao eventualmente ser provocado para a produção de determinado meio de prova, analise a pertinência, relevância e também a respectiva admissibilidade da prova perante o ordenamento jurídico.[15] Assim como ocorre no âmbito de pesquisas científicas e também em outros contextos investigativos, existem limites decorrentes de outros valores consagrados como de maior envergadura em cada campo do conhecimento ou de atuação humana, o que fica ainda mais evidente quando se cogita do exercício de parcela de poder em um Estado Democrático de Direito, como aquele albergado na CRFB/88.

Nem mesmo as disposições relacionadas à iniciativa probatória do julgador (art. 765 da Consolidação das Leis do Trabalho — CLT e art. 370 do Código de Processo Civil — CPC/15), independentemente de seu eventual caráter concorrente ou supletivo em relação às partes envolvidas, seriam capazes de justificar o acesso indiscriminado e ao arrepio dos limites legais analisados no tópico anterior. Em que pese o artigo 765 da CLT estabeleça a possibilidade do julgador determinar "qualquer diligência necessária ao esclarecimento" da causa, é evidente que tal regra não pode ser interpretada literalmente, mas sim de forma sistemática e em consonância com o modelo constitucional de processo, o qual, por exemplo, ainda consagra a vedação expressa ao uso da tortura (artigo 5º, III, da CRFB/88) e adota a dignidade da pessoa humana com um fundamento central do Estado Democrático de Direito (artigo 1º, III, da CRFB/88). O juiz no desempenho de sua iniciativa probatória pode validamente determinar a exibição de documentos ou outras provas pertinentes e relevantes, mas não pode tudo e muito menos tem o condão de transformar um meio inadmissível em prova lícita, apenas por conta de sua iniciativa probatória. Em que pese exista corrente doutrinária que defende a necessária diferenciação entre a inidoneidade do resultado e a inadequação do meio adotado para fins de justificar, por iniciativa do juiz, excepcional admissão de provas ilícitas no processo civil,[16] não nos parece que esse seja o papel esperado juiz do trabalho em um Estado de Direito. Além disso, vale ressaltar que a CRFB/88 não trata de maneira substancialmente diferente a inadmissão de uma prova ilícita (artigo 5º, LVI, da CRFB/88) que deriva do uso de tortura (artigo 5º, III, da CRFB/88) daquela obtida por meio de interceptação

(14) "Há uma relação teleológica entre prova e verdade, de modo que a verdade se configura como o objetivo institucional a ser alcançado mediante prova" (BELTRÁN, 2022, p. 19).

(15) Em se tratando de provas científicas menciona-se que o juiz deve atuar como verdadeiro *gatekeeper*, ou seja, na condição de responsável por selecionar os conhecimentos científicos que possuem legitimidade e confiabilidade para ingressar no processo (TARUFFO, 2005, p. 1088).

(16) "Se a prova foi obtida por meio ilícito, deveria competir exclusivamente ao magistrado determinar de ofício sua produção, se entender conveniente e necessário para evitar nova violação do ordenamento jurídico" (BEDAQUE, 2009, p. 159).

telefônica sem autorização judicial (artigo 5º, XII, da CRFB/88), ao menos para fins de condenação em processo penal, o que denota que a iniciativa do juiz, por si só, em nada afeta ou modifica o tema da admissibilidade da prova.(17)

Nem se cogite aqui de qualquer possível analogia entre as testemunhas e as respectivas ERB´s ou sistemas digitais de acesso aos aplicativos, como se eles pudessem atuar na condição de objetos — físicos ou digitais — que presenciam aspectos factuais pertinentes e relevantes para determinada causa, até pelas distinções muito claras entre aqueles e as pessoas físicas, bem como pela necessária limitação do uso de provas anômalas, ou seja, das provas típicas sem observância dos requisitos legais. Como a CLT estabelece, por exemplo, que as partes e testemunhas serão inquiridas em audiência (art. 820), não se pode concluir que a apresentação de singela declaração manuscrita assinada pelas partes ou testemunhas presenciais tenha ampla aceitação e idêntica valoração ao de um testemunho em juízo,(18) o que em alguma medida se aplica à informação obtida de uma ERB, que é claramente uma prova digital ou documento em sentido amplo, e não uma espécie de prova testemunhal.

Não se pode ignorar a existência de ao menos alguma expectativa de privacidade do usuário em relação aos movimentos diários próprios com seu respectivo aparelho celular, ou seja, aquele equipamento de uso particular.(19) É razoável ao menos estabelecer um paralelo com aquilo que há algum tempo já foi utilizado pela jurisprudência para tratar, por exemplo, da admissibilidade do acesso pelo empregador às mensagens encaminhadas por meio de endereço eletrônico (e-mail) corporativo, particularmente a partir do que se tinha consolidado a título de proteção do conteúdo das mensagens e do processo comunicativo.(20) Logo, seria válido cogitar de inexistência de tal expectativa apenas quando do uso de ferramentas ou equipamentos fornecidos pelo empregador para o desempenho da função e execução do contrato de trabalho, como eventual celular corporativo, cartão com acesso a crédito para abastecimento de veículo e outros dispositivos

(17) Nem se cogite que o artigo 13 da lei do processo judicial eletrônico (Lei 11.419/06) possa ser interpretado de maneira tão ampla a ponto de vulnerar as garantias fundamentais ou permitir o indiscriminado acesso aos dados digitais. A regra apenas fixa que o juiz "poderá determinar que sejam realizados por meio eletrônico a exibição e o envio de dados e de documentos necessários à instrução do processo", ou seja, trata do meio — digital — de produção da prova e nada dispõem sobre a ideia de ampla admissibilidade. No mesmo sentido é o que se denota da previsão contida no art. 7º, VI, da LGPD, que apenas admite o tratamento de dados pessoais para o "exercício regular de direitos em processo judicial", ou seja, nada dispõe especificamente quanto à forma de acesso e requisição de tais dados, bem como não autoriza qualquer devassa indiscriminada em dados oriundos de equipamento privado.

(18) A exigência especialmente de um contraditório efetivo e simultâneo na produção de provas orais "decorre do valor heurístico do contraditório, como um eficiente mecanismo para a busca da verdade" (BADARÓ, 2019, p. 199), o que não pode ser abandonado por força de aspectos lógicos e ideológicos que permeiam o modelo processual.

(19) Em sentido contrário ver DUPLAT FILHO, 2021 e ALBINO; LIMA, 2022.

(20) Consoante se depreende do trecho de seguinte ementa extraída de julgado tratando de correio eletrônico corporativo e que foi oriundo da 1º Turma do TST: "[...] Pode o empregador monitorar e rastrear a atividade do empregado no ambiente de trabalho, em e-mail corporativo, isto é, checar suas mensagens, tanto do ponto de vista formal quanto sob o ângulo material ou de conteúdo. Não é ilícita a prova assim obtida, visando a demonstrar justa causa para a despedida decorrente do envio de material pornográfico a colega de trabalho. Inexistência de afronta ao art. 5º, incisos X, XII e LVI, da Constituição Federal. 6. Agravo de Instrumento do Reclamante a que se nega provimento" (TST, RR-61300-23.2000.5.10.0013, 1ª Turma, Relator Ministro Joao Oreste Dalazen, DEJT 10/06/2005).

fornecidos para atividades profissionais. Aqui não se cogita propriamente de qualquer vulneração a direitos fundamentais, especialmente quando é dada ciência ao respectivo usuário sobre a possibilidade de tratamento dos dados, na forma dos arts. 7º, *caput* e inciso V, da LGPD.[21]

O que não se espera, ao menos dentro do campo probatório e do modelo processual vigente, é que se utilize a figura do juiz para se legitimar a vulneração de garantias constitucionais e até mesmo para mera conveniência daquele que habitualmente já faz o tratamento de dados pessoais ou tenha a condição de fazê-lo. Como já foi acima apontado, não é incomum na atualidade que as partes obtenham o acesso a tais dados digitais antes do ajuizamento da demanda e subsidiem a suas manifestações com elementos de provas digitais capazes de corroborar as suas afirmativas ou minimamente desconstruir narrativas insinceras da parte contrária. Como se verifica, não se cuida aqui de congelar o processo no tempo ou mesmo se trata de consagrar o mundo analógico em detrimento do mundo digital, mas sim de se adequar importante mecanismo de solução de controvérsias ao devido processo legal. Não se legitimam, ao menos em tese, medidas utilitaristas ou sorrateiras que não se coadunam com os limites legais, ainda que por iniciativa do juiz responsável pela condução da instrução processual. Em tal sentido, o próprio modelo processual já prevê válidos mecanismos para coibir eventuais abusos das partes que apresentarem afirmações manifestamente insinceras, como se depreende, por exemplo, da atual previsão do art. 844, §4º, inciso IV da CLT no sentido de que, mesmo diante da revelia, não haverá confissão — ficta — quando "as alegações de fato formuladas pelo reclamante forem inverossímeis ou estiverem em contradição com prova constante dos autos", bem como dos já conhecidos mecanismos de sanção por litigância de má-fé, na forma atualmente prevista nos arts. 793-B e 793-C da CLT.

O tema é por demais palpitante e ostenta múltiplos desdobramentos para além dos estreitos limites do que aqui se pretendeu destacar sobre o papel do juiz na admissibilidade do acesso à geolocalização de usuários de dispositivos eletrônicos. Já existem, ao menos no âmbito dos Tribunais Regionais do Trabalho,[22] análises jurisprudenciais de tal fenômeno, sendo que já houve o reconhecimento de verdadeira ofensa ao sigilo telemático

---

(21) Ainda que em outro contexto, são valiosos os ensinamentos da doutrina quanto aos limites de proteção da cláusula de sigilo das correspondências (Art. 5º, XII, CRFB/88), notadamente quando se destaca que "a utilização de meio de comunicação que de antemão se sabe não ser reservado e estar sujeito a fiscalização impede que se invoque a proteção conferida à intimidade. Há consentimento à quebra da intimidade, que atua como pré-excludente de ilicitude, independentemente de prévia autorização judicial. Quem envia mensagem em cartão postal, por exemplo, não pode queixar-se de haver sido ela lida" (MALLET, 2009, p. 205).

(22) Há ao menos uma decisão monocrática sobre o tema no âmbito do TST, a qual foi proferida em liminar concedida no recurso ordinário em mandado de segurança nos autos de nº 1003410-04.2022.5.02.0000. Na ocasião, entre outras premissas, fixou-se que "a produção de prova digital sobre a geolocalização da empregada, ora recorrente, nos moldes em que deferida pelo Juízo da 88ª Vara do Trabalho de São Paulo/SP, ainda que realizada sob a proteção do segredo de justiça, importaria acesso aos dados e às informações de natureza íntima e privada da parte, em evidente violação ao que preconiza a Lei Geral de Proteção de Dados Pessoais — LGPD (Lei n. 13.709/2018)" (TST, Processo: 1003410-04.2022.5.02.0000, Rel. Min. Morgana de Almeida Richa, decisão monocrática, DJe 29/05/2023).

e privacidade do usuário na requisição de dados de geolocalização para "suprir" prova da jornada de trabalho,[(23)] como se depreende da seguinte ementa:

> "DADOS DE GEOLOCALIZAÇÃO. REQUISIÇÃO. OFENSA AO DIREITO AO SIGILO TELEMÁTICO E À PRIVACIDADE. Embora a prova digital da geolocalização possa ser admitida em determinados casos, ofende direito líquido e certo ao sigilo telemático e à privacidade, a decisão que determina a requisição de dados sobre horários, lugares, posições da impetrante, durante largo período de tempo, vinte e quatro horas por dia, com o objetivo de suprir prova da jornada a qual deveria ser trazida aos autos pela empresa. Inteligência dos incisos X e XII do art. 5º da CR (TRT da 3ª Região; PJe: 0011155-59.2021.5.03.0000 (MS); Disponibilização: 04/11/2021, DEJT/TRT3/Cad.Jud, Página 939; Órgão Julgador: 1a Secao de Dissidios Individuais; Relator: Marco Antonio Paulinelli Carvalho)"

O Superior Tribunal de Justiça — STJ, embora já tenha reputado que a "identificação de usuários que operaram em determinada área geográfica, suficientemente fundamentada, não ofende a proteção constitucional à privacidade e à intimidade",[(24)] a partir da aplicabilidade no caso concreto dos postulados da razoabilidade e da proporcionalidade por parte do juiz condutor da instrução, assim o faz habitualmente em casos de investigação criminal e também condicionando o acesso aos dados digitais à inexistência de "outra medida possível para se desvendar o crime".[(25)] Ocorre que a elucidação de crime de homicídio não se equipara ao tratamento processual e amplitude probatória aplicável a um processo trabalhista, particularmente daquele que trata de discussão sobre jornada de trabalho e data de admissão de um empregado. O ordenamento pátrio já indica para tal conclusão a partir do que está previsto, por exemplo, em relação à interceptação telefônica já referida em tópico acima. A utilização da geolocalização do usuário como elemento de prova em processos judiciais ainda não foi minuciosamente analisada no plenário do STF,[(26)] sendo que merece destaque o acompanhamento do julgamento a ser

---

(23) Em sentido contrário já decidiu a SDI-I do Tribunal Regional do Trabalho da 2ª Região, consoante se depreende da seguinte ementa: "DADOS DE GEOLOCALIZAÇÃO. PROVA DA JORNADA DE TRABALHO. PROPORCIONALIDADE. VALIDADE. A geolocalização é uma prova mais robusta que a prova testemunhal, pois as testemunhas podem se esquecer de fatos ou mesmo alterar a verdade dos fatos de forma deliberada. Frise-se que o ônus de juntar os controles de jornada é da empregadora, enquanto o de comprovar sua inidoneidade é da empregada e a prova seria para esclarecer os fatos, seja confirmando a tese da defesa, seja confirmando a tese da autora, de forma que a medida é adequada e necessária. Outrossim, quanto à exposição da privacidade da autora, o Juízo soube equilibrar os direitos em colisão, pois delimitou a exposição dos dados relativos apenas aos períodos em que a reclamante estaria no local de trabalho e determinou que os dados sejam colhidos por amostragem (três meses para cada ano trabalhado), de forma que a decisão impetrada é proporcional em sentido estrito e, portanto, válida. (TRT da 2ª Região; Processo: 1002734-56.2022.5.02.0000; Data: 26-04-2023; Órgão Julgador: SDI-1 — Cadeira 9 — Seção Especializada em Dissídios Individuais — 1; Relator(a): IVETE BERNARDES VIEIRA DE SOUZA".

(24) STJ. RMS n. 61.302/RJ, relator Ministro Rogerio Schietti Cruz, Terceira Seção, julgado em 26/8/2020, DJe de 4/9/2020.

(25) STJ, AgRg no RMS n. 68.487/PE, relator Ministro Ribeiro Dantas, Quinta Turma, julgado em 6/9/2022, DJe de 15/9/2022.

(26) De qualquer sorte, vale referir que existem decisões monocráticas que já abordaram o tema, sendo de grande pertinência para os fins aqui pretendidos a menção aos seguintes trechos de voto do Min. Gilmar Mendes quando da análise de suposta ilegalidade da Comissão Parlamentar de Inquérito do Senado Federal — CPI da Pandemia: "[...] é discutível, ao menos em tese, a extensão do dever jurídico de provedores de aplicações de disponibilizarem o acesso a registros de conexão, dados de comunicação e conteúdos de comunicações privadas dos seus usuários. Ainda que entendamos

proferido no recurso extraordinário n. 1.301.250-RJ, por meio do qual já houve o reconhecimento da "repercussão geral" prevista no §3º do art. 102 da CRFB/88 e fixação do Tema 1148 sobre os "limites para decretação judicial da quebra de sigilo de dados telemáticos, no âmbito de procedimentos penais, em relação a pessoas indeterminadas", bem como em relação à conclusão do julgamento conjunto das ADI 5527 e ADPF 403[(27)] que versam sobre os limites de alguns dos deveres jurídicos contidos no MCI.

Além de todas as premissas acima fixadas, não se pode olvidar também da devida contextualização e valoração dos respectivos dados digitais a partir de sua eventual disponibilização — de maneira espontânea ou após o cumprimento de requisição judicial — no processo do trabalho, a qual deverá ocorrer em conjunto com os demais elementos de prova e atentando-se para as garantias aplicáveis à instrução probatória, sem se cogitar necessariamente de qualquer espécie de primazia, até mesmo por não se tratar de elemento infalível e que justifique todas as ilações construídas a partir de um determinado dado digital. Não é demasiado relembrar que em algumas circunstâncias a decisão judicial fixando o uso do multicitado remédio — acesso à geolocalização — em nada contribuirá sensivelmente para o esclarecimento da discussão factual ou definição do enquadramento jurídico das questões submetidas ao juiz. É o que ocorre, por exemplo, com o acesso aos dados digitais oriundos do celular pessoal a partir do seu contato com uma específica ERB (Estação Rádio Base) indicando, por meios de ângulos de alcance da respectiva estação,[(28)] que o dispositivo permanecia nas proximidades de determinado estabelecimento do empregador após a jornada de trabalho. Tal cenário pode, em tese, acarretar pertinentes discussões sobre quem estava na posse do aparelho e especialmente em relação à ocorrência concreta de uma das hipóteses em que o empregado estaria "nas dependências da empresa para exercer atividades particulares", na forma das situações contidas no §2º do atual art. 4º da CLT. Além disso, a mera localização do empregado nas proximidades ou mesmo em sua própria residência também não é sempre incompatível com situação em que ele "esteja à disposição do empregador", o que se verifica, por exemplo, quando exista regime de trabalho híbrido ou teletrabalho para todos aqueles que não prestam serviços exclusivamente por produção e tarefa, em consonância com os

---

que as aplicações de internet podem ser compelidas a conceder o acesso a esses dados para fins de instrução criminal quando houver ordem judicial expressa, remanesceria ainda a questão de saber se as Comissões Parlamentares de Inquérito também deteriam o poder investigativo de ordenar essa disponibilização[...]" e "[...] ao menos em um juízo de cognição sumária, parece de fato que o eventual afastamento do sigilo dos dados referenciados no Requerimento teria o potencial de gerar uma exposição bastante alargada da intimidade das pessoas naturais que estão por trás da pessoa jurídica. A partir dos dados colhidos, a CPI poderia acessar uma infinidade de conversas privadas, além de fotos, vídeos e áudios e dados de localizações geográficas, tudo "de 2018 até o presente", como o próprio Requerimento sugere [...]" (STF, MC em MS n. 38.189/DF, Min. Gilmar Mendes, julgado em 10/09/2021, DJe de 14/9/2021).

(27) Oportuno pontuar que o julgamento no STF da ADPF foi suspenso em 28/05/2020. O Min. Edson Fachin, na condição de relator, já proferiu voto no sentido de "declarar a inconstitucionalidade parcial sem redução de texto tanto do inciso II do art. 7º, quanto do inciso III do art. 12 da Lei 12.965/2014, de modo a afastar qualquer interpretação do dispositivo que autorize ordem judicial que exija acesso excepcional a conteúdo de mensagem criptografada ponta-a-ponta ou que, por qualquer outro meio, enfraqueça a proteção criptográfica de aplicações da internet".

(28) "As antenas ERB podem alcançar até um raio de 1 a 2 km, sendo possível precisar uma região em que o usuário está dentro do ângulo de alcance de uma antena ERB (ângulo chamado de Azimute)" (ALBINO; LIMA, 2022, p. 228).

limites da controversa hipótese inserida no atual inciso III do art. 62 da CLT. No mesmo sentido é o que pode ocorrer a partir de questão factual controvertida que se refira a evento ocorrido em data que ultrapassa os exíguos períodos fixados em lei (arts. 13 e 15 do MCI), o que acaba limitando o dever jurídico de guarda dos registros de acesso a aplicações de internet.

4. CONSIDERAÇÕES FINAIS

A partir das considerações acima apresentadas e na perspectiva de construção de um debate quanto ao tema central do presente estudo, pode-se concluir que os atuais limites constitucionais e infraconstitucionais indicam para verdadeira proteção da privacidade dos dados digitais oriundos da mera utilização de determinado dispositivo eletrônico de uso privado, sendo que as operadoras de telefonia e provedores de aplicativo possuem deveres jurídicos bastante limitados para se cogitar de tendência de ampla disseminação do uso da geolocalização como meio de prova no processo do trabalho. A previsão contida no atual art. 22 do MCI possui requisitos para franquear o acesso a terceiros dos registros de conexão e de aplicações da internet de determinado usuário, sendo que não trata especificamente da geolocalização e muito menos permite expressamente o seu uso como prova em processos judiciais. Não se pode olvidar da exigência de indicação na decisão judicial dos "fundados indícios da ocorrência do ilícito" (inciso I do parágrafo único do art. 22), razão pela qual há ao menos elevada carga argumentativa a ser observada pelo juiz do trabalho quando estiver diante de discussão que envolva elucidação da jornada de trabalho ou da data de admissão do empregado. Existe até mesmo grande dificuldade de formação ao menos de um juízo indiciário de ilicitude antes da colheita de outras provas sobre os temas acima referidos, de modo a indicar que apenas após colhidos os meios tradicionais de prova é que se poderia chegar a tal cognição. Tal ilicitude não pode ser presumida a partir da mera alegação ou conveniência de uma das partes que optou pela não instituição válida de controle de ponto (art. 74 da CLT), de modo a ser paradoxal que o suposto autor de um ilícito trabalhista possua legitimidade para se valer da própria torpeza em juízo e requisitar dados digitais daquele que, a princípio, não incorreu exatamente nas hipóteses fixadas para o fornecimento de registros de conexão ou de registros de acesso a aplicações de internet. A análise sistemática do MCI indica que a menção ao termo "ilícito", contida no enunciado do inciso I do parágrafo único do art. 22, relaciona-se a algo mais próximo de um ilícito criminal ou equivalente, ou seja, não se coaduna com a mera divergência de afirmações de partes e testemunhas no processo do trabalho. Em que pese inequivocamente o juiz possua iniciativa probatória no processo do trabalho, a conduta de referido agente político ainda está adstrita aos limites e valores do ordenamento jurídico pátrio, sendo que deve sopesar todas as regras de inadmissibilidade probatória e considerar os exatos limites dos deveres jurídicos impostos às partes e aos terceiros. O acesso indiscriminado a tais dados digitais de geolocalização de usuários privados, ao arrepio dos limites infraconstitucionais, não se apresenta como compatível com o papel esperado do juiz em nosso modelo processual. Já em sede de conclusão, é imperioso pontuar que muitas vezes os próprios envolvidos na condição de usuários e titulares de determinado dispositivo eletrônico já terão amplo acesso ao conteúdo de tais dados e poderão, ao menos em tese, apresentá-los voluntariamente em juízo. Por fim, ainda que se cogite da aplicação dos postulados da razoabilidade e proporcionalidade da medida de quebra do sigilo telemático ou dos respectivos dados de geolocalização, em verdadeira e discutível nova ponderação de valores no caso concreto e para além dos limites do art. 22 do MCI, cumpre pontuar que se apresenta bastante frágil a premissa de existência de proporcionalidade em sentido estrito na decisão do juiz do trabalho que determine a exibição de dados digitais de geolocalização oriundos de dispositivos eletrônicos de uso pessoal das partes e testemunhas.(29)

REFERÊNCIAS

ALBINO, João Pedro Donaire; LIMA, Ana Cláudia Pires Ferreira de. Técnicas de captura de geolocalização para produção de prova judicial. *Revista Direito das Relações Sociais e Trabalhistas.* São Paulo, v. 8, n. 1, p. 216-233, jan./jun. 2022.

BADARÓ, Gustavo Henrique Righi Ivahy. *Provas atípicas e provas anômalas*: inadmissibilidade da substituição da prova testemunhal pela juntada de declarações escrotas de quem poderia ser testemunha. In: YARSHELL, Flávio Luiz; MORAES, Maurício Zanoide de. Estudos em homenagem à professora Ada Pellegrini Grinover. São Paulo: DPJ, 2005. p. 344.

BADARÓ, Gustavo Henrique. *Epistemologia judiciária e prova penal.* São Paulo: Thomson Reuters Brasil, 2019.

BEDAQUE, José Roberto dos Santos. *Poderes instrutórios do juiz.* 3. ed. rev., atual. e ampl. São Paulo: Revista dos Tribunais, 2009.

CASTELLS, Manuel. *A Sociedade em rede* (A era da informação: economia, sociedade e cultura; v. 1.). Atualizado para 6ª edição. Tradução Roseneide Venâncio Majer. São Paulo: Paz e terra, 1999.

CASTRO, Ítalo Menezes de; VEGAS JÚNIOR, Walter Rosati. O princípio da publicidade, o direito processual do trabalho e os meios eletrônicos. In: NUNES, Dierle José Coelho; LUCON, Paulo Henrique dos Santos; WOLKART, Erik Navarro (org.). *Inteligência artificial e direito processual*: os impactos da virada tecnológica no direito processual. 2. ed. rev., atual. e ampl. Salvador: JusPodivm, 2021.

CORDEIRO, Allan Rangel. Localização *Geográfica Através de Aparelho Celular. Universidade Federal do Paraná.* s/d. Disponível em https://www.eletrica.ufpr.br/ufpr2/tccs/. Acesso em: 28 abr. 2022.

DONEDA, Danilo. *Da privacidade à proteção de dados pessoais*, 3. ed. São Paulo: Revista dos Tribunais, 2021.

(29) "A última etapa da proporcionalidade, que consiste em um sopesamento entre os direitos envolvidos, tem como função principal justamente evitar esse tipo de exagero, ou seja, evitar que medidas estatais, embora adequadas e necessárias, restrinjam direitos fundamentais além daquilo que a realização do objetivo perseguido seja capaz de justificar" (SILVA, 2011, p. 175).

DUPLAT FILHO, Luiz Evandro Vargas. *As provas digitais e o operador do Direito do século 21*. Disponível em: [https://www.conjur.com.br/2021-nov-08/duplat-filho-provas-digitais-operador-direito-seculo-21]. Acesso em: 28 abr. 2022.

FERRAZ JÚNIOR, Tércio Sampaio. Sigilo de dados: o direito à privacidade e os limites à função fiscalizadora do Estado. *Cadernos de Direito Constitucional e Ciência Política*, São Paulo, a. 1, n. 1, p. 77-90, out./dez. 1992.

GUARDIA, Gregório Eduardo Raphael Selingardi. *Comunicações eletrônicas e dados digitais no processo penal*. Dissertação (Mestrado) — Faculdade de Direito, Universidade de São Paulo, São Paulo, 2012.

MALLET, Estêvão. Apontamentos sobre o direito à intimidade no âmbito do contrato de trabalho. *Revista da Faculdade de Direito da USP*, São Paulo, v. 104, p. 199-226, 2009.

MOLINA, André Araújo. Por um processo do trabalho democrático. *Revista LTr*, São Paulo, a. 87, t. II, n. 12, p. 1439-1456, dez. 2023

NANCE. Dale. A. The best evidence principle. In: *Iowa Law Review*. Iowa City: UISL, 1988, v. 73.

SILVA, Virgílio Afonso da. *Direitos fundamentais*: conteúdo essencial, restrições e eficácia. 2. ed. São Paulo: Malheiros, 2011.

SOUZA, Rodrigo Trindade de. WÜNSCH, Guilherme. Reflexões sobre as possibilidades de uso da geolocalização no processo do trabalho. In: KROST, Oscar;

VIDIGAL, Viviane (org.). *Mais direito, tecnologia e trabalho* — vol. 2. Leme, SP: Mizuno, 2022.

TARUFFO, Michele. La prova scientifica nel processo civile. *Rivista trimestrale di diritto e procedura civile,* Vol. 59, n. 4, 2005.

THAMAY, Rennan Faria Krüger; TAMER, Maurício Antonio. *Provas no direito digital*: conceito da prova digital, procedimentos e provas digitais em espécie [livro eletrônico]. baseada na 2. ed. impressa. São Paulo: Thomson Reuters, 2022.

VEGAS JÚNIOR, Walter Rosati. *Prova no processo do trabalho*: das influências dos avanços tecnológicos e sua utilização no direito trabalhista. Curitiba: Juruá, 2017.

Provas digitais: mensagens de *WhatsApp* e questões controvertidas

Ivani Contini Bramante (*)

1. REGIME JURÍDICO DAS PROVAS. DIREITO CONSTITUCIONAL À PROVA JUSTA E ADEQUADA. DEVIDO PROCESSO LEGAL TECNOLÓGICO

Quanto ao conceito, a prova é o ato que busca comprovar a veracidade dos fatos que influenciará diretamente o julgador. O objeto da prova são os fatos, cujo desiderato é a busca da verdade, mediante um processo justo, com adoção do princípio aberto de todas as espécies e meios lícitos de prova, bem como um modelo de processo cooperativo triangular de autor, juiz e réu.

A produção de provas no processo judicial, decorre direito à prova justa e adequada e encontra fundamento no artigo XI, n. 1 da Declaração Universal dos Direitos do Homem e nos artigos 8.1, 8.2, 8.2c e; 9 e artigos 25.1 e 26.1.1 do Pacto de São José da Costa Rica.

A Carta Federal assegura o princípio do livre acesso a Justiça, com as seguintes garantias e princípios: a lei não excluirá da apreciação do Poder Judiciário lesão ou ameaça a direito; que ninguém será privado da liberdade ou de seus bens sem o devido

---

(*) Desembargadora Federal do Trabalho Professora Titular da Graduação e Pós-Graduação da Faculdade de Direito de São Bernardo do Campo da cadeira de Direito do Trabalho e Seguridade Social. Professora convidada da Universidade de Coimbra — Instituto Jus Gentiun Coninbrigae de Direitos Humanos. Mestre e Doutora pela Pontifícia Universidade Católica. Aperfeiçoamento na Universidade Castilla La Mancha — Toledo — Espanha — em Direitos Humanos e Governança, com certificado apostilado em Haia. Pós- graduanda na Universidade Federal do Rio Grande do Sul com projeto aprovado sobre Princípios Humanistas da Inteligência Artificial. Especialista pela OIT/Turim/Itália em Relações Coletivas Comparadas — Defesa da tese intitulada "Entraves a plena liberdade sindical no Brasil", depositada na biblioteca do Cento de Estudos e Documentação da OIT. Membro da ABDSS — Academia Brasileira de Direito da Seguridade Social. Membro da CIELO — Comunidade para Estudo e Investigação Laboral e Ocupacional. Membro do Núcleo de Pesquisa da USP "Trabalho além do Trabalho".

processo legal; aos litigantes, em processo judicial ou administrativo, e aos acusados em geral são assegurados o contraditório e ampla defesa, com os meios e recursos a ela inerentes; são inadmissíveis, no processo, as provas obtidas por meios ilícitos; ninguém será considerado culpado até o trânsito em julgado de sentença penal condenatória (artigo 5º, incisos XXXVI, LIV e LV, LVI, LVII CF/1988). A prova judicial também é balizada pelos princípios da Administração Pública (artigo 37, CF/1988).

Quanto aos meios de obtenção de provas devem ser observados os direitos a privacidade e o sigilo, pois são invioláveis a intimidade, a vida privada, a honra e a imagem das pessoas (artigo 5º, X, CF/1988); o sigilo da correspondência e das comunicações telegráficas, de dados e das comunicações telefônicas, salvo, no último caso, por ordem judicial (artigo 5º, XII, CF/1988);é assegurado, nos termos da lei, o direito à proteção dos dados pessoais, inclusive nos meios digitais (artigo 5º, LXXIX, CF/1988); a casa é asilo inviolável do indivíduo, ninguém nela podendo penetrar sem consentimento do morador, salvo em caso de flagrante delito ou desastre, ou para prestar socorro, ou durante o dia, por determinação judicial (artigo 5º; XI, CF/1988); ainda é assegurado a todos o acesso à informação e resguardado o sigilo da fonte, quando necessário ao exercício profissional (artigo 5º, XIV,CF/1988 e Lei n. 9.296/1996).

Quanto ao direito a prova justa e adequada, registem-se as normativas: Lei n. 11.419/2006 e Lei n. 13.318/2022 sobre informatização do processo judicial; a Lei de Acesso à Informação (Lei n. 12.527/2011); Lei do Marco Civil da Internet (Lei n. 12.965/2014), a Lei Geral de Proteção de dados (Lei n. 13.709/2018); regras processuais do CPC, em especial os artigos 5º, 6º e 7º, 357, § 3º, 369, 370, 371, 372, 373, § 1º, 440, 441, 436 e 439; o artigo 818, da CLT; as regras do processo administrativo (Lei n. 9.784/1999). Na área penal, a Lei n. 9.800/1999 regulamentou o envio de petições via fac-símile; a Lei n. 10.259/2001informatizou os processos nos Juizados Especiais; a Lei n. 11.419/2006 regulou o peticionamento eletrônico e a assinatura eletrônica; a Lei n. 11.719/2008 (artigos 9º, §1º e 405, CP), que permitiu o registro dos depoimentos do investigado, indiciado, ofendido e testemunhas pelos meios ou recursos de gravação magnética, estenotipia, digital ou técnica similar, inclusive audiovisual. Agreguem-se as regras da cadeia de custódia, amplamente aplicadas as provas digitais (artigos 158-A e 159B, CPP incluídas pela Lei n. 13.964/2019).

2. PRINCÍPIOS DA ATIPICIDADE E DA MULTIPLICIDADE DOS MEIOS DE PROVAS. MEIOS DIGITAIS

A ordem jurídica regulou o modelo constitucional e legal de atipicidade e multiplicidade dos meios de prova, desde que moralmente lícita ainda que não especificados em lei todos os meios; a parte tem o direito de provar a verdade dos fatos em que se funda o pedido ou a defesa e influir (artigo 5º, inciso LV e artigos 332 e 369 do CPC). Cabível o depoimento pessoal, confissão, prova documental, testemunhal, pericial, ata notarial, inspeção judicial, prova emprestada, e outras que se fizerem necessárias e úteis. Cabe ao juiz, de ofício ou a requerimento da parte, determinar as provas necessárias ao julgamento do mérito (artigo 370, do CPC e artigo 765, da CLT). Entra em cena também o modelo de processo cooperativo na produção das provas úteis e necessárias ao alcance da verdade e da justiça.

3. PRODUÇÃO DE PROVAS: PRINCÍPIO DA COOPERAÇÃO. AUSÊNCIA DA COOPERAÇÃO JUDICIAL. LITIGÂNCIA DE MÁ-FÉ

A presunção de inocência é secular (artigo 5º, LVII, CF/1988) e ninguém é obrigado a se autoincriminar, mas há um dever de cooperação das partes no processo judicial e respectiva punição de litigância de má-fé. Cabe ao juiz definir a distribuição do ônus da prova. Se a causa apresentar complexidade em matéria de fato ou de direito, deverá o juiz designar audiência para sanear o processo em cooperação com as partes; e se for o caso, convidará as partes a integrar ou esclarecer suas alegações (artigo 357, incisos e § 3º, CPC). Assim, é assegurada às partes paridade de tratamento em relação ao exercício de direitos e faculdades processuais, aos meios de defesa, aos ônus, aos deveres e à aplicação de sanções processuais, competindo ao juiz zelar pelo efetivo contraditório (artigo 7º, CPC). Ao aplicar o ordenamento jurídico, o juiz atenderá aos fins sociais e às exigências do bem comum, resguardando e promovendo a dignidade da pessoa humana e observando a proporcionalidade, a razoabilidade, a legalidade, a publicidade e a eficiência (artigo 8º, CPC). Entretanto, aquele que de qualquer forma participa do processo deve se comportar de acordo com a boa-fé (artigo 5º, CPC), com dever cooperar entre si para que se obtenha, em tempo razoável, decisão de mérito justa e efetiva (artigo 6º, CPC). Ainda, são deveres de todos aqueles que participam do processo: expor os fatos em juízo conforme a verdade; não formular pretensão ou de apresentar defesa quando cientes de que são destituídas de fundamento; não produzir provas e não praticar atos inúteis ou desnecessários à declaração ou à defesa do direito; não praticar inovação ilegal no estado de fato de bem ou direito litigioso (artigo 77, CPC). No atual estágio do processo civil democrático cooperativo todos têm o dever de colaborar com a Justiça para a busca da verdade possível (artigo 378 do CPC) e, no caso das testemunhas, estas prestam o compromisso de dizer a verdade do que souber e lhe for perguntado, sendo advertidas que incorrem em sanção penal quem faz afirmação falsa, cala ou oculta a verdade (artigo 458, parágrafo único, CPC).

Destarte, considera-se litigante de má-fé: a dedução de pretensão ou defesa contra texto expresso de lei ou fato incontroverso; alteração da verdade dos fatos; uso do processo para conseguir objetivo ilegal; oposição de resistência injustificada ao andamento do processo; proceder (ação ou omissão) de modo temerário em qualquer incidente ou ato do processo; provocar incidente manifestamente infundado; interpor recurso com intuito manifestamente protelatório. Desta feita, consuma-se a litigância de má fé a falta do dever de cooperação judicial, criar embaraço ao andamento do processo e a produção de provas inúteis, protelatória, provas digitais fakes, fraudulentas, e ou obtidas por meios ilícitos e ou ilegítimas, inautênticas, inidôneas destituída de veracidade e integridade (artigos 6º,7º, 8º, 77, 68, 79, 80 e art. 357, § 3º CPC; STF/ADIN 2.652/DF. Relator Ministro Maurício Corrêa, Plenário, DJ 14.11.2003; STF/Recl31.726/SP, Min. Relatora Carmem Lúcia).

4. VALIDADE DA PROVA DIGITAL. ÔNUS DA IMPUGNAÇÃO. AUSÊNCIA DE IMPUGNAÇÃO. PRECLUSÃO. ADMISSÃO. CONFISSÃO

A prova digital é equiparada a uma prova documental lato sensu, logo são aplicáveis as regras e princípios clássicos, o regime do ônus da prova, e normas de impugnação de documentos. O artigo 341, e parágrafo único, do CPC estabelecem que incumbe também ao réu manifestar-se precisamente sobre as alegações de fato constantes da petição inicial, presumindo-se verdadeiras as não impugnadas. O ônus da impugnação especificada dos fatos não se aplica ao defensor público, ao advogado dativo e ao curador especial. Ainda, é válida da prova digital diante da ausência de impugnação (artigos 225 e 422, § 1º, do CPC).

O artigo 411, do CPC, considera autêntico o documento quando: o tabelião reconhecer a firma do signatário; a autoria estiver identificada por qualquer outro meio legal de certificação, inclusive eletrônico; não houver impugnação da parte contra quem foi produzido o documento. Ainda, o artigo 412 e parágrafo único do CPC estatui que o documento particular de cuja autenticidade não se duvida prova que o seu autor fez a declaração que lhe é atribuída; o documento particular admitido expressa ou tacitamente é indivisível, sendo vedado à parte que pretende utilizar-se dele aceitar os fatos que lhe são favoráveis e recusar os que são contrários ao seu interesse, salvo se provar que estes não ocorreram.

O artigo 429 do CPC destaca o encargo de prova em duas regras básicas: (i) se a parte contra a qual se produziu uma prova digital não impugna sua assinatura ou autoria, mas apenas o seu conteúdo, é dela o ônus da prova; (ii) se a parte contra quem se faz a juntada de uma prova digital não reconhece sua assinatura ou nega a autoria do fato digital, o ônus de provar a ocorrência do fato é de quem o alega. Na forma do artigo 436 e parágrafo único, do CPC, a parte intimada a falar sobre documento constante dos autos, poderá: impugnar a admissibilidade da prova documental; impugnar sua autenticidade; suscitar sua falsidade, com ou sem deflagração do incidente de arguição de falsidade; manifestar-se sobre seu conteúdo. Nas hipóteses de impugnação da autenticidade ou arguição de falsidade, deverá basear-se em argumentação específica, não se admitindo alegação genérica de falsidade.

5. ATRIBUTOS DA PROVA JUSTA E ADEQUADA: LICITUDE. LEGITIMIDADE. AUTENTICIDADE. INTEGRIDADE. CADEIA DE CUSTÓDIA

O Estado avocou para si o dever de dizer o direito ao caso concreto, obrigou-se a pacificar as relações jurídico-sociais, o que deve ser cumprido para manutenção da ordem jurídica. Para tanto, apresenta-se indispensável outorgar os meios para que as partes possam produzir provas, de forma ampla, e que sejam atendidas a licitude, legitimidade, autenticidade e integridade, em observância aos princípios da segurança jurídica, desdobrado nos princípios do acesso a justiça ou direito de ação; do devido processo legal; do contraditório e ampla defesa; e da vedação da obtenção da prova por meios ilícitos e proteção da privacidade e intimidade.

5.1. Licitude e legitimidade da prova. Prova ilegítima. Prova proibida. Prova ilícita direta e por derivação. Obtenção de provas digitais por meio de infiltração virtual por agentes de polícia

Há diferença entre as provas proibida, ilícita e ilegítima. A prova proibida é gênero e as provas ilícita direta e indireta (por derivação) são espécies. Há vedação de obtenção de prova por meio ilícito, salvo ordem judicial e obtenção de provas digitais por meio de infiltração virtual por agentes de polícia, conforme prevista em lei.

(i) Prova ilegítima: A prova ilícita é alcançada com violação da Constituição e à lei e ocorre fora do processo, extraprocessual, além de ser desentranhada poderá ter efeitos de nulidade processual e efeitos penais, civis ou administrativos, tais como a devassa da privacidade, a confissão mediante tortura, o "grampo telefônico" (GRINOVER/1976)[(1)]. A prova ilícita é inadmissível, não pode sequer ser juntada aos autos; se juntada deve ser desentranhada e não pode ser renovada; a prova ilegítima é nula e deve ser declarada pelo juiz e pode ser refeita. A prova ilegítima é produzida com violação às regras de direito processual, dentro do processo, intraprocessual, no curso do processo e gera a nulidade processual.

(ii) Prova ilícita direta. Vedação de obtenção de prova por meio ilícito. Divulgação de mensagens do *WhatsApp* sem autorização pode gerar obrigação de indenizar: há que ser feita a distinção entre meios de provas e meios de obtenção da prova, pois são inadmissíveis, no processo, as provas obtidas por meios ilícitos (artigo 5º, LVI, CF/1988). Aplica-se ao tema provas digitais o sigilo das informações e a proteção dos dados pessoais, para preservar os direitos da personalidade, a intimidade, a privacidade, a honra e a imagem (artigo 5º, e incisos X, XI, XII, XIV, CF/1988). Quanto ao sigilo e intercepção de conversa telefônica ou na modalidade e-mail ou *WhatsApp* o Supremo Tribunal Federal decidiu que é lícita a gravação de conversa feita por um dos interlocutores, ainda que sem o conhecimento do outro para fins de prova de direito, e pode ser usada em processo (STF/RE 583.937-QO-RG, rel. Min. Cezar Peluso, j. 19/11/2009). A obtenção de prova que contém dados sensíveis da pessoa exige o consentimento, por escrito e expresso, do titular ou por ordem judicial (artigos 5º, XII, 7º, I, 8º, LGPD — Lei n. 13.709/2018, artigos 2º e incisos, 7º, VI, e 11, II,). A divulgação de mensagens do *WhatsApp* sem autorização é crime (artigo 153, CP) e pode gerar obrigação de indenizar

(1) A distinção doutrinária foi expressamente acolhida pelo Plenário do STF, no julgamento do HC 69.912-0/RS (LEX-STF 183/320)

a vítima (artigos 186/187, CC), pois o emissor tem a expectativa de que ela não será lida por terceiros, quanto menos divulgada ao público, seja por meio de rede social ou da mídia (STJ/REsp 1.903.273; STJ/REsp 1.929.433/PR).

(iii) Obtenção de provas digitais por meio de infiltração virtual por agentes de polícia: Diante das inovações tecnologias e potencialização dos crimes por meios virtuais a lei autoriza um novo meio de obtenção de prova, a infiltração virtual de agentes policiais na internet, de aplicação restrita na área penal, para combate ao cybercrimes, crimes organizados, delitos conexos (Lei n. 12.850/2013, alterada pela Lei n. 13.964/2019 artigo 3º, *caput*, VII e artigo 10-A a 10-D), e nos crimes de lavagem de dinheiro (Lei n. 9.613/1988, artigo 1º e § 6º). Ainda, a Lei n. 13.441/2017 (artigos 190-A a 190-E) alterou o Estatuto da Criança e Adolescente e permite a infiltração de agente de polícia para investigação, nos crimes virtuais contra a dignidade sexual da criança e adolescente.

(iv) Prova ilícita por derivação. Teoria dos frutos envenenados. Teoria da mancha purgada. Teoria da serendipidade, do encontro fortuito e casual da prova. Teoria da descoberta inevitável da prova (independent source). Princípio da proporcionalidade na admissão da prova ilícita: a prova ilícita por derivação na sua origem trata-se de uma prova lícita em si mesma, mas sua produção deriva de uma prova ilícita. Quanto a licitude das provas vem a lume as várias teorias: teoria dos frutos envenenados; teoria da mancha purgada; teoria da serendipidade, do encontro fortuito (casual) de provas; teoria da descoberta inevitável da prova; e princípio da proporcionalidade na admissão da prova ilícita por derivação.

(a) Teoria dos frutos envenenados (fruits of the poisonous tree, a árvore ruim dará maus frutos): a teoria dos frutos da árvore envenenada foi desenvolvida pela Suprema Corte Americana, segundo a qual não se admite qualquer prova, ainda que lícita em si mesma, quando oriunda de práticas ilegais. Assim, uma prova lícita fica contaminada se obtida através de uma prova ilícita (case em 1920, Siverthorne Lumber Co. vs. United States).

Em que pese a proibição da utilização de provas ilícitas por derivação, há duas exceções previstas na lei, no artigo 157 e § 1º, do Código Penal: "salvo quando não evidenciado o nexo de causalidade entre umas e outras, ou quando as derivadas puderem ser obtidas por uma fonte independente das primeiras". Cabe a superação da nulidade da prova ilícita, conforme teorias da mancha purgada, da convalidação, da independência das provas, da prova fortuita ou casual (serendipidade); da prova inevitável. No mesmo sentido a jurisprudência (STF, HC-ED 84.679/MS, rel. Min. Eros Grau, j. 30-8- 2005, DJ, 30 set. 2005, p. 23).

(b) Teoria da mancha purgada, da tinta diluída ou teoria do nexo causal atenuado: a teoria da mancha purgada, da tinta diluída, ou teoria do nexo causal atenuado aplica-se na prova ilícita por derivação, quando um ato posterior atenua ou afasta a ilicitude da prova originária. Em resumo, o nexo causal entre as provas primária e secundária é atenuado em razão da circunstância de possuir existência independente daquela: em virtude do espaço temporal decorrido entre uma e outra; de circunstâncias supervenientes no caso concreto; da menor relevância da ilegalidade; da vontade de um dos agentes em colaborar com a persecução criminal. Nesses casos, apesar da contaminação da prova, um ato futuro expurga o vício e permite a convalidação, o aproveitamento da prova inicialmente contaminada. O Superior Tribunal de Justiça (STJ/Rcl 36.734/SP) considerou que o acesso a mensagens do *WhatsApp*, decorrente de busca pessoal e sem autorização judicial constitui prova ilícita, por violação de uma garantia fundamental. Todavia, a fonte da prova mantém-se íntegra e a prova pode ser convalidada pela apreensão judicial do aparelho telemático e posterior perícia técnica de computação.

(c) Teoria da serendipidade (serendipity) do encontro fortuito ou casual de provas: O termo inglês serendipity é o ato de descobrir coisas boas por acaso. Desde que não haja o desvio de finalidade, considera-se válida a prova nas hipóteses em que uma autoridade policial, cumprindo uma diligência relativa a um delito, casualmente encontra provas pertinentes à outra infração penal, que não estavam na linha de desdobramento normal da investigação. Um exemplo, na interceptação telefônica, regularmente autorizada pelo juiz competente para investigar determinado crime, encontram elementos probatórios relativos a outros delitos e ou outras autorias.

(d) Teoria da descoberta inevitável da prova (independent source)

Também conhecida como exceção da fonte hipotética independente, é o caso em que se demonstra que a prova derivada da ilícita seria produzida de qualquer modo por outras provas, independentemente da prova ilícita originária. A despeito da alegação de ilegalidade da prova obtida diretamente de um celular apreendido pela polícia, havia outras provas (confissão) para demonstrar a prática criminosa, pois no curso norma da investigação culminou na prova com o mesmo desfecho dos atos obtidos pela prova ilícita (STJ/HC 521.228, Rel Jorge Mussi). Embora guarde alguma conexão com a original, ilícita, não possui relação de total causalidade em relação àquela, pois outra fonte a sustenta (independent source). O acesso ilegal a dados de celular não invalida a condenação baseada em outras provas independentes, sem nexo causal com a prova ilícita (STJ/HC 722.827, Rel. Jesuíno Rissato).

(e) Apreensão de aparelhos telemáticos para consultas e perícias em metadados. Ordem judicial de interceptação de conversas *WhatsApp*. Suspensão e bloqueio da atividade do *WhatsApp*. Criptografia e impossibilidade de cumprimento de ordem judicial.

A ordem jurídica autoriza mediante autorização judicial, a apreensão de aparelhos telemáticos para perícias em metadados. As regras da Lei de Acesso à Informação (Lei n. 12.527/2011) e o Marco Civil da Internet (Lei n. 12.965/2014) definem a obrigatoriedade de guarda dos registros de conexão e de acesso a aplicações de internet e define a possibilidade de requisição judicial dos registros e dados pessoais armazenados nas operadoras de telefonia, nos provedores de conexão e de aplicações de internet, para formar o conjunto probatório em processo cível ou penal. Quanto as ordens de bloqueio do

WhatsApp envolvem as questões da criptografia; o direito às liberdades de expressão e de comunicação (artigo 5º, IX, CF/1988); o direito à privacidade (artigo 5º, X, CF/1988); o sigilo das comunicações privadas (artigo 5º, XII, CF/1988); o dever de guarda de metadados (Lei Geral de Telecomunicações — Lei n. 9.472/1997 e Marco Civil da Internet Lei n. 12.965/2014); o standard normativo da Convenção de Budapeste sobre o Cybercrime. O Supremo Tribunal Federal no julgado STF/Ação Originaria 2002/DF admitiu prints de mensagens da tela do *WhatsApp* como prova. Ainda, no julgado (STF/ADPF/403 e STF/ADIN 5527) sobre a constitucionalidade do artigo 10, parágrafos 1º e 2º, da Lei n. 12.965/2014, decidiu pela impossibilidade de aplicação de multas as empresas de tecnologia, por descumprimento de ordem judicial, porque incompatível com a criptografia de ponta a ponta, salvo quando comprovado que o cumprimento da ordem é possível. Assim, a Lei n. 9.296/1996 que regula a quebra de sigilo, não é suficiente para justificar a fixação de astreintes para as empresas de tecnologias, no caso de descumprimento de ordem judicial para fornecimento de dados imantados por criptografia de ponta a ponta.

(f) Princípio da proporcionalidade na admissão da prova ilícita: O princípio da proporcionalidade vem na cláusula de abertura do artigo 5º, § 2º, da CF/1988, que acolhe outros princípios decorrentes da sua "ratio". O princípio da proporcionalidade se baseia em clara distinção entre princípios e regras de Robert Alexy e Ronald Dworkin. Assim, se dois princípios entram em rota de colisão, quando algo é proibido de acordo com um princípio e permitido de acordo com outro princípio, diante da ponderação um dos princípios terá que ceder (ALEXY/2008, DWORKIN/2002). Assim, é possível flexibilizar a proibição das provas obtidas por meios ilícitos, com violação a direitos fundamentais, sempre que estiver em jogo um interesse de maior relevância ou outro direito fundamental em contraste (BARROSO/2004).

5.2. Autenticidade e integridade da prova. Credibilidade das provas digitais. Vulnerabilidades e riscos no ambiente digital. Fraudes. Malware. Deepfakes. Uso da tecnologia para valorar a credibilidade e a segurança jurídica das provas digitais. Cadeia de custódia. Normas ABNT/NBR/ISSO 27037:2013

(i) Autenticidade e integridade da prova. Candido Dinamarco anota que o processo civil moderno prioriza a justiça das decisões e a busca da verdade, pois "repudia a ideia do juiz Pilatos, que, em face de uma instrução mal feita, resigna-se a fazer injustiça e atribuir ao litigante omisso a má decisão que vier a proferir" (DINAMARCO/2020). Acrescente-se é inócua a atividade probatória, sem que seja assegurada a produção em ambiente de segurança jurídica quanto a sua formação, conteúdo, autenticidade e integridade da prova. Portanto, é necessário demarcar os lindes do direito constitucional a uma prova justa e adequada com os atributos da licitude, legitimidade, autenticidade e integridade[(2)].

(2) TRT da 2ª Região; Processo: 1000119-11.2020.5.02.0050; Rel. Des. Ivani Contini Bramante, 4ª Turma, Data: 23-08-2022.

Os requisitos imprescindíveis das provas processuais são licitude, legitimidade, autenticidade e integridade. Não pode haver dúvidas sobre a autoria do fato digital, motivo pelo qual é a autenticidade assegura que o autor aparente do fato é, incontestavelmente, seu autor real. Quanto a integridade, deve ser assegurada a inalterabilidade do conteúdo da prova digital, apresentada sem qualquer modificação ou adulteração em seu estado. Quanto a preservação da prova, a cadeia de custódia é técnica de preservação da autenticidade e da integridade do histórico de produção da prova digital, desde a sua identificação até a sua juntada aos autos do processo, devendo a parte fazer a identificação de (a) datas e horários de acesso e extração da prova, (b) bem como o sítio ou lugar em que se isso ocorreu; (c) se mais alguém teve acesso à prova; (d) se na extração dos dados, houve alterações inevitáveis.

(ii) Credibilidade das provas digitais. Vulnerabilidades e riscos no ambiente digital. Fraudes. Malware. Deepfakes. Há inúmeras possibilidades de adulteração, fraude, manipulação, das provas digitais, diante da vulnerabilidade riscos do ambiente digital, a exemplo da malware e deepfakes, Diante da evolução de ferramentas, o método se popularizou; qualquer pessoa com um smartphone e aplicativos específicos consegue criar uma deepfake, em poucos minutos, em dos quatro tipos: face replacement, face reenactment, face generation, audio synthesis.

Deepfakes são criadas por uma constelação de algoritmos de Inteligência Artificial, potencializam os riscos da desinformação em massa. É factível as manipulações digitais de escritas, imagens, vídeos e áudios e simulações de conversas, imagens e textos em aplicativos de comunicação, a partir do uso de técnicas computacionais, conhecidas como redes neurais em combinação com técnicas de computação gráfica. Os documentos digitais são facilmente manipulados e o seu conteúdo online podem desaparecer em questão de segundos. Há vários tipos de fraude e crimes cybernéticos, em particular aqueles envolvendo roubo de identidade, cyberbullying, difamação, intimidação, extorsão, pornográficos, e que colocam em xeque a credibilidade das provas digitais.

Assim, é temerário admitir o mero print de conversa de *WhatsApp*, quando há verificação da alteração do print de conversa revelada pelos trechos desconexos e descontínuos. Há casos em que a conversa no *WhatsApp* apresenta uma sequência lógica temporal, com continuidade da conversa, a mensagem que aparece na parte de baixo de uma tela, aparece também na parte superior da tela seguinte; entretanto, embora com trechos conexos, as modernas técnicas permitem a adulteração das provas digitais. Por isso a exigência da autenticidade pela cadeia de custódia das provas digitais é medida de segurança jurídica.

Um relatório intitulado Virtual Justice, elaborado pelo Surveillance Tecnology Ovbersight (STOP) mostra que as deepfakes poderão em breve ser realidade nas audiências judiciais virtuais e nas videoconferências, com manipulação de áudios e vídeos, a exemplo do aparecimento da imagem de testemunha falsa, ou colocar palavras na boca da testemunha[(3)]. O Malware (malicious) é uma espécie de código computacional ou software invasivo, de acesso aos sistemas e bancos de dados de computadores, desenvolvido para infectar, espalhar, danificar, apagar banco de dados, utilizado para burlar os mecanismos de segurança e propiciar uma infinidade de golpes, adulterações, fraudes e ataques cibernéticos. O sistema de banco de dados é infectado por um malware depois que o usuário baixa ou instala involuntariamente um código ou software malicioso, ou acessa um site, ou clica em um link infectado, ou por meio do compartilhamento em série de arquivos, ou através do download de softwares oferecidos gratuitamente. As principais categorias de malware são Phishing, Spyware, Adware, Vírus, Exploits, Ransomware, Cavalo de Troia, Botnets, Worms, Trojans, Keylogger, Mineiros de criptomoedas, que uma vez instaladas operaram a favor dos cibercriminosos.

(iii) Uso da tecnologia para valorar a credibilidade e a segurança das provas digitais: Há uma contradição interna no uso das novas tecnologias no ambiente digital, há uma dupla vertente do emprego das novas tecnologias. De um lado, traz insegurança jurídica quanto autenticidade das provas digitais; de outro é usada para rastrear a cadeia de custódia e para certificação da origem, veracidade, integridade, audibilidade, repetibilidade, reprodutibilidade e a justificabilidade da prova digital. A superação das mazelas e fraudes das provas digitais e a busca da segurança jurídica contam, também com o apoio e uso das novas tecnologias "para o bem", racionalizadas no princípio das novas tecnologias "pro homine", máxime as novas técnicas das perícias digitais forenses (BRAMANTE/2021).

Registrem-se, as técnicas modernas das novas tecnologias para aferição da segurança das provas digitais: a cadeia de custódia, a ata notarial, a law techs certificadora de provas digitais, a perícia tecnológica de metadados. A ciência forense aliada as técnicas computacionais nas perícias de mídias tecnológicas são úteis no combate aos crimes cybernéticos e a malware e deepfakes, para exames de dados, metadados, imagens e vídeos adulterados, por inconsistências fisiológicas, acústica, presença de pessoas no fundo, ou tamanho da cena, etc. Ainda assim, permeia a insegurança, a exemplo na questão da geolocalização, a *Google* admitiu que os dados não são precisos (RESENDE/2020). As tecnologias modernas auxiliam o Judiciário, a exemplo da *Advokate* que ajuda a valorar a credibilidade da prova testemunhal utilizando uma série de parâmetros introduzidos no algorítimo, embora a jurisprudência considere ilícita e inadmissível a prova obtida por polígrafo (detector de mentiras), pois equivalente a fraude ou coação para a obtenção de uma informação, diante da ofensa aos preceitos legais e constitucionais (STJ/RESP 977089 — DF (2016/0232147-6).

(iv) Cadeia de custódia: A cadeia de custódia é um dos principais componentes para garantir a identificação, coleta, aquisição tratamento, auditabilidade, repetibilidade, reprodutibilidade e preservação do material da evidência digital. O objetivo é evitar o descarte e tornar possível a consulta posterior, para assim obter a confiabilidade,

(3) https://bernardodeazevedo.com/wp-content/uploads/2020/08/final-white-paper.pdf

veracidade e integridade da prova e do conteúdo registrado. para fins de segurança jurídica (CARVALHO/2020). As regras da cadeia de custódia vêm no Código de Processo Penal (Lei n. 13.964/2019, artigos 158-A e 159-B). Na área penal há restrições ao uso de prints de *WhatsApp* como meio de prova, pois sem a cadeia de custódia da prova há empecilho para sua validade (STJ/Recurso em Habeas Corpus 133430 — PE 2020/0217582-8).

(v) Normas da ABNT/NBR/ISSO 27037:2013: as normas da ABNT padronizam uma metodologia de tratamento das evidências digitais, relevante em processos judiciais ou disciplinares, para preservar a integridade e a autenticidade da prova: meios de armazenamento digitais usados em computadores, como HD, disquetes, CD/DVD, pen-drive; Smartphones, Tablets, assistentes digitais pessoais (PDA), dispositivos eletrônicos pessoais (PED), cartões de memória; Sistemas de navegação móveis (GPS); Sistemas embarcados; Câmeras digitais de vídeo e fotografias (incluindo CFTV); Desktops, Notebooks; Redes baseadas em TCP/IP e outros protocolos digitais; e Dispositivos com funções semelhantes das descritas acima. A Evidência Digital é válida quando governada por três pilares fundamentais: (i) relevância, em que a evidência digital é considerada relevante quando se destina a provar ou refutar um elemento de um caso específico que está sendo investigado; (ii) confiabilidade, para garantir que a evidência digital seja o que pretende ser"; (iii) suficiência, significa que a evidência digital seja suficiente para permitir que elementos questionados sejam adequadamente examinados ou investigados. Sinale-se o advento da nova norma internacional ISO/IEC 42001 para auxiliar no desenvolvimento e uso de sistemas de Inteligência Artificial (IA) de forma responsável[(4)].

6. ATA NOTARIAL EM BLOCKCHAIN. AUTENTICIDADE DA PROVA DIGITAL

Os artigos 439, 440 e 441 do CPC tratam das provas coletadas nas páginas eletrônicas e mantidas na internet (fontes abertas) e da sua necessária conversão em documento e respectiva verificação da autenticidade; e a mesma razão imanta as provas coletadas nas fontes fechadas de dados (*WhatsApp*, e-mails). A utilização de documentos eletrônicos no processo convencional dependerá de sua conversão à forma impressa e da verificação de sua autenticidade, na forma da lei. O juiz apreciará o valor probante do documento eletrônico não convertido, assegurado às partes o acesso ao seu teor. Serão admitidos documentos eletrônicos produzidos e conservados com a observância da legislação específica. O documento público faz prova não só da sua formação, mas também dos fatos que o escrivão, o chefe de secretaria, o tabelião ou o servidor declarar que ocorreram em sua

---

(4) A Academia de Forense Digital apresenta um resumo com os principais pontos de interesse da Norma ABNT ISO/IEC 27037:2013, que trata das Diretrizes para identificação, coleta, aquisição e preservação de evidência digital. Sua leitura na íntegra é imprescindível a todos que pretendem atuar na área de investigação cibernética e Forense Digital. A norma faz parte das 45 normas da família ISO 27000 — Gestão da Segurança da Informação. No Brasil, estas normas são compostas pela sigla NBR, revisadas e gerenciadas pela Associação Brasileira de Normas Técnicas (ABNT). Ver a integra através do site https://www.abntcatalogo.com.br/norma.aspx?ID=307273

presença (art. 405, CPC), exceto se declara a sua falsidade (art. 427, CPC). Conquanto permeada de desafios e aperfeiçoamento, a Ata Notarial é um instrumento extrajudicial, dotado de fé pública, prevista no artigo 384 e § único, do CPC, que serve para certificar a existência e o modo de existir de algum fato, que podem ser atestados ou documentados, a requerimento do interessado, mediante ata lavrada por tabelião, ainda que os dados sejam representados por imagem, sons gravados em arquivos eletrônicos e outros, constantes de uma prova digital coletada do *Facebook*, *WhatsApp*, *Instagram*, *Twitter* e das Mídias digitais em geral (SILVA/2022). Atualmente, a Ata Notarial também é digital, em formato de "blockchain" (bloco de notas) hábil a comprovar a veracidade da existência do conteúdo da prova e são úteis como evidência no Judiciário (POLYDOR/2020).

7. LAW TECHS CERTIFICADORAS DE PROVAS DIGITAIS

Para que uma prova digital seja apta e idônea para inclusão em processo judicial, com a certeza de que o material corresponde ao fato ocorrido na internet e que não foi manipulado, há técnicas inovadoras de auditoria para análise: (i) da captura e preservação das provas digitais auditáveis para que as mesmas possam ser utilizadas em tribunal; (ii) e soluções que preservam a auditoria do material, para verificação da origem, integridade e preservação das provas digitais, confiáveis e com validade jurídica.

Um simples *print screen* de um e-mail ou de conversa no *WhatsApp* podem ter a sua validade jurídica e forma probatória questionadas. Na dúvida, a defesa deve impugnar as provas digitais retiradas das mídias, se não foram acompanhadas de validação por ata notarial, ou por certificadoras law techs (aplicativos) ou perícia tecnológica de metadados.

Existem startups do meio jurídico, conhecidas como law techs em metadados, que ganharam popularidade por atuar no segmento de certificação das provas digitais, para prevenção de fraudes. Assim, produzem relatórios que incluem a coleta de metadados detalhados do arquivo digital, com foco na preservação da integridade da prova e o uso de assinaturas certificadas no laudo técnico final. A exemplo, a solução tecnológica da plataforma *Verifact*, certificadora de provas digitais, é um meio de coleta de provas digitais aceita no Judiciário, como alternativo à Ata Notarial, no que se refere a conteúdo da internet, conversas de *WhatsApp*, *Telegram*, redes sociais, sites e e-mails. Veja o passo a passo para uso da plataforma da *Verifact*: (i) crie uma conta no site www.verifact.com.br; (ii) compre créditos pré-pagos na plataforma, para cada ato/demanda; (iii) clique no botão iniciar sessão e acesse o seu *WhatsApp* via QR CODE, (iv) colete informações importantes e o contexto da situação e clique no botão concluir (a partir de um computador ou notebook com internet); (v) aguarde alguns minutos para o processamento dos materiais e baixe o resultado: o Relatório Técnico Certificado PDF; vídeo de registro da navegação e os metadados técnicos(5).

(5) A validade jurídica da prova digital, certificada pelo meio da plataforma Verificat: permite a coleta do conteúdo da internet como prova documental judicial, com as técnicas forenses de preservação de todas as etapas aplicáveis

8. CONCLUSÃO

Só existe direito de acesso à Justiça e direito de defesa quando há garantia do devido processo legal, de ação e do contraditório e ampla defesa, respeitados os direitos de privacidade, incluída a produção de todos os meios de lícitas e morais, de prova justa e adequada, como expressão do Estado Constitucional de Direito.

Na problematização do tema em pauta, surge a seguinte pergunta: o *print* de *WhatsApp*, por si só, serve como prova em processo judicial? A questão não está na adoção ou não das provas digitais, em especial as mensagens de *WhatsApp*, mas na licitude da obtenção dos meios de prova e na originalidade, autenticidade e integridade e a adoção de sistemas de certificação digital que ofereça segurança jurídica.

Quando ao meio de obtenção da prova digital de mensagem de *WhatsApp*, exige a licitude considerando tratar-se de mensagens instantâneas e de fonte fechada de dados. Assim, deve respeitar os direitos de privacidade e proteção dos dados pessoais (artigo 5º, incisos, V, X, XI,XII e LXIX da CF/1988 e artigos 14 *usque* 21, Código Civil e Lei n. 13.709/2018); e só deve acontecer com o consentimento por escrito e expresso dos empregados (artigos 5º, XII, 7º, I, 8º, todos da LGPD, Lei n. 13.709/2018), ou por ordem judicial.

Considera-se válida a prova digital de conversas via aplicativo *WhatsApp* ocorrida entre as partes litigantes: (i) quando obtida por meio lícito, pois o acesso a mensagens do *WhatsApp* decorrente de busca pessoal e sem autorização judicial constitui violação de uma garantia fundamental (artigo 5º, incisos XXXVI, LIV e LV, LVI CF/1988); (ii) quando não impugnada pela parte contra quem foi produzida a prova, mediante confissão ficta; (artigos 225, 411,422, 429, 436,CPC); (iii) quando há confissão real ou provocada, judicial ou extrajudicial, em que a parte admite a verdade do fato contrário aos seus interesses, caso haja reconhecimento e confirmação da mensagem pela pessoa envolvida, e não do print do *WhatsApp* em si considerado (artigos 389 *usque* 395, CPC); (iv) caso a prova digital seja levada aos autos junto a outros elementos, como testemunhas e documentos e formam um conjunto probatório válido; (v) quando não adulterada, caso a autenticidade da prova seja verificada por ata notarial, dotada de fé pública, ou por pericia tecnológica de metadados, ou por law techs certificadoras de provas digitais credenciadas; (vi) quando há requisições judiciais e fornecimento de dados e metadados ou documentos digitais que comprovem a autenticidade da prova; (vii) quando há apreensão de aparelhos telemáticos para consultas e perícias em metadados.

A divulgação de mensagens do *WhatsApp* sem autorização é crime previsto no artigo 153 do Código Penal e pode gerar obrigação de indenizar a vítima (artigos 186/187,

---

da cadeia de custódia; encontra ampla aceitação no Judiciário, porque possui um sistema tecnológico exclusivo e patenteado; é utilizada pelos peritos técnicos forenses computacionais, por pessoas físicas, e alguns órgãos públicos, tais como o Tribunal Superior Eleitoral (TSE), Ministério Público Federal (MPF), Ministério Público dos Estados de SP (MPSP), BA(MPBA), PB (MPPB), PE (MPPE), MS(MPMS), Polícias Civis do Paraná e Bahia.

CC). O princípio da vedação de obtenção de prova por meio ilícito é temperado. (a) a prova pode ser convalidada, diante da teoria da mancha purgada; (b) se a partir de nova linha de investigação, prova licitamente obtida seria inevitavelmente descoberta de outro modo (inevitable discovery); (c) prova, embora guarde alguma conexão com a original ilícita, não possui relação de total causalidade em relação àquela, pois outra fonte a sustenta (independent source). As provas digitais jamais eliminarão a necessidade de produção de outros meios de provas.

REFERÊNCIAS

AVALOS, José Miguel Aguilera. *Auditoria e gestão de riscos*; Instituto Chiavenato (org.). São Paulo: Saraiva, 2009.

BARROS, Suzana de Toledo. *O princípio da proporcionalidade e o controle de constitucionalidade das leis restritivas de direitos fundamentais*. 2. ed. Brasília: Brasília Jurídica, 2000. p. 69;73-5. Disponível em: https://revistacej.cjf.jus.br/cej/index.php/revcej/article/view/840/1022. Acesso em: 10 jan. 2024.

BARROSO, Luís Roberto. *Os princípios da razoabilidade e da proporcionalidade no Direito Constitucional.* Revista de Direito do Ministério Público, Rio de Janeiro, RJ, (4), 1996, p. 168. Disponível em: https://www.mprj.mp.br/documents/20184/2856472/Luis_Roberto_Barroso.pdf. Acesso em: 10 jan. 2024.

BARRETO, Alesandro Gonçalves; WENDT, Emerson; CASELLI, Guilherme. *Investigação digital em fontes abertas.* Rio de Janeiro: Brasport, 2017.

BRAMANTE, Ivani Contini. Ana Cecilia Sampaio De Martino. Leonardo Gutierrez Alvez. *Proteção de dados pessoais na relação de trabalho. Personal Data Compliance (LGPD-Lei n. 13.079/2018).* Curitiba: Juruá Editora. Porto: Juruá Editora Europa. 2021.

BRAMANTE, Ivani Contini. Princípio das Novas Tecnologias Pro Homine. In *LGPD e Compliance Trabalhista. Os desafios atuais do Direito do Trabalho Empresarial.* Coordenação Fernanda Perregil e Ricardo Calcini. Leme — SP: Editora JH Mizuno. 2021.

BRASIL. *Código de Processo Civil* (2015). Código de Processo Civil Brasileiro. Brasília, DF: Senado, 2015. 26 de mar. de 2015. Disponível em: https://www.planalto.gov.br/ccivil_03/_ato2015-2018/2015/lei/l13105.htm. Acesso em: 10 jan. 2024.

BRASIL. Constituição da República Federativa do Brasil, de 05.10.1988. Brasília, 1988. Disponível em: https://www.planalto.gov.br/ccivil_03/constituicao/constituicao.htm. Acesso em: 10 jan. 2024.

BRASIL. *Lei n. 12.965, de 23 de abril de 2014.* Estabelece princípios, garantias, direitos e deveres para o uso da Internet no Brasil. Brasília, 2014. Disponível em: https://www.planalto.gov.br/ccivil_03/_ato2011-2014/2014/lei/l12965.htm. Acesso em: 10 jan. 2024.

BRASIL. *Lei Geral de Proteção de Dados Pessoais* (LGPD). Brasília, DF: Presidência da República, [2020]. Disponível em: https://www.planalto.gov.br/ccivil_03/_ato2019- 2022/2020/lei/l14020.htm. Acesso em: 10 jan. 2024.

CALCINI, Ricardo; MORAES, Leandro Bocchi de. *Uso da geolocalização como meio de prova na Justiça do Trabalho.* Consultor Jurídico, 12 maio 2022.

CARVALHO, Romullo Wherryko Rodrigues de. *A importância da cadeia de custódia na computação forense. Revista Brasileira de Criminalistica*, (S.L.),v.9, n.2, p. 134-138, 8 jul.2020.

CHAVES JÚNIOR, José Eduardo de Resende. *Conexão e processo*, 2016. Disponível em: https://ebooks.pucrs.br/edipucrs/anais/simposio-de-processo/assets/2016/03.pdf. Acesso em: 29 abr. 2023.

DINAMARCO. Candido Rangel. *Instituições de Direito Processual Civil*, 10. ed., 2020: Malheiros Editores, São Paulo. 2020.

DWORKIN, Ronald. *Levando os Direitos a Sério.* Tradução de Nelson Boeira. São Paulo: Martins Fontes, 2002. ALEXY, Robert. A Teoria dos Direitos Fundamentais. Tradução de Virgílio Afonso da Silva. São Paulo: Editora Malheiros, 2008.

FORTES, Olga Vishnevsky. Novos meios de busca da verdade: golocalização. In:MISKULIN,Ana Paula Silva Campos; BERTACHINI, Danielle; NETO, Platon Teixeira de Azevedo. *Provas digitais no processo do trabalho:* realidade e futuro. Campinas: Lacier Editora. 2022.

GRINOVER, Ada Pellegrini. Liberdades públicas e processo penal: as interceptações telefônicas. 2ª ed. São Paulo: RT. 1982.

MELO, Sandro Nahmias. RODRIGUES, Karen Rosendo de Almeida Leite. *Direito à desconexão do trabalho:* com análise crítica da reforma trabalhista: (Lei n. 13.467/2017). São Paulo: LTr, 2018.

POLYDOR, Sylvia. *Blockchain Evidence in Court Proceedings in China — A Comparative Study of Admissible Evidence in the Digital Age* (as of June 4, 2019). Stanford journal of blockchain law & policy, v. 3.1, 2020. p. 96.

RESENDE, Leandro. *À justiça, Google admitiu que dados de localização não são precisos.* CNN Brasil, 10 abr. 2020.

SCORSIM, Ericson Meister. *A questão da criptografia do WhatsApp:* julgamento do caso pelo Supremo Tribunal Federal sob a perspectiva da segurança das comunicações. Teresina: Revista Jus Navigandi, 2017. Disponível em: https://jus.com.br/artigos/58324. Acesso em: 1 maio 2021.

SILVA, Marcos Lama Santos da; MOURÃO, Pedro Borges. *Provas digitais e Ata Notarial:* desafios e soluções. In CALAZA, Tales; TAVAREZ, Viviane Ramos (Coord.) *Processo Civil 5.0*: novas teses envolvendo processo e tecnologia. Tomo II. Uberlândia: LAECC,2022.

SOUZA, Bernardo de Azevedo; MUNHOZ, Alexandre; CARVALHO, Romullo. *Manual Prático de provas digitas.* São Paulo: Revista dos Tribunais, 2023.

THAMAY, Rennan; TAMER, Mauricio. *Provas no direito digital:* conceito da prova digital, procedimentos e provas digitais em espécie. São Paulo: Thomson Reuters Brasil, 2020.

VILAR, Gustavo Pinto; GUSMÃO, Luiz Eduardo. *I*dentificação, isolamento, coleta e preservação de vestígio cibernético. In VELHO, Jesus Antonio (Org.) *Tratado de computação forense.* Campinas: Millenium Editora, 2016.

WATANABE, Kazuo. *O acesso à ordem jurídica justa*: conceito atualizado de acesso à justiça, processos coletivos e outros estudos. Belo Horizonte: Del Rey, 2019.

Os mecanismos teóricos de produção da prova digital e os impactos na negociação coletiva do trabalho

Luiz Eduardo Gunther (*)

Marco Antônio César Villatore (**)

1. INTRODUÇÃO

Na contemporaneidade, o Direito está convivendo de forma permanente com as novas tecnologias. Dentre elas avulta a que se refere a prova. Como se sabe, a prova é um instrumento fundamental na aplicação do Direito e da Justiça. E a prova digital, naturalmente, apresenta aspectos essenciais, que a diferenciam da prova tradicional, a prova histórica, que se construiu em tempo analógico.

Quais os aspectos relativos à prova que devem se apresentar para uma compreensão melhor do que acontece no mundo digital? Quais os aspectos de uma teoria geral da prova que permanecem. Conceito? Características? Fundamentos? Exigências para a validação? O que é necessário estabelecer como premissas para garantir que a prova digital possa ser aceita, aplicada e reconhecida no meio judicial?

(*) Professor da Graduação e do Programa de Pós-graduação (Mestrado e Doutorado) em Direito do Centro Universitário Curitiba — UNICURITIBA. Doutor pela UFPR; Pós-Doutor pela PUCPR; Desembargador do Trabalho do TRT 9. Membro da Academia brasileira de Direito do Trabalho. E-mail: luiz.gunther@uol.com.br. Lattes: http://lattes.cnpq.br/1314611892212586. https://orcid.org/0000-0001-7920-3406.

(**) Professor Concursado Permanente da Graduação e do Programa de Pós-graduação (Mestrado e Doutorado) em Direito da Universidade Federal de Santa Catarina — UFSC. Coordenador da Especialização em Direitos e Processos do Trabalho e Previdenciário da Academia brasileira de Direito Constitucional (ABDConst). Advogado. Membro da Academia brasileira de Direito do Trabalho. E-mail: marcovillatore@gmail.com. Lattes: http://lattes.cnpq.br/6658857270253086. https://orcid.org/0000-0001-6365-6283.

Para reconhecer esses aspectos há que se passar por doutrinadores que se debruçaram com rigor metodológico sobre o tema, analisando, inclusive, a temática filosófica prova versus verdade.

Para fazer uma ligação mais profunda com o Direito e a Justiça do Trabalho optou-se pelo estudo da negociação coletiva e a prova digital. O que se compreende por negociação coletiva do trabalho? Qual a sua importância e impacto nas relações de trabalho? Ela foi afetada pelo mundo digital, pela existência de uma prova com aspectos tecnológicos? Como a negociação coletiva foi transformada a partir da pandemia da COVID-19, desde 2020, e de que forma pode ser aprimorada pela tecnologia. Quais os aspectos que hoje já se descortinam para uma negociação coletiva realizar-se com aplicação de tecnologias digitais?

Naturalmente que não existem respostas absolutas a todas essas indagações. O que se pretende, porém, é apresentar uma série de dúvidas nessa interface entre prova digital e negociação coletiva do trabalho para que se torne possível, a partir de então, verificar a aplicação dessas análises no mundo das relações laborais.

2. OS MECANISMOS TEÓRICOS DE PRODUÇÃO DA PROVA DIGITAL

Ainda que de forma sintética, é preciso distinguir o vocábulo prova em linguagem comum e no sentido jurídico. Conforme Francesco Carnelutti, na linguagem usual, provar significa demonstrar a verdade de uma proposição afirmada. Assim sendo, "no campo jurídico, a comprovação dos fatos controvertidos por parte do juiz pode não derivar da busca da sua verdade, senão dos processos de determinação formal". Se a lei compreende tais processos sob o nome de prova, isso significa que o conteúdo próprio da palavra na linguagem jurídica se altera e se deforma. Provar, de fato, não quer dizer demonstrar já a verdade dos fatos discutidos, e sem "determinar ou fixar formalmente os mesmos fatos mediante procedimentos determinados". (CARNELUTTI, 2005)

Quando se estuda o fenômeno da prova como instituto, deve-se indagar qual o seu significado, a sua definição. Cumpre, então, reconhecer seu caráter multifacetário, capaz de imprimir à figura, conforme o prisma através do qual se a observa, diferentes nuances. Desse modo, tem-se que a prova pode resumir-se em um aspecto argumentativo-retórico, apto a justificar a escolha de uma das teses apresentadas pelas partes no processo. Em outras palavras, a prova assume a função de fundamento para a escolha racional da hipótese destinada a constituir o conteúdo da decisão final sobre o fato. Assim, é possível definir a prova, em direito processual, como "todo meio retórico, regulado pela lei, e dirigido, através dos parâmetros fixados pelo direito e de critérios racionais, a convencer o Estado-juiz da validade das proposições, objeto de impugnação, feitas no processo." (MARINONI, 2009)

Qual seria, então, a finalidade da prova, tal como se a deve entender na atividade jurídica? Pode-se, de acordo com Luiz Guilherme Marinoni e Sérgio Cruz Arenhart, identificar três finalidades, ou funções, de forma especial:

a) Trata-se de meio retórico porque — antes de se destinar à reconstrução de fatos (componente ideal inatingível) — destina-se a estabelecer o diálogo entre as partes e o Estado-juiz, necessário para a fixação dos fatos controvertidos;

b) Esse meio deve se esquadrar nas prescrições legais atinentes à matéria (ainda que a lei autorize a liberdade plena dessas vias), sendo que esses comandos representam os critérios prévios, determinantes da possibilidade do "diálogo"; assim é que essas determinações de lei podem regular tanto o modo de formação da prova como sua produção dentro do processo, como ainda podem condicionar a sua força probante no limite do convencimento do Estado-jurisdição (prova legal);

c) E, enfim, "a função assumida por esses meios é a de convencer o juiz da realidade (ou verossimilhança) das proposições fáticas formuladas incialmente (tanto como afirmações, pretensões e exceções) que tenham sido objeto de questionamento. (MARINONI, 2009)

Em importante obra jurídica, Rui Portanova destaca os princípios sobre a prova, com incidência no processo civil, mas, de uma maneira geral, também aplicáveis ao processo do trabalho: busca da verdade, licitude da prova, inquisitivo; livre admissibilidade da prova, ônus da prova, comunhão da prova, imediatidade, concentração probatória e originalidade. Segundo a sistemática do autor, apresentamos os enunciados desses princípios:

a) **Princípio da busca da verdade** — o juiz deve buscar a verdade material;

b) **Princípio da licitude da prova** — só são admitidas no processo civil as provas lícitas ou moralmente legítimas;

c) **Princípio inquisitivo** — o juiz é livre para determinar as provas necessárias à busca da verdade real;

d) **Princípio da livre admissibilidade da prova** — uma prova deve ser admitida no processo sempre que necessária à determinação da verdade dos fatos e à formação da convicção do juiz;

e) **Princípio do ônus da prova** — compete, em regra, ao autor a prova do fato constitutivo e ao réu a prova do fato impeditivo, extintivo ou modificativo;

f) **Princípio da comunhão da prova** — a prova pertence ao juízo;

g) **Princípio da avaliação da prova** — a prova deve ser avaliada pelo juiz;

h) **Princípio da imediatidade** — o juiz deve colher a prova oral, direta e pessoalmente;

i) **Princípio da concentração** — os atos processuais devem realizar-se o mais proximamente possível uns dos outros;

j) **Princípio da originalidade** — a prova, tanto quanto possível, deve referir-se diretamente ao fato por provar. (PORTANOVA, 1997)

Ressalte-se, sempre, a fundamentalidade do direito à prova. O direito à prova constitui manifestação do direito de acesso à justiça, à defesa, ao contraditório, "à justa solução dos conflitos submetidos ao Poder Judiciário e à efetividade da jurisdição e do processo, sendo todos esses direitos também reconhecidos pelo Direito Internacional dos Direitos Humanos". Pondere-se, igualmente, que, ao reconhecer o direito à dignidade humana e, com isso, aos diretos a ela inerentes, o Direito Internacional dos Direitos Humanos reconhece o direito à prova, vez que "não há titularidade real de direitos sem a possibilidade concreta de fazê-los valer, quando não respeitados espontaneamente. Não há dúvida, assim, que, "negar o acesso aos direitos é negar a sua titularidade e, com isso, o próprio valor da pessoa humana." O direito à prova, portanto, é "uma exigência da dignidade humana, reconhecida pelo Direito Internacional dos Direitos Humanos a toda e qualquer pessoa humana." (ALMEIDA, 2013)

Sobre o tema verdade e processo, muito se escreveu, e ainda muito se escreverá. Naturalmente que quando se menciona a "prova digital" essa análise deve continuar sendo relevante. Ao apreciar a prova, o julgador não se limita a "constatar que ela revelou a existência ou inexistência de um fato, a verdade ou a falsidade de uma afirmação." Pergunta sobre "a inferência que a prova, por si mesma, terá na sentença." Assume, desse modo, uma postura crítica, examinando os atributos da prova, procurando desvendar o que há de intrínseco nela. Devemos compreender, porém, que, "na valoração, pode ocorrer a necessidade de avaliar-se a prova, ou seja, confrontá-la com outra é julgá-la em função dessa comparação". Entretanto, "a prevalência é sempre da operação de valorar, que encerra a essência do ato de julgamento." (PAULA, 2010)

Pode-se classificar as provas em pré-constituídas e casuais; e também em provas diretas e indiretas.

As **provas pré-constituídas** são aquelas denominadas *ad perpetuam memoriam*, na maior parte das vezes sem qualquer preocupação de que venham a ser utilizadas em juízo. Como se sabe, no mundo jurídico do trabalho os fatos vão ocorrendo e se comprovando, naturalmente, em documentos (hoje digitais) ou em testemunhos previamente estabelecidos (gravações?). São os recibos, os lançamentos contábeis, as ordens de serviço, a correspondência, vistorias, cartões ou folhas de ponto (digitais), cartas de advertência ou de suspensão, testemunhas instrumentais, testemunhos fiscais permanentes, como exemplos. As **provas casuais**, por outro lado, surgem e se formam no curso do processo. São os depoimentos das partes e das testemunhas, as perícias, as presunções e os indícios; o arbitramento.

Por outro lado, a **prova direta** é aquela que fornece ao juiz a confirmação imediata de fato; objetivamente, sem especulações ou maior perquirição a respeito. Já a **prova indireta**, também chamada de circunstancial, "é a que somente por ilação ou inferência, através de um raciocínio lógico, revela a veracidade do fato." (ALMEIDA, 1980)

Como se sabe, o documento eletrônico (ou digital) é uma espécie do gênero documento, e, assim, sujeita-se ao regime desse meio de prova. Sempre que houver impugnação ao documento eletrônico, dúvida quanto à sua credibilidade, ou lisura na sua utilização, "o juiz, determinará a realização de perícia para o perfeito esclarecimento dos fatos." (LOPES, 2007)

Para que a prova digital seja útil e válida, é necessário que reúna os seguintes requisitos: a) autenticidade; b) integridade; c) presunção da cadeia digital. Ausentes quaisquer dos requisitos ou pressupostos, a prova mostrar-se-á frágil, ou até mesmo imprestável para produzir efeito no processo.

Por **autenticidade** deve-se entender a qualidade da prova digital que permite a certeza com relação ao autor ou autores do fato digital. Já **integridade** pode ser entendida como a qualidade da prova digital que permite a certeza com relação à sua completude ou não adulteração. Preservar a **cadeia de custódia** da prova digital, desde sua identificação até sua apresentação no procedimento de destino. (GOMES, 2023)

O tema da **geolocalização**, no processo do trabalho ainda é muito recente. Já existem autores afirmando que, se apresentando como meio probatório seguro, ético e justo, a perícia de **geolocalização** marca uma nova etapa na sistemática de prova no processo do trabalho, "inspirando a construção de novos modelos pautados na tecnologia", contribuindo para "a segurança e a confiabilidade da prova", o que nem sempre é alcançado quando a prova é produzida, por exemplo, por meio de testemunhas. (SAKO, 2023)

3. A ANÁLISE DE PROCEDIMENTOS ADEQUADOS QUANTO ÀS PROVAS DIGITAIS NA NEGOCIAÇÃO COLETIVA DO TRABALHO E SUA VALIDADE

No início da era da informação, como revela Manuel Castells, ocorreu uma reestruturação das relações capital-trabalho. Esse fenômeno resultou de circunstâncias históricas, oportunidades tecnológicas e imperativos econômicos. Com o objetivo de reverter a diminuição dos lucros sem causar inflação, as economias nacionais e empresas privadas passaram a atuar sobre os custos da mão-de-obra desde o início dos anos 80, de duas formas principais: a) mediante o aumento da produtividade sem criação de empregos (principais economias da Europa); b) desvalorização de um grande número de novos empregos (Estados Unidos). Dentro dessas circunstâncias, os sindicatos de trabalhadores, que se constituíam em principal obstáculo à estratégia unilateral de reestruturação foram enfraquecidos por sua incapacidade de representar os novos tipos de trabalhadores (mulheres, jovens, imigrantes), de atuar em novos locais de trabalho (escritórios do setor privado, indústrias de alta tecnologia) e de funcionar nas novas formas de organização — a empresa em rede em escala global. (CASTELLS, 1999)

Eventualmente, ou quando necessário, estratégias políticas ofensivas uniram-se às tendências históricas/estruturais contra os sindicatos. Isso aconteceu, por exemplo, com Reagan e os controladores de tráfego aéreo, com Thatcher e os trabalhadores das minas de carvão. Entretanto, até os governos socialistas da França, e da Espanha continuaram a mudança das condições do mercado de trabalho, "consequentemente enfraquecendo os sindicatos, quando as pressões da concorrência dificultavam o total afastamento das novas regras administrativas da economia global." (CASTELLS, 1999)

Qual será o papel a ser assumido pelo Estado, pelas empresas e pelos entes coletivos nessa mutação do trabalho que está ocorrendo na segunda década do século XXI? Thereza Nahas assinala que os modelos empresariais vêm sofrendo uma mutação profunda em razão da inovação tecnológica, mudança climática e sustentabilidade, alterações demográficas e de gerações e escassez mundial de mão-de-obra qualificada, o que vem reclamando um papel mais flexível do governo, das empresas e das organizações sindicais, o que não quer dizer simplesmente que se crie postos de trabalho, mas sim que eles sejam sustentáveis e permitam o trabalho decente e produtivo, com jornadas e renda adequadas e sem riscos à saúde e ao meio ambiente, "readequando o conceito de subordinação a fim de gerar políticas inclusivas e regras mínimas de proteção." (NAHAS, 2020)

É possível relacionar algumas importantes funções da negociação coletiva: compositiva; criação de normas, obrigações e direitos. Também se consideram outras funções aderentes à negociação coletiva, como aquelas de natureza política, econômica, social, de preservação do equilíbrio dos custos sociais.

Provavelmente, a maior funcionalidade da negociação, aquela pela qual sempre se reconhece como fundamental, é a **compositiva**, pela qual os conflitos entre as partes são superados, harmonizando os interesses contrapostos dos trabalhadores e dos empregadores.

A **criação de normas**, igualmente, se insere como uma das funcionalidades da negociação, que se aplicarão às relações individuais de trabalho.

Criar obrigações e direitos entre os próprios sujeitos estipulantes, sem reflexo sobre as relações individuais de trabalho, estabelecendo deveres e faculdades a serem cumpridas pelos entes coletivos.

Quando se menciona a função **política**, se quer dizer da necessidade de diálogo entre grupos sociais, numa sociedade democrática.

A função **econômica** pode ser considerada como um meio de distribuição de riquezas numa economia em prosperidade, ou de redução de vantagens do assalariado numa economia em crise.

Com a função **social** assegura-se a participação dos trabalhadores no processo de decisão empresarial.

A função de **preservação do equilíbrio dos custos sociais** volta-se à possibilidade de a empresa prever os custos trabalhistas, o cálculo dos gastos com o fator trabalho, a diminuição de riscos que podem afetar a normalidade da sua vida financeira.

Todas essas funções receberam grande impacto do mundo digital. O avanço tecnológico e a informática criaram um mundo dos computadores, disponibilizaram mão de obra, "novas profissões surgiram, privatizações de empresa públicas intensificaram-se, sempre com profundas alterações nas relações de trabalho e no poder dos sindicatos perante o empregador." (NASCIMENTO, 2009)

Não parece haver qualquer dúvida que o direito e o dever da informação, ou da transparência, como princípio jurídico, é essencial à negociação coletiva, na qual, os trabalhadores, por intermédio de seus sindicatos, e os empresários (com ou sem seus sindicatos patronais) "apresentam-se na arena dos conflitos coletivos, enxergando-se uns aos outros não como oponentes, mas como partes interessadas em encontrar um ponto comum para solucionar as divergências existentes." (GUNTHER; VILLATORE, 2022)

Às vezes pode-se imaginar a perda de importância da atividade sindical com a globalização e o incremento do mundo digital. Isso, na verdade, não acontece, pois longe de haver perdido centralidade, "as formas organizacionais vinculadas à representação sindical vêm sendo reconfiguradas incessantemente", emulando práticas corporativas em rede, mas também se desenvolvendo a partir de repertórios históricos e inovações institucionais. Nesse contexto, em grande medida, o debate internacional sobre o escalonamento da ação coletiva sindical vem demonstrando "o renovado potencial político dos sindicatos e sua contínua capacidade de pautar a agenda pública em torno da melhoria das condições e relações de trabalho. (RAMALHO, 2022)

O italiano Doutor Matteo Avogaro assevera que o crescente uso de **smartphones, tablets** e tecnologia GPS na execução do trabalho, a integração nos processos industriais de Cyber-Physical Systems (CPS) — a última geração de robôs inteligentes — capazes de dialogar autonomamente entre si e de se adaptar às mudanças do ambiente circundante por meio da inteligência artificial, o uso de **big data** como ferramenta para identificar novas necessidades de mercado e avaliar a **performance** de empresas e trabalhadores, constituem, de fato, uma mudança de paradigmas jurídico e cultural que investem, com diferentes graus de intensidade, sobre todos os contextos de trabalho, impondo ao sindicato — entendido como organização representativa e elemento central da negociação coletiva — "a necessidade de acompanhar o ritmo da inovação, para continuar desempenhando seu papel essencial de equilíbrio entre a subordinação e o poder do empregador." (AVOGARO, 2020)

A negociação coletiva não está imune à influência, a nível de conteúdo e procedimento, do processo de digitalização dos contextos produtivos. Isso pode ser constatado em dois momentos principais.

a) O primeiro momento se dá com a digitalização e negociação coletiva em setores já objeto de negociação coletiva. Trata-se de uma questão de conteúdo. "Nos setores já sujeitos à negociação na era pré-digital, a mutação provocada pelo advento da informatização avançada e das novas tecnologias produziu, principalmente, uma modificação dos conteúdos entre parceiros sociais;"

b) Em um segundo momento acontece uma investigação da conformidade no contexto do **work-on-demand-via-app**.

> Durante o ano de 2018 uma mudança significativa foi registrada no cenário italiano em relação à proteção coletiva do trabalho digitalizado, de modo a influenciar a subsequente intervenção legislativa que foi realizada nos últimos meses de 2019. A cidade de Bolonha tornou-se o laboratório de um importante experimento de concertação local, que envolveu, por vontade do Município, algumas das empresas que operam na cidade e as organizações dos **riders** empenhados no fornecimento de produtos alimentícios aos consumidores. Após a conclusão dessas negociações, foi assinada, em maio de 2018, a Carta dos Direitos Fundamentais do Trabalho Digital no contexto urbano. (AVOGARO, 2020)

Registra, ainda, Matteo Avogaro, que tanto as negociações coletivas como as experiências desenvolvidas em outros países europeus, demonstrou reação capaz de colher as novas exigências geradas, também no contexto da indústria 4.0, da inovação tecnológica, "valorizando temas como a formação, a tutela dos dados pessoais e o *work-life-balance*, demonstrando, no particular âmbito do direito de desconexão, uma capacidade não somente de implementar, mas de antecipar as escolhas do legislador." (AVOGARO, 2020)

Qual é o papel efetivo do sindicato quando se trata da proteção de dados dos trabalhadores, seja na criação de normas coletivas, seja atuando judicialmente? No dizer de Luciane Cardoso Barzotto, tanto na negociação autônoma, quando no Sindicato produz fonte de Direito do Trabalho, como na ação judicial para assegurar direitos de proteção de dados, "há uma autorização legal para a atuação sindical em questão de proteção de dados", especialmente no interesse da categoria, em situações de evidentes violações a direitos individuais homogêneos, como seria "o resguardo de dados de uma determinada coletividade laboral de eventual incidente de segurança ou violação do tratamento legal em desconformidade com a finalidade declarada pelo controlador". Por esses motivos, será possível, viável e legal a existência de "cláusula convencional prevendo a autorização de envio de dados dos trabalhadores aos sindicatos pela categoria econômica, cuja autorização foi feita em assembleia geral e em conformidade com a vontade dos associados. (BARZOTTO, 2021)

Quando se aprofunda o tema da negociação coletiva não há como deixar de concluir que se trata de um dos momentos mais importantes da atividade sindical, onde se apresentam a cidadania e a democracia. Ambas as palavras expressam participação na melhor condição do trabalho e das trabalhadoras e dos trabalhadores. Por outro lado, com a vinda do mundo digital, especialmente o teletrabalho, tanto a cidadania como a democracia passaram a ser ainda mais relevantes pela exigência da participação efetiva de quem trabalha na discussão e implementação de normas coletivas, que podem realmente aprimorar as relações de trabalho. A democracia digital promove a democracia interna das entidades sindicais, com a verticalização do debate e facilitação da participação dos interessados. Desse modo, a formação de opinião e expressão consolidada da somatória das opiniões particulares, daqui para frente, "consistirá na construção da vontade coletiva, irremediavelmente, mediada pelo uso dos aparatos tecnológicos para reunião, consulta e deliberação por plataformas ou ferramentas online." (NICOLADELI, 2022)

De uma forma geral, pode-se dizer que a grande maioria dos sindicatos não utiliza as ferramentas modernas, de instrumentos democráticos mais práticos, rápidos e abrangentes e de facilidades que a tecnologia pode proporcionar, com redução de custos e meios agilidade perante a categoria, tanto nos serviços de informação, quanto nos de defesa e de diálogo coletivo. Nesse sentido, considera-se que o emprego das facilidades oferecidas pelas tecnologias aos sindicatos deve ter as seguintes premissas: a) nenhuma tecnologia substitui plenamente o contato sindical presencial com a base; b) as tecnologias devem facilitar o acesso da base às entidades, promovendo e facilitando o diálogo; c) a tecnologia deve servir à representação sindical, não podendo ser utilizada para finalidade diversa; d) a tecnologia deve abranger todos os representados, não apenas uma cúpula política ou de abastados em recursos tecnológicos; e) as homologações nas rescisões e os cálculos indenizatórios devem ter tratamento especial, rápido e transparente aos trabalhadores. Os instrumentos tecnológicos, assim, devem se pautar na finalidade da função sindical, nos interesses da categoria e na atividade de representação. Não seria apropriado, desse modo, que "as tecnologias se voltassem apenas para dentro da entidade, como forma de cobrar contribuições ou somente facilitar o trabalho administrativo interno." (LIMA, 2022)

Considera-se possível realizar negociação coletiva à distância, com utilização do aparato digital? Devem, sem dúvida, os sindicatos mapear as respectivas categorias e profissões, fazendo juízo de futurologia no sentido de verificar quais ameaças pairam no ar e quais proteções são adequadas aos trabalhadores. Algumas cláusulas se mostram essenciais, nestes tempos "como a implementação do direito à desconexão e a que assegure direito de defesa na exclusão dos trabalhadores de plataforma". Direitos mínimos aos que trabalham sem vínculo de emprego ou sob condições de pressão e opressão devem ser assegurados "nas negociações coletivas, já que a tendência do Estado é se afastar das relações laborais. É preciso pensar em cláusulas que reduzam o impacto ou os efeitos da tecnologia." (LIMA, 2022)

O advento das relações de trabalho mediadas pelos algoritmos trouxe à baila novas modalidades de discriminação indireta (por filtros, por aprendizagem ativa, por tratamento aleatório-randômico), que devem ser debeladas por todas as vias institucionais disponíveis:

a) a vida legislativa;

b) a via da regulação administrativa (ANPD);

c) a via jurisprudencial — com ênfase para o reconhecimento de novos direitos de proteção de dados, como por exemplo, o direito à melhor decisão automatizada;

d) a via da negociação coletiva;

e) a via da governança corporativa — com ênfase para a utilização de novos instrumentos de controle, como o AIIA — artificial intelligence impact assessments, isto é, relatórios de impacto da inteligência artificial. (FELICIANO, 2023)

Constituem desafios e aspectos relevantes do teletrabalho novas pautas de negociação coletiva que, segundo a Organização Internacional do Trabalho (OIT), por intermédio das Notas Técnicas 6/6/2021 e 6/7/2021, seriam as seguintes, em síntese:

a) o uso da tecnologia e da Inteligência Artificial a favor do sindicalismo, na defesa da categoria, e para operacionalizar o direito à informação, consulta e negociação coletiva e diálogo coletivo;

b) a sindicalização dos trabalhadores informais digitais (teletrabalho e trabalho em plataformas digitais);

c) a cidadania laboral transnacional;

d) deve ser assegurado o direito de consulta;

e) inclusão nas orientações para a tomada de decisões de temas sobre a proteção de grupos vulneráveis da população ativa e na perspectiva de gênero e mulheres;

f) pautas sobre os imperativos das novas tecnologias, de novas competências humanas, de qualificação e requalificação profissional;

g) "negociação coletiva para proteção dos direitos de personalidade e combate à violência e assédio moral e digital denominados *gaslighting*, *manterrupting*, *mainsplaing*, *bropriating* e as novas modalidades de *bullying* digital e por algoritmo denominado de *cyberbullying* e *cyberstalking*." (BRAMANTE, 2023)

Deve ser registrado, com ênfase, ainda, que a regulamentação estatal do teletrabalho, em regra, é insuficiente e potencializa o debate na senda da necessidade de complemento normativo via negociação coletiva, especialmente "o direito do teletrabalhador de organização sindical e os impedimentos práticos do exercício dos direitos de representação coletiva e de greve, e também o direito de participação na empresa e outras formas participativas." (BRAMANTE, 2023)

O tema da desconexão ganhou imenso relevo a partir da pandemia da COVID-19, quando o uso do teletrabalho intensificou-se. Passou-se a indagar, então, o que faltava para reconhecer esse direito. Verificou-se que não estavam claramente definidos os parâmetros do que se devia entender por "direito à desconexão".

Essa lacuna legal, no que tange à prerrogativa do trabalhador de permanecer desconectado, poderia, então, ser suprida pelo diálogo social, pois esta é, justamente, uma das funções primeiras da negociação coletiva, ou seja, "a regulação setorial, pautada nas necessidades específicas de determinado segmento ou empresa". Entretanto, pesquisa realizada no sistema Mediador do Ministério do Trabalho brasileiro, no mês de agosto de 2023, constatou "a existência de apenas nove instrumentos normativos vigentes com cláusulas específicas destinadas ao direito de desconexão." Como se há de compreender, trata-se de número irrisório, se considerarmos que, no ano, registraram-se em torno de 7.400 (sete mil e quatrocentos) instrumentos coletivos nesse sistema. (FREIRE, 2023)

Uma parcela importante da doutrina preconiza a existência dos acordos coletivos atípicos dentro do racional digital. O problema a ser discutido parte de duas hipóteses: a) apenas sindicatos oficiais poderiam celebrar convenções e acordos coletivos (art. 8º, inciso IV, CF/88)? b) esses acordos alcançariam somente os trabalhadores empregados? Sendo a resposta pautada numa fundamentação analógica a resposta seria certamente sim.

Parte-se, assim, para outra indagação: se o sindicato estiver acorrentado com o mundo analógico e se recusar a exercer seu papel democrático de representação, negociação e celebração do acordo ou da convenção coletiva para quem se encontra à parte desse círculo tradicional?

Então, Carolina Tupinambá e Antonio Carlos Aguiar, ambos integrantes da Academia Brasileira de Direito do Trabalho, asseveram caber aos interessados "invisíveis" estabelecer negociações com fulcro no Direito Comum, "em conformidade com os fins coletivos da entidade real e digital que vier a lhes assistir negocialmente, dentro da conformidade do que estiver previsto em seu estatuto." (TUPINAMBA; AGUIAR, 2021)

O que se pode entender, então, por "acordo coletivo atípico?" Respondem os autores mencionados que o acordo coletivo atípico será um negócio jurídico em que se pactuarão direitos trabalhistas, devendo respeitar-se os parâmetros estabelecidos no Código Civil, (arts. 104 a 184). Essas associações não sindicais poderão reunir pessoas de uma só categoria ou de várias, representando seus associados em juízo, com amplo usufruto das prerrogativas concedidas a esses tipos de organizações. Existirá, assim, um negócio jurídico não classificado dentro dos moldes de negociação coletiva trabalhista (em face ao monopólio sindical), mas que não possui qualquer vedação legal, desde que respeitados os requisitos legais civis mínimos.

Esses negócios jurídicos poderiam e deveriam, portanto, ser reconhecidos no ordenamento jurídico brasileiro. Reconhecem os autores que "a negociação coletiva realizada pelas associações não sindicais é permitida no Brasil, encontrando respaldo na Constituição Federal de 1988 e no art. 2º da Convenção n. 154 da OIT, ratificada pelo Brasil." (TUPINAMBA; AGUIAR, 2021)

Deve-se partir da premissa de que os contratos atípicos constituem uma alternativa digital para que a coletividade possa ter representação e deixe a invisibilidade. Sua materialização jurídica pode se dar por meio de acordos: "a) negociados por sindicatos representado todos os trabalhadores, mesmo aquelas que não são empregados; b) na sua recusa, por sindicatos livres, sem chancela oficial-estatal de reconhecimento, como associações, próprias do mundo digital." (TUPINAMBA; AGUIAR, 2021)

Os estudiosos Carolina Tupinambá e Antonio Carlos Aguiar apresentam importantes conclusões a respeito do tema, que devem levar a reflexões dos pesquisadores justrabalhistas. Esses acordos coletivos atípicos serão regidos pelas regras do Código Civil acerca dos negócios jurídicos, isto é, somente não são aplicados a eles os efeitos e garantias extras que o direito do trabalho atribui aos seus tradicionais instrumentos coletivos. Para que seja considerado válido, o acordo coletivo atípico necessita da presença dos requisitos previstos no art. 104 do Código Civil: a) agente capaz; b) objeto lícito, possível, determinado ou determinável; c) forma prescrita ou não defesa em lei. Não prevalecerão os acordos coletivos atípicos sobre a lei, em nenhuma hipótese, sendo a eles inaplicável o art. 611-A da CLT. Da mesma forma, inaplicáveis as proibições de possibilidade de negociação previstas no art. 611-B, da CLT. Por derradeiro, quanto à abrangência, "os acordos coletivos atípicos atingirão apenas os contraentes. Considerando que estes serão celebrados por associações não sindicais, os efeitos deste contrato atingirão tão somente os seus respectivos associados." (TUPINAMBA; AGUIAR, 2021)

O novo mundo do trabalho, que já está a nossa volta, precisa receber consideração especial dos entes coletivos. Nesse sentido, a ideia do viés coletivo sindical do século XXI não é apenas para servir de representante (como nos tempos analógicos) de um certo número limitado de trabalhadores (empregados) de um determinado setor, mas trabalhar na construção de um bloco de interesses, afetos, diálogos, experiências, aos quais o maior número de trabalhadores adira, "numa espécie de condensador, agregador de sujeitos e ideias, em constantes aproximações, diversidade, adesões e desgarramentos, transformando-se para tanto em contato ativo com outros centros de intensidade." (AGUIAR, 2023)

Passa-se, assim, do analógico ao digital. De uma demonstração de fatos com registros em papel para um novo descortinar da vida digital e sua capacidade mais adequada de demonstrar os fatos da vida. Tudo de modo digital e por meio de um trabalho sistêmico de construção de conhecimento e representação coletivos, que vai além do sindicato em sim, se estabelecendo uma espécie de crowdsoursing sindical, sistema de chamada aberta e democrática para participação daqueles que efetivamente querem contribuir. Dentro desse sistema subdividem-se outros integrativos, como:

a) Crowdvoting — votação;

b) Crowdfrending — obtenção de recursos, vaquinhas digitais para projetos de representação específicos ou para manutenção da estrutura;

c) Crowdsolving — solução de problemas;

d) Crowdsearching — encontrar algo.

Dentro dessa nova identidade sindical acomodam-se novas formas de trabalho. Acordos Coletivos de trabalho que não se restringem a contratos de emprego. Atravessam zonas cinzentas ou cercadas de tabus de eventual "conflito de interesses de trabalhadores" que são mais trabalhadores do que microempresários ou simples associados. O espectro de alcance e acolhimento não é limitativo. O sindicato evolui e se transforma. Torna-se digital." (AGUIAR, 2023)

A Lei Geral de Proteção de Dados é um marco civilizatório no Brasil e ainda apresenta os seus primeiros passos. Questiona-se se é possível os sindicatos judicializarem aspectos relacionados à LGPD, em seus ângulos jurídicos e econômicos. Desse modo, trata-se de lançar luz sobre a representação eficaz dos interesses dos empregados, quanto à legitimidade ativa dos sindicatos nas ações trabalhistas envolvendo a LGPD. Deve-se, sem dúvida, buscar equilibrar a necessidade de justiça individual com os interesses coletivos, pois aí se desenvolve uma teia complexa de considerações legais e éticas. Nesse sentido, "os Tribunais enfrentam o desafio de discernir entre a busca genuína pela proteção à privacidade da coletividade e a possível exploração de oportunidades para ganho institucional." (ARAÚJO, 2023)

Um trabalho de pesquisa muito interessante analisou o sindicalismo e a negociação coletiva trabalhista nas plataformas digitais de consumo, levando em conta a situação fática e jurídica dos divulgadores digitais. Nesse estudo, asseverou-se que, embora existam desafios a serem ultrapassados, para se garantir acesso sindical aos trabalhadores que atuam como divulgadores de empresas do ramo do comércio varejista de bens, considerou-se necessário que as entidades sindicais da categoria busquem meios para alcançá-los, de modo que as suas demandas passem a compor, obrigatoriamente, "as pautas de reinvindicação da categoria dos comércios, com intuito de reafirmar o sistema constitucional e legal de proteção trabalhista edificado na premissa básica do direito fundamental ao trabalho digno."[(6)]

Segundo Sidnei Machado, não há registro de experiências no Brasil de atuações visando ao estabelecimento de processo de negociação coletiva, ou mesmo a reinvindicação de estabelecimento de um código de conduta pelas plataformas digitais, "com

---

(6) DELGADO, Gabriela Neves; DIAS, Valéria de Oliveira; ASSIS, Carolina de. Sindicalismo e negociação coletiva trabalhista nas plataformas digitais de consumo: uma análise da situação fática e jurídica dos divulgadores digitais. In DELGADO, Mauricio Godinho et al. *Democracia, sindicalismo e justiça social*: parâmetros estruturais e desafios no século XXI. São Paulo: Editora Juspodivm, 2022, (p. 985-1007). p. 1005.

padrões de trabalho justo, que reforcem as melhores práticas na relação entre plataformas digitais e seus prestadores de serviços."(7)

Não parece haver controvérsia no sentido que o mundo digital dirige-se à melhoria de qualidade de vida dos trabalhadores, com mais saúde, menos riscos, com respeito àquilo que denomina-se trabalho decente, expressão cunhada pela Organização Internacional do Trabalho — OIT. Assim, as alterações havidas no universo do trabalho por conta da evolução tecnológica devem servir pra fomentar o desenvolvimento de novos mecanismos de proteção de direitos da pessoa que trabalha, mantendo-se em mente as funções e o alcance do direito do trabalho, do direito coletivo e da atuação sindical.

Deve-se então mencionar um dos três vértices essenciais da vida sindical (ao lado da liberdade sindical e da negociação sindical) que é a atividade paredista garantida num mundo capitalista-democrático. O movimento grevista, sem dúvida, deve ser mantido como ferramenta de autotutela, necessário a todos os trabalhadores no sentido de que, através do exercício do direito de greve, possam atender as necessidades de um mundo em transformação, em prol do equilíbrio das relações laborais e sociais. Nesse sentido, o reconhecimento de outras formas de exercício dos movimentos grevistas e a incorporação de novas categorias de trabalhadores (como aqueles do *Uber*, por exemplo) à proteção social, garantida constitucionalmente, compreende o processo de evolução da sociedade democrática, tal como defendido no âmbito do Estado Democrático de Direito. Devem, pois as organizações sindicais abandonar a estrutura verticalizada, promovendo uma mutação organizacional, o que significa dizer que "as entidades sindicais e o movimento grevista precisam se adaptar à nova realidade da era digital."(8)

4. CONSIDERAÇÕES FINAIS

Empreendem-se, nessa pesquisa, uma conexão entre os elementos teóricos da prova digital e a negociação coletiva do trabalho.

Buscou-se entender o mecanismo da prova digital sob a perspectiva jurídica, sua compreensão, conceito, características, fundamentos, aspectos necessários para reconhecer sua validação.

Ao mesmo tempo, delinearam-se aspectos essenciais da negociação coletiva do trabalho no mundo digital.

---

(7) MACHADO, Sidnei. Representação coletiva dos trabalhadores em plataformas digitais. In DELGADO, Mauricio Godinho et al (Org.). *Democracia, sindicalismo e justiça social*: parâmetros estruturais e desafios no século XXI. São Paulo: Editora Juspodivm, 2022. (p. 749-755). p. 754.

(8) RODRIGUES, Paula Duarte Tavares; SANTANA, Maria Eugênia Neves; MELO, Raimundo Simão de. Greve nas plataformas digitais: o impacto da tecnologia no mundo do trabalho. In AZEVEDO NETO, Platon Teixeira; BITTENCOURT, Renata Osório Caciquinho; OLIVEIRA, Gustavo Afonso (Coord.). *Direito Coletivo do Trabalho*. Brasília-DF: Editora Venturoli, 2023. (p. 537-562). p. 559.

O surgimento de atividades como o teletrabalho, labor em plataformas digitais, como exemplos, mostram o surgimento de novas perspectivas no mundo do trabalho.

Como levar o exercício das atividades sindicais para o universo da tecnologia? Como trazer aspectos essenciais à compreensão da prova digital para a vida sindical, especialmente o exercício da negociação coletiva?

Essas indagações são recentes porque o significado para prova digital ainda é novo, e porque a negociação coletiva do trabalho, que possui construção de décadas, ainda não incorporou as novas tecnologias, que poderiam facilitar e aprimorar o diálogo social.

O contributo do texto é deixar registrado o quanto os temas da prova digital e da negociação coletiva do trabalho se interconectam e devem se aproximar mais para demonstrar a necessidade de sobrevivência da vida sindical num mundo capitalista e democrático.

REFERÊNCIAS

AGUIAR, Antonio Carlos. Novos arquétipos sindicais. In AZEVEDO NETO, Platon Teixeira de; BITTENCOURT, Renata Osório Caciquinho; OLIVEIRA, Gustavo Afonso (Coord.). *Direito Coletivo do Trabalho*. Brasília-DF: Editora Venturoli, 2023. p.363-374.

ALMEIDA, Cleber Lúcio de. *Elementos da Teoria Geral da Prova:* a prova como direito humano e fundamental das partes do processo judicial. São Paulo: LTr, 2013.

ALMEIDA, Isis de. *Teoria e prática das provas no processo trabalhista*. São Paulo: LTr: Ed. da Universidade de São Paulo, 1980.

ARAÚJO, Bruna de SÁ. A judicialização da LGPD pelos sindicatos: aspectos jurídicos e econômicos. In AZEVEDO NETO; Platon Teixeira de; BITTENCOURT, Renata Osório Caciquinho; OLIVEIRA, Gustavo Afonso (Coord.) *Direito Coletivo do Trabalho*. Brasília-DF. Editora Venturoli, 2023. p. 395-411.

AVOGARO, Matteo. Direitos coletivos, tratamento do direito sindical e convênios. In LUDOVICO, Giuseppe; FITA ORTEGA, Fernando; NAHAS; Thereza Christina (Coord.). *Novas tecnologias, plataformas digitais e direito do trabalho*: uma comparação entre Itália, Espanha e Brasil: São Paulo: Thomson Reuters Brasil, 2020. p. 13-48.

BARZOTTO, Luciane Cardoso. LGPD e desafios recentes da negociação coletiva no Brasil. In SILVA NETO, Manoel Jorge (Org.). *Desafios à autonomia negocial coletiva*: estudos em homenagem ao Professor José Augusto Rodrigues Pinto. Brasília-DF: ESMPU, 2021, p. 148-172.

BRAMANTE, Ivani Contini; BRAMANTE, Simone. Teletrabalho e Negociação Coletiva In FELICIANO, Guilherme Guimarães; LIMA, Patrícia Helena Azevedo; MATOS, Larissa (Org.). *Os desafios do teletrabalho*. Campinas-SP: Lacier Editora, 2023. p. 511-527.

CARNELUTTI, Francesco. *A prova civil*. Trad. da 2. ed. italiana por Lisa Pary Scarpa. 4. ed. Campinas-SP: Bookseller, 2005.

CASTELLS, Manuel. *A sociedade em rede* — Vol. I. 14. reimpressão. Trad. Roneide Venancio Majer com a colab. De Klaus Brandini Gerhardt. São Paulo? Paz e Terra, 1999.

DELGADO, Gabriela Neves; DIAS, Valéria de Oliveira; ASSIS, Carolina de. Sindicalismo e negociação coletiva trabalhista nas plataformas digitais de consumo: uma análise da situação fática e jurídica dos divulgadores digitais. In DELGADO, Maurício Godinho et al. *Democracia, sindicalismo e justiça social*: parâmetros estruturais e desafios no século XXI. São Paulo: Editora Juspodivm, 2022, p. 985-1007.

FELICIANO, Guilherme Guimarães. *Proteção de dados pessoais e os impactos nas relações de trabalho*: princípios, aplicações e crítica. São Paulo: Thomson Reuters Brasil, 2023.

FREIRE, Gisela da Silva. O direito à desconexão no trabalho na era digital: necessidade de regulamentação no Brasil. *Revista do Advogado*, n. 160, dez. 2023, AASP, São Paulo. p. 19-26.

GOMES, Erika Cristina Ferreira. Provas digitais e sua repercussão no Direito Processual do Trabalho. *Revista Trabalhista Direito e Processo*, Ano 20, n. 65, janeiro-junho 2021. São Paulo, LTr, julho 2023. p. 56-68.

GUNTHER Luiz Eduardo; VILLATORE, Marco Antônio César. O princípio do direito e dever da informação ou da transparência na negociação coletiva trabalhista. In DELGADO, Mauricio Godinho et al. *Democracia, sindicalismo e justiça social*: parâmetros estruturais e desafios no século XXI. São Paulo: Editora Juspodivm, 2022. p. 947-964.

LIMA, Francisco Gérson Marques de. Tecnologia e o futuro dos sindicatos. In DELGADO, Mauricio Godinho et al (Org.) p.725-726. *Democracia, sindicalismo e justiça social*: parâmetros estruturais e desafios no século XXI. São Paulo: Editora Juspodivm, 2022. p. 719-730.

LOPES, João Batista. *A Prova no Direito Processual Civil*. 3. ed. rev. atual e ampl. São Paulo: Editora Revista dos Tribunais, 2007.

MACHADO, Sidnei. Representação coletiva dos trabalhadores em plataformas digitais. In DELGADO, Mauricio Godinho et al (Org.). *Democracia, sindicalismo e justiça social*: parâmetros estruturais e desafios no século XXI. São Paulo: Editora Juspodivm, 2022. p. 749-755.

MARINONI, Luiz Guilherme; ARENHART, Sérgio Cruz. *Prova*. São Paulo: Editora Revista dos Tribunais, 2009.

NAHAS, Thereza. Qualificação do vínculo e subordinação. In LUDOVICO, Giuseppe; FITA ORTEGA, Fernando; NAHAS, Thereza Christina (Coord.) p. 334-335. *Novas tecnologias, plataformas digitais e direito do trabalho*: uma comparação entre Itália, Espanha e Brasil. São Paulo: Thomson Reuters Brasil, 2020. p. 307-335.

NASCIMENTO. Amauri Mascaro. *Compêndio de Direito Sindical*. 6. ed. São Paulo: LTr, 2009.

NICOLADELI, Sandro Lunard; ALMEIDA, João Guilherme Walski de; CARLESSO, Adriano. Negociações coletivas e assembleias sindicais na pandemia: aspectos peculiares da democracia sindical digital. In DELGADO, Maurício Godinho et al. *Democracia, sindicalismo e justiça social*: parâmetros estruturais e desafios no século XXI. São Paulo: Editora Juspodivm, 2022. p. 911-924.

PAULA, Carlos Alberto Reis de. *Especificidade do ônus da prova no processo do trabalho*. 2. ed. São Paulo: LTr, 2010.

PORTANOVA, Rui. *Princípios do Processo Civil*. Porto Alegre: Livraria do Advogado Editora, 1997.

RAMALHO, José Ricardo; SANTOS, Rodrigo Sales Pereira dos Trabalho e ação sindical em redes globais de produção. In DELGADO, Mauricio Godinho et al. *Democracia, sindicalismo e justiça social*: parâmetros estruturais e desafios no século XXI. São Paulo: Editora Juspodivm, 2022. p.815-833.

RODRIGUES, Paula Duarte Tavares; SANTANA, Maria Eugênia Neves; MELO, Raimundo Simão de. Greve nas plataformas digitais: o impacto da tecnologia no mundo do trabalho. In AZEVEDO NETO, Platon Teixeira; BITTENCOURT, Renata Osório Caciquinho; OLIVEIRA, Gustavo Afonso (Coord.). *Direito Coletivo do Trabalho*. Brasília-DF: Editora Venturoli, 2023. p. 537-562

SAKO, Emília; HASEGAWA; Ernesto Mitsuo; HIGASHI, Alexandre. Perícia de geolocalização: a prova produzida pela tecnologia. *Revista Trabalhista Direito e Processo*, Ano 20, n. 65, São Paulo: LTr, junho 2023. p. 43-55.

TUPINAMBÁ, Carolina; AGUIAR, Antonio Carlos. Acordos Coletivos Trabalhistas Atípicos para um Direito do Trabalho Não Analógico. In BELMONTE, Alexandre Agra; MARTINEZ, Luciano; NAHAS, Thereza (Coord.). *Liberdade Sindical*: uma proposta para o Brasil. Campinas-SP: Lacier Editora, 2021. p. 388-414.

A relevância das provas digitais na investigação patrimonial: uma abordagem à luz do princípio da cooperação

Lady Ane de Paula Santos Della Rocca (*)

1. INTRODUÇÃO

Não se olvida que os processos em fase de execução ainda são responsáveis pela elevada taxa de congestionamento do Poder Judiciário, constituindo-se um dos seus grandes "gargalos", já que representam aproximadamente 34% do total de casos pendentes, segundo o Relatório Justiça em Números de 2023, cujas informações referem-se ao ano-base 2022 (CNJ, 2023).

Tal constatação, aliás, não é novidade e tem perdurado ao longo dos anos, integrando uma das facetas da famigerada crise do Poder Judiciário, caracterizada no sistema judicial pátrio, principalmente, pela morosidade e inefetividade da prestação jurisdicional.

Há mais de um século, Rui Barbosa, eminente jurista brasileiro, na célebre "Oração aos moços" já preconizava que "Justiça atrasada não é justiça, senão injustiça qualificada e manifesta" (2019). Tal advertência, aliás, nunca se mostrou tão atual e continua a ressoar, de forma ainda mais incisiva, especialmente quando envolve a efetiva entrega do bem da vida judicialmente reconhecido e consubstanciado em uma obrigação já consagrada em um título executivo que, por sua própria natureza, é dotado de liquidez, certeza e exigibilidade.

(*) Mestre em Direito pela Faculdade de Direito de Ribeirão Preto (FDRP-USP) e doutoranda em Direito pela Universidade Nove de Julho. Especialista em Direito Civil, Direito do Trabalho e Processo do Trabalho. Professora e Juíza do Trabalho Substituta do TRT da 15ª Região.

A despeito da variedade de possíveis causas para a falta de efetividade das decisões judiciais, circunstância que contribui para a insegurança jurídica e retroalimenta um sistema de reiterados descumprimentos de obrigações judicialmente reconhecidas, destaca-se o crescente aprimoramento e sofisticação dos mecanismos de ocultação e blindagem patrimoniais, o que levou ao Conselho Nacional de Justiça (CNJ) a ampliar, nos últimos anos, o leque de sistemas informatizados à disposição do Poder Judiciário como medida para de enfrentamento da inefetividade dos meios executivos e de pesquisa tradicionais, caracterizados, em sua maioria, pela expedição de ofícios físicos em um panorama de completa desconexão entre as fontes de informação.

Nessa mesma esteira, o CNJ, como parte do Programa Justiça 4.0, cujo escopo, em linhas gerais, é promover o acesso à Justiça e o uso colaborativo de novas tecnologias e inteligência artificial, lançou, no ano de 2022, mais uma ferramenta digital com vistas a agilizar e centralizar a busca de ativos e patrimônio em diversas bases de dados, denominada SNIPER.

No entanto, apesar do crescente incremento do número de convênios e ferramentas eletrônicas de investigação patrimonial, bem como do aprimoramento das respectivas funcionalidades, as estatísticas oficiais ainda apontam para um número crescente de casos pendentes em fase de execução, com uma sutil queda apenas no ano de 2019 (CNJ, 2023, p. 145), o que indica que o problema da inefetividade da execução não se encontra atrelado à falta ou insuficiência de sistemas eletrônicos de pesquisa à disposição do Poder Judiciário e conduz à necessidade de reflexão acerca de alternativas que, associadas às ferramentas de acesso restrito já existentes, possam contribuir para superação da "cultura do inadimplemento" no Brasil.

Isso porque um arcabouço de sistemas eletrônicos de pesquisa de bens e pessoas de acesso restrito, ainda que propiciem a obtenção e o cruzamento de informações oficiais de forma mais célere e efetiva, demandam, para a sua operacionalização, de uma grande quantidade de juízes e servidores capacitados para tanto, o que nem sempre é uma realidade na estrutura dos órgãos do Poder Judiciário, que há tempos enfrentam déficit funcional.

A superação do referido obstáculo, por sua vez, perpassa necessariamente pela adoção de uma postura mais ativa e cooperativa de todos os sujeitos processuais, com destaque para o credor da execução, o qual não deve se contentar com a posição de mero expectador a fim de assumir o papel efetivo protagonista na realização de seu direito material. Para tanto, deverá o exequente, sempre que possível, diligenciar a fim de obter informações que possibilitem a localização de patrimônio do devedor e a satisfação da execução ou, ao menos, constituam indícios que justifiquem e sirvam de direcionamento para a utilização de ferramentas eletrônicas pelo Juízo. Nesse mister, as chamadas "fontes abertas", assim consideradas como sendo aquelas que se encontram disponíveis ao público em geral, tais como as redes sociais e sites das empresas, por exemplo, constituem um importante manancial de pesquisa para a elaboração de um dossiê do devedor, capaz de auxiliar, inclusive, no delineamento de uma estratégia executiva mais adequada, o que evidencia a importância das provas digitais não somente na fase de conhecimento, mas, sobretudo, no contexto da execução.

2. A EFETIVIDADE COMO DIREITO FUNDAMENTAL

O legislador pátrio positivou expressamente o direito à efetividade no art. 4º do Código de Processo Civil, que estabelece que "as partes têm o direito de obter em prazo razoável a solução integral do mérito, incluída a atividade satisfativa", bem como no art. 6º do mesmo diploma legal, segundo o qual "todos os sujeitos do processo devem cooperar entre si para que se obtenha, em tempo razoável, decisão de mérito justa e efetiva".

A despeito da previsão na legislação processual, é importante consignar que a efetividade já encontrava respaldo constitucional nos incisos XXXV, LIV, LV e LXXVIII do art. 5º da Constituição Federal de 1988, conforme, aliás, já advertia Teori Albino Zavaski (1997, p. 34):

> Sob a denominação de direito à efetividade da jurisdição queremos aqui designar o conjunto de direitos e garantias que a Constituição atribui ao indivíduo que, impedido de fazer justiça por mão própria, provoca a atividade jurisdicional para vindicar bem da vida de que se considera titular. A este indivíduo devem ser, e são, assegurados meios expeditos e, ademais, eficazes, de exame da demanda trazida à apreciação do Estado. Eficazes, no sentido de que devem ter aptidão de propiciar ao litigante vitorioso a concretização 'Tática' da sua vitória.

A efetividade constitui, portanto, um dos corolários do devido processo legal e decorre do próprio direito de ação, que não mais se restringe ao acesso do jurisdicionado ao procedimento legalmente instituído, sendo concebido modernamente como a garantia fundamental a um processo justo (MARINONI, 2004), o qual, conforme salienta Daniel Mitidiero (2009, p. 46) "constitui antes de tudo processo substancializado em sua estrutura íntima mínima pela existência de direitos fundamentais".

Dessa forma, segundo a processualística contemporânea, não basta que os direitos sejam reconhecidos, sendo imprescindível que se sejam efetivados (DIDDIER JR, 2021, p. 67), o que, por sua vez, demanda a existência de "um sistema completo de tutela executiva, no qual existam meios executivos capazes de proporcionar pronta e integral satisfação a qualquer direito merecedor de tutela executiva" (GUERRA, 2002, p. 102).

Nesse contexto, a efetividade da tutela jurisdicional exsurge como um direito fundamental, que conjuga os valores da celeridade e da segurança jurídica, constitucionalmente consagrados no art. 5º, e se alinha ao princípio da eficiência, insculpido no art. 37 da Carta Magna.

Tal concepção é corroborada por Luiz Guilherme Marinoni (2004, p. 187), que assim sintetiza:

> Para resumir, basta evidenciar que há direito fundamental à tutela jurisdicional efetiva, tempestiva e, quando houver necessidade, preventiva. A compreensão desse direito depende da adequação da técnica processual aos direitos, ou melhor, da visualização da técnica processual a partir das necessidades do direito material. Se a efetividade (em sentido lato) requer adequação e a adequação deve trazer efetividade, o certo é que os dois conceitos podem ser decompostos para melhor explicar a necessidade de adequação da técnica às diferentes situações de direito substancial. *Pensando-se a partir daí fica mais fácil visualizar a técnica efetiva, contribuindo-se para sua otimização e para que a efetividade ocorra do modo menos gravoso ao réu.*

O reconhecimento da tutela jurisdicional efetiva como direito fundamental e da necessidade de sua efetiva concretização, apesar de ter impulsionado alterações legislativas, não foi suficiente para superar as altas taxas de congestionamento de processos na execução, que, na Justiça do Trabalho, mesmo transcorridos mais de 80 anos da sua instalação oficial no país[(1)], ainda se caracteriza como o seu grande "gargalo" e verdadeiro problema de efetividade da jurisdição (PAMPLONA FILHO; SOUZA, 2020, p. 814).

O Conselho Nacional de Justiça (CNJ) tem externado reiteradamente a sua preocupação com relação a referida problemática e em 2020, através da Portaria n. 272, instituiu um grupo de trabalho para o desenvolvimento de estudos e apresentação de propostas para garantir a efetivação das decisões judiciais em processos de execução. Marco Aurélio Bellizze, ministro do Superior Tribunal de Justiça (STJ) designado como coordenador do aludido grupo, que conta em sua composição com conselheiros do CNJ, representantes da magistratura, advogados, defensores públicos e servidores notariais, ao prefaciar a obra fruto do referido grupo de trabalho pontuou que:

> O CNJ tem atuado em várias frentes para tentar melhorar os índices da execução com a finalidade de apresentar resultados e soluções que garantam a sua efetividade, a satisfação dos credores e a melhoria na prestação jurisdicional e no ambiente de negócios no Brasil. Com efeito, o aperfeiçoamento de sistema de busca de bens, o constante incentivo à autocomposição, a realização de diagnósticos mais detalhados sobre a execução e a **transformação digital** dos tribunais são algumas das medidas que vêm sendo implementas pelo CNJ, na busca de resultados mais promissores para o Poder Judiciário. (g.n.)

(1) A instalação oficial da Justiça do Trabalho no Brasil se deu em 1º de maio de 1941.

A transformação digital, também identificada como "quarta Revolução Industrial", surgiu "da interseção entre computação em nuvem, big data, IoT e IA" (SIEBEL, 2021, p. 41) e trouxe ainda mais sofisticação aos mecanismos de ocultação patrimonial, um dos responsáveis pela crise de efetividade na execução, razão pela qual no contexto atual é impossível a construção de soluções dissociadas da tecnologia e que impliquem em uma mudança disruptiva. Nesse contexto, é possível observar que o Poder Judiciário tem vivenciado um crescente e continuado aprimoramento dos sistemas eletrônicos de pesquisa de bens e de pessoas, o que faz do Brasil um dos pioneiros na sistematização eletrônica de ferramentas de rastreio e recuperação de ativos em processos judiciais, proporcionando celeridade e segurança na troca de informações, e se encontra em consonância com os eixos do Programa Justiça 4.0, especialmente os da "inovação e tecnologia" e da "Prevenção e combate à corrupção e à lavagem de dinheiro e recuperação de ativos" (CNJ).

Assim, nos últimos anos, têm sido firmados acordos de cooperação técnica para acesso de base de dados de instituições públicas e privadas, o que propicia o desenvolvimento de grande número de ferramentas eletrônicas de acesso restrito e o aprimoramento de suas funcionalidades, tal como é o caso, por exemplo, do Sistema de Busca de Ativos do Poder Judiciário — SISBAJUD, plataforma criada em 2020 para substituir o sistema BACENJUD, desenvolvido no ano 2000 (CNJ).

A par disso, o uso das ferramentas eletrônicas também tem sido fortemente estimulado pelo CNJ que, em 23 de março de 2015, publicou a Recomendação n. 51, através da qual recomendou a todos os magistrados que utilizassem exclusivamente os sistemas BACENJUD, RENAJUD e INFOJUD para transmissão de ordens judiciais ao Banco Central do Brasil, Departamento Nacional de Trânsito e Receita Federal do Brasil, por reputá-los ferramentas que garantem segurança, rapidez e economicidade ao envio e cumprimento das ordens judiciais eletrônicas.

Por fim, como mais uma solução tecnológica em prol da efetividade processual, foi lançada, em 2022, no âmbito do programa Justiça 4.0, mais uma ferramenta eletrônica da pesquisa de acesso restrito denominada SNIPER (Sistema Nacional de Investigação Patrimonial e Recuperação de Ativos). Fruto de um projeto de cooperação técnica firmado entre o CNJ e o Programa das Nações Unidas para o Desenvolvimento (PNUD), a referida ferramenta permite centralizar e cruzar informações de diversas bases de dados, abertas e fechadas, em um único local, exibindo os resultados na forma de painéis, tabelas e grafos, desenhos que evidenciam as relações patrimoniais, societárias e financeiras entre pessoas físicas e jurídicas (CNJ).

3. A INVESTIGAÇÃO PATRIMONIAL E AS FERRAMENTAS ELETRÔNICAS DE PESQUISA

É inegável que o Poder Judiciário tem empreendido esforços na elaboração e aperfeiçoamento de ferramentas eletrônicas que visem otimizar a solução dos processos judiciais, seja no que diz respeito à pesquisa de bens e pessoas, seja na efetivação de medidas de constrição patrimonial. Da mesma forma, destaca-se o seu comprometimento com a efetividade através das campanhas institucionais, tais como as Semanas Nacionais da Execução Trabalhista, eventos que mobilizam os órgãos da Justiça do Trabalho de todo o país visando um esforço concentrado para solução definitiva de processos em fase de execução, com a divulgação dos resultados nos portais do Tribunal Superior do Trabalho (TST) e do Conselho Superior da Justiça do Trabalho (CSJT). através de um painel eletrônico chamado "Executômetro" (CNJ).

O mesmo empenho também é externado na Estratégia Nacional do Poder Judiciário, estabelecida na Resolução CNJ n. 325/2020, da qual decorrem as Metas Nacionais para o Judiciário Brasileiro de 2023, dentre as quais é possível destacar a Meta 5, consistente em "Reduzir a taxa de congestionamento, exceto execuções fiscais (STJ, TST, Justiça Estadual, Justiça Federal, Justiça do Trabalho e Justiça Militar da União e dos Estados)" (CNJ).

Semelhante preocupação também pode ser extraída do Plano Estratégico da Justiça do Trabalho para o sexênio 2021 — 2026, elaborado pela Rede de Governança da Justiça do Trabalho, instituída pela Resolução CSJT n. 259/2020, que reconhece expressamente a "baixa efetividade nas execuções trabalhista e fiscal" como uma das fraquezas do sistema judicial trabalhista (CSJT).

Além disso, visando contornar a dificuldade de localização de bens dos devedores, um dos grandes entraves na execução, também foram instituídos Núcleos de Pesquisa Patrimonial e apoio às execuções, com a finalidade precípua de otimizar as diligências para identificação de ativos no Poder Judiciário através do uso sistematizado das ferramentas eletrônicas de pesquisa.

No âmbito trabalhista, os referidos Núcleos foram criados pela Resolução CSJT. GP n. 138/2014, que estabeleceu, dentre as suas competências, "promover a identificação de patrimônio a fim de garantir a execução", bem como propor "convênios e parcerias entre instituições públicas, como fonte de informação de dados cadastrais ou cooperação técnica, que facilitem e auxiliem a execução, além daqueles já firmados por órgãos judiciais superiores" (art. 2º, incisos I e II).

No ano de 2021, criou-se o Laboratório de Tecnologia para Recuperação de Ativos e Combate à Corrupção e Lavagem de Dinheiro no âmbito da Justiça do Trabalho (Lab-JT) pela Resolução CSJT n. 304, destacando-se dentre as suas atribuições a de "Fomentar o uso de técnicas e soluções tecnológicas pertinentes à análise de dados e ao consumo de informações para a pesquisa patrimonial no âmbito da Justiça do Trabalho" (art. 5º, I) e a de "manter e gerenciar plataforma digital de análise de dados para uso intensivo de recursos de tecnologia e ativos de informação" (art. 4º, IV), a qual foi instituída sob a denominação de Plataforma de Pesquisa Patrimonial da Justiça do Trabalho (PPP-JT), por meio do Ato n. 15/GCGJT, de 27 de outubro de 2021, cuja gestão regional foi atribuída aos Núcleos de Pesquisa Patrimonial pela Resolução CSJT n. 305/2021.

A criação dos aludidos Núcleos e os atos que o sucederam, ao institucionalizarem e sistematizarem a investigação patrimonial na Justiça do Trabalho, reconheceram expressamente a necessidade e importância do uso de soluções tecnológicas na pesquisa patrimonial, o que inegavelmente representou um importante passo rumo à concretização do princípio da efetividade processual, na esteira das soluções disruptivas apregoadas pelo Programa Justiça 4.0.

Entende-se como investigação patrimonial

> (...) o método de levantamento de informações visando localizar patrimônio (bens, direitos e valores) em nome do investigado ou ocultado por pessoas interpostas (familiares, 'laranjas', testas de ferro, pessoas jurídicas), ou estruturas societárias fraudulentas (empresas de fachada e sociedade holding) mediante adoção de diligências e observação criteriosa de elementos fático probatórios produzidos, envolvendo os vestígios e pistas (prova indiciária). (GUIMARÃES; CALCINI; JAMBERG, 2023, p. 713).

Trata-se, pois, de processo de inteligência digital, uma vez que pressupõe um processo de investigação coordenado ou um processo de produção do conhecimento de inteligência elaborado de acordo com o "ciclo do processo de conhecimento", baseado na utilização de todos os meios tecnológicos, digitais, telemáticos e de interceptação de sinais (BARRETO; WENDT, 2020, p. 25).

A investigação patrimonial, também conhecida como pesquisa patrimonial, como um processo que envolve a identificação de devedores e corresponsáveis, bem como a localização dos respectivos bens e ativos, se dá mediante a utilização de ferramentas eletrônicas, as quais consistem em instrumentos tecnológicos que permitem o acesso a bases de dados de instituições públicas e privadas, com informações protegidas por sigilo ou não (GUIMARÃES; CALCINI; JAMBERG, 2023, p. 739).

As ferramentas eletrônicas, como fontes de informação da investigação, podem ser classificadas em *abertas* e *fechadas*. As primeiras são aquelas de livre acesso, sem barreiras à obtenção dos dados, enquanto as segundas são aquelas cujos dados são protegidos ou restritos (BARRETO; WENDT, 2020, p. 28).

Disso decorre que a investigação patrimonial pode se dar de duas formas, ou seja, *extrajudicialmente*, quando deflagrada pelo próprio interessado, sem necessidade de intervenção do Poder Judiciário, mediante o uso de fontes abertas, ou *judicialmente*, quando realizada se depende do Poder Judiciário para acionar as ferramentas eletrônicas de acesso restrito, bem como para implementar diligências judiciais destinadas à pesquisa patrimonial (GUIMARÃES; CALCINI; JAMBERG, 2023, p. 713).

Finalmente, de acordo com a finalidade para a qual se destina e o grau de complexidade das ferramentas utilizadas, a investigação ou pesquisa patrimonial realizada pode ser classificada em *básica* ou *avançada*. Assim sendo, concebe-se como pesquisa patrimonial básica aquela que se destina a localizar bens em nome do próprio executado, dentre as quais inserem-se as seguintes: SISBAJUD, RENAJUD, CNIB e INFOJUD. De outra parte, caracteriza-se como pesquisa patrimonial avançada aquela cujo escopo é a identificação do fenômeno da blindagem ou ocultação patrimonial, isto é, busca identificar bens que pertençam ao devedor, mas que tenham sido por ele ocultados através da utilização de pessoas interpostas (Ex. "laranjas") ou mediante o uso de estruturas societárias fraudulentas (GUIMARÃES; CALCINI; JAMBERG, 2023, p. 845).

4. AS FONTES ABERTAS E A IMPORTÂNCIA DA COOPERAÇÃO PROCESSUAL NA INVESTIGAÇÃO PATRIMONIAL

O CPC de 2015, aplicável subsidiariamente ao Processo do Trabalho, positivou expressamente o Princípio da Cooperação no art. 6º, o qual dispõe que "Todos os sujeitos do processo devem cooperar entre si para que se obtenha, em tempo razoável, decisão de mérito justa e efetiva."

O princípio da cooperação (ou da colaboração), como um dos espectros dos princípios da boa-fé e da efetividade, a partir da sua inserção expressa no diploma processual civil, ainda que já fosse uma decorrência dos princípios constitucionais do contraditório e da ampla defesa, passou a constituir-se legalmente um vetor da conduta de todos os sujeitos processuais, reforçando a intenção do legislador da sua imprescindível observância para o alcance de um processo justo.

Dele, aliás, é possível depreender que

> (...) o processo é produto de uma atividade cooperativa triangular, composta pelo juiz e pelas partes, que exige uma postura ativa, de boa fé e isonômica de todos os atores processuais, e, especificamente do juiz, a atuação como agente colaborador do processo, e não mero fiscal de regras, visando à tutela jurisdicional específica, célere e adequada. Traduz-se, portanto, em um diálogo entre partes e juiz, que encontra, porém, limites na natureza da atuação de cada um dos atores processuais (Acórdão 1011021, unânime, Relator: ALFEU MACHADO, 1ª Turma Cível, data de julgamento: 19/4/2017).

Ainda, conforme asseveram Luiz Guilherme Marinoni, Sérgio Cruz Arenhart e Daniel Mitidiero (2019, p. 169)

> A colaboração é um modelo que visa a organizar o papel das partes e do juiz na conformação do processo, estruturando-o como uma verdadeira comunidade de trabalho (*Arbeitsgemeinschaft* — na clássica expressão da doutrina austro-germânica), em que privilegia o trabalho processual em conjunto do juiz e das partes.

Exsurge, portanto, um novo modelo de atuação dos sujeitos processuais, especialmente das partes, as quais, de meras expectadoras, devem assumir o papel de protagonistas na solução do processo, o que implica a necessidade de uma postura mais ativa e colaborativa em todas as fases processuais.

No entanto, apesar do aludido princípio não fazer qualquer distinção, a prática forense demonstra que a conduta mais proativa das partes interessadas na maioria das vezes concentra-se na fase de conhecimento, mais precisamente na fase da instrução probatória, ficando relegada à segundo plano na execução, sobretudo na fase da busca e localização de patrimônio do devedor.

Assim, as partes, após requererem o início da execução, geralmente mantém uma posição de relativa inércia, depositando a sua confiança no impulso oficial dos atos executivos pelo Juízo, do qual esperam resultados exitosos advindos de um arsenal de ferramentas eletrônicas de acesso restrito, cuja utilização normalmente é requerida de forma genérica, muitas vezes sem fundamento e sem qualquer pertinência ou razoabilidade, o que conduz a um elevado número de indeferimentos e culmina em uma avalanche de execuções frustradas.

Referido comportamento, que decorre de uma equivocada e ultrapassada concepção de que o papel de protagonista da execução restringe-se ao Juiz, não raras vezes também é consequência do desconhecimento das próprias funcionalidades das ferramentas eletrônicas à disposição do Poder Judiciário.

Ademais, observa-se que o empenho das partes na produção probatória concentra-se na maioria dos casos na fase de conhecimento. Isso porque a própria noção de prova encontra-se associada a ideia de demonstração da verdade de uma proposição (CARNELUTTI, 2002, p. 67), o que, em uma primeira leitura, pode conduzir à falsa apreensão de sua inaplicabilidade no bojo da investigação patrimonial.

É preciso, no entanto, desmistificar esses falsos paradigmas, a fim de que o princípio da cooperação seja efetivamente concretizado na execução. Para tanto, impõe-se que as partes, ao lado do Estado-Juiz, assumam o papel de protagonistas na busca de meios para satisfazer a obrigação reconhecida judicialmente, notadamente durante a investigação patrimonial que, conforme já abordado no tópico anterior, também poderá se operacionalizar na forma extrajudicial.

A investigação patrimonial, à luz do Princípio da Cooperação, não se constitui monopólio das partes e tampouco do Poder Judiciário, uma vez que a sua eficácia depende do esforço conjugado dos sujeitos processuais. Nesse sentido, incumbe ao exequente diligenciar extrajudicialmente a fim de fornecer ao Juízo indícios que orientem e auxiliem no delineamento de uma estratégia investigativa, justificando, inclusive, a utilização de ferramentas eletrônicas de pesquisa mais avançadas, que demandem, inclusive a quebra de sigilos bancário e fiscal, tal como o SISCOAF (Sistema de Controle de Atividades Financeiras)[(2)], por exemplo.

(2) Disponível em: https://www.gov.br/coaf/pt-br/sistemas/siscoaf/siscoaf-acesso. Acesso em: 05 jan. 2023.

Vale lembrar que indício constitui meio de prova e diz respeito ao "fato conhecido que, por via de raciocínio, sugere um fato desconhecido (fato probando), do qual é causa ou efeito" (MOREIRA, 1977, p. 56). A prova por indício (prova indiciária) conduz à presunção de um fato e, segundo ensina Francisco Cavalcanti Pontes de Miranda, "pode aparecer em qualquer lugar: 'pode estar na prova testemunhal, no documento, na coisa, na confissão extrajudicial, na carta, no próprio sorriso da parte ou da testemunha'", de modo que, no contexto da sociedade da informação, em que preponderam a utilização dos recursos tecnológicos, também inclui as provas digitais, que, em linhas gerais podem ser definidas como.

> (...) o instrumento jurídico vocacionado a demonstrar a ocorrência ou não de determinado fato e suas circunstâncias, tendo ele ocorrido total ou parcialmente em meios digitais ou, se fora deles, esses sirvam como instrumento de sua demonstração. A prova digital é o meio de demonstrar a ocorrência de um fato ocorrido em meio digital, ou que tem no meio digital um instrumento de demonstração de determinado fato (e) de seu conteúdo.

É cediço que grande parte do insucesso das execuções se deve à não localização de patrimônio do devedor através das ferramentas de pesquisa básica que, seguindo a ordem de penhora prevista no art. 835 do CPC, envolvem comumente a busca de dinheiro, veículos de via terrestre e imóveis do devedor. Sobre a problemática, advertem Andréa Presas e Flávia Marques (2021, p. 42):

> De logo vem à mente o questionamento: quais seriam os principais motivos para tal insucesso? E a resposta comporta uma variedade de situações que vão, desde o aumento crescente do número de devedores insolventes, perpassando por fraudes das mais diversas e inusitadas, chegando-se à ocultação de bens e valores, com a utilização de refinadas técnicas de engenharia financeira, que incluem, por exemplo, desde a formação de "empresas de fachada" ou mesmo com a utilização de "laranjas" ou "testas de ferro".

Nessa toada, o exequente poderá se valer das fontes abertas de pesquisa a fim de obter informações que se constituam indícios, por exemplo, da ocultação ou blindagem patrimonial, como, por exemplo, a ostentação em redes sociais de uma condição financeira diferente daquela verificada através das ferramentas eletrônicas de pesquisa básica. Tais informações, obtidas através da internet, se constituem espécies de provas digitais e devem ser utilizadas como ponto de partida para o aprofundamento das pesquisas pelo Poder Judiciário, já que permitem a elaboração de uma espécie de "dossiê" do devedor investigado. Ou seja, elas deverão ser usadas de forma complementar, constituindo-se indícios que deverão ser corroborados por outras provas mais consistentes e que servirão para a otimização do uso das ferramentas de acesso restrito.

Para corroborar a utilidade dos dados obtidos em fontes abertas no âmbito das investigações policiais, Alesandro Gonçalves Barreto e Emerson Wendt citam em sua obra uma pesquisa realizada no ano de 2014 sobre o uso de mídias sociais por órgãos de aplicação da lei que identificou "que 73% dos órgãos de investigação utilizam as redes sociais para solucionar os delitos de forma mais célere, com 25% dos policiais acessando-as diariamente para auxílio de seu trabalho" (2020, p. 57).

Com a crescente expansão da informatização na sociedade e "a inundação de dados gerada pela democratização da informação e pela popularização das tecnologias de informação" (BARRETO; WENDT, 2020, p. 43), houve um aumento considerável de fontes abertas que podem ser utilizadas como ferramentas de pesquisa na investigação extrajudicial, isto é, aquela realizada pelas próprias partes, sem intervenção do Poder Judiciário.

À título de exemplo, além das redes sociais, que já tem sido utilizadas pelo próprio Poder Judiciário[(3)], é possível mencionar, quando o investigado é uma pessoa jurídica, os sítios eletrônicos da empresa, que permitem, dentre outros dados, a identificação de eventual grupo econômico autodeclarado, bem como eventuais administradores (sócios e não sócios) (GUIMARÃES; CALCINI; JAMBERG, 2023, p. 717).

É possível destacar, ainda como exemplos, a ferramenta *Whois*[(4)], que permite identificar a titularidade de um domínio de site na internet; a *WayBack Machine*[(5)], que possibilita recuperar informações excluídas ou alteradas ao longo do tempo do site alvo de investigação; o SINTEGRA (Sistema Integrado de Informações sobre Operações Interestaduais com Mercadorias e Serviços)[(6)] que permite verificar se a empresa ainda está em atividade ou, estando ativa, quando ocorreu e qual foi a causa da inatividade, o que pode permitir a identificação de mecanismos de blindagem patrimonial etc.

Enfim, a conjugação de esforços do exequente e do Poder Judiciário na tarefa investigativa, através de uma postura mais ativa e cooperativa nas diligências em fontes abertas e fechadas de informação e mediante a otimização da utilização das provas digitais na execução, além de proporcionar maior celeridade processual, constitui-se um importante mecanismo para a efetividade processual, pois permite a construção de uma estratégia de investigação mais pontual, sólida e eficaz, evitando diligências desnecessárias.

5. CONSIDERAÇÕES FINAIS

A persistência da elevada taxa de congestionamento do Poder Judiciário, especialmente em processos de execução, revela-se como um desafio de longa data. A crise

(3) Destaca-se a decisão proferida em fevereiro de 2023 no Processo 0001698-39.2010.5.02.0445, pela Juíza do Trabalho Samantha Mello, da 5ª Vara do Trabalho de Santos, que determinou que uma mulher com dívida trabalhista de R$ 30 mil há 13 anos tenha a CNH e o passaporte apreendidos, além de itens de luxo penhorados (Disponível em https://www.conjur.com.br/2023-mar-04/juiza-ironiza-luxo-devedora-trabalhista-manda-apreeender-cnh/. Acesso em: 09 jan. 2024).

(4) Disponível em: https://registro.br/tecnologia/ferramentas/whois/. Acesso em: 10 jan. 2024.

(5) Disponível em: https://archive.org/web/. Acesso em: 10 jan. 2024.

(6) Disponível em: http://www.sintegra.gov.br/. Acesso em: 10 jan. 2024.

da morosidade e inefetividade da prestação jurisdicional, delineada ao longo dos anos, destaca-se como uma faceta preocupante do sistema judicial brasileiro.

Apesar dos esforços e avanços, muitos deles introduzidos no âmbito do Programa Justiça 4.0 do Conselho Nacional de Justiça, a execução continua sendo o grande gargalo do Poder Judiciário, sugerindo que a problemática vai além da mera disponibilização de sistemas eletrônicos de pesquisa. O aperfeiçoamento dos mecanismos de ocultação e blindagem patrimoniais, embora enfrentado pelo CNJ com a implementação de novas tecnologias como o SNIPER, evidencia a necessidade de reflexão sobre alternativas para superar a "cultura do inadimplemento" no Brasil.

A postura mais ativa e cooperativa de todos os sujeitos processuais, em conformidade com o Princípio da Cooperação, insculpido expressamente no art. 6º do CPC, emerge como uma abordagem crucial e, não obstante o papel essencial das ferramentas eletrônicas, a responsabilidade das partes, especialmente dos credores, torna-se premente. A busca por informações em fontes abertas, como redes sociais e outros sites de livre acesso, assume relevância na localização de patrimônio do devedor, já que as provas digitais através delas obtidas representam subsídios para a construção de estratégias executivas mais eficazes pelo Poder Judiciário.

A concretização do Princípio da Cooperação exige uma mudança de paradigma, a fim que as partes se tornem protagonistas na execução e não meras expectadoras. O incentivo à colaboração entre os sujeitos processuais, aliado à utilização de provas digitais, ressalta a importância de uma atuação conjunta na investigação patrimonial.

Por fim, a conjugação de esforços entre exequente e Poder Judiciário, com uma abordagem ativa e cooperativa nas pesquisas patrimoniais, tanto em fontes abertas quanto fechadas, revela-se como um caminho promissor para agilizar a execução, proporcionando uma estratégia de investigação mais direcionada e eficiente, reduzindo a necessidade de diligências desnecessárias. Tal abordagem, alinhada à evolução tecnológica, revela-se como uma alternativa para a promoção de uma justiça mais célere e adequada, contribuindo para a concretização do direito fundamental à tutela jurisdicional efetiva.

REFERÊNCIAS

BARBOSA, Rui. *Oração aos Moços*. Brasília: Senado Federal, Conselho Editorial, 2019.

BARRETO, Alesandro Gonçalves. WENDT, Emerson. *Investigação Digital em Fontes Abertas*. Rio de Janeiro, Brasport, 2020.

CARNELUTTI, Francesco. *A prova civil*. Lisa Pary Scarpa (trad.). 2. ed. Campinas: Bookseller, 2002.

CNJ. *Executômetro permite acompanhar os números da Semana Nacional da Execução Trabalhista 2023*. Disponível em: https://www.csjt.jus.br/web/csjt/-/execut%C3%B4metro-permite-acompanhar-os-n%C3%BAmeros-da-semana-nacional-da-execu%C3%A7%C3%A3o-trabalhista-2023. Acesso em: 02 jan. 2024.

CNJ. *Justiça 4.0.* Disponível em: https://www.cnj.jus.br/tecnologia-da-informacao-e-comunicacao/justica-4-0/. Acesso em: 09 jan. 2024.

CNJ. *Metas Nacionais 2023.* https://www.cnj.jus.br/wp-content/uploads/2023/01/metas-nacionais-aprovadas-no-16o-enpj.pdf. Acesso em: 09 jan. 2024.

CNJ. *SISBAJUD.* Disponível em: https://www.cnj.jus.br/sistemas/sisbajud/ Acesso em: 09 jan. 2024.

CNJ. *SNIPER.* https://www.cnj.jus.br/tecnologia-da-informacao-e-comunicacao/justica-4-0/sniper/. Acesso em: 02 jan. 2024.

CSJT. *Plano Estratégico da Justiça do Trabalho 2021-2026.* Disponível em: https://www.csjt.jus.br/documents/955023/0/plano_estrategico_jt_horizontal_.pdf/8bd5a09f-2a8f-6a42-e892-77035b5c359a?t=1620845621330. Acesso em: 05 de jan. 2024.

DIDIER JR, Fredie. *Curso de Direito Processual Civil: Execução.* Fredie Didier Jr., Leonardo Carneiro da Cunha, Paula Sarno Braga, Rafael Alexandria de Oliveira. 11. ed. Ver, ampl. e atual. Salvador: Ed. JusPodvm, 2021.

GUERRA, Marcelo Lima. *Direitos fundamentais e a proteção do credor na execução civil.* São Paulo: RT, 2002.

GUIMARÃES, Rafael; CALCINI, Ricardo; JAMBERG, Richard Wilson. *Execução trabalhista na prática.* Leme-SP: Mizuno, 2023.

MARINONI, Luiz Guilherme. O direito à tutela jurisdicional efetiva na perspectiva da teoria dos direitos fundamentais. *Revista Jus Navigandi*, ISSN 1518-4862, Teresina, ano 9, n. 378, 20 jul. 2004. Disponível em: https://jus.com.br/artigos/5281. Acesso em: 5 jan. 2024.

MARINONI, Luiz Guilherme. *Técnica processual e tutela dos direitos.* São Paulo: Revista dos Tribunais, 2004.

MARINONI, Luiz Guilherme; ARENHART, Sérgio Cruz; MITIDIERO, Daniel. *Código de Processo Civil Comentado.* 5. Ed. Re., atual. e ampl. São Paulo: Thomson Reuters, 2019.

MITIDIERO, Daniel. *Colaboração no processo civil:* pressupostos sociais, lógicos e éticos. São Paulo: Revista dos Tribunais, 2009.

PAMPLONA FILHO, Rodolfo; SOUZA, Tércio Roberto Peixoto. *Curso de direito processual do trabalho.* 2. ed. São Paulo: Saraiva Educação, 2020.

PRESAS, Andréa; MARQUES, Flávvya. Oitenta anos de justiça do trabalho: dificuldades e avanços na efetividade da execução. *Rev. TST*, São Paulo, vol. 87, n. 2, p. 36-42, abr/jun 2021.

RODRIGUES, Marcelo Abelha. *Execução Civil*: Novas Tendências. Coordenado por Marco Aurélio Bellizze, Aluísio Gonçalves de Castro Mendes, Teresa Arruda Alvim e Trícia Navarro Xavier Cabral (Coord.). Indaiatuba, SP: Editora Foco, 2022.

SIEBEL, Thomas M. *Transformação Digital.* Rio de Janeiro: Alta Books, 2021.

TJDFT. *Princípio da cooperação.* Disponível em: https://www.tjdft.jus.br/consultas/jurisprudencia/jurisprudencia-em-temas/novo-codigo-de-processo-civil/principio-da-cooperacao. Acesso em: 09 jan. 2024.

ZAVASCKI, Teori Albino. *Antecipação de Tutela.* São Paulo: Saraiva, 1997.

MOREIRA, José Carlos Barbosa. *As presunções e a prova. Temas de Direito Processual Civil.* São Paulo: Saraiva, 1977.

Prova de vida digital no âmbito previdenciário

Marco Aurélio Serau Junior (*)

João Eduardo de Souza (**)

INTRODUÇÃO

Ante as diversas inovações tecnológicas ocorridas nas últimas décadas e em resposta a uma sociedade cada vez mais imersa no meio digital, o Brasil tem buscado progressivamente integrar as tecnologias da informação às suas práticas governamentais. Neste contexto, o governo federal tem realizado diversas alterações e adaptações na execução de seus serviços e políticas públicas, incluindo nisto atualizações tecnológicas em áreas como saúde, receita federal e previdência social.

Dentre essas atualizações destaca-se a ainda recente, e muito relevante, adoção da prova de vida digital, prevista pela Portaria n. 244 e Instrução Normativa n. 45, ambas de 15 de junho de 2020 e aprimorada pelas Portarias MTP n. 220 e PRES/INSS n. 1.408, ambas de 2 de fevereiro de 2022, que tem por finalidade tornar o procedimento da comprovação de vida perante o Instituto Nacional do Seguro Social — INSS mais eficiente e simplificado.

Em sua redação inicial, quando instituída pela Resolução do INSS n. 141 de 02 de março de 2011, previa o procedimento da prova de vida a necessidade de comparecimento do segurado, que recebe seu benefício por meio de cartão magnético, conta

(*) Professor na Universidade Federal do Paraná (UFPR) na Graduação e no Mestrado, nas áreas de Direito do Trabalho e Previdenciário. Doutor e Mestre pela Universidade de São Paulo (USP). Advogado e Consultor. Diretor Científico do Instituto de Estudos Previdenciários (IEPREV). Autor e coordenador de diversas obras jurídicas.

(**) Mestrando em Direitos Humanos e Democracia na Universidade Federal do Paraná (UFPR). Graduado em Direito pela Universidade Federal do Paraná (UFPR). Advogado.

corrente ou conta poupança, uma vez ao ano à agência autorizada para comprovar o seu estado de vivo, sob pena da suspensão do benefício em caso de não comparecimento[(7)].

O objetivo almejado ao tempo da criação do instituto era dar fim, ou ao menos diminuir, ao número de fraudes praticadas contra a previdência social[(8)] por parte de potenciais indivíduos que, maliciosamente, viessem a se aproveitar de valores pagos a beneficiários cujos falecimentos não houvessem sido comunicados formalmente ao Instituto Nacional do Seguro Social — INSS.

Ocorre que, com a promulgação das referidas portarias nos anos de 2020 e 2022, foram introduzidas aprimorações ao mecanismo de *prova de vida* que alteraram sensivelmente o ônus imposto aos beneficiários, os quais não carecem mais de se deslocarem pessoalmente até os postos autorizados para a realização da comprovação de vida, tendo a possibilidade de realizar o procedimento por diversos meios digitais.

No entanto, é importante ressaltar que, por mais que o objetivo nominal da tecnologia implementada seja tornar o procedimento da previdência social mais eficiente e econômico, revela-se necessário analisar minuciosamente até que ponto a digitalização do processo da prova de vida gerou benesses aos segurados, ou se o sistema adotado pode vir a aprofundar as segregações sociais já existentes na sociedade brasileira.

Ao longo do presente artigo pretende-se realizar uma breve análise sobre o contexto social que levou à adoção da prova de vida digital no regime geral da previdência social, além de pormenorizar, à medida do possível, como ocorreu a instrumentalização legislativa desse fenômeno. Caberá também problematizar acerca do potencial respeito ou dissonância entre a prática da digitalização e os preceitos fundamentais de garantias do cidadão. Por derradeiro, pretende-se analisar alguns dos desafios e limitações do modelo de prova de vida digital adotado, averiguando-se em que medida carece o sistema de novas atualizações.

SOCIEDADE DA INFORMAÇÃO

É fundamental compreender que a digitalização do instituto da prova de vida não foi um evento isolado, inserindo-se, na realidade, em uma sucessão de fatores que integram as mudanças paradigmáticas ocorridas no nosso tempo.

Como é de conhecimento geral, o rápido desenvolvimento tecnológico experienciado nas últimas décadas promoveu profundas mudanças no âmago de sociedade brasileira.

---

(7) GONÇALVES, Oksandro Osdival; LUCIANI, Danna Catharina Mascarello. Serviços públicos digitais de seguridade social na pandemia de COVID-19: eficiência e inclusão. *Revista Eurolatinoamericana de Derecho Administrativo,* Santa Fe, vol. 7, n. 2, p. 207-226, jul./dic. 2020. DOI 10.14409/redoeda.v7i2.9549. P 209.

(8) GONÇALVES, Oksandro Osdival; LUCIANI, Danna Catharina Mascarello. (2020). P 210.

Hoje, tecnologias como *smartphones*, *delivery*, redes sociais, bancos digitais e etc., mudaram o cotidiano do cidadão médio ao ponto em que este experimenta uma realidade social tangivelmente diferente da vivenciada a menos de um século. Assim, resta evidente que a tecnologia em determinada medida alterou o modo de ser e agir dos indivíduos[9], ao ponto em que hoje nos encontramos em um novo paradigma social, a chamada *sociedade da informação*.

Por sociedade da informação, entende-se "uma sociedade na qual a informação é utilizada intensamente como elemento da vida econômica, social, cultural e política, dependendo de um suporte tecnológico para se propagar"[10], sendo tais características plenamente observáveis no atual contexto social brasileiro, onde, a título de exemplo, grande parte do sistema bancário encontra-se digitalizado[11], redes sociais possuem grande influência e inúmeros procedimentos estatais encontram-se acessíveis por meio da internet e aplicativos, tal qual a própria prova de vida digital aqui analisada.

A extensão e a relevância deste caráter informacional e tecnológico da sociedade brasileira não pode de forma alguma ser menosprezada, afinal, tamanha é a integração do cidadão médio com a tecnologia que, segundo atualizações do Instituto Brasileiro de Geografia e Estatística — IBGE, cerca de 90% dos domicílios do país encontravam-se com alguma forma de acesso à internet em 2021[12], isso já considerando tanto os meios urbanos quanto os rurais.

De forma corroborativa a este dado, divulgou a Fundação Getúlio Vargas — FGV, resultado de pesquisa recente que indica que em maio de 2023 havia no país cerca 242 milhões de smartphones ativos[13], totalizando a média de 1,1 smartphone por pessoa no país, o que demonstra uma grande difusão do objeto que é hoje a personificação da informação e da tecnologia.

De forma alguma se deseja afirmar a partir dos dados acima levantados que todo cidadão tem acesso a tecnologias como computadores e smartphones, ou mesmo que

---

(9) KOHN, Karen; MORAES, Cláudia Herte de. *O impacto das novas tecnologias na sociedade*: conceitos e características da Sociedade da Informação e da Sociedade Digital. Intercom — Sociedade Brasileira de Estudos Interdisciplinares da Comunicação. Santos. 2 setembro de 2007. P. 1. Disponível em: https://www.researchgate.net/profile/Claudia-Moraes-2/publication/238065799_impacto_das_novas_te cnologias_na_sociedade_conceitos_e_caracteristicas_da_Sociedade_da_Informacao_e_da_Sociedade_Digital1/links/58f409060f7e9b6f82e7c45c/O-impacto-das-novas-tecnologias-na-sociedade-conceitos-e-caracteristicas-da-Sociedade-da-Informacao-e-da-Sociedade-Digital1.pdf. Acesso em: 28 abr. 2024.

(10) Idem. P. 3. Apud WEBSTER (1995).

(11) Segundo a Federação Brasileira de Bancos — FEBRABAN, 63% das contas bancárias criadas em 2022 foram abertas via canais digitais. Pesquisa Febraban de Tecnologia Bancária 2023. Volume 2. Febraban. 2023. P. 22 e 23. Disponível no site: https://cmsarquivos.febraban.org.br/Arquivos/documentos/PDF/Pesquisa%20Febraban%20de%20Tecnologia%20Bancária%202023%20-%20Volume%202.pdf. Acesso em: 29 abr. 2024.

(12) IBGE. Pesquisa Nacional por Amostra de Domicílios Contínua: características gerais dos domicílios e dos moradores 2021. Rio de Janeiro: IBGE, 2022. P. 5. Disponível em: https://biblioteca.ibge.gov.br/visualizacao/livros/liv101963_informativo.pdf. Acesso em: 28 abr. 2024.

(13) FVG. *Pesquisa do Uso da TI — Tecnologia de Informação nas Empresas*. 34ª Edição. FGVcia. 2023. Página 91. Disponível em: https://eaesp.fgv.br/sites/eaesp.fgv.br/files/u68/pesti-fgvcia-2023_0.pdf. Acesso em: 28 abr. 2024.

todos possuam condições de adquirirem serviços de internet de qualidade e aparelhos telefônicos, pois a realidade brasileira ainda é extremamente desigual e excludente, porém este assunto será alvo de análise em momento posterior.

Por ora, basta a compreensão de que, com base nos dados das pesquisas referenciadas, são demonstradas claras evidências estatísticas que o brasileiro em geral está inserido e traspassado pelas tecnologias da informação, o que demonstra a vigência de uma sociedade da informação no país. Consequentemente, devido a essa mudança paradigmática, necessariamente foram sensivelmente afetados os mais diversos meios e iniciativas, sejam estes privados ou públicos.

GOVERNO DIGITAL

Dado o relevante e progressivo estabelecimento da sociedade da informação nas últimas décadas, foi apresentado ao Estado um novo arranjo político, social, econômico e tecnológico, o que fez o Brasil, ainda que vagarosamente, rever sua legislação e prestação de serviços[(14)], seja para simplificação burocrática, ou mera "tradução" de seus procedimentos ao novo paradigma, dando cabo, assim, a uma clara política pública de "governo digital".

Segundo GABARDO, REYNA e SANTOS, o governo digital é a expressão usada para descrever a adoção, por parte das entidades da administração pública, de ferramentas de tecnologia da informação para realizar suas funções e atividades[(15)]. Esta descrição contempla perfeitamente a postura tomada pelo governo brasileiro, que vem a quase três décadas aplicando as mais diversas reformas no seu aparato administrativo e normativo a fim de "digitalizar" procedimentos.

Em análise superficial, os primeiros sinais de digitalização por parte do governo federal brasileiro datam na década de 1990[(16)], entretanto fora no ano 2000 que se deu início oficial e legal às políticas de governo digital com a criação do Comitê Executivo de Governo Eletrônico (CEGE) [(17)]. A partir disso, no decorrer das décadas seguintes, foram formulados diversos planos de desenvolvimento tecnológico e políticas públicas

(14) FERREIRA, Rubens da Silva. *A sociedade da informação no Brasil*: um ensaio sobre os desafios do Estado. Revista IBICT, v. 32, n. 1, 29 maio 2003. P. 40.

(15) REYNA, Justo; GABARDO, Emerson; SANTOS, Fábio de Sousa. Electronic Government, Digital Invisibility and Fundamental Social Rights. Página 33. Disponível em: https://doi.org/10.5007/2177-7055.2020v41n85p30. Acesso em: 19 abr. 2024.

(16) Um dos primeiros serviços digitais de grande expressão a serem lançados trata-se do Imposto de Renda. A entrega da declaração de imposto de renda pela internet foi introduzida no ano de 1997, porém já em 1991 era aceita a entrega do IR de forma digital, por disquete. BRASIL. Receita Federal. História do Imposto de Renda no Brasil. Disponível em: https://www.gov.br/receitafederal/pt-br/acesso-a-informacao/institucional/historia-receita/historia-imposto-de-renda. Acesso em: 19 maio 2024

(17) BRASIL. Ministério da Gestão e da Inovação em Serviços Públicos. Linha do tempo. Disponível em: https://www.gov.br/governodigital/pt-br/estrategia-de-governanca-digital/do-eletronico-ao-digital. Acesso em: 19 maio 2024.

de governo, além de também terem ocorrido o lançamento de variados portais, sites e aplicativos de celular para as mais diversas finalidades governamentais.

Ao fim, tal desenvolvimento e ampliação dos serviços digitais culminou no ano de 2019 no surgimento de um sistema unificado de acesso aos portais governamentais, o "gov.br", criado pelo Decreto n. 9.756, de 11 de abril de 2019[(18)], que não exageradamente pode ser nomeado atualmente como o grande centralizador da política de governo digital e informacional brasileira.

Hoje, em razão do portal "gov.br" e das tecnologias que o permeiam, possui o Brasil uma centralização dos serviços públicos prestados no âmbito dos órgãos e das entidades da administração pública e autárquica do Poder Executivo Federal.

Tal centralização simplificou o compartilhamento de informações entre as agências do Estado e os portais digitais de órgãos como a Justiça Eleitoral, Departamentos Nacional de Trânsito e outros. Assim tornou-se possível uma integração digital que permite a troca e difusão de informações de forma muito mais rápida e eficaz, sendo justamente esta integração de dados o que permitiu a criação da prova de vida digital como foi aplicada.

Portando, resta esclarecido que o rápido avanço tecnológico das últimas décadas transformou profundamente a sociedade brasileira, resultando em uma realidade social onde a tecnologia é intrínseca ao cotidiano da maioria dos cidadãos, o que por sua vez impulsionou o Estado a digitalizar-se. Assim, a integração tecnológica da sociedade brasileira e as iniciativas de governo digital delinearam a atual era, onde a tecnologia se tornou uma ferramenta basilar na execução das políticas e serviços do governo federal, e, nisto incluso, a prova de vida.

ASPECTOS LEGAIS E ATUALIZAÇÕES DIGITAIS DA PROVA DE VIDA

Uma vez realizada esta breve análise quanto à construção da digitalização dos procedimentos do Estado, torna-se possível realizar uma análise adequada do instituto da prova de vida e a sua progressão ao longo dos anos.

Originalmente instituída pela Resolução do INSS n. 141 de 02 de março de 2011[(19)], a prova de vida quando criada previa que todos os indivíduos que recebiam seus benefícios via cartão magnético, conta corrente ou conta poupança, deveriam realizar pessoalmente, ou por meio de procurador, a comprovação de vida anualmente nas instituições financeiras nas quais recebiam os seus benefícios.

---

(18) BRASIL. Ministério da Economia. Decreto n. 9.756 de 11 de abril de 2019. Diário Oficial da União. Seção 1. Edição extra. 11 de abril de 2019. P. 3.

(19) BRASIL. *Ministério da Previdência Social.* Instituto Nacional do Seguro Social. Resolução n. 141. Diário Oficial da União. Seção 1. N. 44, 03 de março de 2011. P. 40.

Essa comprovação podia ser realizada de duas formas, podendo ser feita pelo próprio beneficiário mediante validação por sistema biométrico em equipamento de autoatendimento, ou por identificação por funcionário da agência autorizada, com base nos dados pessoais constantes no cadastro do indivíduo junto à instituição e ao INSS. Uma vez realizada a prova de vida, cabia às instituições financeiras enviarem ao INSS, por meio de sistema próprio do governo, o registro da comprovação de vida.

Quanto a casos nos quais o beneficiário possuísse dificuldades de locomoção ou contasse com mais de oitenta anos, previa a portaria que este poderia requerer visita externa, com o comparecimento por parte de funcionário da autarquia à residência ou a local indicado pelo indivíduo, para permitir a realização da comprovação de vida.

A prova de vida possui um claro embasamento legal no caput do artigo 69 da Lei n. 8.212 de 24 de julho de 1991[20], que prevê a manutenção por parte do INSS de programa permanente de revisão da manutenção dos benefícios da Previdência Social. Em razão disso, possuí a prova de vida por objetivo eliminar, ou reduzir significativamente, as fraudes contra a previdência social cometidas por indivíduos mal-intencionados que se aproveitam de pagamentos feitos a beneficiários que faleceram, sem que tal informação tenha sido devidamente comunicada ao Instituto Nacional do Seguro Social — INSS.

Tal procedimento de averiguação é de fato necessário, a exemplo do que bizarramente ficou evidenciado pelo caso midiático ocorrido recentemente, no qual uma mulher apresentou o cadáver de seu tio em uma agência bancária no Rio de Janeiro para tentar sacar valores relativos um empréstimo consignado[21], é certo que indivíduos diversos buscarão obter vantagens sobre direitos de terceiros já falecidos, seja por má-índole ou ignorância.

No caso citado, a tentativa de empréstimo foi frustrada em decorrência da absurdez envolvida, afinal o idoso claramente já se encontrava falecido no ato do requerimento do empréstimo, o que causou espanto ao ponto de que fora acionada a polícia, que prendeu a acusada por suspeita de estelionato.

Contudo, em um cenário cotidiano de depósito de valores para beneficiários da previdência social, a identificação de potenciais fraudes torna-se complexa, vez que não há necessidade alguma de exposição pública para tomar posse de valores que sejam continuamente debitados diretamente na conta do beneficiário falecido, o que pode incentivar partes a permanecerem silentes ante o falecimento do aposentado ou pensionista para usufruir do benefício deste, ocasionando com isso graves prejuízos ao Estado.

---

(20) "O Ministério da Previdência e Assistência Social e o Instituto Nacional do Seguro Social — INSS manterão programa permanente de revisão da concessão e da manutenção dos benefícios da Previdência Social, a fim de apurar irregularidades e falhas existentes". (Redação dada pela Lei nº 9.528, de 10.12.97)." BRASIL. *Lei n. 8.212, de 24 de julho de* 1991. Diário Oficial da União. 25 de julho de 1991.

(21) FREIRE, Felipe; SANTOS, Guilherme; LEITÃO, Leslie; COUTINHO, Rogério. Mulher leva morto em cadeira de rodas para sacar empréstimo de R$ 17 mil e pede a ele: 'Assina'. G1, Rio de Janeiro, 16 abr. 2024. Disponível em: https://g1.globo.com/rj/rio-de-janeiro/noticia/2024/04/16/mulher-leva-morto-em-cadeira-de-rodas-para-sacar-emprestimo.ghtml. Acesso em: 16 maio 2024.

Por tudo isso, constata-se a necessidade da comprovação de que esses beneficiários permanecem vivos, de forma a adicionar uma camada extra de segurança para o caso de a autarquia federal não ser notificada do óbito de um beneficiário, impedindo a perpetuação de depósitos que deveriam ser cessados.

Levando isso em consideração, o instituto da prova de vida já em 2011 passou a ser implementado, exigindo o deslocamento dos beneficiários até as agências autorizadas para realizarem as suas provas de vida a cada ano. Ao todo, permaneceu a Resolução do INSS n. 141 de 02 de março de 2011 vigente por um período de oito anos sem alterações de maior relevância, até a promulgação da Medida Provisória n. 871, de 18 de janeiro de 2019[(22)], medida esta que modificou o art. 69 Lei n. 8.212 de 24 de julho de 1991 (lei de organização da Seguridade Social), de forma a instituir pela primeira vez a prova de vida como norma legislativa de direito.

Deve-se à esta medida provisória o mérito por acrescer à prova de vida um fator que, posteriormente, seria essencial para a digitalização do instituto, que é a previsão de que, para que fosse realizada a comprovação de vida, seriam utilizados como critérios os dados biométricos mantidos e administrados por órgãos públicos federais e outros entes, tal como a Justiça Eleitoral. Ao fim, a Medida Provisória n. 871, de 18 de janeiro de 2019, foi submetida à análise pela câmara dos deputados e senado, e após aprovada deu origem à Lei n. 13.846, de 18 de junho de 2019[(23)].

Passado então pouco mais de um ano deste episódio, e em meio à pandemia de coronavírus SARS-CoV-2 (COVID-19) e toda alteração social dela decorrente, houve uma inovação normativa da prova de vida quando foram publicadas pelo Ministério da Economia a Portaria n. 244[(24)] e a Instrução Normativa n. 45[(25)], ambas de 15 de junho de 2020, que, pela primeira vez, estabeleceram de fato a previsão normativa de virtualização do procedimento.

As referidas normas previam de forma inédita em seu texto uma terceira possibilidade de comprovação de vida, que é a realização do procedimento por meio de aplicativo móvel, o que expandia formalmente pela primeira vez as possibilidades de prova de vida para além da verificação de biometria em equipamento próprio ou identificação pessoal efetivada por funcionário de agência autorizada.

Nos atos normativos não foram descritas as minúcias de como haveria se de realizar esse procedimento, limitando-se a portaria e a instrução normativa a descreverem

(22) BRASIL. Ministério da Economia. Casa Civil da Presidência da República. **Medida Provisória n. 871, de 18 de janeiro de 2019.** Diário Oficial da União. Seção 1. Edição Extra. 18 de janeiro de 2019. P. 1.

(23) BRASIL. Ministério da Economia. Banco Central. **Lei n. 13.846, de 18 de junho de 2019.** Diário Oficial da União. Seção 1. 18 de junho de 2019. Edição Extra. P. 16.

(24) BRASIL. Ministério da Economia. **Portaria n. 244 de 15 junho de 2020**. Diário Oficial da União. Seção 1. 17 de junho de 2020. Edição 144. P. 43.

(25) BRASIL. Ministério da Economia. **Instrução Normativa n. 45 de 15 junho de 2020.** Diário Oficial da União. Seção 1. 17 de junho de 2020. Edição 144. P. 49.

que a execução da comprovação de vida por meio de aplicativo estaria condicionada a disponibilidade da tecnologia.

Por mais que possa tal inserção ser considerada tardia, visto que a capacidade tecnológica e computacional em si para a realização do procedimento já existia a mais de uma década, condiz a criação dos ordenamentos referenciados com o período de maior esforço do governo federal brasileiro no desenvolvimento do governo digital, que se trata do período de vigência da pandemia de coronavírus SARS-CoV-2 (COVID-19), quando careceu a administração pública de digitalizar procedimentos com urgência, para evitar aglomerações sociais.

Os primeiros testes de comprovação de vida de forma puramente digital foram realizados em meados de novembro de 2020, e a tecnologia fora de fato implementada em meados de maio de 2021[(26)]. Contudo, apesar da implementação da comprovação digital, pode-se afirmar que esta não teve relevância prática até o próximo ano, afinal, em resposta ao estado de pandemia decretado, e com o objetivo de evitar aglomerações sociais por parte daqueles que não realizariam o procedimento por aplicativo, foi promulgada a Lei n. 14.199, de 2 de setembro de 2021[(27)] que suspendeu por completo as comprovações de vida para os beneficiários do INSS até dezembro de 2021.

Ocorre que, ante as inovações tecnológicas ocorridas até este ponto, levando em consideração o progresso legislativo e normativo percorrido, e como um resultado lógico da progressiva ascensão do governo digital, chega à prova de vida no início de 2022 a uma nova atualização, porém ainda mais relevante e disruptiva

Em 2 de fevereiro de 2022, foram publicadas as portarias MTP n. 220[(28)] e PRES/INSS n. 1.408[(29)], e estas estabelecem toda uma nova lógica sobre o procedimento da prova de vida. As portarias indicadas inverteram a responsabilidade sobre o ato da comprovação do estado de vivo, de forma que a obrigação que anteriormente recaía sobre o beneficiário passo a ser ônus do Instituto Nacional do Seguro Social — INSS.

A partir da publicação das portarias, passou a autarquia federal a ser a responsável pela averiguação da manutenção do estado de vivo do beneficiário, se utilizando para isso de um cruzamento de dados dos mais diversos sistemas governamentais para detectar movimentações e ações pessoais que se utilizem de validação biométrica para determinar se um indivíduo se encontra vivo ou não[(30)].

---

(26) BRASIL. Serviços e Informações do Brasil. Prova de vida digital já está disponível. Disponível em: https://www.gov.br/pt-br/noticias/assistencia-social/2021/05/prova-de-vida-digital-ja-esta-disponivel. Acesso em: 16 maio 2024.

(27) BRASIL. Ministério da Economia. **Lei n. 14.199, de 2 de setembro de 2021**. Diário Oficial da União. Seção 1. 3 de setembro de 2021. Edição 168. P. 1.

(28) BRASIL. Ministério do Trabalho e Previdência. **Portaria MTP n. 220, de 2 de fevereiro de 2022**. Diário Oficial da União. Seção 1. 3 de fevereiro de 2022. Edição 24. P. 110.

(29) BRASIL. Ministério do Trabalho e Previdência. Instituto Nacional do Seguro Social. **Portaria PRES/INSS n. 1.408, de 2 de fevereiro de 2022**. Diário Oficial da União. Seção 1. 3 de fevereiro de 2022. Edição 24. P. 111.

(30) Art. 2º Serão considerados válidos como prova de vida realizada, dentre outros, os seguintes atos, meios, informações ou base de dados:

Portanto, observa-se que a digitalização dos órgãos governamentais, especialmente com a integração dos dados, gerou uma nova maneira de realizar o procedimento da prova de vida. Este novo método é completamente sustentado por tecnologias da informação, utilizando o compartilhamento de dados cruzados. Fica evidente que tal sistema é resultado direto das influências e padrões de uma sociedade da informação, uma vez que o governo federal presume que, para determinar se um indivíduo está vivo, é suficiente localizar suas "pegadas digitais".

Atualmente, segundo o regramento vigente, o INSS realiza continuamente o cruzamento de dados dos seus beneficiários a fim de averiguar a sua comprovação de vida. Em sendo o caso de não ser possível através dos sistemas governamentais obter prova satisfatória, é o indivíduo convocado a realizar a sua prova de vida por atendimento digital, utilizando biometria ou outro meio definido pelo INSS.

A prova de vida presencial apenas se reserva para últimos casos, e, ainda assim, prevê a Portaria MTP n. 220 de 2 de fevereiro de 2022 que não poderá ser exigido deslocamento do beneficiário de sua própria residência, sendo responsabilidade do INSS, e das instituições financeiras pagadoras dos benefícios, ir até o beneficiário.

Há de se destacar ainda que a suspensão do benefício do indivíduo por não comprovação de vida encontra-se suspensa desde o ano de 2020, quando fora tal punição defesa em decorrência da pandemia. Acontece que a previsão foi, por diversas razões, estendida a cada ano, sendo válida atualmente a determinação que permaneça vigente

---

I — acesso ao aplicativo Meu INSS com o selo ouro ou outros aplicativos e sistemas dos órgãos e entidades públicas que possuam certificação e controle de acesso, no Brasil ou no exterior;

II — realização de empréstimo consignado, efetuado por reconhecimento biométrico;

III — atendimento:

a) presencial nas Agências do INSS ou por reconhecimento biométrico nas entidades ou instituições parceiras;

b) de perícia médica, por telemedicina ou presencial; e

c) no sistema público de saúde ou na rede conveniada;

IV — vacinação;

V — cadastro ou recadastramento nos órgãos de trânsito ou segurança pública;

VI — atualizações no CADÚNICO, somente quando for efetuada pelo responsável pelo Grupo;

VII — votação nas eleições;

VIII — emissão/renovação de:

a) Passaporte;

b) Carteira de Motorista;

c) Carteira de Trabalho;

d) Alistamento Militar;

e) Carteira de Identidade; ou

f) outros documentos oficiais que necessitem da presença física do usuário ou reconhecimento biométrico;

IX — recebimento do pagamento de benefício com reconhecimento biométrico; e

X — declaração de Imposto de Renda, como titular ou dependente.

a suspensão até dezembro de 2024, em razão da Portaria MPS n. 723, de 8 de março de 2024[31].

Concluindo, analisando a progressão das normas e leis que versaram acerca da prova de vida e da sua digitalização, verifica-se que houve com o passar do tempo uma adaptação do instituto para uma forma tecnológica, por vezes arrastada, por vezes dinâmica. O fato é que, mesmo que a prova de vida possua esse caráter adaptativo, em todas as vezes esteve defasada da capacidade total das tecnologias contemporâneas. Por isso é altamente provável que sejam promulgadas novas leis e normas a fim de realizar modificações na execução da comprovação da prova de vida, a fim de tornar o procedimento mais tecnologicamente eficiente.

GARANTIAS FUNDAMENTAIS E PROVA DE VIDA DIGITAL

A digitalização de procedimentos como a prova de vida representa um real avanço na administração pública brasileira, tratando-se de um claro sinal de adaptação à nova realidade social. Além disso, ao se levar em consideração que hoje tornou-se automático este procedimento, se faz perceptível como a tecnologia de fato pode auxiliar a dirimir a burocracia estatal, e a garantir a eficiência na prestação de serviços públicos.

Contudo, apesar de a digitalização apresentar diversas vantagens, é importante ponderar se a forma como ela foi implementada no Brasil causou um efeito social positivo, e se não há o risco de que essas tecnologias venham a agravar as disparidades sociais e econômicas já existentes no país.

Para avaliação do quão agregadora está sendo a administração pública digital, e para valorar os efeitos da nova prova de vida, é necessário olhar, primeiramente, para os cidadãos mais vulneráveis[32]. Isto, pois o beneficiário mais afetado pelo processo de digitalização não se trata daquele que utilizará o serviço cotidianamente, mas sim aquele que ficará à margem da norma, tecnologicamente excluído.

Hoje grande parte dos assuntos atinentes à previdência social encontram-se apenas acessíveis via internet, aplicativos e telefone, e progressivamente a pressão da sociedade da informação pesa sobre aqueles que não possuem recursos para se inserirem no mundo digital, contudo tal limitação tecnológica e financeira é de difícil solução considerando a multiplicidade de realidades brasileiras[33]. Desta forma, essa exclusão tecnológica faz com que porções populacionais sejam marginalizadas, de modo que a prestação dos

---

(31) BRASIL. Ministério da Previdência Social. **Portaria MPS n. 723, de 8 de março de 2024.** Diário Oficial da União. Seção 1. 15 de março de 2024. Edição 52. P.114.

(32) CRISTÓVAM, José Sérgio da Silva; SAIKALI, Lucas Bossoni; SOUSA, Thanderson Pereira de. *Governo Digital na Implementação de Serviços Públicos para a Concretização de Direitos Sociais no Brasil.* Sequência (Florianópolis), n. 84, p. 209-242, abr. 2020. P. 226.

(33) SCHIEFLER, Eduardo André Carvalho; CRISTÓVAM, José Sérgio da Silva; SOUSA, Thanderson Pereira de. *Administração Pública digital e a problemática da desigualdade no acesso à tecnologia.* International Journal of Digital Law, Belo Horizonte, ano 1, n. 2, p. 97-116, maio/ago. 2020. P. 108

serviços públicos digitais e a relação do cidadão com o Estado ao qual pertence restem prejudicadas[34].

Tal exclusão digital no Brasil é uma infeliz realidade, e para averiguá-la basta analisar a mesma pesquisa que fora utilizada para chegar-se à conclusão que se encontra a sociedade brasileira enquadrada como sociedade da informação.

Ao se tomar como base os dados indicados pelo Instituto Brasileiro de Geografia e Estatística — IBGE, tem-se que 28,2 milhões[35] de brasileiros se encontram atualmente sem acesso à internet, o que representa 15,3% das pessoas que contam com mais de 10 anos de idade no país. Destes, em média 20,2% não possuem dinheiro para contratar o serviço, ou para adquirir aparelho para navegar na internet. Desta forma, verifica-se que um número de cidadãos equivalente a quase duas vezes a população do estado do Rio de Janeiro hoje se encontra à parte dos serviços digitais prestados pelo Governo Brasileiro, restando estes de alguma forma excluídos de acesso à sistemas vitais de cidadania e proteção social.

Ainda, por se tratar a prova de vida de procedimento administrativo da previdência social, cujos alvos são em sua maioria idosos, cabe ponderar outra variável de exclusão tecnológica, a barreira geracional. Segundo Instituto Brasileiro de Geografia e Estatística — IBGE 29,8%[36] dos idosos brasileiros não possuíam sequer um telefone celular em 2021, e para essa porção da população, a digitalização plena de serviços pode angariar profundas dificuldades, já que se trata de geração que possui alguma resistência às inovações, que aos seus olhos podem acabar sendo complexas.[37]

Desta maneira, revela-se como apesar de formalmente enquadrar-se o Brasil como uma sociedade da informação, há uma real exclusão tecnológica presente na nação. Por essa razão é necessária uma real atenção em procedimentos de digitalização, com a finalidade de salvaguardar os direitos de acesso aos serviços públicos dos cidadãos que não podem, pelas mais diversas razões, digitalizarem-se.

Assim, consideramos que é necessário garantir que a comprovação de vida permaneça acessível à população tecnologicamente excluída, afinal, trata-se de instrumento acessório à previdência social, que é direito social previsto Constituição da República Federativa do Brasil de 1988[38].

Desta forma, a prova de vida carece obrigatoriamente de estar englobada pelos princípios da seguridade social, dentre os quais merece maior evidência nesta reflexão o princípio da universalidade, razão pela qual deve este instrumento, enquanto exigível, ser

(34) SCHIEFLER, Eduardo André Carvalho; CRISTÓVAM, José Sérgio da Silva; SOUSA, Thanderson Pereira de. (2020). P. 111.

(35) IBGE. 2023. P. 10.

(36) IBGE. 2023. P 11.

(37) 46,2% das pessoas que não possuíam acesso à internet na pesquisa realizada pelo IBGE informaram que não o faziam por não saberem utilizar a Internet. IBGE. 2023. P. 10.

(38) BRASIL. *Constituição da República Federativa do Brasil de 1988*. Brasília, DF: Senado Federal, 1988.

aplicável em todos os lugares e a todas as pessoas(39). Portanto, de forma alguma pode o Estado incorrer no erro de tornar a prova de vida exclusivamente digital.

Hoje, ao menos formalmente, há previsão na legislação para que as agências bancárias onde os beneficiários recebem os seus pagamentos façam a prova de vida dos indivíduos que venham a requerê-lo(40). Tal fator, de certa forma, garante alguma segurança jurídica à cidadãos tecnologicamente excluídos, e quando considerado que se encontram as suspensões dos benefícios, ao menos por hora, suspensas, há como se afirmar legalmente que a digitalização do procedimento da prova de vida, provavelmente não causou o aprofundamento das exclusões sociais.

No demais, conclui-se que de maneira nenhuma pode vir a ser cogitada futuramente a exclusão da modalidade presencial da prova de vida, em prol da comprovação digital, sob pena de inconstitucionalidade, afinal, qualquer inovação tecnológica deve respeitar os princípios constitucionais e infraconstitucionais que orientam e delimitam a administração pública(41).

Agora, de forma alguma entenda-se com isso que deve ser abandonada a digitalização dos procedimentos estatais. Afinal a modalidade digital trouxe segurança, dignidade e conforto à indivíduos em situação de idade avançada e dificuldade de locomoção, que agora não carecem mais de se deslocarem para a realização da prova de vida. A propensão, inclusive, é que tanto o governo digital, quanto a digitalização dos serviços estatais, sejam continuamente aprimoradas ante o constante avanço tecnológico(42), e crescente influência da sociedade da informação.

Ao fim, ante um destino de integração tecnológica inevitável, cabe agora ao Estado brasileiro, realizar a execução dos seus próprios princípios constitucionais, de forma a investir não apenas em governo digital, mas também na promoção da inclusão digital, de forma a aplacar a exclusão de populações marginalizadas(43).

CONSIDERAÇÕES FINAIS

Ao longo deste artigo se procurou demonstrar um breve panorama a respeito da prova de vida digital, atualmente admitida e amplamente praticada no âmbito previdenciário.

---

(39) Edgar Dener Rodrigues, "A sociedade da informação no Brasil: um ensaio sobre os desafios do Estado," *Revista de Direitos Sociais, Seguridade e Previdência Social,* Minas Gerais, v. 1, n. 2, p. 207-223, Jul/Dez 2015. e-ISSN: 2525-9865.

(40) **Portaria MTP N. 220 de 02/02/2022**:

Art. 3º A comprovação de vida na forma prevista nesta Portaria não impede a sua realização voluntária na rede pagadora de benefícios, nem configura possibilidade de recusa de realização do procedimento pela instituição financeira.

(41) CRISTÓVAM, José Sérgio da Silva; SAIKALI, Lucas Bossoni; SOUSA, Thanderson Pereira de. *Governo Digital na Implementação de Serviços Públicos para a Concretização de Direitos Sociais no Brasil.* Sequência (Florianópolis), n. 84, p. 209-242, abr. 2020.

(42) CRISTÓVAM, José Sérgio da Silva; SAIKALI, Lucas Bossoni; SOUSA, Thanderson Pereira de. (2020). P. 223.

(43) CRISTÓVAM, José Sérgio da Silva; SAIKALI, Lucas Bossoni; SOUSA, Thanderson Pereira de. (2020). P. 231.

A prova de vida, exigência importante de *compliance previdenciário*, prevista pelo art. 69, § 7, da Lei n. 8.212/1991, constituiu-se historicamente como relevante mecanismo adotado pelo INSS para evitar e combater fraudes no recebimento de benefícios previdenciários, especialmente nas hipóteses de familiares dolosamente deixam de comunicar óbitos à autarquia previdenciária e continuam sacando indevidamente os valores correspondentes às prestações mensais pagas aos segurados.

Esse instituto da prova de vida paulatinamente foi transposto às vias digitais, a começar da necessidade imposta pela crise sanitária internacional ocorrida em 2020 e, após a cessação do quadro de isolamento social, assim como diversas outras situações congêneres, a *prova de vida digital* passou a ser incorporada à prática administrativa regular da autarquia previdenciária.

A prova de vida digital deve ser compreendida dentro do cenário tecnológico brasileiro, em que, apesar do país se destacar em termos de práticas de governo digital, em paralelo ainda persiste uma significativa situação de *exclusão digital*, a qual pode impactar essa exigência aos segurados e seus dependentes.

REFERÊNCIAS

BRASIL. **Constituição da República Federativa do Brasil de 1988**. Brasília, DF: Senado Federal, 1988.

BRASIL. **Lei n. 13.846, de 18 de junho de 2019**. Diário Oficial da União. Seção 1. 18 de junho de 2019. Edição Extra. P. 16.

BRASIL. Ministério da Economia. Casa Civil da Presidência da República. **Medida Provisória n. 871, de 18 de janeiro de 2019**. Diário Oficial da União. Seção 1. Edição Extra. 18 de janeiro de 2019. P. 1.

BRASIL. Ministério da Economia. **Decreto n. 9.756 de 11 de abril de 2019**. Diário Oficial da União. Seção 1. Edição extra. 11 de abril de 2019. P. 3.

BRASIL. Ministério da Economia. **Instrução Normativa n. 45 de 15 junho de 2020**. Diário Oficial da União. Seção 1. 17 de junho de 2020. Edição 144. P. 49.

BRASIL. Ministério da Economia. **Lei n. 14.199, de 2 de setembro de 2021**. Diário Oficial da União. Seção 1. 3 de setembro de 2021. Edição 168. 1.

BRASIL. Ministério da Economia. **Portaria n. 244 de 15 junho de 2020**. Diário Oficial da União. Seção 1. 17 de junho de 2020. Edição 144. P. 43.

BRASIL. Ministério da Gestão e da Inovação em Serviços Públicos. **Linha do tempo**. Disponível em: https://www.gov.br/governodigital/pt-br/estrategia-de-governanca-digital/do-eletronico-ao-digital. Acesso em: 19 maio 2024.

BRASIL. Ministério da Previdência Social. Instituto Nacional do Seguro Social. **Resolução n. 141 de 06 de dezembro de 2022**. Diário Oficial da União. Seção 1. N. 44, 03 de março de 2011. P. 40.

BRASIL. Ministério da Previdência Social. **Portaria MPS n. 723, de 8 de março de 2024**. Diário Oficial da União. Seção 1. 15 de março de 2024. Edição 52. P. 114.

BRASIL. Ministério do Trabalho e Previdência. **Portaria MTP n. 220, de 2 de fevereiro de 2022**. Diário Oficial da União. Seção 1. 3 de fevereiro de 2022. Edição 24. P. 110.

BRASIL. Ministério do Trabalho e Previdência. Instituto Nacional do Seguro Social. **Portaria PRES/INSS n. 1.408, de 2 de fevereiro de 2022**. Diário Oficial da União. Seção 1. 3 de fevereiro de 2022. Edição 24. P. 111.

BRASIL. Serviços e Informações do Brasil. *Prova de vida digital já está disponível.* Disponível em: https://www.gov.br/pt-br/noticias/assistencia-social/2021/05/prova-de-vida-digital-ja-esta-disponivel. Acesso em: 16 maio 2024.

CRISTÓVAM, José Sérgio da Silva; SAIKALI, Lucas Bossoni; SOUSA, Thanderson Pereira de. *Governo Digital na Implementação de Serviços Públicos para a Concretização de Direitos Sociais no Brasil.* Sequência (Florianópolis), n. 84, p. 209-242, abr. 2020.

EDGAR Dener Rodrigues. *A sociedade da informação no Brasil:* um ensaio sobre os desafios do Estado. Revista de Direitos Sociais, Seguridade e Previdência Social. Minas Gerais, v. 1, n. 2, p. 207-223, Jul/Dez 2015. e-ISSN: 2525-9865.

FEBRABAN. *Pesquisa Febraban de Tecnologia Bancária 2023* — Volume 2. 2023. Páginas 22 e 23. Disponível no site: https://cmsarquivos.febraban.org.br/Arquivos/documentos/PDF/Pesquisa%20Febraban%20de%20Tecnologia%20Bancária%202023%20-%20Volume%202.pdf. Acesso em: 29 abr. 2024.

FERREIRA, Rubens da Silva. A sociedade da informação no Brasil: um ensaio sobre os desafios do Estado. *Revista IBICT*, v. 32, n. 1, 29 maio 2003.

FREIRE, Felipe; SANTOS, Guilherme; LEITÃO, Leslie; COUTINHO, Rogério. *Mulher leva morto em cadeira de rodas para sacar empréstimo de R$ 17 mil e pede a ele:* 'Assina'. G1, Rio de Janeiro, 16 abr. 2024. Disponível em: https://g1.globo.com/rj/rio-de-janeiro/noticia/2024/04/16/mulher--leva-morto-em-cadeira-de-rodas-para-sacar-emprestimo.ghtml. Acesso em: 10 maio 2024.

FGV. *Pesquisa do Uso da TI — Tecnologia de Informação nas Empresas.* 34ª Edição. FGVcia. 2023. P. 91. Disponível em: https://eaesp.fgv.br/sites/eaesp.fgv.br/files/u68/pesti-fgvcia-2023_0.pdf. Acesso em: 28 abr. 2024.

GONÇALVES, Oksandro Osdival; LUCIANI, Danna Catharina Mascarello. Serviços públicos digitais de seguridade social na pandemia de COVID-19: eficiência e inclusão. *Revista Eurolatinoamericana de Derecho Administrativo*, Santa Fé, vol. 7, n. 2, p. 207-226, jul./dic. 2020. DOI 10.14409/redoeda.v7i2.9549.

IBGE. *Pesquisa Nacional por Amostra de Domicílios Contínua*: características gerais dos domicílios e dos moradores 2021. Rio de Janeiro: IBGE, 2022. P. 5. Disponível em: https://biblioteca.ibge.gov.br/visualizacao/livros/liv101963_informativo.pdf. Acesso em: 28 abr. 2024.

KOHN, Karen; MORAES, Cláudia Herte de. *O impacto das novas tecnologias na sociedade: conceitos e características da Sociedade da Informação e da Sociedade Digital.* Intercom — Sociedade Brasileira de Estudos Interdisciplinares da Comunicação. Santos. 2 setembro de 2007. P. 1. Disponível em: https://www.researchgate.net/profile/Claudia-Moraes-2/publication/238065799_impacto_das_novas-tecnologias_na_sociedade_conceitos_e_caracteristicas_da_Sociedade_da_Informacao_e_da_Sociedade_Digital1/links/58f409060f7e9b6f82e7c45c/O-impacto-das-novas-tecnologias-na-sociedade-conceitos-e--caracteristicas-da-Sociedade-da-Informacao-e-da-Sociedade-Digital1.pdf. Acesso em: 28 abr. 2024.

REYNA, Justo; GABARDO, Emerson; SANTOS, Fábio de Sousa. *Electronic Government, Digital Invisibility and Fundamental Social Rights*. Página 33. Disponível em: https://doi.org/10.5007/2177-7055.2020v41n85p30. Acesso em: 19 abr. 2024.

SCHIEFLER, Eduardo André Carvalho; CRISTÓVAM, José Sérgio da Silva; SOUSA, Thanderson Pereira de. Administração Pública digital e a problemática da desigualdade no acesso à tecnologia. *International Journal of Digital Law*, Belo Horizonte, ano 1, n. 2, p. 97-116, maio/ago. 2020. P. 108.

Três dimensões da não neutralidade tecnológica: um esforço de sistematização na perspectiva das plataformas digitais de trabalho

Fernando Pasquini (*)

Ney Maranhão (**)

INTRODUÇÃO

A tecnologia invade cada centímetro de nossas vidas. Estamos mergulhados em uma miríade de artefatos tecnológicos: portas automáticas, carros inteligentes, computadores pessoais, *smartphones*, redes de *Wi-Fi*, alarmes digitais, utensílios de cozinha, aparelhos de limpeza doméstica, relógios de pulso etc. De fato, a tecnologia, máxime a

(*) Professor no Curso de Graduação em Engenharia Biomédica e Pós-Graduação em Engenharia Biomédica na Universidade Federal de Uberlândia. Doutor em Engenharia Elétrica — subárea Sistemas Dinâmicos — pela Escola de Engenharia de São Carlos/Universidade de São Paulo (EESC-USP), com estágio de pesquisa na Universidade de Pittsburgh (EUA). Pesquisador no Núcleo de Inovação e Avaliação Tecnológica em Saúde (NIATS-UFU). Lattes: http://lattes.cnpq.br/9047298948861003 / ORCID: https://orcid.org/0000-0002-2259-7229 / E-mail: fernando.pasquini@ufu.br

(**) Professor de Direito do Trabalho da Faculdade de Direito da Universidade Federal do Pará. Professor Permanente do Programa de Pós-Graduação *Stricto Sensu* em Direito da Universidade Federal do Pará (Mestrado e Doutorado). Doutor em Direito do Trabalho pela Universidade de São Paulo, com estágio de Doutorado-Sanduíche junto à Universidade de Massachusetts (Boston/EUA). Especialista em Direito Material e Processual do Trabalho pela Universidade de Roma — La Sapienza (Itália). Mestre em Direitos Humanos pela Universidade Federal do Pará. Professor instrutor da Escola Nacional de Formação e Aperfeiçoamento de Magistrados do Trabalho (ENAMAT/TST). Professor convidado em diversas Escolas Judiciais de Tribunais Regionais do Trabalho. Professor Coordenador do Grupo de Pesquisa "Contemporaneidade e Trabalho" — GPCONTRAB (UFPA/CNPQ). Titular da Cadeira nº 30 da Academia Brasileira de Direito do Trabalho. Titular da Cadeira nº 25 da Academia Paraense de Letras Jurídicas. Juiz Titular de Vara da Justiça do Trabalho da 8ª Região (PA/AP). Lattes: http://lattes.cnpq.br/5894619075517595 / ORCID: https://orcid.org/0000-0002-8644-5902 / E-mail: ney.maranhao@gmail.com / *Facebook*: Ney Maranhão II / *Instagram*: @neymaranhao / *Youtube*: Prof. Ney Maranhão / *Twitter*: @ney_maranhao

digital, permite-nos hoje experimentar atividades humanas cotidianas de uma maneira inteiramente diferente: comer, conversar, trabalhar, comprar e até namorar. Verdadeiramente, hoje, a imensa maioria de nossas interações sociais, laborais, culturais e econômicas tem sido mediadas por um denso ecossistema de plataformas digitais de abrangência global, alimentado por dados e dirigido por algoritmos, exprimindo uma genuína sociedade de plataforma(1). Parafraseando às avessas o apóstolo Paulo, os seres humanos contemporâneos bem poderiam até dizer, quanto ao ecossistema digital: "nele vivemos, e nos movemos, e existimos"(2).

Entretanto, nada obstante esse evidente espraiar tecnológico sobre o nosso cotidiano e todas as vivências novidadeiras que essa realidade tem nos propiciado, a vetusta narrativa da neutralidade tecnológica continua senso cultivada no senso comum e mesmo em grandes círculos acadêmicos. Esse intrigante contraste entre *ubiquidade* e *neutralidade* tecnológica constitui o tema central deste ensaio. O tema é de crucial importância, uma vez que estamos todos não apenas rodeados de artefatos tecnológicos dotados de marcante imprescindibilidade(3), senão que também embebidos com uma racionalidade tecnicista, em que a solução de todo e qualquer "problema" — desde a proteção do meio ambiente até a sonhada imortalidade — parece perpassar necessariamente pela instrumentalidade da tecnologia como solução(4).

Mais precisamente, nossa proposta consiste em sistematizar alguns argumentos encontrados na literatura de Filosofia da Tecnologia e de Estudos Sociais de Ciência e Tecnologia (ESCT) quanto à não-neutralidade da tecnologia. Optamos por agrupar esses argumentos em formato tridimensional: a não-neutralidade da tecnologia quanto a *fins* (a tecnologia, em si, não seria nem boa nem má, mas apenas seu uso?), quanto a *valores* (a tecnologia, em sua criação e aplicação, estaria isenta de diretrizes axiológicas?) e quanto à *subjetividade* (a tecnologia poderia ser usada de forma objetiva, metódica e distanciada, sem interferências da visão de mundo de seu usuário?).

Decerto, as três formas de colocar a questão são muito próximas: os fins pressupõem valores e subjetividade; os valores pressupõem fins e subjetividade; e a subjetividade pressupõe fins e valores. No entanto, realizamos essa divisão tendo em vista uma sistematização que seja didática em seus propósitos, visando a melhor ensinar e argumentar sobre a questão para pessoas não familiarizadas com o assunto. Ainda assim, permanecemos conscientes de que a distribuição dos argumentos encontrados na literatura nessas

(1) VAN DIJCK, José; POELL, Thomas; DE WAAL, Martijn. *The platform society.* New York: Oxford University Press, 2018.

(2) BÍBLIA SAGRADA. Novo Testamento, Atos dos Apóstolos, capítulo 17, versículo 28. *Bíblia de Estudo Almeida*. Tradução de João Ferreira de Almeida. Edição revista e Atualizada. Barueri/SP: Sociedade Bíblica do Brasil, 1999, p. 199.

(3) "Hoje os supostos técnicos da vida superam gravemente os naturais, de sorte tal que materialmente o homem não pode viver sem a técnica a que chegou" (ORTEGA Y GASSET, José. *Meditação da técnica*. Tradução de Luís Washington Vita. Rio de Janeiro: LIAL, 1963, p. 87).

(4) A respeito, entre outros: ELLUL, Jacques. *A técnica e o desafio do século*. Rio de Janeiro: Paz e Terra, 1968; GOUDZWAARD, Bob. *Capitalismo e progresso*: um diagnóstico da sociedade ocidental. Viçosa: Ultimato, 2019; SCHUURMAN, Derek. *Moldando um mundo digital*: fé, cultura e tecnologia computacional. Brasília, DF: Editora Monergismo, 2019.

três categorias pode não ser perfeita, ou seja, muitas vezes um argumento ou reflexão pode dizer respeito à mais de uma categoria ou mesmo colocar a questão de uma forma que se refira a elas de forma indireta. Reiteramos, porém: a nosso ver, esse alerta não retira a valia didática desse método triangular de exposição do tema.

Como é de fácil inferência, eis nosso problema de pesquisa: a tecnologia é verdadeiramente neutra? Nossa hipótese sinaliza no sentido de *refutar* a narrativa tradicional da neutralidade tecnológica. O objetivo geral deste artigo consiste em sistematizar argumentos científicos em torno do que temos por três dimensões da não-neutralidade tecnológica. Os objetivos específicos dizem com a exposição detalhada de que a tecnologia não é neutra seja quanto a fins, seja quanto a valores, seja quanto à subjetividade. As seções que se seguem espelham exatamente esse arranjo argumentativo tridimensional. A pesquisa é qualitativa, eminentemente bibliográfica, tendo sido utilizado o método hipotético dedutivo.

NÃO-NEUTRALIDADE QUANTO A *FINS*: ADAPTAÇÃO REVERSA E MONISMO DA TÉCNICA

O pressuposto de que a tecnologia se apresenta apenas como um meio que se ajusta para o cumprimento de um fim parece ignorar que o processo contrário também acontece: os próprios fins podem se ajustar para que os meios disponíveis sejam possíveis de serem empregados. Langdon Winner identifica esse processo como *adaptação reversa*[5]. A dinâmica desse processo é exposta com clareza por George Grant, como segue:

“A tecnologia produz, define e restringe uma série de opções subsequentes que podem ser selecionadas pelo usuário e a seleção dessas opções depende, por sua vez, de uma aplicação tecnológica mais ampla. Em resumo, não estamos livres para usar várias tecnologias da maneira que escolhemos, [pois] aquele que escolhe é moldado pelas escolhas sendo feitas ou contempladas. A visão moral, e, portanto, também a avaliação moral, são envolvidas por um conjunto de valores que são impostos pelo potencial tecnológico ao invés do contrário”[6].

Bruno Latour e Madeleine Akrich[7] também explicam esse processo apontando para a maneira como uma tecnologia se apresenta como um *script* de ação, que é apreendido pelo usuário como uma forma de tradução de ações, tais como: “para matar, aperte o gatilho da arma” ou “para realizar ligações telefônicas, compre um telefone e uma linha telefônica, aperte os números no teclado, bem como garanta que a outra pessoa também

(5) WINNER, Langdon. *Autonomous technology*: technics-out-of-control as a theme in political thought. Mit Press, 1978.

(6) GRANT, George. *Technology and empire*: perspectives on North America. Toronto: Anansi, 1969, p. 42.

(7) AKRICH, Madeleine; LATOUR, Bruno. A summary of a convenient vocabulary for the semiotics of human and nonhuman assemblies. *In*: BIJKER, W. & LAW, J. *Shaping technology building society studies in sociotecnical change*. Cambridge: MIT Press, 1992, p. 259-264.

tenha um número de telefone etc.". É por meio dessa tradução de ações que uma finalidade se instancia de forma concreta dentro do escopo de possibilidades materiais e, dessa forma, pode precisar ser alterada ou ajustada. O cumprimento da finalidade de realizar um telefonema, por exemplo, subordina-se à necessidade da presença de uma infraestrutura de rede telefônica compartilhada, o que também significa, inversamente, que aquele que quiser realizar um telefonema sem utilizar a infraestrutura de rede telefônica não pode fazê-lo — ou seja, ele não está livre para escolher o meio que cumprirá seu fim, mas deve ajustar seu fim ao meio disponível(8).

O ajuste do fim ao meio disponível altera radicalmente o significado e as implicações de uma ação. Como exemplo, suponha um agricultor desejando cultivar alimento em uma sociedade agrária pré-moderna. Os meios disponíveis para ele provavelmente incluiriam técnicas locais de cultivo e uma comunidade de pessoas reunidas em torno de uma prática, sendo esta provavelmente uma tradição adquirida e passada entre gerações. O ato de cultivar envolveria conexões fundamentais com a terra, os ritmos e estações, a comunidade(9). No entanto, se transportarmos esse mesmo agricultor para o mundo contemporâneo de grandes áreas de cultivo suportados pelo amplo uso de tecnologias e fertilizantes, veremos que a técnica tradicional se torna praticamente inviável, devido a dificuldades econômicas e a própria ausência de uma comunidade rural tradicional, que provavelmente já teria sido deslocada pela solução tecnológica. Para cumprir a finalidade do cultivo, portanto, o agricultor deve eliminar certas características tradicionalmente envolvidas no ato do cultivo, como a conexão maior com a terra, os ritmos, a natureza e a comunidade, e adicionar novas características, sobretudo a maximização da eficiência produtiva tendo em vista um maior lucro(10).

Jacques Ellul(11) também identificou esse processo e lhe deu o nome de *monismo da técnica*: a situação na qual a solução tecnológica disponível torna-se uma forma de reenquadrar o problema original, ignorando-se ou redefinindo-se as características do

(8) Bruno Latour traz os seguintes exemplos práticos: "Pode-se dizer que, em princípio, é possível aterrissar um Boeing 747 em qualquer lugar; mas tente na prática aterrissar um deles na 5ª Avenida, em Nova York. Pode-se dizer que, em princípio, o telefone nos põe tudo ao alcance da voz. Mas tente falar de San Diego com alguém no interior do Quênia que, na prática, não tem telefone. Pode-se perfeitamente afirmar que a lei de Ohm (Resistência = Tensão/Corrente) é universalmente aplicável em princípio; mas tente demonstrá-la na prática sem voltímetro, wattímetro e amperímetro. [...] Em todos esses experimentos mentais é fácil perceber a enorme diferença que há entre princípio e prática, e que, quando tudo funciona de acordo com o planejado, significa que ninguém se afastou nem um centímetro da rede bem guardada e perfeitamente fechada. Sempre que um fato se confirma e uma máquina funciona, significa que as condições do laboratório ou da fábrica de certo modo foram expandidas" (LATOUR, Bruno. *Ciência em ação*: como seguir cientistas e engenheiros sociedade afora. São Paulo: Unesp, 2000, p. 391-392).

(9) BERRY, Wendell. *The unsettling of America*: culture and agriculture. Berkeley: Counterpoint, 2015.

(10) Albert Borgmann identifica especificamente este processo como a mudança de um regime de "coisas" — objetos contextualizados dentro de uma rede de relações naturais e sociais — para um paradigma de "dispositivos", que abstraem uma certa característica, experiência ou valor (*commodity*) de seu ambiente. A respeito, confira-se: BORGMANN, Albert. *Technology and the character of contemporary life*: a philosophical inquiry. University of Chicago Press, 1984.

(11) Ellul mostra como o monismo dá origem ao automatismo da escolha técnica: uma certa tecnologia aparece como a única e melhor solução disponível a ser tomada, eliminando a liberdade humana no processo. A respeito dessas reflexões, confira-se: ELLUL, Jacques. *A técnica e o desafio do século*. Rio de Janeiro: Paz e Terra, 1968.

problema original que não correspondem à solução tecnológica. Com o tempo, uma certa solução tecnológica começa a aparecer como o único meio disponível, aceitável e factível para realizar um determinado fim, excluindo certos sentidos ou implicações que só poderiam ser garantidos através de outros meios. Ivan Illich, por sua vez, ressalta como esse processo se aplica a múltiplas áreas da sociedade moderna: agricultura, educação, transportes, entre outras[(12)].

Na mesma linha, Bruno Latour[(13)] e diversos outros na área de Estudos Sociais de Ciência e Tecnologia (ESCT) notam como a tecnologia configura redes sociotécnicas que tornam certos ideais mais viáveis do que outros — sendo, no caso de Latour, a teoria chamada de Teoria *Ator-Rede*. Segundo esse pensador, um ator só pode realizar uma ação significativa dentro de uma rede se é capaz de "alistar" diversos aliados por meio de tradução de interesses — seja esses aliados seres humanos ou artefatos materiais. É possível destacar esse processo na própria área da ciência, mostrando que ela nunca é feita em isolamento. Basta recordar que ciência bem-sucedida é aquela que soube "jogar" com o "social" a seu favor, ou seja, "teve meios de ajustar múltiplos interesses sociais e políticos no desenvolvimento e resolução de problemas cognitivos", bem como foi "sustentada por uma rede sociotécnica estável"[(14)]. Assim, a própria pesquisa científica também não se revela neutra com relação a fins, mas requer que o sujeito o ajuste de acordo com a configuração institucional e axiológica da prática científica corrente.

Os conceitos de *adaptação reversa* e *monismo da técnica* levantam a questão da possibilidade de uma verdadeira pluralidade de fins na prática técnica (e científica). A existência de uma rede sociotécnica estável e concretizada materialmente faz surgir uma certa permanência ou obstinação (*obduracy*) de certos fins e valores[(15)], inviabilizando a expressão de fins alternativos cujas características não sejam contempladas pelos meios disponíveis. Logo, ao ditar certos fins, a tecnologia enfatiza determinados escopos. Com isso, naturalmente, ignora, invisibiliza, ridiculariza ou mesmo destrói outros mais. Perceba-se, como destaca Alberto Cupani, que, no âmbito da sociedade industrial, o trabalho produtivo é por demais valorizado, mas a consagração a Deus ou a dedicação à arte, por exemplo, não o são. Assim, "bastaria essa seletividade para suspeitar que a tecnologia não é neutra com relação a um dado panorama cultural"[(16)]. Esse problema também se repete no caso da não neutralidade quanto a valores e quanto ao sujeito, aspectos que serão abordados mais adiante.

Trazendo esses aportes teóricos para o campo das plataformas digitais de trabalho, vale pontuar, por primeiro, que estamos no âmago de uma chamada "quarta

---

(12) ILLICH, Ivan. *Tools for conviviality.* Harper and Row, 1973.

(13) LATOUR, Bruno. *Ciência em ação*: como seguir cientistas e engenheiros sociedade afora. São Paulo: Unesp, 2000.

(14) PREMEBIDA, Adriano; NEVES, Fabrício Monteiro; ALMEIDA, Jalcione. Estudos sociais em ciência e tecnologia e suas distintas abordagens. *Sociologias,* v. 13, n. 26, 2011, p. 22-42.

(15) Vide: DOTSON, Taylor. *Technically together:* reconstructing community in a networked world. MIT Press, 2017, capítulo 7; MILLER, Boaz. Is Technology Value-Neutral? *Science, Technology, & Human Values*, v. 46, n. 1, 2021, p. 53-80.

(16) CUPANI, Alberto. *Filosofia da tecnologia*: um convite. 3. ed. Florianópolis: Ed. da UFSC, 2017, p. 189.

revolução industrial", cujos avanços tecnológicos na seara digital têm se revelado de impactação verdadeiramente disruptiva. Essas tecnologias ultrapassam o mero processo de digitalização, sendo uma forma muito mais complexa baseada na combinação de várias tecnologias de forma totalmente novidadeira, caracterizada, basicamente, pela fusão das esferas física, digital e biológica(17). Nessa nova ordem de coisas, exsurgem as plataformas digitais, poderosos agentes econômicos(18) que viabilizam a conexão de multidões e têm invadido todas as dimensões da vida humana — do lazer ao comércio, da saúde à política, da alimentação ao transporte, do amor ao trabalho. No campo laboral, propriamente, as plataformas digitais de trabalho constituem ferramentas tecnológicas mediadoras do trabalho humano à base do processamento de enormes volumes de dados, meticulosas programações algorítmicas e acesso mediante consentimento por simples adesão(19). Sua dinâmica de funcionamento, pouquíssimo transparente e não raro garroteando a liberdade(20), tem suscitado enormes desafios à pauta dos direitos humanos, inclusive do trabalho decente(21). Daí se afigurar inteiramente adequado que o contraste entre ubiquidade e neutralidade tecnológica também atinja as lindes da plataformização do trabalho.

A propósito, nesse particular, entre inúmeros outros fatores, tem chamado a atenção dos estudiosos a imensa dificuldade na capacidade de coalizão da força de trabalho, sobretudo para os chamados *clowdworkers* — trabalhadores que realizam suas atividades inteiramente no regime telepresencial, a partir da "nuvem", na medida em que intermediados por plataformas digitais unicamente baseadas na internet (*Amazon Machanical Turk*, *Microtask*, etc.) —, haja vista a brutal dispersão física entre seus exercentes, distribuídos que estão por todo o globo terrestre(22). Para além desse limitador, também há queixas no sentido de que o próprio *design* das plataformas digitais de trabalho estaria sendo intencionalmente elaborado com o propósito de dificultar ou até mesmo impedir qualquer intento de organização coletiva por parte dos trabalhadores. Ou seja, a própria concepção

(17) SCHWAB, Klaus. *A quarta revolução industrial*. São Paulo: Edipro, 2016, p. 13 e 23.

(18) Quanto à dinâmica econômica das plataformas digitais, confira-se: SRNICEK, Nick. *Platform capitalism*. Cambridge: Polity Press, 2017; ZUBOFF, Shoshana. *The age of the surveillance capitalism*: the fight for a human future at the new frontier of power. New York: PublicAffairs, 2019.

(19) A respeito, vide, entre outros: VAN DIJCK, José; POELL, Thomas; DE WAAL, Martijn. *The platform society*. New York: Oxford University Press, 2018, p. 04; DE STEFANO, Valerio. The rise of the —just-in-time workforce|: on-demand work, crowdwork, and labor protection in the gig-economy. *Comparative Labor Law & Policy Journal*, v. 37, n. 3, 2016, p. 471-504; MARANHÃO, Ney; SAVINO, Thiago Amaral Costa. Tecnologia e disrupção: o mundo do trabalho no contexto da quarta revolução industrial. *In*: LEAL, Carla Reita Faria; MARANHÃO, Ney e PADILHA, Norma Sueli. (Orgs). *Sociedade, tecnologia e meio ambiente do trabalho*: discussões contemporâneas. Mato Grosso: EdUFMT, 2021.

(20) A respeito da intensa opacidade algorítmica que marca o funcionamento das plataformas digitais, confira-se, entre outros: PASQUALE, Frank. *The black box society*: the secret algorithms that control Money and information. Harvard University Press, 2015.

(21) ORGANIZACIÓN INTERNATIONAL DEL TRABAJO — OIT. *Las plataformas digitales y el futuro del trabajo:* cómo fomentar el trabajo decente en el mundo digital. Organización Internacional del Trabajo — Ginebra: OIT, 2019.

(22) INTERNATIONAL LABOUR ORGANIZATION — ILO. *World employment and social outlook 2021*: The role of digital labour platforms in transforming the world of work. International Labour Office — Geneva: ILO, 2021, p. 214.

e configuração técnica da plataforma digital serviria para imprimir máxima atomização dos prestadores de serviço, inibindo na fonte potenciais mobilizações grupais[23].

Semelhantemente, tem-se observado que, para além da existência de uma pluralidade de plataformas digitais de trabalho, cada qual também tem estabelecido os contornos técnicos de seu próprio instrumento tecnológico, cujo acesso, pois, sempre implica sujeição total do prestador de serviço ao ecossistema virtual, com expressiva restrição de sua liberdade e autonomia[24]. A possibilidade de qualquer ação, bem assim a forma de sua execução, são rigorosa e unilateralmente ditadas pela plataforma[25], restringindo em demasia ações e desejos — como, por exemplo, possíveis diálogos com o cliente ou mesmo processamento de queixas e reclamações, escopos que só poderão ser realizados *se*, na *forma* e nos *limites* em que permitidos *by design* pela tecnologia. Portanto, a tecnologia, em si, pode, sim, ser considerada boa ou má, justa ou injusta, independentemente de seu uso.

Bem se vê, nesses singelos exemplos, como a tecnologia não é neutra quanto a fins, especialmente em relações jurídicas travadas no bojo do capitalismo de plataforma[26], porquanto detentora do poderoso condão de inibir condutas, influenciar propósitos e frustrar intenções — invertendo, não raro, a regra ordinária de que meios devem se ajustar a fins.

NÃO-NEUTRALIDADE QUANTO A *VALORES*: POLÍTICA DOS ARTEFATOS E REDES SOCIOTÉCNICAS

A percepção de que artefatos materiais afetam finalidades também permite afirmar a presença de certos valores nele embutidos. Embora se questione a própria ação de atribuir valores a coisas, Miller[27] oferece uma arguta razão para tanto: objetos apresentam uma certa "permanência", o que reforça os valores que foram incorporados por meio do processo de *design*. Dois exemplos costumam ser apresentados: a história da bicicleta apresentada por Pinch e Bijker[28] para apoiar a ideia de "moldagem social da tecnologia"; o exemplo de Winner[29] sobre o projeto dos viadutos baixos em Long Island, Nova York.

Foquemos, com vagar, neste segundo exemplo. Segundo a descrição de Winner, tais viadutos "foram deliberadamente projetados e construídos desta forma por alguém que queria obter um particular efeito social". É que a baixa altura dos viadutos no sistema

(23) WOODCOCK, Jamie; GRAHAM, Mark. *The gig economy:* a critical introduction. Cambridge: Polity Press, 2020, p. 136.

(24) PRASSL, Jeremias. *Human as a service:* the promise and perils of work in the gig economy. New York: Oxford University Press, 2018, p. 54.

(25) CAÑIGUERAL, Albert. *El trabajo ya no es lo que era:* nuevas formas de trabajar, otras maneras de vivir. Barcelona: Conecta, 2020, p. 63.

(26) SRNICEK, Nick. *Platform capitalism*. Cambridge: Polity Press, 2017.

(27) MILLER, Boaz. Is Technology Value-Neutral? *Science, Technology, & Human Values*, v. 46, n. 1, 2021, p. 53-80.

(28) BIJKER, Wiebe E. *Of bicycles, bakelites, and bulbs*: toward a theory of sociotechnical change. MIT press, 1997.

(29) WINNER, Langdon. Do artifacts have politics? *Daedalus*, 1980, p. 121-136.

rodoviário do lugar impossibilitava o trânsito de ônibus pelas imediações. Dessa maneira, para as circunstâncias do lugar e da época, levando em conta que ônibus eram conduções tipicamente de negros, apenas os brancos de classe alta, com automóveis, poderiam circular no local, um lugar praiano. Winner, assim, conclui que "artefatos têm política", uma vez que política pode ser definida como a resposta à questão de "quem recebe o que, quando e como"[(30)].

Sem dúvida, o projeto dos viadutos baixos em Long Island foi um caso obviamente pensado, intencional, que incorporou princípios racistas e segregacionistas nas decisões de projeto. Miller[(31)], porém, ressalta que o fato de um projetista não ser intencional quanto à incorporação de valores em seu projeto não prova que este mesmo projeto não possa conter valores. Basta perceber a mediação tecnológica no próprio sujeito que idealiza e implementa um projeto (conforme a tese da não-neutralidade quanto ao *sujeito*, logo abaixo). Considerações subjetivas internalizadas, implícitas e não conscientes, ou mesmo as possibilidades materiais dispostas pela rede sociotécnica — ou seja, os diferentes atores sociais, técnicos, econômicos e políticos interligados que possibilitam a concretização da tecnologia — reforçam a adoção de certos valores nas decisões de projeto tecnológico[(32)]. Assim, seria importante buscar métodos para tornar esses valores mais explícitos, permitindo uma abordagem mais informada e crítica.

Autores das áreas de filosofia da tecnologia e Estudos Sociais de Ciência e Tecnologia (ESCT) ligados a abordagens da teoria crítica são as principais vozes explorando as formas como certos valores sociais são incorporados em tecnologias, refletindo formas específicas de se falar sobre ou avaliar um projeto. A ilusão da universalidade de uma tecnologia apenas reflete o fechamento de um processo de monismo da técnica (Jacques Ellul), olvidando que, muitas vezes, adjetivos como "bom", "desejável", "eficiente", "aceitável" ou "proveitoso", normalmente associados, estão sempre relacionados com certas concepções de valor, não raro ligadas a grupos que detêm o "poder".

Isso, aliás, também nos permite tratar uma das formas populares como a tese da neutralidade é colocada: "não é boa e nem ruim". Porém, se atentarmos para o papel dos atores e valores sociais na constituição de um artefato ou sistema tecnológico, uma visão mais geral diria que a tecnologia se apresenta como *ambígua* ou *ambivalente*: boa e ruim, ao mesmo tempo. Isso porque, observando-a com relação a certos atores ou valores, ela pode se aparecer como boa; por outro lado, com relação a outros, ela pode aparecer como ruim. O erro presente nesse tipo de tese de neutralidade encontra-se na ideia de que se pode separar completamente um uso bom de um uso ruim sem qualquer referência a um contexto específico.

---

(30) DOTSON, Taylor. *Technically together*: reconstructing community in a networked world. MIT Press, 2017, p. 18.

(31) MILLER, Boaz. Is Technology Value-Neutral? *Science, Technology, & Human Values*, v. 46, n. 1, 2021, p. 53-80.

(32) A responsabilidade de um projetista pela incorporação consciente ou inconsciente de valores em um projeto é assunto separado da ética e não será abordado aqui.

Na área da ciência, também vale ressaltar a obra de Hugh Lacey[33], ao demonstrar como determinadas estratégias de restrição e seleção de teorias, que incorporam um determinado valor social de controle da natureza, determinam o que conta como teoria científica válida a ser perseguida, a partir de estratégias de quantificação e abstração contextual. Lacey levanta a proposta de um pluralismo metodológico na ciência que permita a manifestação de outros valores sociais na prática científica. Analogamente, também poderíamos perquirir acerca da possibilidade de um pluralismo tecnológico ou um pluralismo material, que permita a concretização de diferentes fins, subjetividades e valores. Como já discutido, nesse ponto sempre nos confronta o problema da permanência ou obstinação material — o fechamento da rede sociotécnica que inviabiliza a sustentação de alternativas marginais. Autores como Yuk Hui[34] têm tentado levar essa discussão adiante ao propor o que ele chama de *tecnodiversidade*, focalizando em deliberações mais locais para o projeto e produção tecnológica.

Tem-se, desse modo, que plataformas digitais não são neutras ou constructos livre de valores; antes, pelo contrário, transportam normas e valores específicos inscritos nas suas próprias arquiteturas técnicas, sendo que essas diretrizes axiológicas, como é de natural inferência, podem homenagear ou arrostar valores encravados em estruturas sociais[35]. Por isso, a íntima relação entre artefatos tecnológicos (máxime os da sociedade digital) e valores é tão evidente que já não passa desapercebida pelo Estado-Legislador. Deveras, a título ilustrativo, foi publicada em Portugal a Lei n. 27, de 17 de maio de 2021, denominada *Carta Portuguesa de Direitos Humanos na Era Digital*. Logo de início, deixa-se claro que a República Portuguesa participa no processo mundial de transformação da Internet em um "instrumento de conquista de liberdade, igualdade e justiça social e num espaço de promoção, proteção e livre exercício dos direitos humanos, com vista a uma inclusão social em ambiente digital" (art. 2º, 1), frisando também que "as normas que na ordem jurídica portuguesa consagram e tutelam direitos, liberdades e garantias são plenamente aplicáveis no ciberespaço" (art. 2º, 2).

Para além dessa relevantíssima afirmação de que as recentes inovações tecnológicas digitais haverão de ser dirigidas em respeito à pauta dos direitos humanos, de maneira a não se poder aceitar que o ambiente digital seja "terra sem lei", importa conferir destaque, para os específicos fins deste texto, o teor de seu art. 10, que passa a consagrar o chamado "direito à neutralidade da Internet", nos seguintes termos: "Todos têm direito a que os conteúdos transmitidos e recebidos em ambiente digital não sejam sujeitos a discriminação, restrição ou interferência em relação ao remetente, ao destinatário, ao tipo ou conteúdo da informação, ao dispositivo ou aplicações utilizados, ou, em geral, a escolhas legítimas das pessoas".

(33) LACEY, Hugh. *Valores e atividade científica 1*. São Paulo: Editora 34, 2008.

(34) HUI, Yuk. *Tecnodiversidade*. São Paulo: Ubu Editora, 2020.

(35) VAN DIJCK, José; POELL, Thomas; DE WAAL, Martijn. *The platform society*. New York: Oxford University Press, 2018, p. 03.

Como se vê, há um reconhecimento geral no sentido de que a tecnologia, máxime a tecnologia do século XXI, alicerçada em inteligência artificial, tem se prestado a concretizar valores não condizentes com clássicas diretrizes axiológicas firmadas pela comunidade internacional, em especial aquelas que dizem com os direitos humanos. A própria necessidade de se publicar explícitas regulações estatais reafirmando a necessidade de adstrição à pauta jusfundamental de valores já bem demonstra o quanto se tem percebido que a tecnologia levada a efeito hodiernamente tem dado azo a cenários consideravelmente hostis à dignidade humana e ao bem comum.

Justamente por isso, em termos puramente axiológicos, mesmo afirmando-se em lei a existência de um denominado direito à "neutralidade" tecnológica, o que se intenta consagrar mesmo, em essência, é uma patente não-neutralidade, no exato sentido em que, explicitamente, propaga como socialmente ideal uma concepção de tecnologia profundamente comprometida com um determinado leque de valores — no caso português, basicamente, aqueles que prestigiam a "liberdade, igualdade e justiça social", de modo a fazer do ciberespaço um "espaço de promoção, proteção e livre exercício dos direitos humanos" (art. 2º). Logo, o que se deseja não é propriamente uma tecnologia isenta de valores; antes, pelo contrário, uma igualmente prenhe deles — mas daqueles maximamente conducentes com a dignidade humana, equidade e democracia.

A tese da neutralidade quanto a valores, portanto, não se sustenta, na medida em que artefatos tecnológicos, em sua concepção, criação e aplicação, sempre se põem a veicular, sim, explícita ou implicitamente, diretrizes axiológicas.

NÃO-NEUTRALIDADE QUANTO À *SUBJETIVIDADE*: MEDIAÇÃO TECNOLÓGICA E CARÁTER HUMANO

A partir da teoria "ator-rede" de Bruno Latour, ressalta-se também que, no processo de alistar aliados e traduzir interesses dentro de uma rede sociotécnica, não apenas as finalidades são ajustadas aos meios disponíveis, mas também o próprio ator também é modificado, tornando-se um "ator-rede", ou, também, como comumente denominado, uma composição ou *assemblage*(36). Como argumenta Verbeek: "tecnologias não são simplesmente usadas por seres humanos — elas ajudam a constituir seres humanos"(37). Com isso, pode-se questionar visões que tratam consciência e a intencionalidade do sujeito como completamente separadas e distanciadas do ambiente material. Tais questionamentos já começaram a ser feitos em vertentes fenomenológicas, como em Maurice Merleau-Ponty, e são explorados mais completamente na área da tecnologia pelos

(36) MARCUS, George E.; SAKA, Erkan. Assemblage. *Theory, culture & society*. v. 23, n. 2-3, 2006, p. 101-106.

(37) VERBEEK, Peter-Paul. *Moralizing technology*: understanding and designing the morality of things. University of Chicago Press, 2011, p. 46.

filósofos Don Ihde e Peter-Paul Verbeek — sendo o primeiro responsável pela inauguração do que ele mesmo intitula de *pós-fenomenologia*(38).

Ihde é conhecido por realizar uma investigação sobre as formas como a tecnologia pode alterar a intencionalidade humana ao mediar sua relação com o mundo. O autor identifica quatro formas de relações de mediação: i) relação de *corporificação* (exemplificada pelo uso de um martelo ou a direção de um carro); ii) relação *hermenêutica* (exemplificada pela leitura de um termômetro); iii) relação de *alteridade* (exemplificada pelo uso de uma interface gráfica computacional); iv) e relação de *pano de fundo* (*background*, exemplificada pela luz de uma lâmpada). Cada tipo de relação, como argumenta Ihde, alteraria a intencionalidade humana de forma fundamental, na medida em que moldando nossas formas de agir e perceber o mundo(39).

Peter-Paul Verbeek, por sua vez, expande a obra de Ihde na esteira de uma *teoria da mediação tecnológica*, a permitir investigar como a própria moralidade é mediada por artefatos e sistemas tecnológicos; ou seja, uma "moralidade das coisas". Sua crítica se dirige a visões que tentam separar o mundo entre uma consciência subjetiva "interior" e um mundo de objetos "mudos" do lado de fora(40). Segundo esse importante pensador, a ética, à luz desse tipo de abordagem, voltar-se-ia apenas para perguntas de "como eu deveria agir", "uma questão exclusiva da *res cogitans*, que julga e calcula em que medida suas intervenções no mundo exterior são moralmente corretas, sem que este mundo tenha qualquer relevância moral em si mesmo"(41). Sua proposta, por contraste, é alargar as considerações morais para considerar que "o meio da ética não inclui apenas a linguagem dos sujeitos, mas também a materialidade dos objetos"(42), o que inclui também novas abordagens para a prática da ética: não apenas discursos sobre certo e errado, mas também a ética no projeto de infraestruturas materiais que proveem uma base para atitudes que nos levam ou nos afastam de uma boa vida(43). Considerações semelhantes são também alinhavadas por Bruno Latour(44).

---

(38) IHDE, Don. *Postphenomenology*: essays in the postmodern context. Northwestern University Press, 1995.

(39) IHDE, Don. *Technics and praxis*: a philosophy of technology. Springer Science & Business Media, 2012.

(40) VERBEEK, Peter-Paul. *Moralizing technology*: understanding and designing the morality of things. University of Chicago Press, 2011, p. 30.

(41) VERBEEK, Peter-Paul. *Moralizing technology*: understanding and designing the morality of things. University of Chicago Press, 2011, p. 30.

(42) VERBEEK, Peter-Paul. *Moralizing technology*: understanding and designing the morality of things. University of Chicago Press, 2011, p. 40.

(43) Como nota Verbeek, essa constatação também coloca a questão da moralidade mais próxima das vertentes de ética de virtudes, como a aristotélica, que não se preocupa primariamente com o conteúdo do certo e do errado, mas com a boa vida e como as instituições sociais e políticas podem ser moldadas para levar a ela. Nesse particular, confira-se: VERBEEK, Peter-Paul. *Moralizing technology*: understanding and designing the morality of things. University of Chicago Press, 2011, p. 31; VALLOR, Shannon. *Technology and the virtues:* A philosophical guide to a future worth wanting. Oxford University Press, 2016, cap. 2.

(44) Retomando o assunto da divisão entre fins e meios, Latour lamenta "uma divisão arcaica entre moralistas tomando conta dos fins e os tecnologistas controlando os meios", algo que precisaria ser superado. Confira-se: LATOUR, Bruno; VENN, Couze. Morality and technology. *Theory, culture & society*, v. 19, n. 5-6, 2002, p. 247-260. Segundo ele, o surgimento da modernidade é marcado por uma "estranha invenção do mundo exterior", de tal maneira que "enquanto o

Um dos exemplos mais apresentados nessa discussão é o das armas de fogo. É comum ouvir o argumento de que "armas não matam pessoas; pessoas matam pessoas". Como se vê, o argumento situa toda a questão da ética no sujeito e não permite pensar como a própria presença de uma arma reconfigura o sujeito. Noutras palavras: uma pessoa segurando um revólver é muito diferente de uma pessoa segurando qualquer outra coisa, como uma faca ou um taco de beisebol. Uma arma de fogo configura o agente como *atirador* e altera completamente a forma e as implicações de sua agência(45). Semelhantemente, também é comum ouvir argumentos de que o uso de uma determinada mídia de entretenimento é uma questão exclusiva do sujeito que a utiliza: "o problema não está no programa de TV, no filme ou no jogo eletrônico, mas na pessoa que o assiste". No entanto, a constatação também despreza as formas como determinadas mídias podem influenciar e induzir hábitos e percepções de um sujeito. Como asserem Reijers e Coeckelbergh(46), *in verbis*:

> "Em nossa experiência e no que fazemos, as tecnologias co-atuam em nossas escolhas e práticas cotidianas. [...] As tecnologias nos persuadem, nos ensinam, nos convidam, nos inibem, nos ferem e, assim, passiva ou ativamente, contribuem para as escolhas éticas que fazemos e as ações em que nos engajamos. Compreender essa dinâmica nos ajudará a fazer, usar e governar tecnologias de formas que conduzam à boa vida. Sem compreender essa dinâmica, parecemos estar perdidos".

Pode-se ressaltar uma ampla gama de literatura estudando a tecnologia em seus efeitos no sujeito, incluindo questões de formação de virtude(47) de caráter(48), que ocupam uma grande parte das discussões clássicas sobre ética. Nicholas Carr(49), por exemplo, nota as formas como a internet têm afetado nossas capacidades cognitivas; Sherry Turkle(50), por sua vez, nota as mudanças nas formas de se relacionar com outras pessoas. Neil Postman(51) expandindo também a obra de Marshall McLuhan e configurando a área de estudos da mídia, também é conhecido por explorar as formas nas quais o meio de

---

humanismo for construído por meio de um contraste com o objeto (...) nem o humano e nem o não-humano podem ser compreendidos" (LATOUR, Bruno. *Nunca fomos modernos*. Editora Unesp, 2009, p. 3). Por fim, ele também reclama de uma percepção falsa de que a moralidade parece ausente na sociedade tecnológica atual — o que acontece, na verdade, é que ela está plenamente incorporada no ambiente material, direcionando nossa ação e percepção. Vide: LATOUR, Bruno. Where Are the Missing Masses? The Sociology of a Few Mundane Artifacts. *Shaping technology/building society*: studies in sociotechnical change, 1992, p. 225-228.

(45) MILLER, Boaz. Is Technology Value-Neutral? *Science, Technology, & Human Values*, v. 46, n. 1, 2021, p. 53-80.

(46) REIJERS, Wessel; COECKELBERGH, Mark. *Narrative and technology ethics*. Palgrave MacMillan, 2020, p. 3.

(47) VALLOR, Shannon. *Technology and the virtues*: a philosophical guide to a future worth wanting. Oxford University Press, 2016.

(48) MITCHAM, Carl. On Character and Technology. *In*: HIGGS, Eric; LIGHT, Andrew; STRONG, David. *Technology and the good life?* University of Chicago Press, 2010. p. 126-148.

(49) CARR, Nicholas. *Geração superficial*: o que a internet está fazendo com os nossos cérebros. Rio de Janeiro: Agir, 2019.

(50) TURKLE, Sherry. *Life on the screen*: identity in the age of the Internet. Simon and Schuster, 2011.

(51) POSTMAN, Neil. *Amusing ourselves to death:* Public discourse in the age of show business. Penguin, 2006.

comunicação altera radicalmente o caráter — "o meio é a mensagem". James K. A. Smith[52], partindo de uma abordagem teológica e agostiniana, observa como tecnologias podem configurar "liturgias culturais", moldando hábitos, imaginações e desejos (ou "amores") por meio de estruturas narrativas (tomando como base a obra de Paul Ricoeur[53]) e formas de existência corporal (tomando como base as obras de Merleau-Ponty e Pierre Bourdieu). Por fim, a obra de Albert Borgmann[54] é reconhecida como essencialmente um esforço de investigar como a tecnologia cumpre um papel na constituição e busca da boa vida, explorando a questão do engajamento humano com "coisas e práticas focais" e sua ameaça por meio de um paradigma de dispositivo[55].

Decididamente, tecnologia não é neutra também quanto à subjetividade humana. Imagine-se a seguinte cena (não raro reverberada em processos trabalhistas): com revólver sobre a mesa, gerente de empresa faz pagamento salarial e exige assinatura de recibo cujo valor impresso no documento não condiz com o verdadeiramente pago. Um a um, silenciosamente, os trabalhadores recebem o dinheiro, contam as cédulas e assinam o documento, agradecendo em seguida. Ora, entre tantos elementos materiais e imateriais que compõem essa cena, sem dúvida o mais insinuante foi exatamente o revólver, artefato tecnológico que, ao fim e ao cabo, fez toda a diferença nas ações e reações de cada qual: seja para a ousadia do gerente, seja para a passividade dos trabalhadores.

No tocante às plataformas digitais, essa dinâmica de influência tecnológica na subjetividade humana não se dá de modo diferente. Em verdade, vários estudos têm apontado a enorme capacidade da tecnologia digital em influir e moldar comportamentos e percepções de mundo. Luciano Floridi, por exemplo, explana sobre as três eras do desenvolvimento humano: *pré-história* (sem tecnologia da informação e comunicação), *história* (com tecnologia da informação e comunicação) e *hiperhistória* (dependentes da tecnologia da informação e comunicação). Para o pensador italiano, em tempos hodiernos, a tecnologia, mais que um simples ferramental técnico a nosso dispor, tem se apresentado como uma força modeladora de nossas próprias identidades[56]. Pura expressão, em verdade, de um paradigma cultural tecnicista que já há algum tempo se afirma como dominante em nosso meio, dentro do qual tudo se encaixa e funciona e crivando de inválido tudo o que lhe seja externo[57].

---

(52) SMITH, James K. A. *Imaginando o reino*: a dinâmica do culto. São Paulo: Vida Nova, 2019.

(53) Reijers e Coeckelbergh também se baseiam na obra de Ricoeur para propor uma ética narrativa para a tecnologia. Esta, conforme argumentam, expande a teoria da mediação tecnológica de Peter-Paul Verbeek e cobre alguns aspectos ignorados inicialmente, como os elementos temporais e sociais que estão envolvidos na forma de uma prática tecnológica. Vide: REIJERS, Wessel; COECKELBERGH, Mark. *Narrative and technology ethics*. Palgrave MacMillan, 2020.

(54) BORGMANN, Albert. *Technology and the character of contemporary life*: a philosophical inquiry. University of Chicago Press, 1984.

(55) STRONG, David; HIGGS, Eric. Borgmann's Philosophy of Technology. *In*: HIGGS, Eric; LIGHT, Andrew; STRONG, David. *Technology and the good life?* University of Chicago Press, 2010, p. 17-37.

(56) FLORIDI, Luciano. *The 4th revolution*: how the infosphere is reshaping human reality. Oxford University Press, 2014, p. 03 e 59.

(57) BORGES-DUARTE, Irene. Martin Heidegger: a técnica como *Ge-stell*. De facto antropológico a paradigma epocal da modernidade tardia. *In*: OLIVEIRA, Jelson (org.). *Filosofia da tecnologia*: seus autores e seus problemas. Caxias do Sul, RS: Educs, 2020, p. 166.

Em termos gerais, como já vimos, as plataformas digitais perpetram controle não conforme as tradicionais categorias do permitido/não permitido ou do dever ser, mas pela limitação direta da capacidade factual de seus usuários, já por força do próprio *design* tecnológico, influenciando, decisivamente, assim, quando, como e em que limites os sujeitos podem se comportar(58). Não à toa, vem ganhando força na regulação estatal de proteção de dados, por exemplo, a ideia de controle tecnológico *by design*, ou seja, desde a concepção. A propósito, dispõe mesmo a legislação brasileira que cabe aos agentes de tratamento de dados o dever de adotar medidas de segurança, técnicas e administrativas aptas a proteger os dados pessoais de acessos não autorizados e de situações acidentais ou ilícitas de destruição, perda, alteração, comunicação ou qualquer forma de tratamento inadequado ou ilícito, sendo que essas medidas deverão ser observadas desde a fase de concepção do produto ou do serviço até a sua execução (Lei Geral de Proteção de Dados — Lei n. 13.709/2018, art. 46, § 2º).

Outra demonstração de que a tecnologia não é neutra também na perspectiva da subjetividade pode ser percebida em alguns aspectos da chamada gestão *algorítmica* do trabalho. Deveras, a possibilidade de uma governança baseada em dados, com processos decisórios artificiais, porquanto baseados inteiramente em programações algorítmicas, tem potencializado uma prática laboral fortemente indutora de determinados vieses comportamentais. Recorde-se, a título ilustrativo, de programações técnicas de inteligência artificial que induzem motoristas de *Uber* a manterem longas jornadas de conexão junto à plataforma ou repensarem recusa a chamadas ou mesmo formulações de queixas e reclamações oficiais, haja vista a experiência de, nessas circunstâncias, costumeiramente advirem restrições ou até penalizações processadas e aplicadas pela inteligência artificial que comanda tal prática laboral(59).

Infere-se, pois, dessas situações, a exemplo do que acontece com o fenômeno da massiva imersão em redes sociais, que a tecnologia — especialmente a *digital* — não apenas concretiza valores e impõe fins, senão que também tem o condão de influir na própria percepção pessoal da realidade e de si próprio, por insuflar certos estados de ânimo e hábitos que, ao fim e ao cabo, bem podem afetar e modelar a própria subjetividade humana.

(58) HOFFMANN-RIEM, Wolfgang. *Teoria geral do direito digital*: transformação digital: desafios para o direito. Rio de Janeiro: Forense, 2021, p. 39 e 70. De fato, como pontua Renan Bernardi Kalil, *in verbis*: "O algoritmo é considerado invisível, apesar de integrado em diversos aspectos do cotidiano das pessoas, torna-se uma caixa preta e é afastado do escrutínio do público, passando a ser encarado como um elemento natural. Contudo, não há neutralidade no gerenciamento de informações que dependem de escolhas procedimentais de uma máquina programada por pessoas para automatizar julgamentos que emulam seres humanos por aproximação" (KALIL, Renan Bernardi. *A regulação do trabalho via plataformas digitais*. São Paulo: Blucher, 2020, p. 88).

(59) PRASSL, Jeremias. *Humans as a service*: the promise and perils of work in the gig economy. Oxford University Press, 2018, p. 56-57.

SOBRE A "PLAUSIBILIDADE" DA IDEIA DE "NEUTRALIDADE" TECNOLÓGICA. MAIS ALGUMAS CONSIDERAÇÕES À LUZ DO LIBERALISMO TECNOLÓGICO

Neste momento, convém perquirir o motivo pelo qual a percepção de neutralidade da tecnologia afigura-se tão enraizada no imaginário popular e mesmo na prática de alguns círculos acadêmicos. Sem dúvida, há várias formas de se responder a esta questão. No entanto, talvez a grande maioria dos autores concorde que a tese decorre de ideais modernos e liberais que começaram a se desenvolver por volta dos séculos XVI e XVII.

Matthew Crawford(60), por exemplo, reproduz a tese de que os grandes conflitos religiosos em torno da Reforma Protestante/Contrarreforma conferiram centralidade à temática da vida em comum em uma sociedade plural, principalmente para figuras como Thomas Hobbes. Disso decorre um expressivo esforço intelectivo com vistas a se erigir sistemas de ética sem apelos a valores transcendentais ou religiosos, como em Kant e Hume — sistemas que, segundo Alasdair MacIntyre, não obtiveram êxito nesse propósito(61).

Assim, a partir de ideais de tolerância e ceticismo quanto a fins intrínsecos à vida humana (decorrentes também da rejeição do paradigma aristotélico nas áreas da ciência moderna), tem início uma concepção liberal de sociedade que atribui completamente ao indivíduo a questão dos fins e valores. O coletivo, nessa concepção, estaria encarregado apenas de fornecer os fatos e os meios a partir dos quais um indivíduo poderia constituir sua própria felicidade e narrativa individual. Nesse cenário, a ideia de neutralidade tecnológica encaixa como uma luva, exprimindo simples reflexo cultural de um imaginário humano que vê o ferramental tecnológico como afiado instrumento para a persecução da miríade de concepções de vida boa igualmente aceitas no bojo social. Por isso, de acordo com Michael Sacasas, mais facilmente nos convencemos da ideia de neutralidade da tecnologia, vez que "ela promete uma fuga da confusão de viver com estruturas éticas concorrentes e relatos do florescimento humano"(62). Afinal, a filosofia liberal que subjaz ao estilo de vida contemporâneo assume:

> "que a boa vida é puramente uma questão de responsabilidade individual. Ou seja, se houver um problema com a tecnologia e a busca da felicidade

---

(60) CRAWFORD, Matthew B. *The world beyond your head:* on becoming an individual in an age of distraction. Farrar, Straus and Giroux, 2015.

(61) De fato, segundo esse filósofo, o resultado desse esforço culminou na filosofia *emotivista*, pregando que juízos morais e de valor são nada senão expressões de preferências ou manifestações de atitude ou sentimento. Também Herman Dooyeweerd, prolífico jusfilósofo holandês do século XX, lançou duras e bem fundamentadas críticas sobre a alegada autonomia do pensamento filosófico. A respeito, vide, entre outros títulos do autor: DOOYEWEERD, Herman. *Raízes da cultura ocidental*: as opções pagã, secular e cristã. São Paulo: Cultura Cristã, 2015; DOOYEWEERD, Herman. *No crepúsculo do pensamento ocidental*: estudo sobre a pretensa autonomia do pensamento filosófico. Brasília, DF: Editora Monergismo, 2018.

(62) SACASAS, L. M. Sacasas. One Does Not Simply Add Ethics to Technology. *The Frailest Thing*, 2017. Disponível em: https://thefrailestthing.com/2017/11/06/one-does-not-simply-add-ethics-to-technology Acesso em: 30 ago. 2021.

ou florescimento humano, é simplesmente que o espaço neutro necessário para os indivíduos explorarem e construírem pessoalmente a boa vida tecnológica para si mesmos pode estar ameaçado por algo como má conduta governamental ou desigualdade de renda"[(63)].

A tecnologia aparece, desse modo, como solução capaz de oferecer os meios neutros a partir dos quais os indivíduos realizam seus fins. Isso se concretiza, por exemplo, na instituição de um *paradigma de mercado* para a solução de problemas sociais, ou seja, a ideia de que solucionar problemas significa idealizar um novo produto ou serviço a ser disponibilizado em um reservatório neutro de opções universais e amplamente disponíveis, a serem selecionadas e adotadas pelos indivíduos conforme suas próprias preferências e necessidades pessoais. Como destaca Alasdair MacIntyre, ao tratar da figura do gestor "eticamente neutro", *in verbis*:

> "Os próprios administradores e grande parte dos escritores sobre administração concebem a si mesmos como personagens moralmente neutros cujas habilidades os capacitam a descobrir meios de alcançar qualquer que seja o fim proposto. Se dado administrador é efetivo ou não é, na visão dominante, é uma questão bastante distinta daquela sobre a moralidade dos fins aos quais essa efetividade serve ou deixa de servir. Não obstante, existem fortes fundamentos para se rejeitar a afirmação de que a efetividade é um valor moralmente neutro"[(64)].

O mesmo comentário de MacIntyre também parece se aplicar a concepções "modestas" defendidas por alguns engenheiros e projetistas, que tentam abstrair a responsabilidade moral de suas atividades. É o que se vê, por exemplo, em Caroline Whitbeck, ao aduzir que "engenheiros, por outro lado, são solucionadores de problemas e designers, não juízes. Estamos mais confortáveis em construir uma solução do que em julgar"[(65)]. A própria definição do processo de projeto como um simples processo neutro de converter requisitos de um cliente em especificações concretas parece supor essa neutralidade ilusória[(66)]. No entanto, como coloca Winner[(67)], seriam sempre os ideais de bem humano

---

(63) DOTSON, Taylor. Technology, choice and the good life: Questioning technological liberalism. *Technology in Society*, v. 34, n. 4, p. 326-336, 2012.

(64) MACINTYRE, Alasdair. *After virtue*. Gerald Duckworth & co. Ltd., 1981, p. 74. Jaques Ellul, também comentando sobre esses casos, ressalta o ideal de amoralidade da técnica: a ideia de que é possível ser eficiente e eficaz, resolvendo problemas, sem apelo a concepções particulares de valor. Vide: ELLUL, Jacques. *A técnica e o desafio do século*. Rio de Janeiro: Paz e Terra, 1968.

(65) WHITBECK, Caroline. *Ethics in engineering practice and research*. Cambridge University Press, 2011 *apud* VALLERO, Daniel. *Biomedical ethics for engineers*: ethics and decision making in biomedical and biosystem engineering. Elsevier, 2011, p. 14.

(66) Vide a descrição do processo de engenharia em: VERKERK, Maarten J.; HOOGLAND, Jan; VAN DER STOEP, Jan; DE VRIES, Marc J. *Filosofia da tecnologia*: uma introdução. Viçosa, Minas Gerais: Ultimato, 2018, capítulo 7.

(67) WINNER, Langdon. Brandy, cigars and human values. *In*: *The whale and the reactor:* a search for limits in an age of high technology. University of Chicago Press, Chicago, 1986, p. 155-163.

redutíveis e conciliáveis com ideais de produção? É possível, ou mesmo desejável, ser neutro quanto a preferências pessoais de clientes?

Ao que nos parece, o problema central do liberalismo tecnológico é que, por ignorar o caráter comunitário do bem humano, resulta em ilusão, sustentando uma falsa modéstia com relação a fins, valores e subjetividades. Ledo engano. O liberalismo realiza um conjunto de finalidades muito específicas para a natureza humana, a exemplo da liberdade (negativa), desengajamento, ausência de sofrimento (a ser buscada a qualquer custo) e flexibilidade nos vínculos(68). Reverbera, também, um conjunto de valores muito específico, podendo-se citar o rigoroso controle da natureza(69) por meios que se apresentem sempre disponíveis, transparentes, eficientes e rápidos(70). O liberalismo, por fim, preconiza uma visão muito clara e específica de subjetividade humana: um sujeito atomizado, autônomo, livre, autêntico e autodeterminado, sem o horizonte de uma tradição, comunidade ou narrativa englobante(71). O ideal de que "posso fazer o que quiser, desde que isso faça bem para mim e a ninguém prejudique" legou um universo de milhões de opções de escolha para o indivíduo, mas nenhuma capaz de oferecer experiências significativas de bem comum e gerar conexão a tradições maiores do que ele mesmo.

Debaixo dessa luz filosófica, entende-se melhor o porquê de se ter tão amplamente sedimentada no seio social a narrativa da neutralidade tecnológica, sendo esse um ponto quase sempre tido como miticamente incontroverso no debate privado e público.

CONSIDERAÇÕES FINAIS

Hodiernamente, estamos no âmago de uma chamada quarta revolução industrial, cujos avanços tecnológicos na seara digital têm se revelado de impactação verdadeiramente disruptiva. Nessa nova ordem de coisas, exsurgem as plataformas digitais, poderosos agentes econômicos que viabilizam a conexão de multidões e que têm invadido todas as dimensões da vida humana. No campo laboral, as plataformas digitais de trabalho constituem ferramentas tecnológicas mediadoras do trabalho humano à base do processamento de enormes volumes de dados, meticulosas programações algorítmicas e acesso mediante consentimento por simples adesão. Sua dinâmica de funcionamento tem suscitado enormes desafios às agendas dos direitos humanos e do trabalho decente.

Em meio a esse complexo cenário, nosso recorte epistemológico neste breve ensaio procurou atentar para o intrigante contraste entre *ubiquidade* e *neutralidade* tecnológica, de maneira a perquirir, mais precisamente, a veracidade da assertiva de que

(68) SENNETT, Richard. *A corrosão do caráter*: consequências pessoais do trabalho no novo capitalismo. Rio de Janeiro, Editora Record, 1999.

(69) O diagnóstico é feito por Hugh Lacey como uma estratégia que guia a pesquisa científica e consequente desenvolvimento tecnológico. Vide: LACEY, Hugh. *Valores e atividade científica 1*. São Paulo: Editora 34, 2008.

(70) Vide BORGMANN, Albert. *Crossing the postmodern divide*. University of Chicago Press, 2013.

(71) Vide a exposição de Charles Taylor sobre o sujeito moderno em: TAYLOR, Charles. *As fontes do self:* a construção da identidade moderna. São Paulo: Edições Loyola, 1997.

a tecnologia seria neutra quanto a fins, valores e subjetividade humana. O tema é de crucial importância, visto que estamos todos não apenas rodeados de artefatos tecnológicos, senão que também embebidos com a racionalidade tecnicista, em que a solução de todo e qualquer "problema" parece perpassar necessariamente pela instrumentalidade da tecnologia como solução. Esse fenômeno de facilitada adesão social à narrativa da "neutralidade" justifica-se sob o prisma do liberalismo tecnológico, onde a tecnologia erige-se como solução hábil a oferecer os meios "neutros" a partir dos quais os indivíduos realizam seus fins e propósitos, à revelia de qualquer horizonte comunitário ou narrativa englobante.

Nessa toada e a partir de uma incursão multidisciplinar, entremeando direito e filosofia, conclui-se que a tecnologia não é neutra quanto a *fins*, especialmente em relações jurídicas travadas no bojo do capitalismo de plataforma, porquanto inibidora de condutas, influenciadora de propósitos e desestimuladora de intenções, subvertendo, assim, a intuitiva percepção geral de que meios devem se ajustar a fins. Da mesma forma, não se sustenta a tese da neutralidade quanto a *valores*, na medida em que artefatos tecnológicos, em sua concepção, criação e aplicação, sempre se põem a veicular, sim, explícita ou implicitamente, diretrizes axiológicas. Igualmente, a tecnologia não é neutra quanto à *subjetividade*, porque detém o perigoso condão de influir na própria percepção de si e da realidade, insuflando certos estados de ânimo e hábitos que, em determinado nível, acabam por afetar e modelar a própria subjetividade humana.

Noutros termos: tem-se que, em maior ou menor grau: i) a tecnologia, em si, pode ser boa ou má, independentemente de seu uso; ii) a tecnologia, em sua concepção, criação e aplicação, exprime opções humanas e, logo, difunde normas e valores sociais; iii) a tecnologia promove interferências na subjetividade humana, passando longe de ser um item puramente técnico, apartado e distante do homem que o cria e usa. É dizer: a tecnologia não é neutra seja quanto a *fins*, seja quanto a *valores*, seja quanto à *subjetividade*.

Isso pode significar, entre outros fatores, que, em termos de crivo moral sobre a tecnologia, tenha-se de migrar o foco da reflexão cada vez mais do paradigma da *neutralidade* para o paradigma da *ambivalência*. Afinal, como destaca Neil Postman em clássica obra, constitui equívoco supor que inovações tecnológicas têm efeitos unilaterais, haja vista que "toda tecnologia tanto é um fardo como uma bênção; não uma coisa ou outra, mas sim isto e aquilo"(72). Semelhantemente, talvez também já seja o momento de voltarmos a debater publicamente sobre uma noção de *vida boa*, de sorte a se pensar menos em termos de "melhoria" ou "piora" material de nossas vidas e mais em termos de cumprimento ou descumprimento de nossas vocações e florescimento humano. Mas essas são instigações outras, a desafiar pesquisa, reflexão e escrita acadêmica toda própria.

---

(72) POSTMAN, Neil. *Tecnopólio*: a rendição da cultura à tecnologia. Tradução de Reinaldo Guarany. São Paulo: Nobel, 1994, p. 14.

REFERÊNCIAS

AKRICH, Madeleine; LATOUR, Bruno. A summary of a convenient vocabulary for the semiotics of human and nonhuman assemblies. *In*: BIJKER, W. & LAW, J. *Shaping technology building society studies in sociotecnical change*. Cambridge: MIT Press, 1992.

BERRY, Wendell. *The unsettling of America*: culture and agriculture. Berkeley: Counterpoint, 2015.

BÍBLIA SAGRADA. Novo Testamento, Atos dos Apóstolos, capítulo 17, versículo 28. *Bíblia de Estudo Almeida*. Tradução de João Ferreira de Almeida. Edição revista e atualizada. Barueri/SP: Sociedade Bíblica do Brasil, 1999.

BIJKER, Wiebe E. *Of bicycles, bakelites, and bulbs*: toward a theory of sociotechnical change. MIT press, 1997.

BORGES-DUARTE, Irene. Martin Heidegger: a técnica como *Ge-stell*. De facto antropológico a paradigma epocal da modernidade tardia. *In*: OLIVEIRA, Jelson (org.). *Filosofia da tecnologia:* seus autores e seus problemas. Caxias do Sul, RS: Educs, 2020.

BORGMANN, Albert. *Technology and the character of contemporary life*: a philosophical inquiry. University of Chicago Press, 1984.

BORGMANN, Albert.. *Crossing the postmodern divide*. University of Chicago Press, 2013.

CAÑIGUERAL, Albert. *El trabajo ya no es lo que era*: nuevas formas de trabajar, otras maneras de vivir. Barcelona: Conecta, 2020.

CARR, Nicholas. *Geração superficial*: o que a internet está fazendo com os nossos cérebros. Rio de Janeiro: Agir, 2019.

CRAWFORD, Matthew B. *The world beyond your head*: On becoming an individual in an age of distraction. Farrar, Straus and Giroux, 2015.

CUPANI, Alberto. *Filosofia da tecnologia*: um convite. 3. ed. Florianópolis: Ed. da UFSC, 2017.

DE STEFANO, Valerio. The rise of the — just-in-time workforce|: on-demand work, crowdwork, and labor protection in the gig-economy. *Comparative Labor Law & Policy Journal,* v. 37, n. 3, 2016.

DOOYEWEERD, Herman. *Raízes da cultura ocidental*: as opções pagã, secular e cristã. São Paulo: Cultura Cristã, 2015.

DOOYEWEERD, Herman. *No crepúsculo do pensamento ocidental*: estudo sobre a pretensa autonomia do pensamento filosófico. Brasília, DF: Editora Monergismo, 2018.

DOTSON, Taylor. *Technically together*: reconstructing community in a networked world. MIT Press, 2017.

DOTSON, Taylor. Technology, choice and the good life: Questioning technological liberalism. *Technology in Society*, v. 34, n. 4, p. 326-336, 2012.

ELLUL, Jacques. *A técnica e o desafio do século*. Rio de Janeiro: Paz e Terra, 1968.

FLORIDI, Luciano. *The 4th revolution:* how the infosphere is reshaping human reality. Oxford University Press, 2014.

GOUDZWAARD, Bob. *Capitalismo e progresso*: um diagnóstico da sociedade ocidental. Viçosa: Ultimato, 2019.

GRANT, George. *Technology and empire*: perspectives on North America. Toronto: Anansi, 1969.

HOFFMANN-RIEM, Wolfgang. *Teoria geral do direito digital*: transformação digital: desafios para o direito. Rio de Janeiro: Forense, 2021.

HUI, Yuk. *Tecnodiversidade*. São Paulo: Ubu Editora, 2020.

IHDE, Don. *Postphenomenology*: essays in the postmodern context. Northwestern University Press, 1995.

IHDE, Don. *Technics and praxis*: a philosophy of technology. Springer Science & Business Media, 2012.

ILLICH, Ivan. *Tools for conviviality*. Harper and Row, 1973.

INTERNATIONAL LABOUR ORGANIZATION — ILO. *World employment and social outlook 2021*: The role of digital labour platforms in transforming the world of work. International Labour Office — Geneva: ILO, 2021.

KALIL, Renan Bernardi. *A regulação do trabalho via plataformas digitais*. São Paulo: Blucher, 2020.

LACEY, Hugh. *Valores e atividade científica 1*. São Paulo: Editora 34, 2008.

LATOUR, Bruno; VENN, Couze. Morality and technology. *Theory, culture & society*, v. 19, n. 5-6, 2002.

LATOUR, Bruno. *Ciência em ação*: como seguir cientistas e engenheiros sociedade afora. São Paulo: Unesp, 2000.

LATOUR, Bruno. *Nunca fomos modernos*. São Paulo: Editora Unesp, 2009.

LATOUR, Bruno. Where Are the Missing Masses? The Sociology of a Few Mundane Artifacts. *Shaping technology/building society*: studies in sociotechnical change, 1992.

MACINTYRE, Alasdair. *After virtue*. Gerald Duckworth & co. Ltd., 1981.

MARANHÃO, Ney; SAVINO, Thiago Amaral Costa. Tecnologia e disrupção: o mundo do trabalho no contexto da quarta revolução industrial. *In*: LEAL, Carla Reita Faria; MARANHÃO, Ney e PADILHA, Norma Sueli. (Orgs). *Sociedade, tecnologia e meio ambiente do trabalho*: discussões contemporâneas. Mato Grosso: EdUFMT, 2021.

MARCUS, George E.; SAKA, Erkan. Assemblage. *Theory, culture & society*. v. 23, n. 2-3, 2006.

MILLER, Boaz. Is Technology Value-Neutral? *Science, Technology, & Human Values*, v. 46, n. 1, 2021.

MITCHAM, Carl. On Character and Technology. *In*: HIGGS, Eric; LIGHT, Andrew; STRONG, David. *Technology and the good life?* University of Chicago Press, 2010.

ORGANIZACIÓN INTERNATIONAL DEL TRABAJO — OIT. *Las plataformas digitales y el futuro del trabajo*: cómo fomentar el trabajo decente en el mundo digital. Organización Internacional del Trabajo — Ginebra: OIT, 2019.

ORTEGA Y GASSET, José. *Meditação da técnica*. Tradução de Luís Washington Vita. Rio de Janeiro: LIAL, 1963.

PASQUALE, Frank. *The black box society*: the secret algorithms that control Money and information. Harvard University Press, 2015.

POSTMAN, Neil. *Amusing ourselves to death*: Public discourse in the age of show business. Penguin, 2006.

POSTMAN, Neil.. Tecnopólio: a rendição da cultura à tecnologia. Tradução de Reinaldo Guarany. São Paulo: Nobel, 1994.

PRASSL, Jeremias. *Human as a service*: the promise and perils of work in the gig economy. New York: Oxford University Press, 2018.

PREMEBIDA, Adriano; NEVES, Fabrício Monteiro; ALMEIDA, Jalcione. Estudos sociais em ciência e tecnologia e suas distintas abordagens. *Sociologias*, v. 13, n. 26, 2011.

REIJERS, Wessel; COECKELBERGH, Mark. *Narrative and technology ethics*. Palgrave MacMillan, 2020.

SACASAS, L. M. Sacasas. One Does Not Simply Add Ethics to Technology. *The Frailest Thing*, 2017. Disponível em: https://thefrailestthing.com/2017/11/06/one-does-not-simply-add-ethics-to-technology Acesso em: 30 ago. 2021.

SCHUURMAN, Derek. *Moldando um mundo digital:* fé, cultura e tecnologia computacional. Brasília, DF: Editora Monergismo, 2019.

SCHWAB, Klaus. *A quarta revolução industrial*. São Paulo: Edipro, 2016.

SENNETT, Richard. *A corrosão do caráter*: consequências pessoais do trabalho no novo capitalismo. Rio de Janeiro, Editora Record, 1999.

SMITH, James K. A. *Imaginando o reino*: a dinâmica do culto. São Paulo: Vida Nova, 2019.

SRNICEK, Nick. *Platform capitalism*. Cambridge: Polity Press, 2017.

STRONG, David; HIGGS, Eric. Borgmann's Philosophy of Technology. *In*: HIGGS, Eric; LIGHT, Andrew; STRONG, David. *Technology and the good life?* University of Chicago Press, 2010.

TAYLOR, Charles. *As fontes do self*: a construção da identidade moderna. São Paulo: Edições Loyola, 1997.

TURKLE, Sherry. *Life on the screen:* identity in the age of the Internet. Simon and Schuster, 2011.

VALLERO, Daniel. *Biomedical ethics for engineers*: ethics and decision making in biomedical and biosystem engineering. Elsevier, 2011.

VALLOR, Shannon. *Technology and the virtues*: A philosophical guide to a future worth wanting. Oxford University Press, 2016.

VAN DIJCK, José; POELL, Thomas; DE WAAL, Martijn. *The platform society*. New York: Oxford University Press, 2018.

VERBEEK, Peter-Paul. *Moralizing technology*: understanding and designing the morality of things. University of Chicago Press, 2011.

VERKERK, Maarten J.; HOOGLAND, Jan; VAN DER STOEP, Jan; DE VRIES, Marc J. *Filosofia da tecnologia:* uma introdução. Viçosa, Minas Gerais: Ultimato, 2018.

WINNER, Langdon. *Autonomous technology*: technics-out-of-control as a theme in political thought. Mit Press, 1978.

WINNER, Langdon. Do artifacts have politics? *Daedalus*, 1980.

WINNER, Langdon. Brandy, cigars and human values. *In*: *The whale and the reactor*: a search for limits in an age of high technology. University of Chicago Press, Chicago, 1986.

WOODCOCK, Jamie; GRAHAM, Mark. *The gig economy*: a critical introduction. Cambridge: Polity Press, 2020.

ZUBOFF, Shoshana. *The age of the surveillance capitalism*: the fight for a human future at the new frontier of power. New York: PublicAffairs, 2019.

Dados médicos e de rendimento e o direito fundamental à proteção dos dados pessoais no desporto profissional: um inventário de questões

Guilherme Guimarães Feliciano (*)

INTRODUÇÃO

A divulgação/retransmissão de informações médicas e de rendimento físico de atletas profissionais levantam questões relevantes em relação à proteção de dados sensíveis, quiçá não atinadas até 2018, mas de máxima urgência a partir da entrada em vigor da Lei Geral de Proteção de Dados (LGPD), sancionada em agosto de 2018 (Lei n. 13.709/2018).(1) A LGPD, como se sabe, tem o propósito de preservar a privacidade das pessoas naturais e de regular o tratamento de dados pessoais no Brasil — entre os quais a coleta, o armazenamento e compartilhamento de dados pessoais —, inclusive nos meios digitais (*"on-line"*), e nas mais diversas esferas, incluindo a desportiva.

No contexto do mundo desportivo, o uso das informações médicas de atletas profissionais pelos clubes e associações exige, à luz da LGPD, tratamento transparente (art. 6º, VI) e, como regra, sob o consentimento dos respectivos titulares (art. 7º, I). Além

(*) Juiz do Trabalho (Titular da 1ª Vara do Trabalho de Taubaté). Professor da Faculdade de Direito da Universidade de São Paulo. Titular da Cadeira n. 53 da Academia Brasileira de Direito do Trabalho. Titular da Cadeira n. 81 da Academia Taubateana de Letras. Pós-Doutor pela Universidade de Coimbra (IGC/CDH). Livre-Docente pela Universidade de São Paulo. Doutor pela Universidade de São Paulo. Doutor pela Universidade de Lisboa. Presidiu a Associação dos Magistrados da Justiça do Trabalho da 15ª Região (Amatra XV) no biênio 2010-2012. Presidiu a Associação Nacional dos Magistrados da Justiça do Trabalho (Anamatra) no biênio 2017-2019.

(1) FELICIANO, Guilherme Guimarães. *Proteção de dados pessoais e os impactos nas relações de trabalho*. São Paulo: Revista dos Tribunais, 2023, *passim*.

disso, as entidades devem adotar todas medidas de segurança razoavelmente necessárias para proteger essas informações (art. 6º, VII).

Cuidaremos, neste brevíssimo estudo, dessa intrincada realidade que apenas começa a se descortinar no mundo dos contratos desportivos profissionais. *Voilà.*

1. LGPD E PROTEÇÃO JURÍDICO-LABORAL DA INFORMAÇÕES MÉDICAS (I): LINEAMENTOS GERAIS

Como é sabido, a LGPD estabelece diretrizes e normas para o tratamento de dados pessoais sensíveis, incluindo as *informações médicas*, e se aplica a todas as entidades, incluindo clubes e associações desportivas, que geralmente — e cada vez mais frequentemente — realizam o tratamento desses dados. Nessa ordem de ideias, deve-se levar em consideração a finalidade específica para a qual os dados médicos são coletados, a minimização e a segurança do respectivo tratamento e a prestação de contas, a esse respeito, para os atletas e para a própria Autoridade Nacional de Proteção de Dados (*"accountability"* — LGPD, art. 6º, X).

Para mais, o consentimento para o tratamento dessas informações médicas deve ser obtido de forma clara e objetiva, informando, por exemplo, como esses dados serão utilizados, quem terá acesso a eles — inclusive em contextos de transferência — e por quanto tempo serão armazenados. Além disso, é fundamental que os clubes adotem medidas de segurança para proteger essas informações, a fim de evitar vazamentos ou acessos não autorizados (LGPD, art. 6º, VII e VIII).

Em caso de vazamentos, adulterações ou outros atos/fatos anômalos com danos para os atletas (materiais ou extrapatrimoniais), por outro lado, vem a lume o regime de responsabilidade civil dos artigos 33 a 34 da LGPD.

Quanto a esse particular aspecto, ainda não há um consenso quanto à classificação da responsabilidade no âmbito da legislação específica. Alguns autores defendem o modelo de responsabilidade civil aquilina ou subjetiva; outros, o modelo de responsabilidade civil objetiva; e outros ainda sugerem uma terceira via ou um novo regime de responsabilidade. Em nossa opinião, como dissemos alhures,

> [...] a LGPD possui as seguintes características:[...] **(e)** responsabilidade civil subjetiva (v. art. 42, *caput*, e art. 43, III), como regra, sem prejuízo de casos específicos de responsabilidade civil objetiva (assim, *e.g.*, se se tratar de dados financeiros, de dados bancários ou de outros dados pessoais que tenham sido mantidos em condições altamente vulneráveis, ou ainda nas hipóteses dos arts. 12 e 14 do CDC), considerando-se o tipo de tratamento de dados e o respectivo grau de risco; [...].[2]

É como pensamos.

(2) *Id., ibid.*

2. LGPD E PROTEÇÃO JURÍDICO-LABORAL DE INFORMAÇÕES MÉDICAS (II): O DESPORTO PROFISSIONAL E A RESPONSABILIDADE DOS CLUBES

No entanto, independentemente do modelo de responsabilidade civil adotado, a LGPD estabelece sanções para o descumprimento de suas disposições, o que reforça a importância de os clubes cumprirem as regras estabelecidas pela legislação, inclusive no que se refere ao tratamento de informações médicas de atletas profissionais.

Releva ponderar, com CESARIO e SEVERO, que

> [p]oucos clubes têm políticas de proteção de dados e, ainda menos, suas diretrizes são amplamente divulgadas e discutidas com os atletas e os torcedores. Isso levanta questionamentos sobre se os departamentos médicos dos clubes possuem consentimento expresso dos atletas para a divulgação de suas informações de saúde, dados genéticos ou biométricos, considerados dados sensíveis pela LGPD.(3)

No caso relatado pelas autoras, a situação médica delicada do jogador Rodrigo Caio (à altura, do Flamengo e da Seleção Brasileira), em meados de 2022 — fora submetido a uma artroscopia e, diante da infecção de um dos pontos, retornou ao Rio de Janeiro durante as férias para ser internado, sob suspeita de "infecção por superbactéria" — gerou imensas especulações de mídia e de mercado, a ponto de se vaticinar o fim de uma promissora carreira futebolística e de se levar o diretor médico do Flamengo a um programa televisivo de grande audiência para "prestar informações" sobre os procedimentos clínicos pelos quais passou o jogador. Terá Rodrigo Caio consentido com isto? Ou, antes ainda, *poderia* ter validamente consentido, ante a irrenunciabilidade dos direitos trabalhistas (específicos e inespecíficos) e dos direitos humanos fundamentais (CRFB, art. 5º, LXXIX)?

Bem se vê que, no âmbito jurídico-desportivo, um problema cada vez mais pungente diz com a coleta, a produção, a classificação, a utilização, o acesso, a reprodução, a transmissão, o processamento, o arquivamento/armazenamento e a transferência de dados relativos à saúde e à capacidade física de atletas profissionais e amadores (art. 5º, X, da LGPD). Há décadas, clubes e associações desportivas têm realizado o tratamento desses dados para garantir a melhor performance de seus atletas, especialmente no âmbito do futebol profissional; e, nos últimos anos, essa prática espraiou-se inclusive entre clubes de médio porte, que sequer competem nas principais divisões do futebol brasileiro e estrangeiro. Sob a égide da LGPD, após 2018, com que legitimidade/liceidade podem fazê-lo?

(3) CESARIO, Kone Prieto Furtunato; SEVERO, Roberta Ferreira. LGPD e a proteção de dados sensíveis no esporte: Exposição de dados médicos de jogador do Flamengo acende debate sobre alcance da LGPD. *Proteção de dados* (coluna). Jota, 22 jan. 2022. Disponível em: https://www.jota.info/opiniao-e-analise/artigos/lgpd-protecao-dados-sensiveis-esporte-22012022. Acesso em: 9 fev. 2024.

3. BASES LEGAIS PARA O TRATAMENTO DE DADOS MÉDICOS DOS ATLETAS

3.1. O consentimento

O consentimento (LGPD, art. 11, I) é a primeira base legal que sempre vem à mente,(4) inclusive no campo trabalhista (e — diga-se — equivocadamente). Mas a LGPD define o consentimento como uma manifestação livre, informada e inequívoca na qual o titular concorda com o tratamento de seus dados pessoais para uma finalidade específica. Para ser válido, o consentimento deve atender a quatro critérios: (a) deve ser *livre*, i.e., o titular deve ter uma escolha real, sem sentir-se obrigado a consentir; (b) deve ser *informado*, i.e., o titular deve ter conhecimento para tomar uma decisão consciente; (c) deve ser *inequívoco*, i.e., o controlador deve poder comprovar que o titular concedeu autorização; e (d) deve ser dado para uma *finalidade determinada* (e não "genericamente", para quaisquer usos). Outrossim, para além desses critérios, quando tratamos de dados pessoais sensíveis, há um quinto requisito: o consentimento deve ser *destacado*. Isso significa que o consentimento para dados sensíveis deve ser obtido de forma específica e destacada, em relação a cada possível uso específico (= glanularidade), para garantir uma maior proteção legal.

Uma maneira óbvia de garantir o consentimento destacado seria confirmar expressamente o consentimento em uma declaração por escrito. É dizer, o controlador deve ter ainda mais cautela ao obter o consentimento do titular para fins de tratamento de dados pessoais sensíveis. É importante que o controlador opte sempre pela máxima transparência possível, destacando explicitamente as disposições referentes ao tratamento de dados pessoais sensíveis e não "escondendo-as" em meio a outras disposições contratuais. Os requisitos de validade do consentimento, pois, não são tão simples. É mais complicado do que simplesmente perguntar aos indivíduos se seus dados podem ser processados. Há, inclusive, debate sobre a validade do consentimento quando há hierarquia entre as partes, como se dá nas relações de emprego, em razão da subordinação jurídica do empregado ao empregador.

E, de resto, nos termos da LGPD, o consentimento pode ser retirado a qualquer momento. Então, se o atleta retira o consentimento para o tratamento de seus dados pessoais coletados por meio do GPS de monitoramento, o clube deve cessar imediatamente a coleta; mas poderá, em razão disso, romper o contrato de trabalho, ainda que imotivadamente? Ou estaríamos diante de uma dispensa discriminatória (Lei 9.029/1995), já que o atleta estaria sendo dispensado por simplesmente exercitar um direito seu, constitucional e legal, a cujo propósito os demais atletas aceitam ceder?

---

(4) SOARES, Fernanda; SANTOS, Mariana Lucas Lourenço dos. LGPD no esporte: qual base legal é adequada para tratar dados de atletas? *Opinião* (coluna). Consultor Jurídico, 15 fev. 2022. Disponível em: https://www.conjur.com.br/2022-fev-15/opiniao-lgpd-esporte-base-legal-tratar-dados-atletas/#:~:text=Uma%20das%20alternativas%20%C3%A9%20a,contrato%20especial%20de%20trabalho%20desportivo . Acesso em: 9 fev. 2024.

3.2. O exercício regular de direitos

Outra base legal a ser considerada pela ANPD é o *exercício regular de direitos em contratos*[5] (LGPD, art. 11, II, "d"), considerando-se as hipóteses em que o tratamento dos dados é necessário para a execução do contrato especial de trabalho desportivo.

Põe-se, nesse caso, a questão: para o exercício de uma das dimensões inerentes ao poder hierárquico patronal, que é o *poder modulatório*[6] — i.e, o poder de determinar *como* o ofício será desempenhado pelo trabalhador, delineando os conteúdos da atividade e predeterminando os conteúdos do resultado –, o clube ou associação desportiva poderia captar, armazenar e processar livremente os dados médicos dos seus atletas? E poderia, com a mesma liberdade, transferi-los ou comercializá-los (o que já não diz propriamente com o poder modulatório, mas com um duvidoso direito de posse ou propriedade sobre dados pessoais alheios)?

3.3. A obrigação legal ou regulatória

Há ainda a possibilidade de se considerar como base de justificação a *obrigação legal e/ou regulatória*[7] (LGPD, art. 11, II, "a"), como, p. ex., a assistência médica exigida dos clubes por parte das entidades desportivas, como a própria Confederação Brasileira de Futebol.

Confira-se, nessa direção, o art. 82-A da Lei n. 9.615/1998 (Lei Pelé), pela qual *"as entidades de prática desportiva de participação ou de rendimento, profissional ou não profissional, promoverão obrigatoriamente exames periódicos para avaliar a saúde dos atletas, nos termos da regulamentação"*; ou ainda o art. 48-A da mesma lei, ao dispor sobre o *controle de dopagem*, que *" tem por objetivo garantir o direito de os atletas e as entidades participarem de competições livres de dopagem, promover a conservação da saúde, preservar a justiça e a igualdade entre os competidores"* (e que, portanto, pode ser realizado mesmo sem o consentimento do atleta, conquanto lhe invada a esfera da intimidade/privacidade); ou ainda o art. 84, VII, da Lei n. 14.597/2023 (Lei Geral do Esporte), pelo qual "[s]*ão deveres da organização esportiva direcionada à prática esportiva profissional, em especial* [...] *promover obrigatoriamente exames periódicos para avaliar a saúde dos atletas, nos termos da regulamentação*"; ou, enfim — já no campo da regulamentação –, a Resolução da Presidência n. 01/2019, que estabelece normas para a emissão do Certificado de Clube Formador e obriga os clubes a proporcionar assistência médica aos jovens atletas,[8] o que pressupõe — e a normativa o prevê — a realização de inúmeros exames médicos e psicológicos.

---

(5) *Id., ibid.*

(6) Cf. FELICIANO, Guilherme Guimarães. *Curso crítico de Direito do Trabalho:* Teoria Geral do Direito do Trabalho. São Paulo: Saraiva, 2013, subseção 4.2.

(7) SOARES, SANTOS, LGPD no esporte..., *cit.*

(8) *Id., ibid.*

3.4. O legítimo interesse

E há, de resto, uma fronteira ainda relativamente inexplorada, em plagas brasileiras, no tema de proteção de dados pessoais: a do *interesse legítimo* do controlador de dados (art. 7º, IX, e 10 da LGPD — anotando-se que, **para dados pessoais *sensíveis*** — como são os dados médicos e biométricos –**, não se admite formalmente a base legal do interesse legítimo**), que foi oportunamente — ou dir-se-ia tardiamente — introduzida pela ANPD em um estudo preliminar de agosto de 2023, após o qual se seguiu uma consulta pública[(9)] e, por fim, em fevereiro de 2024, a publicação de um "Guia Orientativo sobre Legítimo Interesse".[(10)]

Em suma, só se admitirá o tratamento por legítimo interesse se a hipótese (i) tiver compatibilidade com o ordenamento jurídico; (ii) apresentar lastro em situações concretas; e (iii) estiver vinculado a finalidades legítimas, específicas e explícitas, sendo certo que o tratamento de dados pessoais com base no legítimo interesse deve ser precedido de um *teste de balanceamento*, que deve levar em consideração a legitimidade do interesse, a necessidade do tratamento, os impactos sobre os direitos dos titulares e suas legítimas expectativas em comparação com os interesses envolvidos.

Nessa ordem de ideias, deve-se evitar o tratamento com base no legítimo interesse se o teste de balanceamento não for conclusivo ou se não forem identificadas medidas de segurança e de mitigação de risco adequadas à hipótese; e se, ao contrário, o tratamento de dados pessoais puder ser realizado com base no legítimo interesse, antecipa-se a necessidade de a atividade de tratamento também estar prevista no Registro das Operações de Tratamento, inclusive com a emissão de um Relatório de Impacto à Proteção de Dados (RIPD), *"si et quando"* se cuidar de tratamento de alto risco. Cabe indagar: ainda que se admita, *"ad argumentandum tantum"*, a superação da primeira barreira formal[(11)] — o fato de o art. 11 da LGPD não prever o legítimo interesse como base legal adequada para dados pessoais sensíveis (como serão, em via de regra, os relativos à saúde e ao rendimento dos atletas)[(12)] –, quantos clubes e associações mantêm, hoje, registros de operações de tratamento ou expedem relatórios de impacto à proteção de dados?

---

(9) Disponível em: https://www.gov.br/participamaisbrasil/consulta-a-sociedade-de-estudo-preliminar-sobre-legitimo-interesse-1. Acesso em: 15 mar. 2024.

(10) Disponível em: https://www.gov.br/anpd/pt-br/assuntos/noticias/anpd-lanca-guia-orientativo-sobre-legitimo-interesse. Acesso em: 15 mar. 2024.

(11) O próprio estudo preliminar da ANPD ponderava que o tratamento de dados pessoais sensíveis com base na hipótese legal de garantia da prevenção à fraude e à segurança do titular (LGPD, art. 11, II, "g") guarda semelhança com a hipótese legal com a do legítimo interesse; e, logo, as orientações sobre o teste de balanceamento também podem ser aplicadas no caso do uso da hipótese legal de garantia da prevenção à fraude e à segurança do titular (no caso, do atleta profissional), o que incluiria – em nossa percepção – as obrigações relativas ao Relatório de Impacto à Proteção de Dados (RIPD).

(12) Mas poderiam surgir dúvidas, p. ex., em relação a dados pessoais específicos e isolados que não permitissem, por si só, a identificação inequívoca da pessoa natural (e, logo, não seriam *dados biométricos*, assim entendidos aqueles que identificam de forma individual, única e exclusivamente, uma pessoa natural, **por suas características físicas ou comportamentais, como, p. ex., as impressões digitais, a íris, a face ou a voz**), e que tampouco configurassem dados médicos (como, *e.g.*, dados sobre condições de saúde anteriores, ou sobre resultados de exames laboratoriais, ou ainda sobre diagnósticos passados ou tratamentos bem-sucedidos). Assim seria, *v.g.*, a informação *isolada* sobre o

Considerações finais: o tratamento de dados sensíveis no monitoramento do rendimento desportivo

Voltamos, enfim, à questão da coleta de dados pessoais por meio do GPS utilizado para monitorar o desempenho dos atletas. Como visto, esses dados são captados durante os treinos e jogos, fornecendo uma considerável quantidade de informações relacionadas à saúde. A análise desses dados é fundamental para permitir que os clubes de futebol mantenham seus atletas em boa forma física, armazenando dados pessoais sensíveis que permitiram inclusive *identificar pessoalmente o atleta:* extensão dos saltos, capacidade de aceleração, tempo de desaceleração etc.; pode-se inclusive captar um largo arco de informações para cada parte do corpo do atleta.

Essa coleta possibilita aos clubes antecipar problemas médicos, constatando lesões leves antes que se agravem. Outros dispositivos têm finalidades específicas, como monitorar os movimentos, velocidade, ângulos e aceleração de um goleiro, com o objetivo de aprimorar seu desempenho. Tais equipamentos são valiosos para responder questões importantes, como a preferência do goleiro por um lado específico da trave, no momento da cobrança de um pênalti, ou ainda o seu tempo de reação.

Qual o valor dessas informações no atual mercado de futebol? E, para além do interesse dos clubes que negociam o jogador — assim, *e.g.*, na transferência (ou não) desse pacote de dados –, qual o poder de decisão, de veto e/ou de barganha que a respeito deles terá *o próprio atleta*, titular dos dados pessoais sensíveis?

Com a palavra, a Autoridade Nacional de Proteção de Dados.

REFERÊNCIAS

AUTORIDADE NACIONAL DE PROTEÇÃO DE DADOS. *Consulta à Sociedade de Estudo Preliminar sobre Legítimo Interesse.* Brasília: ANPD, 16 ago. 2023 a 30 set. 2023. Disponível em: https://www.gov.br/participamaisbrasil/consulta-a-sociedade-de-estudo-preliminar-sobre-legitimo-interesse-1. Acesso em: 15 mar. 2024.

AUTORIDADE NACIONAL DE PROTEÇÃO DE DADOS. *Guia Orientativo: Hipóteses legais de tratamento de dados pessoais: Legítimo interesse.* Brasília: ANPD, fev. 2024. Disponível em: https://www.gov.br/anpd/pt-br/documentos-e-publicacoes/guia_legitimo_interesse.pdf. Acesso em: 15 mar. 2024.

CESARIO, Kone Prieto Furtunato; SEVERO, Roberta Ferreira. LGPD e a proteção de dados sensíveis no esporte: Exposição de dados médicos de jogador do Flamengo acende debate sobre alcance da LGPD. *Proteção de dados* (coluna). Jota, 22 jan. 2022. Disponível em: https://www.jota.info/opiniao-e-analise/artigos/lgpd-protecao-dados-sensiveis-esporte-22012022. Acesso em: 9 fev. 2024.

canto da trave estatisticamente mais buscado pelo goleiro em cobranças de faltas e penalidades máximas (pode-se supor que diversos goleiros, em um mesmo universo de atletas, pendam preferencialmente para o canto esquerdo ou para o direito); ou, ainda, a informação *isolada* sobre a força média que o artilheiro imprime à bola em um chute na pequena área (e que poderá corresponder à força média de, outros jogadores).

FELICIANO, Guilherme Guimarães. *Curso crítico de Direito do Trabalho:* Teoria Geral do Direito do Trabalho. São Paulo: Saraiva, 2013.

FELICIANO, Guilherme Guimarães. *Proteção de dados pessoais e os impactos nas relações de trabalho.* São Paulo: Revista dos Tribunais, 2023, *passim.*

SOARES, Fernanda; SANTOS, Mariana Lucas Lourenço dos. LGPD no esporte: qual base legal é adequada para tratar dados de atletas? *Opinião* (coluna). Consultor Jurídico, 15 fev. 2022. Disponível em: https://www.conjur.com.br/2022-fev-15/opiniao-lgpd-esporte-base-legal-tratar-dados-atletas . Acesso em: 9 fev. 2024.